peninsulares / 95

OBRAS DO AUTOR NA ASSÍRIO & ALVIM

Os Filmes da Minha Vida / Os Meus Filmes da Vida (1.º volume)

Os Filmes da Minha Vida / Os Meus Filmes da Vida (2.º volume)

Muito lá de Casa

CRÓNICAS: IMAGENS PROFÉTICAS E OUTRAS

I.º VOLUME

João Bénard da Costa

CRÓNICAS: IMAGENS PROFÉTICAS E OUTRAS

1.º VOLUME
(2002-2003)

apresentação

José Tolentino Mendonça

edição

Lúcia Guedes Vaz

ASSÍRIO & ALVIM

EDIÇÃO 1371, FEVEREIRO 2010
ISBN 978-972-37-1472-2

O DIVINO BÉNARD

Divino no sentido de divo, que ele sem o ser plenamente foi, com o seu porte de velho senhor, o mesmo riso de demiurgo que quase juramos haver já visto fixado pelos romanos em alguma estatuária, o brilho hiperbólico, a inteligência analogamente intensa, o timbre cavo, a curiosidade, a coquetterie, *o enigma e, por fim, surpreendentemente ou não, a inocência.*

E divino também no sentido literal, na medida em que essa era a natureza do seu olhar. Quando João Bénard explicava aos incautos (os mesmos que, sem o saber ou dizer, chegam tão cautos) que o seu tempo não era este, não era o deles, era o da maria cachucha, que reivindicava ele? Uma imperdoável apostasia: a de um contemporâneo que se coloca na pré-história.

*O seu tempo era aquele em que o homem que pensa não é apenas o sábio, mas também vidente e profeta. Foi assim que Epiménedes de Creta teve o privilégio de ver a verdade (*aletheia*) com os próprios olhos. E Moisés entreviu a Deus pelas costas. Foi assim que na tradição persa o termo verdade (* Rta*) se alargou a um extensivo de possibilidades semânticas: a exactidão, mas também a mecânica que assegura o retorno da aurora, a oração litúrgica, a ordem e o direito. A verdadeira diagnose é esta que não teme, mas religa o que apressadamente declaramos como antinomias: Deus e os homens, o visível e o invisível, o eterno e o mortal, o permanente e o mutável, o forte e o fraco, o puro e o híbrido, o seguro e o incerto.*

A escrita de Bénard, costurada em digressões permanentes, parêntesis e alvéolos, mostra, além disso, como a palavra é inseparável da memória.

Nos ambientes gregos inspirados, ela era tida por omnisciência de carácter divinatório, expressa no mantra: «o que é, o que será, o que foi». Nos meios judaicos e cristãos, era interpretada pelo binómio profecia e cumprimento. A memória não é apenas o suporte da palavra: é, sobretudo, a potência (poética, maiêutica...) que confere ao verbo o seu estatuto de significação máxima.

«Serás o que Deus é», escreveu o místico Silesius.

José Tolentino Mendonça

Was it a vision, or a waking dream?

JOHN KEATS, *Ode to a Nightingale*

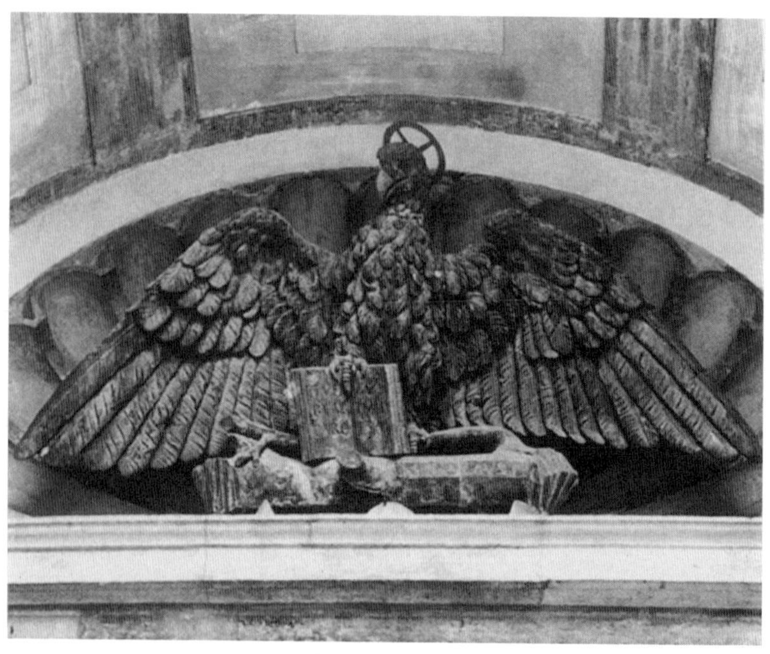

Igreja San Giovanni in Monte. Bolonha, Nicolò dell'Arca, 1494.

AO QUE VENHO

Cheguei e aparece-me este país, ainda mais lusco-fusco do que quando o deixei, só uma semaninha antes. Mais vesgo, mais estrábico, mais pardo, mais sarnento. Carlos Carvalhas desmaiou em Vila Pouca de Aguiar. Francisco Louçã, já refeito do capricho espanhol, espera do bom povo português uma gloriosa greve geral em Outubro. Ferro Rodrigues continua quezilento com Durão Barroso e vice-versa. Ainda se escrevem páginas e páginas sobre as desgraças de Seul e sobre as graças do serviço público. Já vi noite, já vi dia. Mas, ao lusco-fusco, nunca tinha visto tanto e tantos.

Uns dias depois, lembrei-me que José Manuel Fernandes me convidara para aqui começar a escrever às sextas-feiras, e que a primeira dessas sextas-feiras calhava precisamente a 12 de Julho, dez dias antes da festa da Santa Maria Madalena e dezanove dias antes da festa da Madalena. Pela mesma ocasião, me lembrei de uns versos de Bocage (não sei se de ameaça se de invocação e não juro pelo segundo sentido) que dizem assim: «Se o mágico poder me dobras hoje / Fusco bezerro de enramadas pontas». E lembrei-me, mais uma vez, da frase favorita do Nuno Bragança quando topava com alguém que lhe não parecia de fiar: «Há qualquer coisa de sinistro no olhar deste carneiro». Normalmente, havia. Como a há no bezerro bocagiano, nos apresentadores da televisão e nos dois gatos-pingados do 5.º episódio da série «Sete Palmos de Terra», que hoje me atiraram para cima, por ocasião do embalsamamento e velada de uma antiga vedeta porno.

Donde vim eu?

De Bolonha, cidade onde, por deveres e prazeres de ofício, passo a primeira semana de Julho de há muitos anos a esta parte. Como eventualmente recordarão alguns que me conhecem doutras paragens (já lá vou) em Bolonha acontece anualmente um dos melhores festivais de cinema que se realizam por esta Europa. Não é um festival de novidades, com muitas estreias, ursos, palmas ou leões. É um festival dedicado a filmes dos tempos da maria cachucha (os meus tempos) recentemente restaurados por cinematecas das mais desvairadas partes. Sempre o conheci óptimo. Melhor ainda ficou, quando o meu amigo Peter von Bagh passou a ser director artístico dele, no ano 2000, de que afinal passei.

Em Bolonha, atravessei os dias e as noites ou nos filmes (até a Piazza Maggiore ou o Cortile do Palazzo d'Accursio e de Francesco Terribilia são transformados em cinemas nas estivas noites de Julho) ou a passear-me por museus, igrejas, torres, arcadas e palácios. Quando era mais novo e mais prosélito, o cinema vencia. Hoje, posso dar-me ao luxo da incorrecção política de dizer que se passa o contrário. E, à medida que mais e melhor vou conhecendo a cidade dos Bentivoglio e dos Bevilacqua (tão belos nomes, meus Deus!) mais me espanto com a sua relativa excentricidade turística.

É uma das mais belas cidades de Itália, o que quer dizer do mundo. Talvez em nenhuma outra cidade seja tão visível o «império» dos sinais que traçaram a história e a vida da nossa civilização, do século XII ao século XX, mas por um estranhíssimo fenómeno, que nunca vi analisado, os turistas limitam-se a escolhê-la como escala, quando viajam de Milão para Florença. Deslumbram-se com a Piazza Maggiore, pasmam com a imensidão incompleta de San Petronio (a saia mais rodada e mais engalanada de qualquer igreja do mundo), admiram o trifauce Neptuno de Giambologna, deitam uma distante olhada às duas Torres emblemáticas («riguardar la Carisenda», de que Dante se lembrou à vista de Anteu) e depois vão almoçar. Bem sabendo — isso sim — que Bolonha é a glória da gastronomia italiana, um ceptro que só Florença lhe disputa.

Mas todo o imenso resto desta imensa cidade escapa aos turistas e pode ser percorrido com tanta paz e tanto sossego como se percorrêssemos museus, igrejas e palácios de Lisboa. Raros são os raros que viram com os próprios olhos a Arca de São Domingos, o Cimabue de Santa Maria dei Servi, o Uccello ou o Francia de San Martino, os frescos do Oratório de Santa Cecília, o Compianto de Santa Maria della Vita ou, sempre de Nicolò dell'Arca, aquela águia joanina que domina a igreja do Apóstolo e que é a única das figurações dele que consegue evocar tanto o autor do *Apocalipse* como o Discípulo que o Senhor amava.

Mas a que venho eu?

De que falarão estas crónicas, que, não excluindo idas e vindas no cinema (quem o próprio veste, na praça não o despe) vedaram, por mútuo consentimento, qualquer monogamia com ele?

Passou mais de ano e dia (tão mais que a memória se me confunde) que, n'*O Independente* de outras eras, iniciei uma série chamada *Os Filmes da Minha Vida* com uma crónica chamada *A Casa Encantada*.

Foi esse o título dado em Portugal a *Spellbound*, filme realizado em 1945 por Alfred Hitchcock. *Spellbound* não tem nada que ver com casas? Não. Mas, nessa história de psicanálises e sonhos freudianos *à Dalí*, alguma coisa deve ter ficado no inconsciente, que em quase todos os países a palavra casa foi metida no título.

Em Portugal, até encantaram a casa, como me encantaram a mim, que vi o filme com 11 anos e, hoje, como então, sou incapaz de explicar, em língua de gente, porque é que esse filme me encanta tanto. Muitas portas a abrir num beijo de Ingrid Bergman a Gregory Peck? A música de Miklos Rozsa?

Para escapar ao lusco-fusco, vou rever o filme a ver se despercebo melhor. Mas, com fuscos ou luscos, «à hora pensativa do escurecer», ao que venho é a guiar-vos para imagens e memórias cá de mim, puxadas de onde tiver que ser para onde me apetecer que seja.

Terei por companheiros os que já tiverem os apetecimentos ou os que os passarem a ter porque apeteceram o que lhes dei a provar.

Nacqui sub lulio ancor che fosse tardi. E é o tempo de senhores falsos e mentirões. Feltros e faltros, como naquelas obscuras alusões dantescas.

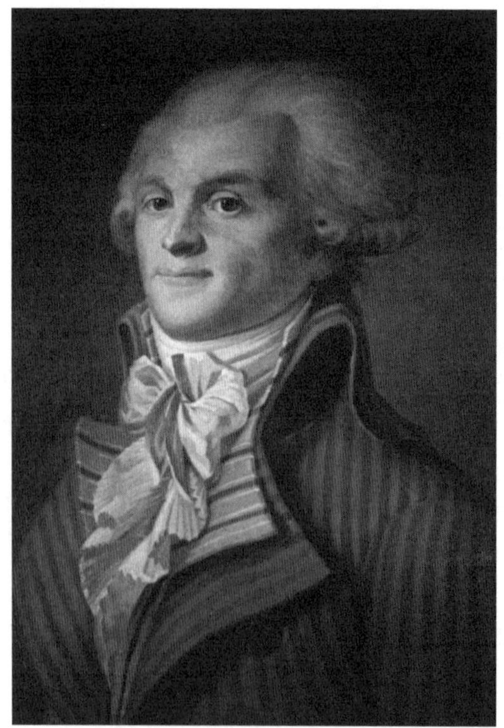

Maximilien de Robespierre.

A VOLÚPIA DA INCORRUPTIBILIDADE

Em Janeiro de 1943 — um mês antes de eu fazer 8 anos — estreou-se em Lisboa o filme de Mervyn LeRoy, com Greer Garson e Walter Pidgeon, *Blossoms in the Dust* (1941), com o título *As Flores do Pó*. As ditas flores eram criancinhas de um orfanato para filhos ilegítimos (por isso lhes associavam o pó) e o filme puxava à lágrima sobre o triste destino de orfãozinhos de transviadas mães. «Não há filhos ilegítimos; há pais ilegítimos». Não juro que a famosa frase aparecesse na história, mas se não aparecia andava nos arredores. A moral do filme era essa e Greer Garson defendia galhardamente bonitos bastardinhos.

Em 1943, não se deixava crianças de 8 anos verem filmes desses, mas também não lhes tapavam os ouvidos. Por isso, já na cama — «longtemps, je me suis couché de bonne heure» — lembro-me muito bem de ouvir a rija discussão que os crescidos travavam à mesa, por causa do dito filme. Uma amiga da minha Mãe — sozinha contra o mundo — sustentava que a moral da fita era perniciosa e que, com culpas ou sem culpas, filhos da mão torta (por assim dizer) não podiam nem deviam ser tratados como quem veio a este mundo na lei e na ordem. Todos os outros — muito progressistas para a classe e para o tempo — a acusavam de defender uma tese aberrante.

Os anos passaram. Quando eu já tinha idade para conversas sobre as coisas da vida, a minha Mãe contou-me que essa amiga dela nascera antes dos pais respectivos (que sempre conheci muito respeitáveis) se terem casado e, segundo os costumes da época, fora registada como filha de pai incógnito. Desde muito nova que ela sabia disso, revelação aliás que, quando lhe foi feita, imensamente a perturbou. Não só sabia, como sabia que a minha Mãe sabia e sabia que a minha Mãe sabia que ela sabia. Ou seja, ao tempo da discussão cinéfila, ela estava a reclamar para si própria estatuto discriminatório, a assumir-se veementemente como «filha do pó», sem se consentir qualquer perfume floral. Era a única pessoa com razões para estar calada e era a que mais protestava, presumindo, presumivelmente, que ninguém lhe ia perguntar: «Então e tu?». Julgo que deve datar desse episódio — que ainda hoje não percebo como e porquê recordei tanto — a minha convicção de que a alma humana é um abismo e que não há que procurar grande coerência nela. Alguns ou algumas a terão — bem-aventurados sejam se não se armarem em carapaus de corrida. Mas a grande maioria ou segue Frei Tomás ou só vê a trave no olho do vizinho. Nunca ouviram falar na canção do carrasco? É um hino à vida, com estribilho obrigatório nos versos «não faças aos outros / o que não queres que te façam a ti».

Lembrei-me desta história — uma entre tantas, mas muito tecnicolorida — ao ler as tremendas polémicas (e digo «tremendas» sabendo o que digo) entre os renovadores ou os críticos do partido comunista e os ortodoxos zeladores dele. É um facto que a comunicação social vê Antígonas em todos os contestatários e os apoia com grande alarido. Mas também o é que algumas vozes fortes (em nada devedoras nem obrigadas) se recusaram a carpir os banidos e recordaram do passado deles coisas menos agradáveis e malfeitorias idênticas às de que hoje se dizem vítimas. Ai daqueles que não sabem usar a máscara que escolheram.

Ouvir Carlos Brito comparar o processo que lhe foi movido com os processos da PIDE, é ouvir a amiga da minha Mãe a reclamar sanções para as flores do pó. Ouvir os comunistas do Comité Central é recuar mais de setenta anos de tradição ditatorial e totalitária que explicou um dos dois maiores horrores do século findo.

Desse horror faz parte, por processos conhecidos, uma das raras grandes inversões colectivas à lei da trave e do vizinho. Dos processos de Moscovo aos de Cuba, os acusados, invariavelmente, não só confirmavam todas as acusações como as redobravam. Muitas vezes acabavam a suplicar a morte, único meio de limpar a nódoa que eram. Se, em Portugal, o PC, graças a Deus, nunca teve poder para processos desses, alguma gente eu conheci e conheço que ficou para sempre destroçada quando a acharam (e se achou) indigna da «superioridade moral dos comunistas». Foi essa «superioridade moral», em Portugal como em todo o mundo, o que determinou inferioridades abjectas. Dum lado e doutro, todos sabem de quem sabe que eles sabem. Eventualmente por isso, o argumento da falta de autoridade democrática é o único que nenhum dos lados gosta de invocar. A liberdade nunca foi paixão maior de ninguém, por aquelas bandas.

A superioridade moral dos comunistas. Hoje, o título do livro de Cunhal, bem como esse outro, quase contemporâneo, que fala de *A Força Invencível do Movimento Comunista*, dão mais vontade de rir do que de chorar.

Mas eu continuo a acreditar que foi um facto (pelo menos antes de 1974) que a maior parte dos militantes comunistas (a começar pelo próprio Cunhal) entrou para o partido por um invencível imperativo moral. Não deram o passo «para o outro lado» ávidos de poder, inveja e de vingança, mas levados pela fome e sede de justiça de que falam as Bem-aventuranças. Foi depois, pouco a pouco, que essa fome e essa sede se saciaram ou se reduziram à expressão de uma cegueira que é só uma das alegorias da justiça. Se alguns — raríssimos — podem ter aceite a clandestinidade, o exílio, a tortura, por uma vitória que os recompensasse de tudo isso nas doces *datchas* de um Cáspio à portuguesa, a maioria não entrou nessa vida como os guerreiros de Alá nas guerras santas: entrou, como dizem agora tantos, de ambos os lados, para dar os melhores anos da sua vida e das suas qualidades à busca de um país mais justo.

Foi esse fim — essa finalidade — que os fez aceitar como bons, meios que cada vez tinham menos que ver com eles. Foi esse fim —

essa finalidade — que os levou a trocar os sonhos dos que têm o coração do lado certo por esse esquivo olhar de quem já não tem sonho algum.

Mas ficou um vazio no lugar deles, vazio que me abisma tanto como há quase sessenta anos me abismou o da mortal contradição de uma pessoa amiga. E esse vazio — tão gratuito nos textos ortodoxos como nos textos heterodoxos — é um vazio moral.

Desde que o mundo é mundo, desse que os homens são homens e os deuses são deuses, a suprema volúpia da humanidade — de Creonte ou Édipo a Robespierre ou Rosa Luxemburgo — foi a da incorruptibilidade. Os frutos dessa volúpia conhecemo-los, estão por aqui particularmente à vista, e não são apetecíveis. Mas não haverá outras, mas não haverá outros?

Acabo sempre na metafísica.

ARRÁBIDA MINHA (I)

«Antre Sintra, a mui prezada / e serra de Riba-Tejo / que Arrábida é chamada».

Acredito na predestinação, como ainda outro dia recordei ao M.S. Lourenço[1], singularmente esquecido. Se não acreditasse, como conseguiria explicar-me, antre Sintra e a Arrábida, que essas sejam as moradas do meu viver?

Sintra aconteceu já crescido, por vias conjugais (mesmo assim já lá vão quarenta e quatro anos bem contadinhos). Mas a Arrábida aconteceu ainda antes de eu acontecer. Não me lembro de mim sem me lembrar dela. Não me lembro dela sem me lembrar de mim. Vivi por lá em muito remotas encarnações, à Arrábida voltarei em vésperas do terceiro milénio, se não for antes.

«Paisagens extremas fazem no espírito um efeito devastador», escreveu Agustina, precisamente a propósito da Arrábida, a que começou por chamar Pedra de Toque, num trocadilho um tanto ou quanto obsceno e a que chamou depois *Terras do Risco*. E muitos riscos situou e sitiou na Serra, nesse romance depois levado ao cinema por Manoel de Oliveira. Havia gente estranhamente perdida nos seus atalhos, abalos que alteravam o traçado florestal, todas as maneiras de excitar e delapidar o amor. E diz ela logo no princípio do livro — não sei onde o foi inventar — que «Arrábida quer dizer lugar de oração», oração necessária para que a luxúria não «tome conta de todo o espaço habitado».

Falei de remotas encarnações. Para quem não me siga em tais metempsicoses, dou notícia que os meus tetravôs tiveram irmãos que foram guardiões do Convento da Arrábida, o chamado Convento Novo,

[1] n. 13-5-1936 — m. 1-8-2009.

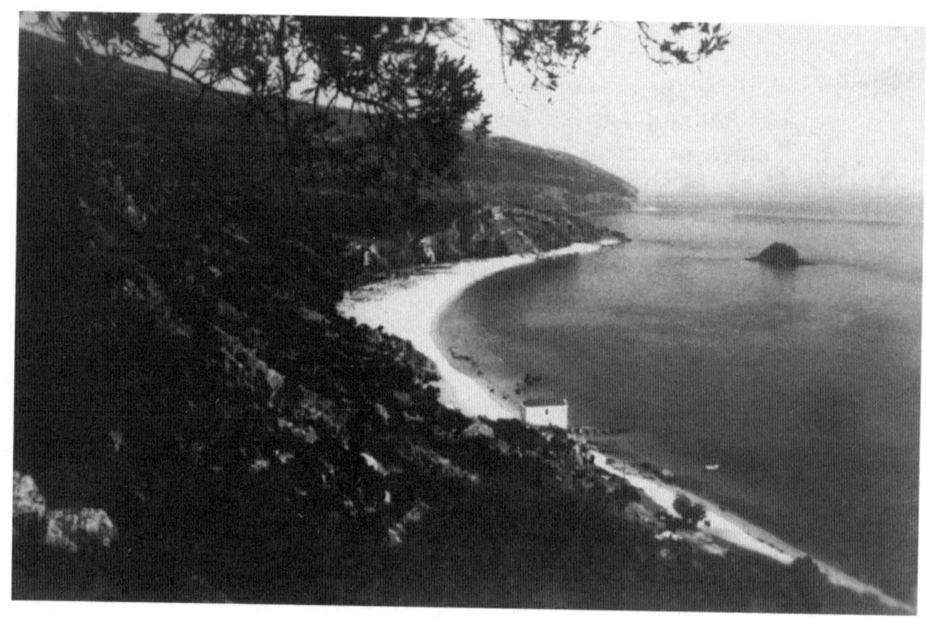

Serra da Arrábida. Portinho da Arrábida

mandado edificar por D. Álvaro, 3.º Duque de Aveiro, cerca de 1620, quando, no monte vizinho, as covas já eram poucas para os arrábidos poderem continuar a habitar, na «suave compostura» de que falou Frei Agostinho da Cruz, o primeiro convento, o Convento Velho (1542).

Duzentos anos viveram no Convento os monges (nunca muito numerosos), até que as leis do «mata-frades» baniram as ordens religiosas do País, em 1834. Mas é da tradição familiar que alguém se apiedou do último guardião, esse meu tetra-tio, e o deixou continuar a viver por ali, ensandecido ao que também parece.

As raízes da família começaram a crescer na Arrábida, arrematada por baixo preço por Palmella numa das várias hastas dos bens monacais. Os meus bisavós paternos — aliás irmãos — desciam frequentemente do Barreiro, onde viviam, a Vila Nogueira de Azeitão, onde tinham parentes e compadres, para subirem a Serra pelo Painel das Almas e São Caetano, até à «Confeitaria» ou às Matas do Lobo ou do Vidal. Depois vinham jantar ao Convento, deserto e muito arruinado. O costume continuou na geração dos meus avós, e os meus pais, que passaram a lua-de-mel na Arrábida, a ela subiram pelo mesmo percurso, já que, até aos anos 40 do século XX, nenhuma estrada dava acesso à Serra, só atingível a pé, de burro ou mula, ou, por mar, vindo-se de Setúbal.

Umas das minhas mais antigas recordações da Arrábida pinta-me uma longa fila de carroças e muares, pejada de objectos e de alguns humanos, uma das quais me levava ao colo. Chovia muito, o chão era lama e o que lembro assemelhava-se bastante a uma retirada de foragidos medievais. Era apenas o fim das férias e o regresso a Lisboa pelo Vale do Solitário, entre a densa mata de medronheiros, urzes e carvalhos.

Nessa altura, quantas casas havia na Arrábida, para além do Convento, já guardado por um servidor da Casa Palmella, que o mantinha liberalmente fechado? Incluindo aquela de onde então eu era, mandada construir por meu Avô paterno, em 1906, para um filho tuberculoso, na vã esperança de o salvar, eram sete casas, só habitadas em

Agosto ou Setembro, erguidas nas duas primeiras décadas do século em que nasci, a norte da fortaleza setecentista, que então ostentava o nome de Pousada. No Portinho, ou à volta dele, cerca de dez, contando com uns casinhotos de pescadores e com uma taberna onde se vendia de tudo e era o único lugar de comércio por aquelas paragens.

Toda a gente conhecia toda a gente, o que não quer dizer que toda a gente falasse a toda a gente, porque, à boa portuguesa, já havia ódios incansáveis, embora novos (questões de terrenos). Puxadas as redes, à noite, os pescadores vinham vender salmonetes e linguados vivos às casas raras. Pela manhã, dos Casais da Serra, chegavam as mulheres da hortaliça ou da fruta, com os figos ainda molhados («figos só na Arrábida») e as maçãs-reinetas. Pelo meio-dia, o Chico Alface (julgo que ainda é vivo) chegava de carroça, vindo de Azeitão, carregado com todas as encomendas feitas na véspera. As criadas iam esperá-lo à estrada e subiam, depois, os socalcos da Villa Raúl, com o arroz e a massa, o azeite e o vinagre, a carne e os enchidos, o correio e o jornal, e sobretudo o pão, o pão fresco com que, no dia seguinte, nos faziam as melhores torradas do mundo. Cada um se levantava às suas horas e berrava para a Silvina — chamava-se mesmo Silvina — por torradas quentinhas, que as da mesa estavam frias. Havia um jarro de água amarelo em forma de porco. Depois, ia-se para a praia. Alportuche, entre a Lapa de Santa Margarida, igreja de rocha para o Andersen da sereia ou vulva gigantesca para a Catherine Deneuve de *O Convento*, e a muito menos marchetada Lapa dos Pombos, Alportuche era então uma série de praias com dunas de areia grossa e branca, exclusivamente habitada por nós e pelos nós de nós.

Foi muito, muito tempo, antes da Revolução. Mas quem não viveu a Arrábida desses anos também não sabe o que foi a doçura de viver. Havia a guerra no mundo e a descalma suave na Arrábida.

Passava-se isto a 40 Km de Lisboa? Passava. Havia um imenso areal branquíssimo, a Pedra da Anicha, o melhor peixe do mundo, as lapas profundas e escuras, na serra e no mar, capelas e fontes, atalhos infindáveis, caminhos de cabras e de raros conhecedores.

Não havia luz eléctrica (não a houve até aos anos 80), não havia água canalizada (não a houve até ao ano 2000). Alumiávamo-nos a petróleo e a estearina, bebíamos água das cisternas.

Nos anos 50, construíram, no Vale de Alportuche, mais umas quantas casas. Mas nada mudou. Depois, muito mudou, mudou muito, até começar a ser comida a um lado por cimentos e lixos tóxicos e a outro pela pedreira da Brecha. Era para falar de tudo isso, e do Parque da polémica, que eu vinha hoje. Mas perdi-me. Acontece-me muitas vezes. Menos na Arrábida. Na Arrábida nunca me perco.

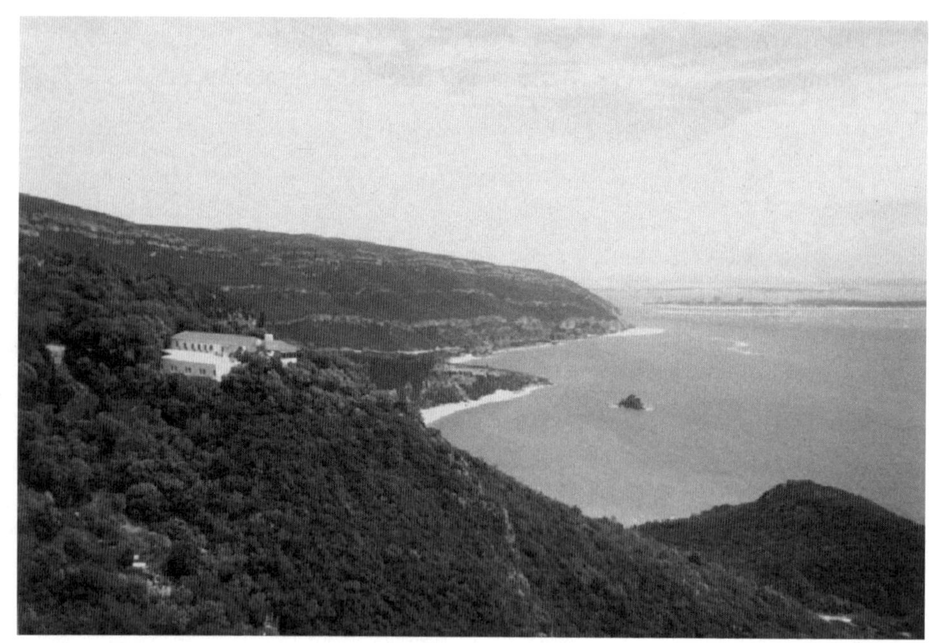

Serra da Arrábida.

ARRÁBIDA MINHA (II)

Quem se lembrar da minha Arrábida da última crónica (*Público*, 26 de Julho) é possível que se lembre que a colunas tantas me perdi. Vinha para falar dos parques e das reservas e acabei a falar da Silvina e dos salmonetes. Vamos ver, hoje, se não me acontece o mesmo. O mais importante é não perder de vista o caminho.

Aprendi isso, também, na Arrábida. Como a mata é furiosa, com os carrascos, as murtas, os adernos, as aroeiras, os zambujeiros, os medronheiros a enlaçarem-se uns nos outros até dois ou três metros de altura, sem deixarem sequer lugar para um livre pé em chão a descoberto, quem se desvie dos trilhos não consegue avançar um passo. É certo que, hoje, a maior parte dos atalhos, a olhos e patas menos experimentados, não parece sê-lo. Quando as cabras do Zé Agostinho deixaram de os frequentar, chocalhantes, e quando os humanos deixaram de os passear, viandantes, os sobreditos arbustos invadiram-nos também, ocultando-lhes a traça. Mas ai do ignaro que, atemorizado com alguns arranhões, se afasta da pista, julgando-a falsa. Nunca mais se encontra nem o encontram. A sua única salvação é não se desviar um centímetro da esfarrapada rota. Se o fizer, não se perde. Mas quem conhece hoje — fora eu e os meus descendentes, alguns escuteiros e o sábio César — os caminhos da Arrábida? Quem?

Daqui para diante, juro que segurarei arrimado ao caminho. Que deixei nos anos 60.

Depois dos frades serem expulsos da Arrábida pela sanha dos pedreiros-livres; depois de Herculano lá ter encontrado, «n'um alcantil agreste», o Cruzeiro do Duque, «ao pôr do Sol, e ao elevar-se a Lua», para, em péssimos versos, namorar a «cruz mutilada» (estou a falar de mil oitocentos e trinta e coisa) a Arrábida ficou muito esquecida, até que a Rainha Senhora D. Amélia a viu do Outão e convenceu El-Rei a um pic-nic no Portinho (há fotografias). Pouco depois, começaram as casas, como contei na crónica anterior. Geólogos e botânicos, ingleses, franceses ou alemães, descobriram por essa época uma das raras florestas pré-glaciares conservada na Europa (as outras parece que ficam na Hungria). Descobriram espécies há muito extintas e extasiaram-se com a beleza do local, que Jaime Cortesão, em estilo peculiar, descreveu, em 1924, como «a pérola do Oceano lançada ao rebanho de Panurgo». E acrescentava: «Noutro país, já estes sítios teriam sido divulgados pela estampa e correriam os cinematógrafos do mundo; e já os hotéis e as vivendas há muito se pendurariam pelas quebradas, ou beberiam o ar do mar os seus belvederes e varandins. No dia em que uma estrada de turismo, continuando a do Outão, colear nesta costa surpreendente, até para além da enseada de Sesimbra, nesse dia Cascais e o Monte Estoril não mais gozarão da fama da "Riviera Portuguesa" que, com menos direitos naturais, hoje lhe usurpam. É para aqui, mais ao sul, entre Setúbal e o Espichel, para esta margem, ora eriçada de fraguedos e alcantis, ora quebrando em lânguidas ondas sobre o mar, que tem de ser deslocada finalmente a nossa verdadeira *Costa Azul*».

A estrada coleou, como já disse, nos anos 40, com um braço alcatroado até ao Portinho. Nos anos 50, apareceram algumas vivendas. Não muitas. Ouvi falar, nessas duas décadas, de planos tendentes à tal Riviera, com um hotel no Quereiro, que completasse a Pousada de Sebastião da Gama no Forte. Mas nada de nada se fez. Pelo contrário: o assoreamento do porto de Setúbal levou a areia das praias (Alportuche feita em pedras é um dos desgostos da minha vida), junto ao Portinho a estrada deixou de dar vazão ao crescente tráfico, sucederam-se fogos suspeitos que só por milagre da Senhora da Arrábida pouparam a Mata Coberta ou a Mata do Solitário, as guaritas ou as ermidas.

Em 1961, Rafael Botelho apresentou o primeiro plano para a criação da Reserva da Arrábida, procurando afastar de lá aldeamentos turísticos, domingueiros de ocasião e novos automóveis. Mas Setúbal queria a sua Caparica de lixo e luxo. Teve-a com a nova estrada «marginal», da Figueirinha à Charca (1973) que se somou ao mais fácil acesso lisboeta, permitido pela Ponte que ainda não era de Abril.

Os anos 60 da Arrábida, que Jorge Silva Melo imortalizou no seu belíssimo *Agosto*, ainda lhe revelaram coisas, a ele, que mais nenhum sítio de Portugal lhe podia revelar. Mas a Pousada fechou as portas e mudou para um edifício estilo Terreiro do Paço que só a nostalgia tornou simpático (apesar de tudo, foi o último hotel arrabidense), a fauna e a flora marítimas começaram a ser dizimadas pela gasolina e óleo dos barcos de recreio e só na Mafalda se continuaram a comer os incomparáveis salmonetes e os incomparáveis camarões da Arrábida.

Em 1971, a reserva foi legislada. Em 1976, criou-se o Parque Nacional da Arrábida, quando o Convento Velho já fora saqueado pelos chulos da revolução, quando o Convento Novo foi entregue aos mórmons e quando deixaram cair a ermida de São Paulo ou a Casa do Solitário. A Leste, as grandes pedreiras do Risco roíam mais a costa e o vale, minando-lhes a estrutura até um mais que previsível desfecho fatal.

Proibidas as construções na Serra, a classe média de Setúbal e arredores dedicou-se à construção clandestina, nas areias do Portinho. O Forte deu lugar a um pífio museu marítimo, qualquer coisa de intermédio entre um urinol público e uma morgue de estrelas-do-mar. Os fins-de-semana, a partir dos anos 80, tornaram-se dantescos. Houve um único gesto de coragem, um único. Coube inteiramente a Carlos Pimenta que, em 1987, arrasou o sinistro aldeamento. Os «proprietários» (e havia gente graúda) ameaçaram pegar fogo à Serra. Parte dela ardeu mesmo em 1991. O Parque Nacional achou abusiva a «mediatização» do incêndio e defendeu publicamente os benefícios dos fogos para a sobrevivência das espécies vegetais.

Quase oitenta anos depois do trecho transcrito de Jaime Cortesão, a «nossa verdadeira costa Azul» foi socratizada pela instalação dos lixos tóxicos na cimenteira do Outão. Quando o vento sopra de sudeste, a antiga fragrância da Serra, testemunhada pelo menos desde o século XVI, é substituída por um característico cheiro de sopa de couves azeda, diz-se que com origem na Portucel. Foi-se a areia, foi-se o peixe, fechou-se a Serra. Não há exagero em falar de Imundície Nacional, em vez de Reserva Natural.

Mas — ou não fosse a Arrábida Portugal e não fosse eu português — às vezes dou comigo a pensar como seria se o sonho de Cortesão se houvesse realizado. Entre a «Riviera do Sado» e o caos sem rei nem roque, sem lei nem grei, confesso baixinho que hesito na resposta.

É que, tal como está, ainda posso passear na Serra com a certeza de não encontrar viv'alma, ainda as matas são tão virgens e tão mágicas como eram quando eu o era também. E, fora do estio e da estiva, ainda há praias e águas conhecidas só de raros e ainda sei onde comer os salmonetes de outrora. Quando regresso a casa, mesmo pela estrada, e vejo, tão húmida, sombria e reentrante, a linha de rochas que vai da Praia dos Pescadores a Alportuche, ainda me é possível reencontrar o tempo perdido. Que não me ouça o Parque e que eu não os ouça a eles. Amen? Amen.

MARILYN: CADA VEZ MAIS LONGE

Cada vez mais longe? Percebo que não se perceba. No fim desta semana que começou a 5 de Agosto, com as comemorações do 40.º aniversário da morte dela em tudo quanto é meio de comunicação social, falar de plano distante parece contrasenso. Se há alguém que, desde a madrugada em que se despediu do planeta — ou em que a despediram do planeta — mais tenha avançado para o olhar da câmara — olhar de todos nós —, até às imensidões do close-up, esse alguém é Marilyn Monroe.

No dia 5 de Agosto de 2002, o *Público* (é só um exemplo, é só um reflexo) dedicou-lhe duas páginas com duas grandes fotografias e chamada na primeira página, com foto debruada a negro. Na última página, mais umas linhas e mais um retrato. Há quarenta anos, quando éramos todos razoavelmente mais cinéfilos e a morte dela, aos 36 anos, nos apanhou com aquela súbita violência, injusta violência, que costuma acompanhar as mortes inesperadas dos novíssimos ou dos novos, nenhum jornal português lhe dedicou nem metade. Julgo que em toda a parte do mundo se passou o mesmo.

Há quarenta anos, para a esmagadora maioria, morreu a loira dos camionistas, jamais boa actriz mas muito boa atrás (para retomar anedota predilecta de imbecis) de quem os americanos tinham feito o «sex-symbol» dos *fifties*. Nem sequer durara muito. Como cabeça de cartaz existira durante dez anos e doze filmes. Jamais oscarizada, ou sequer nomeada para um *oscar* (nenhum académico teria tido lata para tanto) nem sequer se pavoneou longamente pelos «top-tens» das «money-making stars», nessa década a que hoje chamamos a década

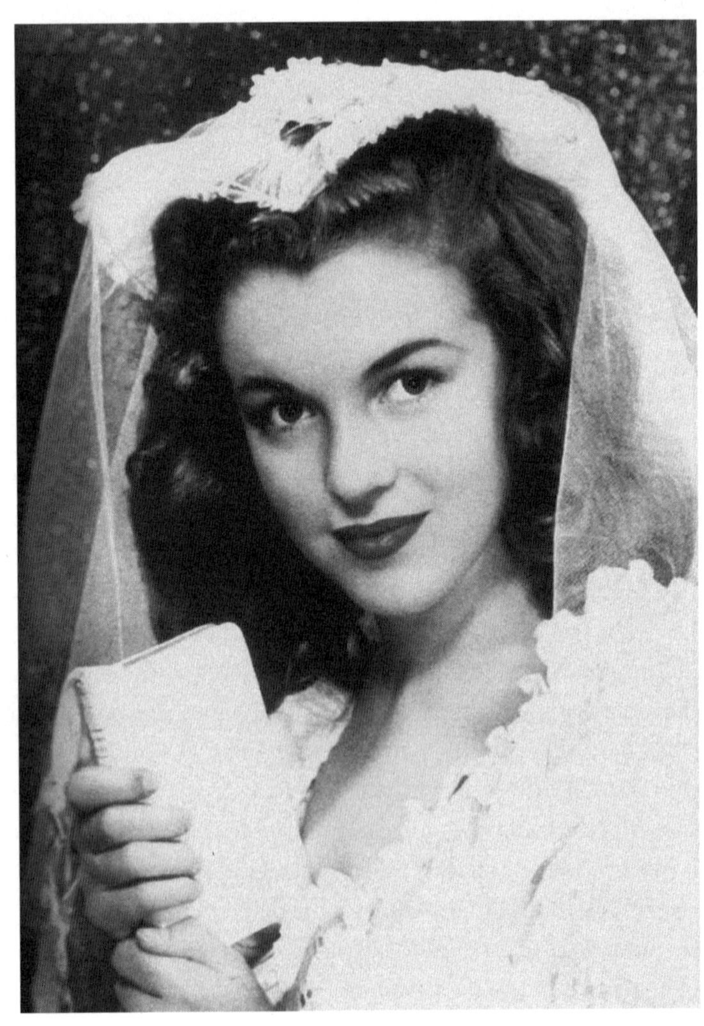

Marilyn Monroe.

Marilyn. Por lá figurou, em modestos lugares, em 1953, 1954 e 1956, sem metade da fama ou do dinheiro da loura que a precedeu na Fox: a esquecidíssima Betty Grable, com quem chegou a contracenar em *How To Marry a Millionaire* (1953). Nunca competiu a sério com as sérias louras da década: Doris Day, essa «que eu conheci antes de ser virgem», ou Grace Kelly, aquela que em 1956 se tornou Alteza do Mónaco.

Não havia qualquer mito Marilyn quando ela morreu, como não o houve enquanto foi viva. A morte dela não foi ululada por turbas histéricas, como nos anos 20 aconteceu com Valentino, nos anos 30 com Jean Harlow, nos anos 40 com Carole Lombard, ou, em 1955, com James Dean. Esses, sim, tinham sido os tão jovens belos corpos, mortos de tão amados pelos deuses. Marilyn nem era tão nova assim (mais próximo dos quarenta do que dos trinta, estava a aproximar-se da idade fatal para um «sex-symbol») nem parecia tão apetecível para os Altíssimos como o era para os baixíssimos.

Mas quando chegaram os anos 60, os idos de Maio, a revolução sexual, as saudades das relvas esplêndidas e dos dias de vinho e rosas, houve um novo olhar de nós para Marilyn ou houve um novo olhar de Marilyn para nós. Nos anos 70, esses olhares mais fundo se cruzaram e mais fundo se adensaram. Por eles falou Norman Mailer quando, mantendo-se a chamá-la «doce anjo do sexo», «a very Stradivarius of sex», disse, também, que a aproximação a ela «obriga a inventar, literalmente, a ideia de alma». Alma e sexo. Sexo e alma. Algures, nos anos 60 ou 70, essa aproximação fez todo o sentido e continuou a fazê-lo por mais uns anos, por mais uns anos. Como sentido fez que Ruy Belo, num poema hoje transformado em lugar-comum, sempre nos anos 70, tenho dito que «devíamos mas era reservar apenas para ela / o seco sóbrio simples nome de mulher / em vez de marilyn dizer mulher». Como sentido fez, para mim, escrever, nos anos 80, que ela era a criança feita mulher, abandonada nas linhas paralelas da passagem de nível sem guarda, (as duas linhas, de todas as mais paralelas e as mais negras) sem que o medo a deixasse fugir e sem nós conseguirmos gritar-lhe (como nos pesadelos) que se afastasse. Todo o tempo dela foi tempo da morte a vir. Premonição e reconhecimento se conjuraram onde bastava o amor somente.

George Steiner, no seu ensaio famoso *Antigones*, interrogou-se sobre a persistência do mito de Antígona na literatura, arte e pensamento ocidentais, sobretudo entre Schelling (1795) e Hofmannstahl (1900). «A partir de 1905, e sobre o impacto da referência a Freud, o foco da interpretação e da crítica começa a deslocar-se em benefício do *Édipo Rei*». Dá várias respostas, para o tentar explicar, mas não chega a nenhuma resposta.

Na mitologia cinematográfica — a única que eventualmente nos deu deuses tão belos como a grega — também não há «resposta feita» para a persistência do mito de Marilyn, ao menos nestes quarenta anos. Mas nenhuma outra «star», nenhum outro corpo astral, foi sozinho, tanto tempo, objecto de um tal culto, culto que com o tempo não passou mas com o tempo se adensou. Sei do que falo. Vivi o 5 de Agosto de 1962 (tinha 27 anos e estava na Arrábida) vivi 1972, vivi 1976 (ano em que ela teria feito 50 anos) vivi 1982, vivi 1986, vivi 1987 (os vinte e cinco anos da morte) e por aí fora até 2002.

Mas este ano reparei em sintomas inusuais. Não me refiro à descoberta ou redescoberta de novos namorados, referidos desde tablóides a canais culturais como o ARTE. Curiosamente, esses namorados eram fotógrafos (ou são fotógrafos, pois que estão vivos). Vieram à luz deste dia, ou desta noite, milhares de fotografias inéditas. Pretender-se-á substituir, pela imagem fixa, a imagem animada (de *anima, alma*)? Mas Marilyn sem anima (essa alma que é um vício, «the idea of a soul») não mais é Marilyn.

No *Libération* (o tal artigo das páginas 34/35 do *Público*) Louis Skorecki tenta construir a imagem de uma Marilyn vitalista feita de pura juventude e pede-nos para olharmos para as fotos. Marilyn sem morte não é Marilyn. Tudo muito escuro e ela a descer, nas trevas, do céu à terra, a cantar *My Heart Belongs to Daddy*. Vejam-lhe os filmes.

Esse que citei (*Let's Make Love* de Cukor, 1960) ou o primeiro em que foi protagonista (*Don't Bother to Knock* de Roy Ward Baker, 1952) em que a dualidade dela se escancara no papel mais Hyde da sua carreira e da sua vida, simultaneamente premonição e recapitulação de ambas.

Pode ser aquela absoluta necessidade de virar o bico ao prego que com o tempo também passa. Mas reparei, igualmente, e pela primeira vez, que os «teen-agers» não respondiam a Marilyn. Talvez estejamos a deixar a era de Édipo. Se a deixarmos, que lugar haverá noutra para essa mulher, mulher donde tanto quisemos sair como entrar, mulher-mãe, mulher-mulher, mulher-filha?

Estava a ver na televisão, a cópia de *The Prince and the Showgirl* (Laurence Olivier, 1957). Quando chegou aquela sequência, que sempre chamei da coroação de Marilyn (embora outros sejam os reis coroados) subitamente pareceu-me que o plano próximo dela (o vestido branco, a tiara) se ia afastando. Nada a ver com ela. Nada a ver comigo. Mas foi sempre assim que percebi como as pessoas de muito perto iam ficando mais longe, cada vez mais longe. Chamo-as e não me ouvem. É quando percebo que morreram. Eu não quero viver a morte de Marilyn. Se a viver, «então o tempo sim, foi coisa que passou». (Ruy Belo)

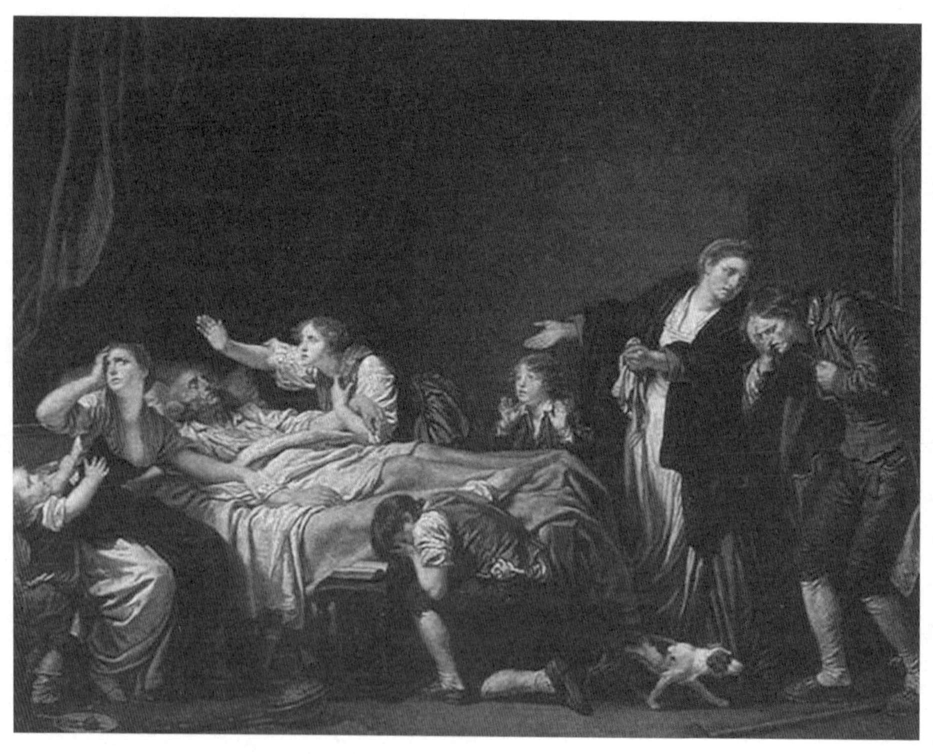

«Le Fils Puni». Díptico *La Malédiction Paternelle*. Jean Baptiste Greuze.

A ARCA DOS ACASOS

No meu tempo (é tão bom escrever livre e finalmente este complemento circunstancial) ensinava-se aos jovens católicos como eu que havia um livro entre todos mágico. Era *A Imitação de Cristo* (*Imitatio Christi*). Dizia-se e diziam-me que, em momentos de grande turbação, bastava abri-lo ao acaso para logo se encontrar a frase ou a passagem que continham a resposta para as nossas dúvidas, problemas ou angústias.

Em boa verdade, não era coisa do meu tempo. A enorme divulgação da *Imitatio*, escrita algures entre 1390 e 1440, data da Contra-Reforma. Antes de mim, dezenas de gerações foram educadas a acreditar no mesmo. A minha geração nem foi a última a conhecer a história.

Acreditei piamente nela e, se acreditarem em mim, acreditarão que muitas vezes usei do «passe» e nunca o livro me recusou resposta. A coisa foi a tal ponto que, em idades posteriores, de menos fé ou de mais fé, dilatei a magia a muitos outros livros. A *Recherche* de Proust, *O Homem Sem Qualidades* de Musil ou *A Morte de Virgílio* de Broch foram os últimos a não falhar.

Recorri ao método vezes sem conta, mesmo sem turbação alguma. Por exemplo: pediam-me uma citação para determinada situação. Quando as buscas na memória se revelavam vãs, ia direito a um livro com relação clara ou obscura com o caso e abria-o ao acaso. Raras foram as vezes que não encontrei a citação, que parecia deliberadamente escrita para o efeito. Tanto quanto me repugnam os chamados livros de citações, self-services do que não soubemos preparar, me atraem esses acasos objectivos que não vieram ao nosso encontro, antes fomos nós quem foi ao encontro deles.

É verdade que, nestes jogos, como em tudo, há um lado aleatório. Um pouco como o astrólogo ou a vidente que nos diz haver em nós um lado irracional que, às vezes, entra em terrível conflito com o nosso lado racional. Quem pergunta «como é que sabe?» ou é parvo ou nasceu ontem. Nos livros abertos ao acaso, a auto-sugestão conta menos mas conta. O que importa é que eu a comunique a outros e use tão retoricamente a minha, como os grandes autores usaram a deles.

Estamos no universo do terrorismo e quem não crê morre. Se assim não fosse, nunca se teriam propagado religiões, ideologias ou gostos. Por alguma razão se dizia — volto ao meu tempo — que o livro de citações do Presidente Mao era o único livro tão influente como *A Imitação de Cristo.*

Longe de mim, querer puxar-vos para sociedades e tempos tão fechados e tão esotéricos.

Só vinha contar a minha história mais recente na matéria dita.

Como alguns saberão, a Cinemateca está a organizar um ciclo sobre cinema e pintura. Por via dele, tenho passado o ano a pensar um bom bocado sobre a narratividade nas artes visuais e a visualidade nas artes narrativas, e sobre a hipótese do cinema realizar o programa e a utopia da pintura, que já Alberti traçou em 1435 («a principal missão do pintor é fazer uma *história*, contar uma história»).

Quando, no decurso do citado ciclo, o cineasta e crítico de cinema holandês Eric de Kuyper nos visitou, falou-me longamente de um livro que ele achava ser a obra fundamental sobre essa temática. Título da obra — *Realizations* — e autor da mesma — Martin Meisel — eram-me completamente desconhecidos. De Kuyper disse-me, também, que julgava o livro esgotado, mas aconselhou-me viagens na net, sem saber com quem falava.

«Não vás, telefona», é um bom conselho e recorri às minhas lugar-tenências com invulgares capacidades para «navegar» na planura dessas ondas. Confirmou-se o esgotamento. Mas há marujas para tudo. De porto em porto, de porta em porta, foram parar ao cais do dito Meisel, professor de Literatura Comparada na Columbia University, por acaso em férias britânicas. Falou (a alma humana é prodigiosa) de dois exemplares que guardava em casa, mas a que só podia deitar mão quando regressasse à América, daqui a uns meses. E lembrou uma recôndita livraria de Boston, onde — parecia-lhe — talvez restasse algo. Lá foi o navio para Boston. E lá estava o livro, se eu o quisesse um tanto ou quanto amachucado pelo tempo. É claro que quis, até porque livro algum em minhas mãos vive novo mais do que umas horas.

Três ou quatro dias depois — e nesse dia rendi-me aos vossos tempos — chegou-me às mãos o calhamaço, encadernado a azul, com sobrecapa também azul, quatrocentas e setenta e quatro páginas e grande formato. Edição de Princeton, soberba paginação, duzentas e vinte ilustrações, todas a preto-e-branco. Estão a ver o género? Foi para o verem que vos dei todos estes dados.

Aprendi então que Martin Meisel começou a publicar nos anos 60, ensinou em Rutgers, Dartmouth e Wisconsin, antes de chegar à Columbia em 1968. Em 80, deram-lhe a cátedra de Literatura Comparada e em 1983 publicou o livro que me obcecava, minha actual *Imitação de Cristo*. *Realizations* é seguido pelo subtítulo «Narrative, Pictorial and Theatrical Arts in Nineteenth-Century England». Ocasionalmente, dá uma olhada para outros países, especialmente a França e a Alemanha. Começa quando «David Wilkie chegou a Londres para fazer fortuna como pintor em 1805 e acaba com a saída de Henry Irving do Lyceum Theatre, em 1902, depois de ter perdido, como actor e empresário, a fortuna que antes tinha».

Martin Meisel publicou muito mais livros de tema tentador entre 1983 e os dias de hoje. O que mais me atrai é o que tem no prelo: *The imagination and representation of chaos from Hesiod to Beckett*. Depois não me digam que não os avisei.

Desde que as mãos da Vidente puseram nas minhas mãos o livro azul, não o larguei. Obviamente, não é este o lugar para contar do que já li. Mas posso aplicar o meu método. Juro que não faço batota. Vou abrir o livro ao acaso e situar a passagem que calhar, já que citar, numa obra do género, dificilmente teria efeitos imitativos de Cristo ou Mao.

Que me diz Meisel? (p. 87) Falando das artes do século XIX como «artes de efeito», «artes de materiais sublimes» (para retomar uma expressão de Carlyle que era tudo menos elogiosa) Meisel cita o exemplo de Greuze, o pintor (1725-1805). Escreve: «A identificação de certas estratégias de efeito dramático, sejam elas pictóricas, poéticas ou narrativas, é, ao fim ao cabo, mais uma questão histórica do que uma questão de lógica. A "teatralidade" na pintura e na literatura é tão relativa como a noção de naturalismo na representação teatral.» E é aqui que Greuze o ilustra, esse Greuze que Diderot (em 1765) citou como paradigma de realismo, simplicidade e naturalidade (opondo-o a Fragonard) enquanto a crítica inglesa do século XIX o achava teatralíssimo.

Deixo-vos a olhar para *La Malédiction Paternelle*, com a sugestão de cortina teatral e a memória de *Il Gattopardo* de Visconti, em que Burt Lancaster se demorava a contemplá-lo. Deixo-vos a pensar se, como defende Meisel, as diversas reacções ao quadro de Greuze não dependem mais da evolução do teatro entre 1765 e 1865 do que da evolução dos padrões no entendimento do naturalismo. O que aconteceu, no quadro e no século, diz ele, foi sobretudo um «coup de théâtre».

Gostei de o saber, à sombra de um «coup de cinéma». Para acasos, hoje, estamos conversados. Fecho o livro e fecho a arca.

DEUS E O TERRÍVEL

Para a Helena

Chamou-se Odon von Horvath. Foi um dos muitos maiores daquela nebulosa de génios que alumiou com sete candelabros de ouro o chamado «apocalipse jubiloso», o de Viena, entre os finais do século XIX e os inícios do século XX.

Na Primavera de 1938, o ano do «Anschluss», Odon von Horvath, que já em 1933 fora forçado a abandonar a Alemanha, trocou Viena por Paris. Gide, que, por influência de Béguin, lera algumas das peças e romances dele, prometeu-lhe um vantajoso contrato com a Gallimard.

A 1 de Junho, jantou com uns amigos. Estava particularmente bem disposto. Depois, decidiu ver a *Branca de Neve e os Sete Anões*, em estreia europeia numa sala dos Champs-Elysées. Durante a projecção, desencadeou-se uma típica borrasca estival. Coisa de trovoada. Apesar disso, quando o filme acabou, von Horvath resolveu atravessar a avenida. Tudo estava deserto, o hotel ficava perto. Um grande relâmpago fendeu ao meio um castanheiro. Um dos ramos atingiu-lhe a parte posterior do crânio. Morreu logo. Tinha 36 anos.

No prefácio à primeira edição francesa de *Juggend ohne Gott* (*Juventude sem Deus*), último livro de Horvath, editado pela Plon em 1939, o tradutor e introdutor (Armand Pierhal) resume três atitudes típicas perante esta morte absurda (como se alguma houvesse que o não fosse). O fatalista invoca o destino: «estava escrito». O materialista diria que entre quatro milhões de parisienses, cada um deles tinha uma hipótese em quatro milhões de ser a vítima. Calhou a von Horvath, podia ter calhado a qualquer M. Dupont ou a qualquer Mme Dupont. Teorias

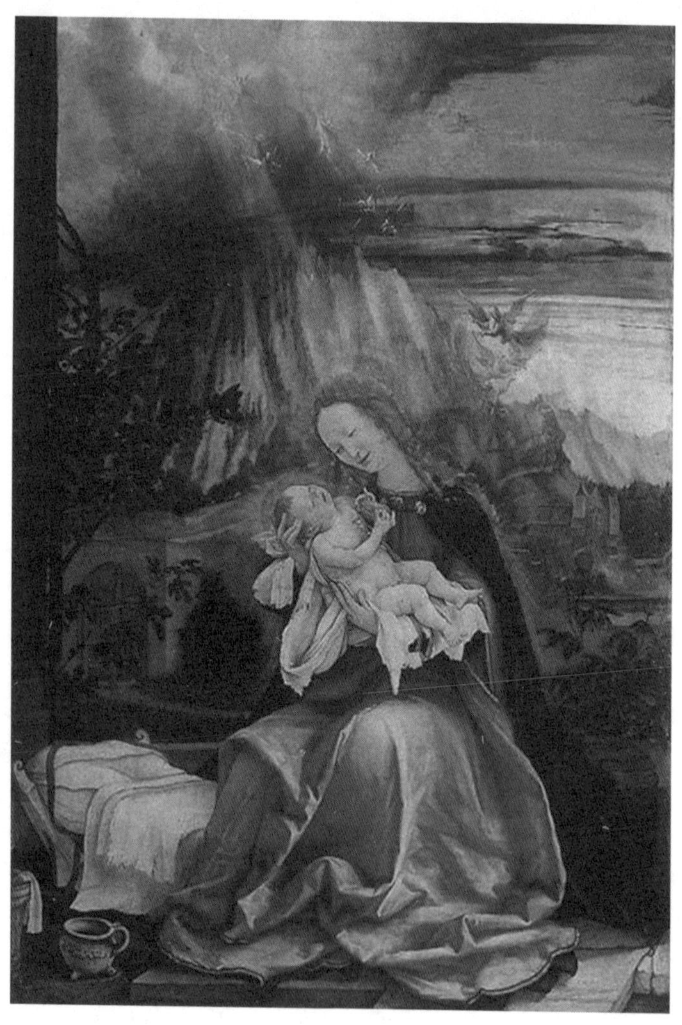

Pormenor de *A Anunciação — Isenhein Alterpiece*. Matthias Grünewald.

do acaso, cálculos das probabilidades. O crente pensaria nos insondáveis desígnios de Deus, que não cabe ao homem tentar perscrutar. Um dia, quando deixarmos de ver como num espelho, para ver Face a Face, perceberemos.

Mas, no mesmo *Juggend ohne Gott*, Odon von Horvath — ele próprio um crente — num capítulo chamado «À procura dos ideais da humanidade», dá-nos ou dá-se outra resposta. O narrador, um professor perseguido por uma comunidade maléfica, identificável com um grupo nazi, vai falar com um padre num dos momentos mais tensos e trágicos da sua vida (um aluno assassinado). O padre cita-lhe Santo Inácio («Entro, com qualquer homem, pela porta de casa dele, para, quando sairmos, o poder reconduzir para a minha»). Cita-lhe Anaximandro («Todas as coisas regressarão de onde vieram, quando cumprirem o destino delas. Pois todos devem expiar a culpa da sua existência, segundo a ordem do tempo»). O professor acha-o «diabolicamente inteligente» mas não se convence com as razões dele para explicar os males do mundo. Até que se chega à passagem que, depois, domina o livro todo.

Diz o padre: «Deus vai por todos os caminhos». Objecta o professor: «Como é que Deus pode passar pelo caminho em que vivem estas crianças miseráveis, vê-las e não as ajudar?» «Ele calou-se. Bebeu do seu vinho a lentos golos meditativos. Depois, olhou-me de novo: Deus é o que há de mais terrível no mundo.» O professor ficou tão estupefacto, que nem acreditou no que tinha ouvido. Daí para diante, repetiu-o muitas vezes, como se se quisesse convencer a si próprio.

Os acontecimentos são-nos incompreensíveis porque queremos julgá-los imediatamente, antes de lhes conhecermos todos os prolongamentos e consequências. Mas, para Deus, não há o «imediatamente», não há a arvore que de súbito cai numa noite de trovoada. Há o tempo todo, todo o passado, todo o presente, todo o futuro. E é isso que é terrível. «O mais terrível no mundo».

Jesus Cristo soube-o quando pediu ao Pai — que é Ele ou que também é Ele — que afastasse o cálice, na noite no Horto. Ou, na

Cruz, quando perguntou: «Pai, Pai, porque me abandonaste?». No *imediato* da agonia e da morte, o Filho do Homem, que Ele também era, deixou de ver o tempo todo (ou só viu outro tempo todo, o nosso) e sentiu o terrível abandono de Deus, a terrível solidão de Deus.

Mas nem é preciso ir até esse momento supremo. São João, no seu Evangelho, quando narra a ressurreição de Lázaro, conta que Jesus «começou a chorar» e «estremeceu interiormente», quando chegou junto da sepultura de Lázaro, morto havia já quatro dias. Porque chegou Jesus tão tarde? Porque chorou Jesus? Porque estremeceu interiormente? Vinha para ressuscitar Lázaro e não devia haver razão para lágrimas, mas para sorrisos, como o da filha de Inger no filme de Dreyer. Admitamos que a sua natureza humana o levou a duvidar da possibilidade do milagre. Faltava tão pouco para que ele e Lázaro se reencontrassem no Paraíso, que o choro permanece inexplicável.

A não ser que, vendo todo o tempo e todas as mortes naquele morto que ele amava (São João o diz) Ele chorasse por todos nós. Ele chorasse porque «não foi para morrer que nós nascemos» (como Jorge de Sena escreveu num poema belíssimo), ele chorasse «como um juiz na meta da corrida / torcendo as mãos de desespero e angústia / porque não pode fazer nada e vê / que os corredores desistem, se acomodam / ou vão tombar exaustos no caminho».

Talvez chorasse por ele próprio e pela Sua própria morte. Porque nós choramos sempre por nós na morte dos que amamos, porque morremos mais do que eles nesta vida reversa da Ressurreição. São Bernardo tem um sermão lindíssimo sobre este tema, respondendo aos frades de Clairvaux — aos seus frades — que o censuravam por ele permanecer fechado na cela a chorar, depois da morte de um irmão muito querido. O Frei Mateus Cardoso Peres O.P. deu-me a ler esse sermão há muitos, muitos anos.

«E dizem-me: Não chores. Arrancam-me o coração e dizem-me: *Não sintas*. A minha resistência não é a da pedra, não é de bronze a minha carne. Sofro e choro e a dor é dentro de mim e não me deixa.

[...] Tenho medo da morte, da minha e da dos outros». Ou, voltando a Dreyer, que há de mais belo do que as lágrimas de Mikkel, o viúvo, quando responde ao pai, que lhe diz que a alma da mulher está junto a Deus: «Não lhe amava apenas a alma. Amava-lhe também o corpo». A saudade dos corpos (daí a nossa necessidade de imagens) dói muito mais do que a saudade das almas.

«A extrema grandeza do cristianismo vem dele procurar, não um remédio sobrenatural contra o sofrimento mas um uso sobrenatural do sofrimento.»

Meu Deus terrível, faz *com que* eu perceba o sentido desta frase de Simone Weil, publicada em *La Pesanteur et la Grâce*, dez anos depois da morte de Odon von Horvath, que também escreveu no livro deste meu deposto Agosto que Deus, o Deus Terrível, é O que nos olha com olhos «calmos como os pântanos profundos do meus país natal» e «tristes como uma infância sem luz».

Assim me fico à tua beira. Tu sabes que és tu.

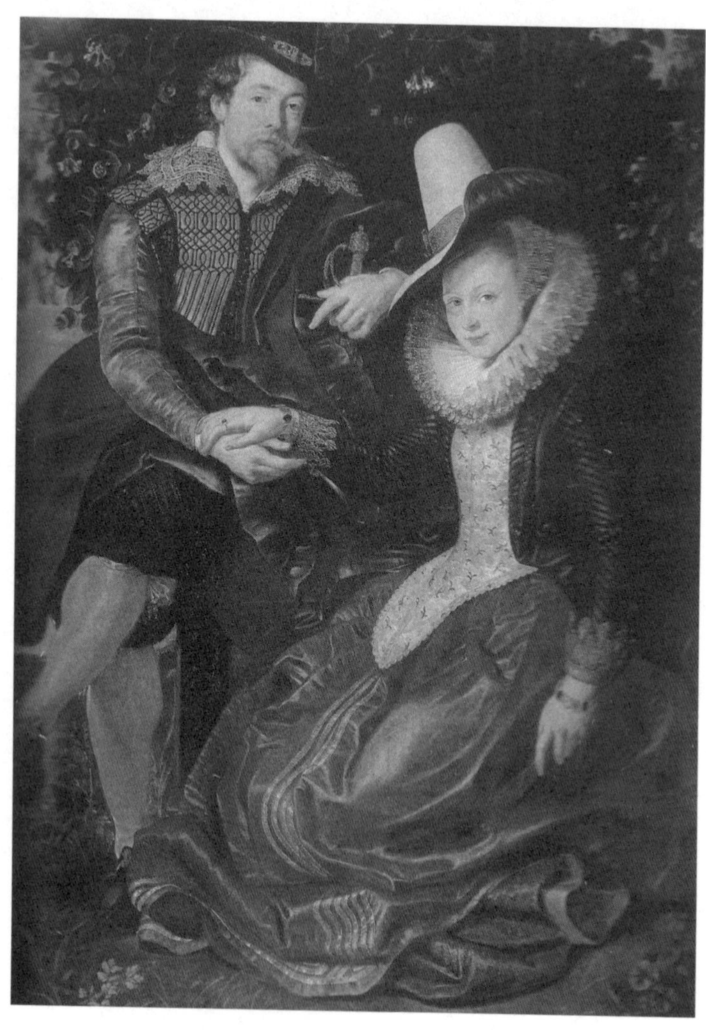

Rubens e Isabella Brant no Caramanchão de Madressilvas. Peter Paul Rubens.

ISABELLA NO CARAMANCHÃO DE MADRESSILVAS

Quem muito cronica muito se repetica. O provérbio não existe, mas nem por isso é menos verdadeiro. E eis-me a contar, mais uma vez, a história daquele livro de capa verde, com losangos flamejantes, robusto e duro (tão duro e tão robusto que, em 2003, comemorará 60 anos nas minhas mãos) que foi, dentre todos os presentes que recebi na vida, o que mais alegria me deu.

Deram-mo os meus Pais, na Páscoa de 1943. Não tive o mais leve pressentimento que o ia receber. Olhei para o lado, para uma mesa de tampo encarnado que havia no quarto de brinquedos da António Augusto de Aguiar, e ele estava lá. Para mim.

Era um livro com reproduções de quadros célebres. Um livro de pintura. Para mim, *o livro de pintura*. Fazia parte de uma colecção espanhola editada pela Labor (Barcelona, Madrid, Buenos Aires, Rio de Janeiro) chamada *Galerias de Europa*. Ainda recentemente, encontrei alguns dessa série em alfarrabistas: o Louvre, os Uffizzi, o Prado etc., etc. Este, que me deram, era dedicado aos museus alemães: o Kaiser Friedrich-Museum em Berlim, a Galeria dc Dresden, a Pinacoteca Antiga de Munique. Sessenta reproduções a cor. Vinte e quatro para Berlim, treze para Dresden, vinte e três para Munique.

Esses sessenta quadros, sei-os de cor, desde então. O livro serviu para tudo e de tudo. Quando me castigavam, o livro ia parar a estante mui alta, onde eu não chegava e ali ficava uma semana, uma quinzena ou um mês, conforme o meu pecado e a penitência respectiva. Quando eu me portava bem, via-o ao colo da Mãe e bebia as palavras de cada explicação. Noutras alturas, deixavam-me mostrá-lo a visitas e familiares, cabendo-me então o papel de cicerone.

Mas muito tempo teve que passar ante que eu visse, das reproduções, os originais. A Berlim cheguei em 1980, quando o museu do imperador já não existia e os quadros estavam em Dahlem. Verifiquei que tinham desaparecido cinco, levados pela guerra ou pelo incêndio que, a seguir a ela, devastou as caves onde as colecções de Frederico Guilherme III se abrigavam das bombas. Depois, voltei lá várias vezes. A última foi em 2000, já no novo edifício (de Hilmer e Sattler) inaugurado em 1998. Em Dresden, comemorei, em 1983, os quarenta anos do meu livro. Mas foi também o ano das comemorações do quinto centenário do nascimento de Rafael e, por causa delas, não vi a *Madonna Sixtina* com os dois anjinhos da minha vida. Até hoje, nunca os vi em carne e osso, com os braços apoiados no parapeito do céu. Munique ficou para último (já assim sucedia no livro). Entrei na Alte-Pinakothek pela primeira vez em 1992. Voltei lá a 11 de Agosto de 2002.

Em verdade, em verdade, sou incapaz de vos dizer qual dos três museus prefiro. Mas Munique, com a inadjectivável representação da minha Santíssima Trindade pictórica (Van der Weyden, Tiziano, Rubens) foi e é o mais exaltante. Desde a sala flamenga, em que as *Sete Alegrias de Nossa Senhora* de Memling substituem, no genial plano-sequência ou na genial sequência do plano, as habituais *Sete Dores*, até àquele orgasmo dos quarenta Rubens sobrenaturais. Ou até às salas com que se fecha o colar, com *A Coroação de Espinhos* e o *Retrato de Carlos V Sentado* de Tiziano. E os Tiepolos, meu Deus; e aquele *Vénus, Marte e Vulcano* de Tintoretto, onde Marte se esconde debaixo de uma cama, com o cão da fidelidade a ladrar contra ele e não se percebe bem se Vulcano está a tapar as vergonhas a Vénus ou, pelo contrário, a destapá-las ainda mais, para melhor olhar a caverna do delito.

Mas tenho que começar (e acabar) por algum lado. Fixo-me num velho conhecido (reprodução 51 do meu livro, que aqui vereis ainda pior, a preto-e-branco) e que nesse livro era apresentado como «Retrato do Artista e de sua Primeira Mulher». O actual catálogo do museu chama-lhe: «Rubens e Isabella Brant no Caramanchão de Madressilvas». Não é o meu Rubens favorito, nem sequer o meu favorito dos Rubens de Munique. Prefiro-lhe, de longe, *O Rapto das Filhas de Leucipo pelos Dióscuros* (outro velho conhecimento) os dois *Juízos Finais* (o chamado «pequeno» e o chamado «grande») *O Massacre dos Inocentes*, *A Batalha das Amazonas*, *Meleagro e Atalanta*. Esses são o apogeu do *meu* Rubens e, como agora não me quero repeticar, peço aos interessados que vão beber noutras fontes. Por exemplo, no que já escrevi sobre Cecil B. DeMille ou sobre John Martin.

Hoje estou de humor mais pastoral.

Há cinquenta e nove anos, o que mais me intriga neste quadro (aliás um dos raros auto-retratos de Rubens e o único em que o pintor, aos 32 anos, recém-casado, se representou no máximo fulgor) é o corpete de Isabella Brant. O que dele se vê, tão longilíneo, tão desaguante e tão oculto pelo casaco de seda escura e pela gola de rendas, parece, visto de longe e de repente, um interminável pescoço, unindo o queixo ao baixo-ventre. Isabella Brant está sentada, de tudo a evidência. Mas sentada onde? Evidência nenhuma. Como se a ausência de lugar e o brilho do cetim luminoso a puxassem para cima e não para baixo, como se levantasse voo, com aquela imponderabilidade dos corpos de Rubens que há vinte anos me ensinaram a ver.

O quadro data de 1609, o ano das bodas. Rubens, como disse, tinha 32 anos. Isabella Brant, 17. Nem ele, nem ela o parecem? É bem verdade. Mas quem achar enorme a diferença de idades, lembre-se ou aprenda que a segunda mulher do pintor, essa Helène Fourment que Calouste Gulbenkian mandou vir da Rússia e hoje resplandece em Lisboa, tinha 16 quando casou com Rubens em 1630, contava este 53. E foi Helène Fourment a que foi pintada nua, no quadro de Viena, perdida Viena de perdida viagem.

Isabella não a concebo nua, nem aos 17 anos, nem aos 34, quando morreu, julga-se que de peste. Há vários outros retratos dela (Cleveland, Uffizzi), ainda mais coberta do que aqui. Alguns viram neles sinais de intensa vida interior. Eu só consigo ver mordacidade, ilusão de recolhimento, satisfação de dever cumprido. Tudo tão oposto, tão oposto, à hesitante timidez e ao leve desamparo deste retrato de gola branca, elevado até ao chapéu. «Não tinha nenhum dos defeitos próprios do seu sexo», escreveu Rubens quando ela morreu. Talvez não tivesse.

Talvez, por isso, a mão esquerda dela, com a pulseira de granadas (uma das «escravas»), pouse com tão ausente força na mão direita de Rubens, talvez por isso Rubens esconda o sapato debaixo da saia dela. Se ela não sabe de que terra é, ele está bem certo do céu que só para ele existe. Certo da sua *dolcissima professione*, é já o Rubens que, onze anos depois (em 1621) escreveria a um amigo: «O meu talento é tamanho que nenhum empreendimento, por maior e mais complexo que seja, pode, alguma vez, ultrapassar a confiança que tenho em mim próprio.»

Essa confiança dá-a, mais do que a recebe, a Isabella. Ela é a criatura das madressilvas, a planta que, desde o século XV, simbolizou, na pintura, o amor e a fidelidade conjugais. Ele é quem recebe o húmido perfume delas, entre o verde e o azul do extremo do quadro. Ambos olham o nosso testemunho. Sem rigor, mas também sem complacência.

FERNANDO DE AZEVEDO: «PAR DÉLICATESSE...»

Não, não acho que ele fosse modesto, ou que a modéstia fosse qualidade ou defeito saliente nele. Sei de vários que o achavam altivo, até mesmo arrogante. Altivo, era-o certamente. Arrogante, nunca o vi ser. Porque fui então buscar esta história da modéstia para começar um artigo sobre ele, perto da morte dele?

Porque procurava para mim mesmo explicação para o lugar, simultaneamente central e marginal, que este imenso pintor se reservou. Pintor das «ocultações», foi o «oculto» o lugar que escolheu? Dele próprio e de todos nós se «ocultou» também, sob a máscara do pedagogo, do mestre de cerimónias, do crítico ou do expositor? Nos últimos quarenta anos, aproximadamente, a notoriedade dele veio-lhe sobretudo dessas facetas que lhe valeram também iguais verrinas. E, a pouco e pouco, ou pouco no pouco, as pessoas esqueceram-se do Pintor que sempre foi com ele e para ele nominativo tão definitivo e tão designativo como Fernando ou como Azevedo. Era o Azevedo. Era o Fernando. Era o Pintor. Pintou o quê? Pouco e só os mais velhos se lembram.

Explico-me melhor para quem o não o situe. Fernando de Azevedo, que começou a expor e a exibir em 1943, aos 20 anos, fez uma entrada fulgurante no mundo do nosso imaginário, em 1949, na chamada I Exposição Surrealista, com os vários «cadavre-exquis» pintados por ele e por Vespeira ou pelos dois com a colaboração de António Pedro e de Moniz Pereira. Três anos depois, conheci-o de nome pela primeira vez, na célebre exposição da Jalco (Fernando de Azevedo, Fernando Lemos, Vespeira), em que expôs cinquenta e duas peças.

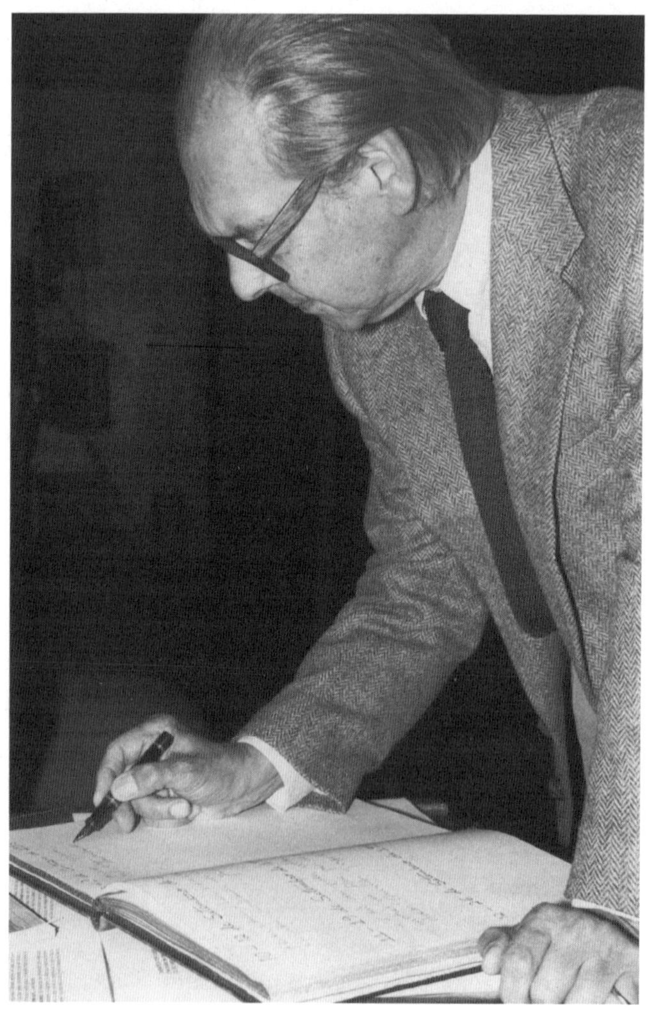

Fernando de Azevedo, 3 de Outubro de 1995. Foto Estúdio F64 / col. CP.MC.

Decorei-lhe o nome. E, ao longo da década dos meus 20 anos, fui-o reencontrando, nas exposições da Galeria de Março, da Faculdade de Ciências, da Sociedade Nacional de Belas Artes ou na II Exposição da Gulbenkian, na Feira das Indústrias, em 1961, em que Azevedo foi premiado. Mas foi na exposição «50 Artistas Independentes em 1959», que vi *Ofélia*, um quadro que sempre associei à *Ilha dos Mortos* de Böcklin. «Cenário, meus senhores, um céu de anil, / de tempestuosas nuvens em que um branco / prende a atenção e a praia das muralhas / detém no seu ventoso arrepiar ligeiro / ao topo de rochedos que se escoam / como reflexos de asa ou manto real / pendendo aereamente de ombros invisíveis / cenário, teatro: Ó filhos indiferentes; / amei-te outrora; é breve, meu senhor; sê casta como o gelo, pura como a neve; / que bela ideia estar metido entre / pernas de donzela!»

Não fui eu, obviamente, meus senhores quem vos descreveu assim o cenário pintado por Fernando de Azevedo, mas Jorge de Sena, num dos dois únicos poemas das *Metamorfoses*, dedicadas a pintores portugueses. O outro é o «retrato do jovem cavaleiro», de autor anónimo do século XVI, esse que nos fita, «como o pintor pensou / não como jamais fitou alguém».

Mas se Fernando de Azevedo — o pintor — entrou cedo na minha vida, só dez anos depois do quadro de Ofélia e da «borboleta ao longo de águas mansas», em 1969, conheci o homem, que vim a encontrar na Gulbenkian, no Serviço de Belas Artes, em que ele era o responsável pelas Artes Plásticas e eu passei a ser o do cinema.

Nenhum de nós era ou é homem de primeiros contactos e durante alguns anos limitámo-nos a uma serena camaradagem.

Até que começaram os Ciclos de Cinema na Gulbenkian (1973) e me foi sugerido que para o catálogo Rossellini (o primeiro) eu lhe pedisse ajuda. Fomos poupados, um e outro. Mas, a partir de 1976 (Mizoguchi) a nossa desmedida começou. De 1973 a 1984, fizemos juntos vinte catálogos: trinta e seis páginas tinha o primeiro catálogo. Quinhentas e dezasseis o último.

Nesses onze anos (que incluíram pelo meio o 25 de Abril), graças a ele, o cinema fez para mim a ponte com a pintura, revelando-se-me, tanto quanto ela, «tautogogia ou alegoria», como um dia Azevedo escreveu, na *Tricórnio*, há cinquenta anos. Fernando de Azevedo falou-me muitas vezes da importância crescente que esses catálogos foram tendo na vida e na obra dele, e como eles lhe cimentaram a crença que sempre foi a dele nos acasos objectivos. Através das imagens de Joan Crawford ou Jennifer Jones, de Jean Renoir ou de Murnau, dos beijos dos anos 40 e das bofetadas dos anos 50, da relação entre o *Angélus* de Millet e a sequência de *Tobacco Road* de John Ford, em que Charles Grapewin, ajoelhado, diz «I want to clear my soul», dos monstros da ficção científica introduzidos pela *Justine* de Sade («coisas sórdidas e medonhas») Fernando de Azevedo dizia-me que uma nova desordenação do imaginário entrara nele. O que me atrevo a julgar patente nas suas muitas colagens dos anos 80, por raros conhecidas e por raros vistas.

Trabalhámos muito, divertimo-nos muitíssimo. O que eu penso agora no modo como ele se ria, como ele chorava a rir, limpando os óculos embaciados, ou no modo como ele se zangava, levantando as sobrancelhas, de cada vez que alguém lhe elogiava um medíocre, um morno ou um canalha, ou que alguém atacava uma pessoa ou uma obra grandes. Da última vez que almoçámos juntos, da última vez que nos vimos — a 9 de Julho de 2002 — Fernando de Azevedo deu-me a «maquette» do catálogo de Visconti de 1976, que guardara todos estes anos. «Maquettes» como só ele as fazia: um caderninho branco, com «croquis» das fotografias e o esboço da paginação.

Chamava-lhe «lembrança antiga dos nossos começos cíclicos». A verdade é que, na edição cinematográfica em Portugal, no grafismo cinematográfico em Portugal, há um *antes* e um *depois* de Fernando de Azevedo. Tudo quanto se fez de meritório em edições desse género — por mais que o neguem ou reneguem os seus autores — dependeu dele.

Fernando de Azevedo teve, na Gulbenkian, no SNBA, na AICA e em tantas outras funções, um papel de intervenção sem o qual nada do que se passou no mundo das artes plásticas, dos anos 60 até hoje, teria sido o mesmo.

Ninguém deu mais e melhor a *ver* (o que eu aprendi com ele, quando ele orientava as visitas guiadas às exposições da Gulbenkian), ninguém escreveu melhor sobre os melhores e mais novos, ninguém organizou ou promoveu mais exposições individuais de artistas, mais monografias sobre pintores. Morreu sem que se tenha feito uma grande retrospectiva sobre a sua obra, sem que exista um só volume consagrado a ele. Ninguém fez mais pelos outros. Sobre ninguém, com o tamanho dele, se fez tão pouco. Nunca o ouvi queixar-se.

Mas não era modéstia não. Pensado mais, pensando melhor, a única palavra que me ocorre é *délicatesse*, no sentido de Rimbaud no verso célebre. «Par délicatesse / j'ai perdu ma vie». Só que vidas como a de Fernando Azevedo não se perdem. Um dia se saberá como continuou a obra, quando forem vistos desenhos, gravuras e colagens dos últimos quarenta anos. Mas, «na mais alta torre», este homem do requinte e este pintor do «exquis» construiu o «augusto retiro» que se lhe adequava. «Je me suis dit: laisse / Et qu'on ne te voie: Et sans la promesse / De plus hautes joies».

O sol batia no meu gabinete. Eu chegava tarde, como tarde sempre chego. Na mesa do canto, já estava o Fernando de Azevedo. E eu via-lhe as mãos belíssimas a desenhar. Depois, espalhávamos fotografias pelo chão, até escolhermos a que tinha que ser escolhida. Depois, ele voltava a sentar-se e a fazer esquadrias. Ou então levantava-se e ia ao gabinete dele desenterrar uma velha *Life* com a fotografia que nos faltava.

A dor da memória é a única dor que nunca pousa. Fernando de Azevedo, o pintor que nos pensou como se pintou. A espaços, ocultamente.

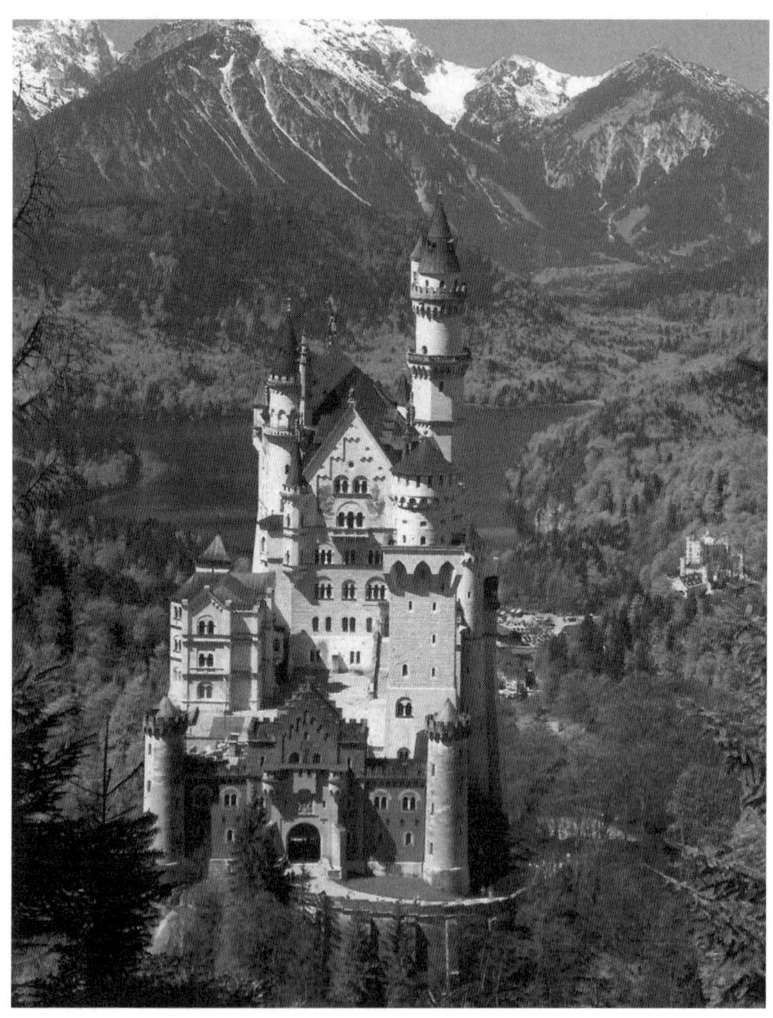

Castelo de Neuschwanstein.

NEUSCHWANSTEIN A 12 DE AGOSTO

Chovia, cadenciosa e pedacinhamente, na manhã excursiva de Munique para Neuschwanstein. Eu tinha feito uma coisa que, comigo, é a coisa mais rara de fazer. Levantara-me às 6 e meia da manhã (5 e meia, em Lisboa) para poder sair do hotel às 8 e chegar à Neptune-Brunnen (Fonte de Neptuno) na Elisenstrasse, antes das 8 e meia, hora marcada para a saída. Não muito longe da Lenbachplatz, onde fica o maldito Morvenpick, restaurante da véspera à noite e do telefonema que não podia ser mas foi.

Cumpri os horários, coisa rara. Mesmo assim (alemães e japoneses são outra gente) o autocarro de dois andares já estava praticamente cheio de uns e outros, o que motivou um curto «suspense», quando a guia quis invocar uma alegada falta de póstuma validação para pôr em causa os bilhetes que levávamos de Lisboa.

Quando partimos (dois lugares no rés-do-chão) continuava a chover. E foi debaixo de chuva que atravessámos Murnau, cidade a que Friedrich-Wilhelm Plumpe foi buscar o nome que o tornou celebre. A guia (que não se calava) nem mencionou o facto. Eu lembrei-me daquele intertítulo do *Nosferatu* (parece que inventado pelos franceses) que diz «Quando atravessaram a ponte, os fantasmas vieram ao encontro deles». Lembro-me de ter perguntado que horas eram. Ao longo do dia, muitas mais vezes o perguntei.

Murnau ficou para trás, mas a chuva não. Pensei, caso Luís da Baviera costumasse fazer o nosso percurso, na quantidade de vezes que o rei virgem terá atravessado a cidadezinha onde, dois anos e meio depois dele morrer, nasceu metaforicamente o cineasta que mais nos deu «a consciência visual da morte». Pensei se não teria sido perto de Murnau que Syberberg o filmou, coberto de neve e de melancolia, na «noite mística e inexpugnável», adulto glabro sucessor de criança barbuda.

A horas tantas, a guia preparou-nos para a primeira decepção. As estradas para Linderhof (a excursão prometia Linderhof e Neuschwanstein) estavam intransitáveis devido às cheias. Possível, uma melhoria de tempo para a tarde. Assim sendo, o programa invertia-se. Neuschwanstein antes do almoço, Linderhof eventualmente depois. O aviso seguinte já foi mais pessimista: Linderhof seria provavelmente substituído por Hohenschwangau, o castelo que fica em frente de Neuschwanstein, o castelo onde Luís II nasceu, e a que chamou o «paraíso na terra». Foi construído (ou reconstruído) por Maximiliano II (1811-1864), entre 1833 e 1837, oito anos de Ludwig nascer. Maximiliano era o pai de Luís, tão odiado por ele como a mãe, essa princesa prussiana que, já rei, ele sempre designou como «a viúva do meu antecessor».

Quando chegámos à orla dos Alpes do Tirol, actual fronteira entre a Alemanha e a Áustria, no lugar chamado Schwanstein («Pedra do Cisne») entre os lagos Alpsee e Schwansee (com Forggensee, mais ao fundo) no sopé do Monte Saeuling (2045 metros) Neuschwanstein tornou-se magicamente visível, tão visível como a consciência da morte e do tempo perdido.

Se se diz (nunca vi) que Herrenchiemsee (construído entre 1878 e 1885) é uma réplica de Versailles (um eco de Versailles) e que Linderhof (construído entre 1869 e 1878) é uma réplica de Trianon (um eco de Trianon), Neuschwanstein, onde se lançou a primeira pedra em 1869 e que nunca se acabou (à morte do rei, ainda era um estaleiro) é réplica ou eco dos grandes castelos medievais da Germânia, o mais operático, o mais feérico de todos. Há um espelhismo evidente com Hohenschwangau, que lhe fica em frente. Mas Neuschwanstein, com o seu branco e preto ameaçador como bico de águia e os sucessivos patamares de sucessivas torres, é muito mais o castelo que imaginamos para o Rei Mark ou para Heinrich der Vogler. É o monumento ao «seliger Held» («abençoado Herói») seja ele quem for e onde esteja. De lá, e só de lá, se pode levantar o bando de corvos que dará a conhecer aos Deuses a proximidade da noite fatal.

Descidos dos autocarros, há ainda muito que andar a pé, numa subida que lembra Sintra e me lembrou que a Pena do nosso rei alemão é anterior e não posterior aos castelos de Luís II. Quando finalmente cheguei ao pátio da entrada que dá para o «Corredor Vermelho», no segundo andar do castelo, contra a consciência da beleza, tive a consciência do horror.

Por «razões de segurança», a visita ao castelo só se pode fazer em grupos, agrupados conforme o idioma dominante. Com o bilhete de acesso, dão-nos uma senha, como nos super-mercados, nos governos civis ou nas lojas dos cidadãos. As bichas formam-se diante de números electrónicos. Ultrapassadas as barreiras, uma guia, por certo descendente de uma vigilante de Dachau, empurra o grupo que lhe calhou em azar pelas várias salas, fechando as portas à chave. Aberta a porta da sala seguinte, nenhuma espécie de demora para quem queira ver em vez de olhar. Ela própria empurra todos, para que possam entrar os senhores que se seguem. E assim sucessivamente.

Li algures, durante a viagem, uma carta escrita por Luís II a Anton Memminger, empresário de caminhos-de-ferro, que planeava uma linha que por ali passaria perto: «Não perturbem — não perturbem nunca — com fábricas, edifícios ou caminhos-de-ferro, a idílica solidão deste cenário romântico, ainda mais belo no Inverno do que no Verão. Pois hão-de vir tempos em que muitas outras pessoas terão saudades, como eu já tenho, de um sítio como este em que possam encontrar refúgio. Um sítio que não seja enxovalhado pela cultura moderna e pela tecnologia, pela voracidade e pela velocidade, um sítio distante do rumor e do turbilhão, da fuligem e do pó das cidades.»

Enquanto os vândalos (um dos quais eu era, quisesse-o ou não) corriam pelas salas e quartos empurrados pela megera, entre comentários alarves e pragas contra os degraus, eu pensava que Luís II recusou a entrada no castelo a príncipes e bispos, alegando que não eram dignos dele. De súbito, eu, que não acredito no inferno, tive enorme medo dele. Porque se Luís II nos está a ver (e nisso acredito eu) só pode ser infernal a visão de Neuschwanstein, a soldo da turba-multa, que só pára e se distende na loja dos «souvenirs».

«Só há uma criatura que verdadeiramente me deleita. Não é o cisne, nem o falcão, e não é o leão. A mais bela obra-prima da criação é o pavão», escreveu o rei.

Mas o cisne, unindo uma lenda medieval que está na origem da família real da Baviera (Schwangau e Wittelbach) ao mito do *Lohengrin*, é a imagem dominante do castelo com o nome dele. Na sala de estar, há um recanto a que se chama o «canto do cisne» (julgo que o duplo sentido só existe em português). Diz-se que um cisne foi o único objecto que o rei levou do castelo, na noite de 12 de Junho de 1886, quando os médicos o declararam louco e incapaz.

Ludwig dormiu em Neuschwanstein a última noite da vida dele. Quando o levaram, disse ao criado Stich: «Sticherl, deixa as camas feitas para mim! Não deixes visitantes curiosos profanarem este quarto. Vivi aqui as horas mais amargas da minha vida. Nunca mais voltarei.»

Tinha 41 anos e, no dia seguinte, afogou-se ou afogaram-no no Lago Sternberg.

A 12 de Agosto, à tarde, visitei Hohenschwangau e vi o quarto em que ele nasceu, rodeado de neiades nuas, as neiades de Tasso e com o céu azul, nocturno e estrelado por cima dele. É o mais belo dos quartos, para quem quiser viver e morrer sob o signo de Saturno e da melancolia. A lágrima de Syberberg. A lágrima com que, no trenó, Ludwig recorda o momento único e perfeito em que alguém lhe deu de beber numa xícara de porcelana com rosas pintadas. Depois, caiu no décor de Parsifal para dizer como Amfortas: «Já não posso mais».

Às 10 e meia da noite, hora a que eu nasci, voltou a chover em Munique. Ludwig amou também, tanto como o azul do pavão, o azul do miosótis, essa flor a que os ingleses chamam «forget-me-not».

SALZBURGO: O REINO DE RÜCKEN

Mais cedo ou mais tarde, eu sabia que havia de voltar a Salzburgo. Agora que voltei, continuo sem saber se fui cedo ou tarde.

Eu escrevi «voltei»? Ou há mãos que escrevem pelas minhas mãos ou o verbo é um bocado forte. Antes de ontem, podia dizer que tinha estado em Salzburgo? Literal e metaforicamente sim, por outra coisa não. Eu explico.

Em 1975, no Verão de 1975, quando, em Portugal, os termómetros subiram do modo que se sabe, fui refrescar-me a Viena, com projectos de percorrer, depois, as estradas do Grossglockner. Depois, mudámos de planos e decidimos ir até Praga. Depois, mudámos de planos e não nos demorámos muito em Praga. Lembro-me que, uma noite, de regresso a Áustria, nos perdemos no «mundo dos gigantes de gelo», já o rio era o Salzach e as minas de sal paravam por perto. Às tantas da noite (trânsito nenhum) salvou-nos um albergue (só na Áustria a palavra «estalagem» se pode traduzir assim) que parecia saído de um conto de fadas.

No dia seguinte, aconteceram-nos várias coisas chatas, como perdermos o dinheiro ou roubarem-nos o dinheiro. Em 1975, não havia cartões de crédito que nos valessem. E, quase sem um tostão, chegámos a Salzburgo ao cair da noite. O dinheiro ainda daria para visitar a casa onde se diz que Mozart nasceu, no n.º 9 da Getreidegasse, mas a casa estava fechada. Olhei para o fim da rua e vi um monte que a tapava. Lembro-me de ter pensado que parecia um pesadelo. Depois, fomos até ao fim da rua. Não fixei o auriga (não é um auriga, é um domador), mais fixei o túnel, que me fez medo, e fixei a inscrição «te

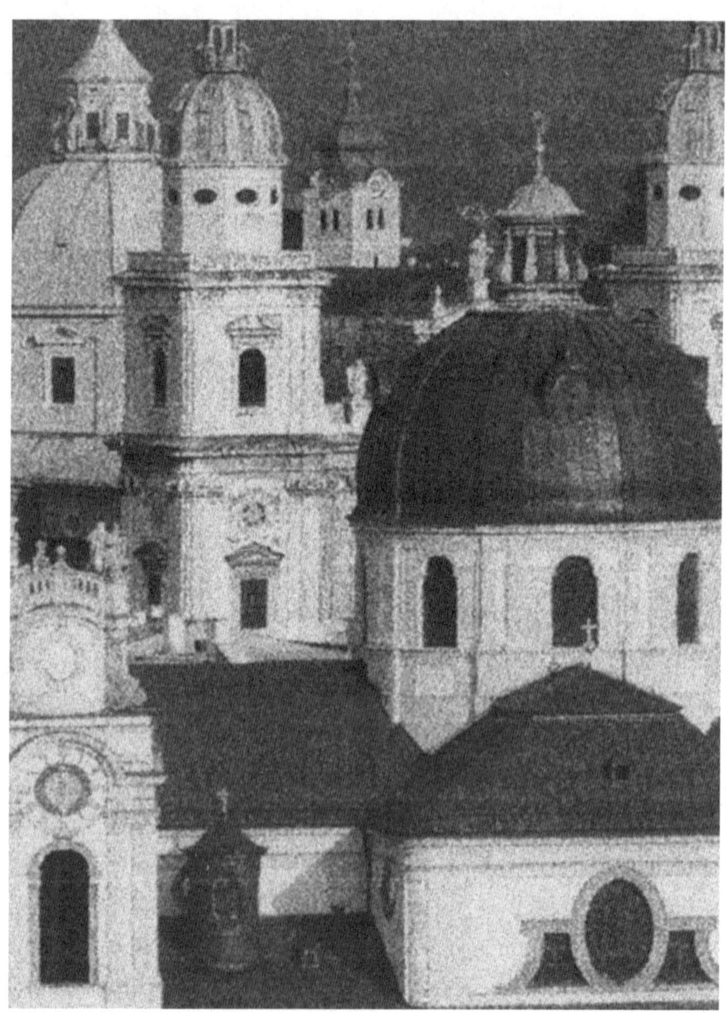

Salzburgo.

saxa loquantur». E, sem que ninguém nos guiasse, já estávamos diante do Palácio dos Festivais, em noite de *Fidélio*. A sorte sempre me sorriu, à última das horas, em noites de lotações esgotadas. Sem moedas no bolso, tentá-la era tentar deuses pouco propícios. Não o tentei. Tenho uma nebulosa ideia de neblinas e de outro encontro mágico: o Tomaselli, o mais bonito café do mundo, no Alter Markt. Já existia no tempo de Mozart. Depois, metemo-nos à estrada, a caminho de Viena, para o regresso a Lisboa.

Chama-se a isto ir a Salzburgo? Posso dizer que lá voltei?

No entanto, lembro-me de ter pensado que não deixava de fazer sentido que eu me sentisse tão desmunicionado na cidade de Mozart, cidade que nunca lhe deu «um kreutzer de diversão», cidade que o odiou e ele odiou. E retive a obscura associação com a rua que esbarra num monte e com o Festival que me barrava o acesso.

Em 2002, ao contrário de 1975, não improvisei nada. Para as cinco noites, cinco bilhetes. Marcações a meses da vista. Munique, os castelos de Ludwig, de que já falei noutras crónicas, ou noutros quartos desta «casa encantada», eram apenas o aperitivo, como a Viena do Sacher, de Giorgione e de Tiziano, devia ter sido a sobremesa. Mas terei estado em Salzburgo? Ou, de novo, vagueei numa paisagem de pesadelo, cortada pelo Mönchsberg (é o nome do tal monte) entre praças concêntricas, cemitérios catacumbicos, de olhar sempre enganado pelo barroco mais volátil, em busca de Mozart, fantasma omnipresente e omniausente?

Dividi bem os meus dias de Salzburgo.

O primeiro dediquei-o às casas de Mozart, quer essa do n.º 9 da Getreidegasse (onde Mozart viveu até aos 17 anos, em 1773, no regresso da terceira e última viagem a Itália), quer a do n.º 8 da Makartplatz (onde viveu de 1773 a 1780, quando partiu para, em Munique, estrear o *Idomeneo*). Normalmente, as lendas convencem-me mais do que os factos. Desta vez, nem todo o meu poder de auto-persuasão me convenceu que Mozart vivera quer numa quer noutra. São pedagogias bem intencionadas, não mais. Para além dos retratos do Menino (e quantos deles do Menino serão?) o que mais me reteve foi o manuscrito da carta de Paris, de 3 de Julho de 1778, em que Mozart «no dia mais triste da minha vida» escreve ao Padre Bullinger, amigo de família, a contar-lhe da morte da mãe e a pedir-lhe que prepare o pai e a irmã para tal notícia; ou o quadro, obsceníssimo (tão obsceno que só a partir de 1995 o expuseram) onde se ilustra, da mais «naïf» das maneiras, a celebrada escatologia mozartiana.

O segundo dia dediquei-o às igrejas, todas subterraneamente comunicantes. Por ordem de visita: a Kollegienkirche, apoteose do barroco do meu Johann Bernhard Fischer von Erlach, o mais isangélico e o mais querubínico de todos os arquitectos do barroco, com a Imaculada Concepção, rodeada de nuvens e anjos, que atravessam lucernas e vitrais com a avassaladora liberdade do Espírito Santo; a Igreja de São Pedro, com a luminosidade das primeiras missas de Mozart, aliás executadas nela; a Franziskaner Kirche, de todas a mais misteriosa; ou a Catedral de Santino Solari, imenso templo escancarado para a praça, onde, há cerca de oitenta anos, se representa todos os verões o *jederman* de Hofmannstahl.

Mas, como sempre me guiam anjos do inaudito (e anjos desses em Salzburgo são encontros frequentes) arrastei o meu relutante companheiro de viagem para um hospital (Johannisspitals) ainda aberto ao culto, até encontrarmos no fim do vasto recinto, outra obra maior de Fischer von Erlach: a igreja do hospital. Na cripta (sem visitantes) está uma «Pietá» do século XV, quase tão expressionista como a Pietá de Santa Maria Della Vita. Fabulosa representação da Madalena. Nua da cintura para cima, cobre o peito com os braços também nus, de tal forma que estes, em vez de lhe ocultarem a nudez, lha sublinham, trazendo-a a um poderosíssimo primeiro plano.

O terceiro dia foi para as Residenz, quer a da cidade em torno da Residenzbrunnen, quer a da montanha na fortaleza de Hohensalzburg.

No último dia, circulei entre todas as igrejas e todas as praças, até perder a noção de inícios e fins.

Por isso, hoje, quando penso em Salzburgo, para além da Mozartplatz, onde ficou perdida uma desajeitada estátua de Mozart (1842) que a manhosa Constanze ainda viu erguer, começo por rever a sobreposição de cúpulas e fachadas que agora me ensinaram que Salzburgo é mais de Fischer von Erlach do que de Mozart. Depois, a imagem funde com a cúpula altíssima da igreja dos franciscanos, cúpula que nos arranca da penumbra românica das naves, para o sorriso luminoso do gótico e por fim para o delírio barroco do altar-mor. A Virgem gótica de Michael Pacher, a perdição nos caracóis das espirais de Fischer von Erlach. Só que nada acontece por um progresso, mas por um regresso. Como se entra na igreja à altura do coro, o movimento faz-se do barroco para o românico e não vice-versa. Como quase tudo em Salzburgo, tudo tem um sentido retroactivo.

Na Fortaleza, conserva-se uma prodigiosa caleira de cerâmica do século XV, das raras subsistentes, decorada com temas bíblicos. O artista, no fim da obra, achou-a tão bela que não resistiu. E auto-figurou-se num dos cantos, pomposamente vestido e penteado. Estende os braços e nas mãos segurava um painel com o nome dele, altivíssima assinatura. Mas, com os tempos, as mãos caíram e o painel também. E hoje ninguém sabe como se chamou o escultor de tal escultura. Tão visível quis ser que totalmente oculto permaneceu.

A 24 de Novembro de 1799 — oito anos após a morte de Mozart — Marie-Anne, a Nannerl, irmã dele, recordava: «Como as viagens que fazíamos nos conduziam de país em país, ele imaginava, quando passávamos de uma cidade para outra, que saía de um reino a que chamava o Reino de Trás (*Rücken*), já não sei bem porquê.»

Agora, em Salzburgo, eu soube bem porquê. Essa cidade italianizante, transmudada, como as filhas de Loth, em flor de sal, vem de longe, de muito longe, de trás, de muito de trás, e só pode perder à medida que avança. Como Mozart, é inconcebível sem tempo. Mas, como em Mozart, de nenhum tempo estamos certos.

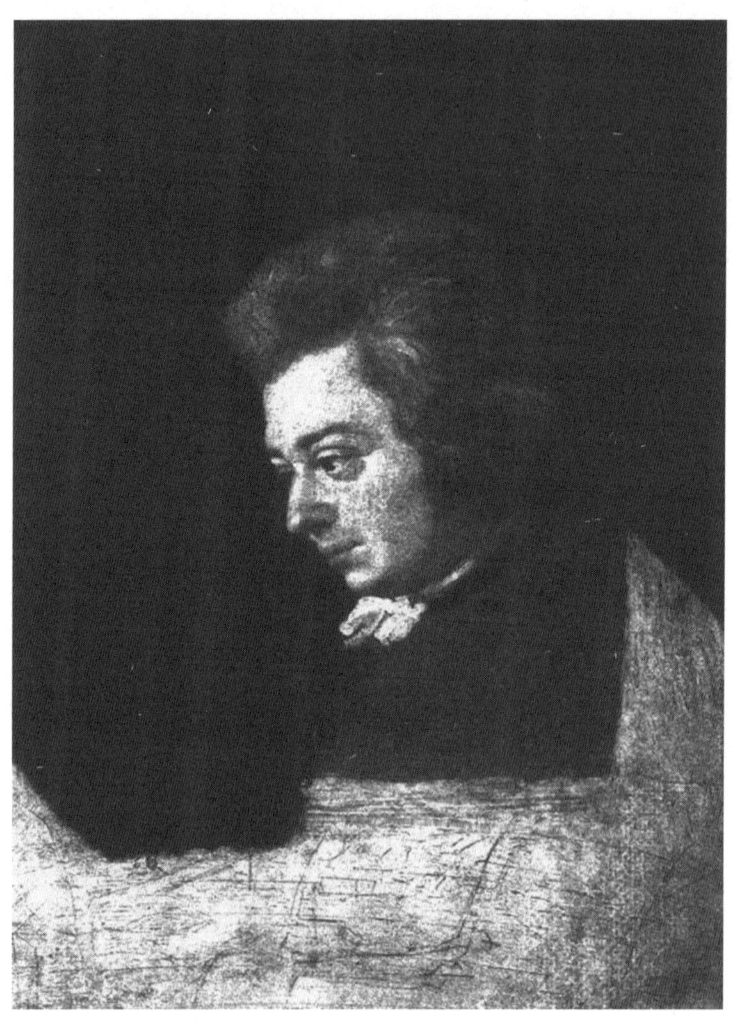

Wolfgang Amadeus Mozart.

SALZBURGO: TEMPOS MODERNOS E TEMPO DE MODELOS

A 11 de Dezembro de 1780, Leopold Mozart, de Salzburgo, advertia o filho que, em Munique, preparava a estreia de *Idomeneo, Re di Creta* (K.366): «Lembra-te que não podes trabalhar só para os amadores de música, mas também para o grande público. Como sabes, para dez conhecedores, há cem ignorantes. Mas não podes dispensar a aprovação do povo. Tens que lhe regalar as longas orelhas.»

A 16, Wolfgang Gottlieb respondia: «No que se refere ao chamado *popular*, o Pai pode estar sossegado. Na minha ópera há música para toda a espécie de pessoas — até mesmo para as longas orelhas».

Pai e filho referiam-se aos burros, mas referiam-se também à lenda do rei Midas, castigado com tais apêndices por ter preferido o canto de Pan ao de Apolo. O tema esteve muito em voga na música barroca e Johann Sebastian Bach, na cantata profana *Febo e Pan*, usou-o para fazer troça de um rival que achava a música de Bach muito complicada e muito difícil.

Mozart não era sincero ao sossegar o pai. Passada a infância e as proezas do menino prodígio, acusaram-no quase sempre de desprezar o «popular». *Idomeneo* é um bom exemplo. Se Karl-Theodor, príncipe-eleitor da Baviera, e vários outros «amadores esclarecidos», não pouparam elogios, o «grande público» ficou indiferente. Tão indiferente que a ópera não se aguentou muito tempo em cartaz. Muito contra as esperanças de Mozart, ninguém o reteve em Munique.

O tempo deu depois as voltas que se sabe. Mas quando Salzburgo — já no fim do século XIX (primeiro centenário da morte de Mozart) — começou a pensar num festival em honra do génio caseiro, o modelo de Bayreuth com o exclusivo Wagner, embora aventado, nunca sorriu muito. Doses maciças de Mozart foram tidas por contraproducentes. E, nas vésperas da Primeira Guerra Mundial, menos de dez anos antes do primeiro Festival, escreveu-se que «as obras de um único compositor, por maior que seja, nunca podem servir de base a um programa de concertos ideal e completo, capaz de "alimentar" um mês de representações quotidianas». A frase transcrita ia direitinha contra Bayreuth e contra Wagner, mas demonstrava igualmente a preocupação de não dar a Mozart estatuto equivalente. Ainda em 1968, numa velha estatística que encontrei, avaliava-se a «participação Mozart» no Festival em 50%, capítulo óperas, 25%, capítulo concertos sinfónicos e 50% na música de câmara. Mozart quanto bastasse, para alívio de um público que o continuava a associar aos minuetes dos antigos regimes.

Mas, entre 1922 (ano em que, pela primeira vez, foram cantadas óperas de Mozart no Festival de Salzburgo, iniciado em 1920) e os anos 80, durante mais de sessenta anos, não se pode dizer — muito pelo contrário — que Salzburgo se virasse para o «popular» ou para o «grande público». Sobretudo no longo reinado de Karajan (durante mais de trinta anos, de 1950 a 1986), Salzburgo, mesmo depois da rocha do Mönchsberg ter sido escavada para transformar as antigas cavalariças dos arcebispos no Grosses Festspielhaus (2340 espectadores), manteve uma reputação altiva e elitista, muito contrárias às preocupações «basistas» do velho Leopold.

Aliás, não seria de esperar outro fruto da associação, em 1918, do omnipotente quinteto que presidiu à criação do Festival. Richard Strauss, Max Reinhardt, Franz Schalk, Alfred Roller ou Hugo von Hofmannstahl nunca se deixaram guiar pelas «longas orelhas». Em *Der Turm* (1925), última obra de Hofmannstahl, este dizia morrer por não ser capaz de se habituar ao século XX. Como se habituaria ao século XXI?

Mas o século XX — ou o século XXI — chegou a Salzburgo nos anos 80 e instalou-se com a chamada reforma de 1992. Foi a década — lembram-se? — em que um certo filme de Forman alimentou a apatetada lenda de um certo Amadeus, nome que nunca foi de Mozart, nome que Mozart nunca se chamou a si próprio, a não ser por brincadeira, quando italianizou Theophilus ou Gottlieb por Amadé ou Amadeo. Tudo se liga, tudo está ligado.

Foi assim, como contei na última crónica («Salzburgo: O Reino de Rücken» in *Público* de 20 de Setembro) que tendo perdido todas as hipóteses de ir a Salzburgo *no meu tempo*, me ficou reservado para 2002 um encontro ajanotado, em que se não fosse Brendel — Alfred Brendel repita-se — eu teria procurado Salzburgo em Salzburgo, só de Salzburgo em Salzburgo me lembrando.

No programa do *Don Giovanni* (a «nova produção» deste ano) figurava a lista (e os elencos) de todos os *Don Giovanni* de Salzburgo, desde 1922. Já não peço o impossível, ou seja ver as récitas dadas antes de eu nascer (Bruno Walter dirigiu o *Don Giovanni* em 1935, com Ezio Pinza no protagonista). Ficava-me pelas seis récitas de 54, 56, 60, 61, 68 e 69, dirigidas por Furtwängler, Mitropoulos ou Karajan, e com intérpretes como Schwarzkopf, Elisabeth Grümmer, Lisa Della Casa, Leontyne Price, Gundula Janowitz, Cesare Siepi, Anton Dermota, Otto Edelmann, Leopold Simoneau, Nicolai Ghiaurov, Geraint Evans, Alfredo Kraus.

Desta vez que me coube? Coube-me, é certo, a Filarmónica de Viena dirigida por Harnoncourt, em insólita mas certamente nada mídica interpretação. Mas direi tudo se disser que, dos oitos intérpretes principais, o único absolutamente excepcional foi o suíço Michael Schade, no papel de D. Ottavio. Um *Don Giovanni* em que o Duca Ottavio é a figura de proa pode ser alguma vez um *Don Giovanni* excepcional?

De resto, ninguém parecia contar muito com os cantores para imortalizar esta «produção». Nem com a orquestra, nem com o maestro, nem — atrevo-me a pensá-lo — com a música. Para isso lá estava o encenador Martin Kusej, concebendo os modelos e a «lingerie» que foram notícia em todos os «media» mediatizáveis.

Num cenário (Martin Zehetgruber) que era um misto de «sex-shop» de luxo e hotel futurista das imediações de um aeroporto, tive direito a uma Donna Elvira junky, em ressaca das últimas pedradas, a uma Donna Ana (Anna Netrebko, talvez ainda dê que falar) desportiva e descontraída que o pai surpreende a beijar Don Giovanni lubricamente e a uma Zerlina em «deux-piéces», com muitos umbigos à mostra. Na profundidade de campo, por detrás dos protagonistas e às vezes misturando-se com eles, vinte meninas de soutien e cuequinhas, que nunca se percebe por que estão ou para que estão. Nem são mil e três, nem noventa e uma. Andam para ali.

A única razão plausível para assim andarem é a de distraírem os espectadores de uma música e de um libreto em que o encenador não acredita por aí além. Se eu nunca tivesse visto ou ouvido o *Don Giovanni*, saía dali sem perceber nada. É um juízo de intenções, eu sei. Mas a única intenção desta encenação pareceu-me ser a de conquistar o «grande público», esse das «longas orelhas» e dos «olhos cerrados», que ria muito durante a récita e no final aplaudia com os pés como num concerto «pop». É a isto que se chama «conquistar novos públicos»? Pelos vistos é.

Vítima principal, Mozart não foi a única vítima. Puccini (a Turandot) também ficou sufocado sob uma encenação que reenviava expressamente para o *Metropolis* de Fritz Lang e para o *Modern Times* de Chaplin, sem que fosse possível descortinar (apenas de eruditos comentários no programa) qual a relação entre a China da imperatriz de gelo e de morte e o mundo robotizado de Chaplin e Lang. David Pountney, o encenador, encheu o olho e também fez tudo para distrair. Só o contrariou a espantosa Cristina Gallardo-Domâs, comoventíssima Liú.

De récita para récita (a começar numa que misturou o 1.º Acto de *Valquíria* e o 2.º do *Parsifal* por razões que me escapam e em versão de concerto) fui-me perguntando o que havia de comum entre mim e algumas das óperas da minha vida. As condições não ajudaram, mas fui-me achando cada vez mais longe. Até que Alfred Brendel pousou as mãos num piano e Haydn, Mozart e Beethoven renasceram no Grosses Festspielhaus. Salzburgo como Salzburgo eu imaginara. Nessa noite, perdoei aos modelos e aos tempos modernos. Mas só nessa noite, a quinta e última de uma visita póstuma a Salzburgo. Mal empregado? Muito agradecido. Mas eu não fui a Salzburgo para me divertir.

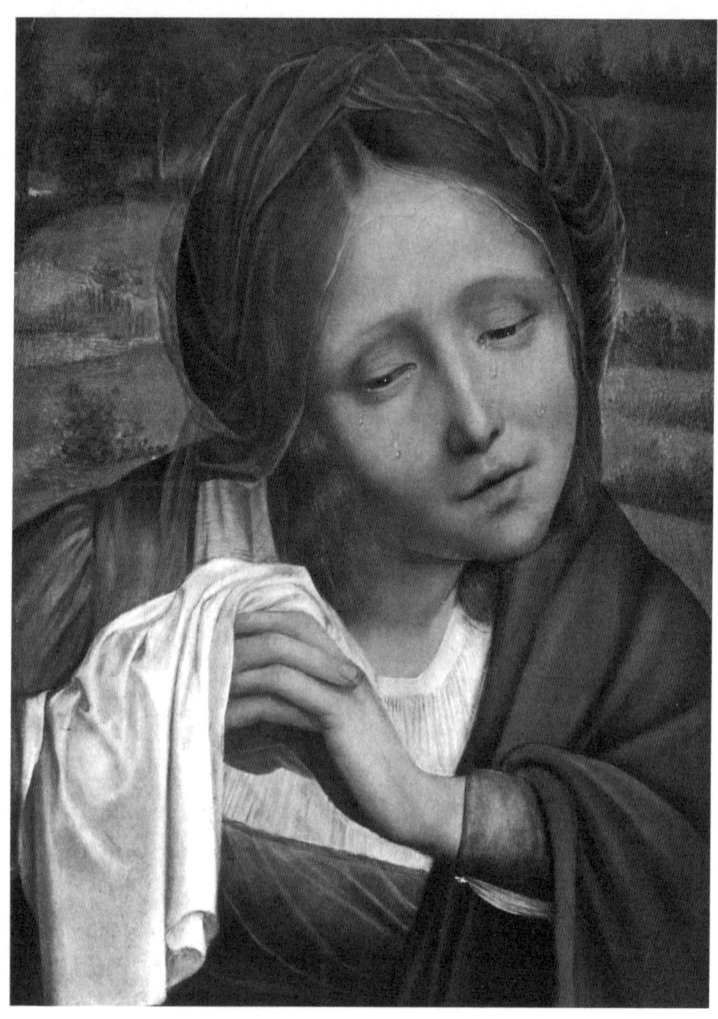

Madalena arrependida (fragmento). Quentin Metsys.

O DOM DAS LÁGRIMAS

Passou Julho, passou Agosto, passou Setembro. Usos e costumes impõem para os meses estivais a possível leveza, nos trajes e nos modos.

Assim sendo, quem me convidou, e quem me leu, pode ter pensado que bicho me mordeu para um tom acentuadamente tão carregado e para temas costumeiramente mais outonais do que veraneantes. Há um tempo para chorar e há um tempo para rir? Haver há e eu até gosto de rituais. Mas Cronos não é o único programador. Se o fosse, Zeus nunca teria chegado a grande e tinha sido mais um dos filhos devorados. Há sempre outros deuses, capazes de trocar crianças por pedras quando menos se espera, quando menos se espera. Como bem sabe quem serviu imprevisíveis senhores por muitos anos, «em Fortuna tudo são mudanças»; «em Amor não há senão enganos».

Mas estava eu a acabar memórias de Salzburgo e a ganhar forças para mudar de tonalidade, veio-me parar às mãos um livrinho bem bonito, daquela colecção de que gosto tanto, chamada Gato Maltês. Foi uma das muitas invenções de Manuel Hermínio Monteiro para a Assírio & Alvim e lá se publicaram preciosidades como o *Primeiro Livro de Urizen* de William Blake, os *Hinos à Noite* de Novalis, os *xix poemas* de e.e. cummings, *O Tempo Aprazado* de Ingeborg Bachmann, as *Elegias Amorosas* de John Donne ou *Esta é a Minha Carta ao Mundo* de Emily Dickinson.

O livrinho que, agora, Manuel Rosa me pôs nas mãos — e que daqui tanto lhe agradeço — é uma antologia de orações da antiga liturgia cristã, escolhidas e traduzidas por José Tolentino Mendonça e Joaquim Félix de Carvalho. Tem na capa um pormenor (cabeça, busto e braço) da *Madalena* de Artemisia Gentileschi que está no Pitti (o que eu gosto desse quadro! o que eu gosto dessa Artemisia que tão tardamente reencontrei!) e chama-se *O Dom das Lágrimas*[1]. Tão mesmo consoante me era, que não resisti a escolhê-lo para esta primeira crónica outonal, por ele transmudada em última crónica estival.

É mais do que tempo de ir buscar aos armários as roupas de Inverno (pelo menos as de meia estação) e de me despedir de tão triste Verão. Mas não dizem para aí que a meteorologia mudou toda e que «o tempo anda maluco»? Desculpem-me. Tão cedo não vos falo em lágrimas. Mas peço-me e peço-vos o dom delas.

Paris, 1961. Apogeu da «nouvelle vague». E, depois de Truffaut, de Godard, de Chabrol, de Resnais, «toda a gente» falava de Jacques Demy, que, nesse ano, estreou a primeira longa-metragem: *Lola*. Lola era Anouk Aimée, «celle qui rit à tout propos». Um dia, o pai da filha dela — a filha dela chamava-se Cécile — deixou-a para ir para a América, sem sequer saber que deixava tal filha dentro de tal mãe. Prometeu-lhe que voltava numa manhã de nevoeiro, rico e feliz. Mas, tirando Lola, que tinha uma fé do tamanho do riso dela, ninguém acreditava em tal regresso. Mas ele voltou mesmo, rico mesmo, feliz mesmo, cow-boy branquíssimo num Cadillac ainda mais branco. Era o happy end levado ao cúmulo. As meninas do bar de Lola, as colegas de Lola, choravam de alegria, tanto e tão bem como alguns anos antes haviam chorado, numa primeira comunhão no campo, as meninas de Madeleine Renaud e da *Maison Tellier* no segundo episódio de *Le Plaisir* de Max Ophuls.

Aliás, *Lola* era dedicado à memória de Max Ophuls, que tinha morrido em 1957. Como escreveu, num texto lindo de morrer, o Alberto Vaz da Silva, quando *Lola* se estreou em Portugal (1963), «as palavras fílmicas querem-se trocadas levemente como um copo de cognac por um copo de água».

Tão levemente se querem trocadas que este filme, que tinha o único rallenti genial que eu já vi em cinema (num carrossel, ao som do primeiro prelúdio do primeiro livro do *Cravo Bem-Temperado* de

[1] Colecção Gato Maltês, edição Assírio & Alvim, 2002.

Bach) e que acabava no mais suave milagre («Aqui estou»), tinha como epígrafe um provérbio chinês que diz: «Chora quem pode, ri quem quer».

Se toda a gente consegue rir (embora não sejam muitos os que são capazes de rir bem, de rir a bandeiras despregadas) muita gente quer chorar e não pode. Aos (maus) actores põem-lhes glicerina. «Secaram--se-me as lágrimas» é uma expressão corrente em gente que se empederniu ou a que a vida empederniu, gente só capaz de envelhecer e nunca de mudar. Não acontece às crianças, mas é frequente nos adultos. É mais vulgar nos homens do que nas mulheres, talvez porque ouçamos dizer, desde a infância, que «um homem não chora» ou que «um homem nunca chora, nem que tenha as calças a arder». Ou então não é nada disso, mas o supremo argumento (que nunca vi citado) sobre a superioridade do sexo feminino. Se for assim, até isso se está a perder, porque reparei outro dia no título de um filme recente: *Mulheres crescidas não choram*. Até onde pode ir a estupidez do feminismo.

José Tolentino Mendonça (um dos três grandes poetas portugueses, revelados depois do 25 de Abril) escreveu para esta antologia um espantosos prefácio chamado *A Sintaxe das Lágrimas*, precedido por uma epígrafe de Celan: «... pelo rastro das lágrimas / aprende a viver...»

Começa com uma oposição em que nunca tinha atentado. Se, na tradição bíblica, as lágrimas são frequentemente invocadas; se o próprio Cristo, segundo os evangelistas, por duas vezes chorou (quando Lázaro morreu e quando chegou a Jerusalém para a última Páscoa e para a Última Ceia) as lágrimas mais misteriosas jamais derramadas; na cultura clássica, as lágrimas são apagadas e raras vezes choraram deuses ou heróis. José Tolentino evoca o passo da *Odisseia* em que Ulisses, ouvindo o canto do *aedo* sobre as próprias e passadas glórias dele, cobre a face «com um longo manto de púrpura» para que o não vissem chorar. Porque a emoção o podia trair e trair a sua identidade? O Poeta fala-nos sobretudo da vergonha que sentiu que outros surpreendessem lágrimas de herói. Ésquilo (cito de memória) também não cantou o choro de Prometeu e Platão nunca referiu lágrimas de Sócrates. Chorar, chorou Orfeu, mas Orfeu era o poeta e aos poetas se consente o que a heróis ou sábios não convém.

Mas o Filho do Homem chorou. Chorou também, por três vezes, o primeiro papa, quando o galo cantou e percebeu quanto tinha renegado e traído. Séculos de tradições plásticas, fizeram-nos ver as lágrimas da Virgem ou as do arrependimento de Madalena.

José Tolentino evoca sobretudo a espiritualidade dos Padres do Deserto e dos místicos. Evagro, o Pôntico, que explicou a acédia como a dureza das almas que resistem às lágrimas, São Gregório de Nazianza, São Gregório de Nissa, o Diácono Efrém. Fala de Orígenes e da «tristeza segundo Deus», «sede da alma», «húmido silêncio espiritual». «As lágrimas são uma fala estimada», «uma chuva de ouro», «um alagado lençol de piedade que dança sobre o mundo». E re-cito ainda outra citação do Poeta, esta de Cioran: «As lágrimas são aquilo que permite a alguém ser santo, depois de ter sido homem».

Por isso, a partir dos séculos VIII e IX, através das chamadas *Missas de Alcuíno*, como aprendi com a erudita introdução de Joaquim Félix de Carvalho, surgiram, nos códices medievais, formulários de missas «pro petitione lacrimarum». Essas missas rezaram-se até ao Vaticano II, que acabou com elas, na reforma litúrgica que acabou com tantas outras coisas que nunca deviam ter acabado.

São belíssimas as orações da antologia, publicadas em latim e na tradução portuguesa.

Transcrevo estas duas, que no livro levam os números XII e VII:

> Deus omnipotente
> considera favorável estas orações
> e alaga nossos olhos com rios de lágrimas
> que apaguem as flamas dos incêndios merecidos

[...]
digna-te dar em abundância
luz da inteligência verdadeira a estes submissos servos
lágrimas aos olhos
contrição ao coração
até que purificados do actual luto e da tristeza espiritual
da morte eterna nos afastemos como de uma ruína

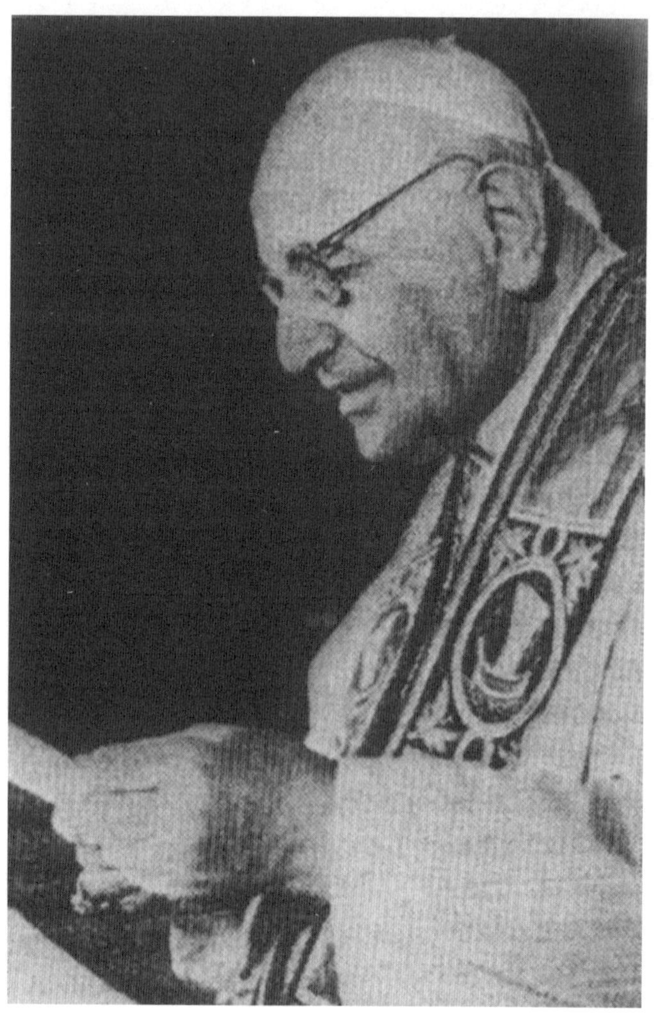

Paulo VI.

MEMÓRIAS DO VATICANO II

No último dos seus romances — *A Alma dos Ricos*, segundo tomo de *O Princípio da Incerteza* — Agustina Bessa-Luís escreve a páginas tantas: «O que não entendemos é objecto de culto. Quando a Igreja Cristã tirou o latim da missa, perdeu muito da sua sacralidade».

Eis uma afirmação que plenamente subscrevo e há muitos anos sustento. Ainda nada sabia de latim, já ajudava às missas de Monsenhor Porfírio da Cruz Quintella, Prior da Golegã, na capela da casa do Dr. Bustorff Silva, na Arrábida. A talha dourada da capela diziam-na recuperada ou desviada da nau *Portugal* da Exposição de 1940. O Monsenhor trocava a Golegã pela Arrábida nos meses estivais. O reumático apoquentava-o e andava apoiado em muletas. «Olha, o Monsenhor a remos», disse o Vasco Santana, que o conhecia de miúdo e do Ribatejo e já não o via há eternidades. Aos fins de tarde, o bom do velho, que não tinha acólitos nas redondezas, ensinou alguns miúdos de casas próximas a ajudar a missa. Os estranhos rituais das abluções eram-me tão misteriosos como essa língua, com que, logo de entrada, eu respondia ao «Introibo ad altare Dei» do sacerdote com o «Ad Deum, qui laetificat juventutem meam». E Alguém ou Algo me alegrava de facto, nesse latim que primeiro me ensinaram a pronunciar (com as acentuações eclesiais) e só depois me ensinaram a traduzir, pelos meus 8-9 anos. E em latim respondi aos oficiantes — em Portugal e no mundo — desde essa idade até aos 30, quando o vernáculo substituiu o alfabeto dos segredos.

Li já não sei onde que a «revolução litúrgica» se teria inspirado numa frase de João XXIII: «Quando penso nas belas orações que disse e vós não compreendeis...». Com a devida vénia, neste caso acompanhada por tudo quanto significou e significa para mim o «bom Papa João», neste caso não o sigo. É o que não compreendemos que é o mais belo e transcendente. Quando tudo se passou a entender (se é que se entende) o mistério desapareceu. E desapareceu a «catolicidade», que me fazia ouvir as mesmas palavras no Japão e na Patagónia, na Sibéria e na Nova Zelândia. Ad utilitatem quoque nostram totiusque Ecclesiae suae sanctae. Não perceberam? Ainda bem.

A constituição sobre a Liturgia, que substituiu o latim pelas «línguas vivas», autorizou a concelebração, permitiu a comunhão sob duas espécies, reformou o Missal e o Breviário, bem como o ritual dos Sacramentos (entre muitas outras reformas menores, como, por exemplo, a abolição da missa «pro petitione lacrimarum», a que fiz referência na minha última crónica), foi promulgada no fim da segunda sessão do Concílio Vaticano II, em Dezembro de 1963. O texto foi votado setenta e oito vezes e aprovado, finalmente, com 2147 votos a favor e quatro contra. Ao que parece, os bispos acharam que se acabava com «um isolamento sem sentido», que não tinha razões bíblicas mas apenas históricas. Mas não serão históricas todas as razões incluindo as bíblicas? Por mim, falo. Nunca mais «senti» na Missa o que nela sentia antes do Concílio e não creio que isso se deva, apenas, às minhas crises de fé, de esperança e de caridade. Como recordou Ficino, quinhentos anos antes do Concílio, «não era sem razão que os Antigos colocavam uma Esfinge, pintada ou esculpida, sobre as portas dos templos. Mostrando essa imagem, demonstravam que das coisas de Deus não se deve falar publicamente, a não ser por enigmas».

É bom que ao escolher-se um tema que muito vivemos, lhe comecemos por tirar os espinhos antes de o transformar em imagem e em memória. Foi o que fiz. No Vaticano II, o vernáculo é o meu espinho e a minha espinha. Por isso o esconjurei ao principiar.

Posso agora dizer, como é verdadeiramente digno e salutar, que se comemora hoje — 11 de Outubro de 2002 — o 40.º aniversário do início dos trabalhos conciliares, em Roma, a 11 de Outubro de 1962.

Outro dia perguntaram-me se eu me lembrava do que fiz nesse dia. Não me lembro. Mas lembro-me muito bem que estava em casa da Maria Leonor e do Nuno Bragança, quando, à hora do jantar, o Nuno chegou a casa a dizer que o Papa tinha anunciado, em São Paulo-Fora-de-Muros a dezoito cardeais, a sua intenção de convocar um Concílio. Foi a 25 de Janeiro de 1959, cinco meses menos um dia antes do nascimento do meu filho mais velho.

O Papa era João XXIII, eleito a 28 de Outubro de 1958, aos 77 anos. Quando se soube dessa eleição, o mesmo Nuno — sempre o mesmo Nuno — comentou comigo que o Espírito Santo talvez se tivesse distraído um bocadinho. Depois do longo pontificado de Pio XII (1939-1958) dizia-se que a Igreja precisava de um «papa de transição», que não reinasse muito. Um papa que não fizesse ondas. Será que havia esse tempo a perder, perguntava-me e perguntava-se o Nuno. Mas a homilia de coroação já foi uma surpresa. Ao assumir-se como Bispo de Roma, «irmão de todos os bispos do universo», retirando a primazia à chefia da Igreja universal, tão proclamada por Pio XII, João XXIII espantou pela vez primeira (ou pela segunda, já que a escolha do nome também deixara muitos perplexos, pois que joões papas os não havia desde o século XIV).

Mas a 25 de Janeiro de 1959 aconteceu muito mais. Um Concílio? Ninguém pensava nisso. E muito menos num concílio para aproximar a Igreja do mundo então contemporâneo. Daí o nosso entusiasmo nesse dia. Algo ia mudar. Uma nova era. Um Concílio — o 22.º da História da Igreja — ia fazer parte da nossa história, quase cem anos depois do Vaticano I, que não era santo do nosso altar.

Reforma da Igreja como Povo de Deus. Diálogo com os outros cristãos. Diálogo com o mundo. Durante os trabalhos pré-conciliares, estes foram os três grandes vectores de orientação do pensamento de João XXIII. Marcaram igualmente a primeira sessão conciliar (Outubro a Dezembro de 1962), a sessão que «tomou o pulso à Igreja». Depois, foi a *Pacem in Terris*. Depois, a morte de João XXIII (3 de Junho de 1963, aos 81 anos, cinco anos incompletos de pontificado). Mas quem viveu esses anos, por exemplo em Portugal, recorda um clima como nunca mais se viveu na Igreja. Aqui, a política deu-lhe um tempero especial. O reinado de João XXIII coincidiu com o exílio do Bispo do Porto, com as primeiras manifestações de católicos contra o regime, com o *Santa Maria*, com o fim da Índia portuguesa e com o começo da Guerra de África, com os movimentos estudantis, com os livros da Moraes, com o aparecimento da *Pragma* e de *O Tempo e o Modo*. A propósito de tudo, discussões frementes e veementes. O baluarte católico era o primeiro dos bastiões do salazarismo a mostrar rombos. A *Seara Nova*, revista marxista, publicava o retrato do papa na primeira página, coisa inimaginável nos quarenta anos de vida da revista. Em meios muito conservadores, rosnava-se que já tinha havido outro João XXIII, anti-papa. Quem se seguiria?

Quanto rezámos para que o sucessor fosse esse cardeal Montini, que já tínhamos sonhado ver suceder a Pio XII. E foi Paulo VI. No dia a seguir à eleição, visitei Mário Dionísio, então meu colega como professor no Camões, que estava hospitalizado. Marxista dos quatro costados, militantemente agnóstico, saudou-me com um largo aceno: «Vocês agora têm um Papa a valer». Sorri-lhe, orgulhoso.

Mas cedo começaram algumas reticências sobre o novo Papa. «Forma Pacelli, fundo Roncalli», dizia-se. Quando saiu a *Ecclesiam Suam*, primeira encíclica de Paulo VI, escrevi n'*O Tempo e o Modo* um artigo que procurava desesperadamente provar (ou «poeticamente» provar, como me acusava, de Roma e da «Capela Sinistra», o Manuel Lucena, que me recordava que o mais poético nem sempre é o mais verdadeiro) que Paulo VI evoluía na continuidade do seu predecessor.

Foi mais difícil sustentá-lo na 3.ª sessão (14 de Setembro a 21 de Novembro de 1964) e na 4.ª (28 de Setembro a 8 de Dezembro de 1965). Em 1964, no mesmo *O Tempo e o Modo* um certo Manuel Frade já via nos textos conciliares «muito mais da multissecular sabedoria da

Igreja do que daquele pouco da "loucura de Deus" de que todos os homens têm fome». E acrescentou: «O milagre não se deu».

Mas, se institucionalmente se não deu (e dos milagres aos cismas, vai às vezes um passo, como recordou outro padre conciliar) para mim esses anos — anos da *Concilium* que a Helena Vaz da Silva espalhou por Portugal e pelo Brasil — foram anos milagrosos.

Quem me tirasse esses anos não me tirava tudo, mas tirava-me muito. Como escreveu José Bergamín, esses foram anos em que «on respire au Vatican / Une aura si idyllique / Que le Diable devient chrétien / Tout en restant catholique».

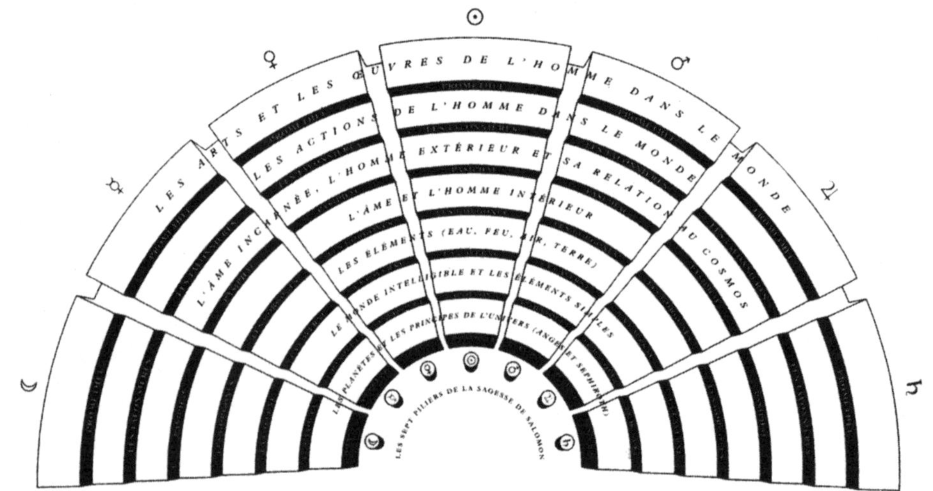

Le Thêatre de la Mémoire. Giulio Camillo.

O TEATRO DA MEMÓRIA

Na memória, como no teatro, tudo se perde, tudo se cria e nada se transforma. Lembrei-me disso, anteontem, quando abriu a nova biblioteca de Alexandria e quando me lembrei que Fílon (século I d.C.) terá criado para a antiga (tanto biblioteca como museu) a expressão «teatro da memória». Isso me trouxe de volta um livrinho intitulado *L'Idea del Theatro*, escrito em 1544 por um certo Giulio Camillo, chamado Delminio e cognominado pelos contemporâneos «o divino» (1480?-1544?). Livrinho que andou esquecido mais de quatro séculos, até ser desenterrado por um inglês, em 1970. Em 2001, Eva Cantavenera e Bertrand Schefer publicaram, nas Éditions Allia, a tradução francesa. Foi esta que li, como quem lê a pré-história de tudo. Mnemosina, a musa da memória, sempre a fez nascer de uma falsa posição da coxa. Julgamos imaginar, estamo-nos a lembrar.

Li algures — não me lembro se foi em Romain Rolland — que Tolstoi guardava a memória de coisas acontecidas tinha ele seis meses. Um psicanalista — lembro-me perfeitamente que não foi Lacan — jurou-me, um dia, que, sob o efeito da análise, algumas pessoas recuperavam a memória do próprio nascimento, ou até mesmo do antes dele, quando boiavam no ventre materno. Pode haver quem se recorde de outras vidas. Ou, como Platão, para sustentar que só conhecemos aquilo de que nos lembramos (o conhecimento como reminiscência) ou, como Minnelli (não estremeçam que eu também não) para garantir que, devidamente hipnotizados (pelo Dr. Chabot ou por Yves Montand), qualquer Daisy (aquela de que falo não é a que há-de ir de Londres p'ra Iorque onde diz que nasceu) se pode transformar em

Melinda de outras eras. Todos sonhamos com dias claros em que possamos ver para sempre. Ver tudo o que foi, ver tudo o que será.

Passando agora da geral memória para a minha e particular, nunca fui tão omnividente (e daí que sei eu?) ou tão precoce. As minhas mais longínquas memórias, se é que com o tempo não me convenci de que me lembro do que só imaginei, reportam-se aos dois anos e picos, fotografando-me (memórias vagas são anticinematográficas) uma bisavó e um avô que eu sei (ensinaram-me, lembraram-me) que morreram no ano em que fiz dois anos.

Nesses tempos (o tempo inventou-se para se poderem contar histórias, para se poder dizer: «era uma vez») de coisas de morte, como de coisas de sexo, não se falava diante de crianças. Quando eu perguntava por eles (ou mos queriam lembrar a mim) diziam-me: «Foram para o céu». Eu olhava para o céu e via nuvens. As nuvens foram a primeira máscara que «inventei» para os mortos. Se só houvesse dias claros talvez fosse hoje impenitente ateu.

Esta minha insignificante (?) história, como as histórias mais significativas de Platão, de Tolstoi, de Shelley, de Dickens, de Hawthorne (para não falar do óbvio caso de Proust), como a história das Bibliotecas de Alexandria, andam todas à roda do circuito ideia-imagem-memória. Como é que se transforma uma ideia numa imagem e como é que se transforma a imagem em memória. Se todo o conhecimento é memória, como Platão tentou demonstrar no *Ménon*, levando um escravo ignorante a demonstrar o teorema de Pitágoras, não se pode ir mais longe e transformar todo o conhecimento em espectáculo?

Há quem sustente que o neoplatonismo renascentista se pode resumir à tentativa de resolução dessa questão. No fundo, quando se falou do «teatro do mundo» só se estava a falar da «arte da memória», expressões que se somem na noite dos tempos. Nenhuma representação do mundo é concebível sem o que os antigos chamavam «a arte da memória» («ars notoria» ou «ars memorativa»), como nenhuma representação falada (origem da tragédia ou tragédia da origem) é concebível sem a memorização do texto trágico.

Fílon de Alexandria, associara já a ideia de «banquete» (e, como discípulo de Platão, era o banquete filosófico a sua principal fonte de inspiração) ao «teatro do mundo». Disse ele: «Quem dá um festim, não instala os convidados à mesa, sem ter preparado tudo em tal maneira que lhes sirvam bom manjar; quem prepara competições de ginastas ou dispõe representações cénicas, antes de deixar entrar os espectadores, no estádio ou no teatro, já dispôs convenientemente atletas ou actores. De igual modo, o Guia do Universo, como o organizador de representações ou de festins, pré-ordenou, com a intenção de convidar os homens a um festim ou a um espectáculo, tudo o que pudesse convir a esses dois fins, por forma a que, ao chegar ao mundo, o homem achasse, por um lado, a mesa do banquete repleta de tudo o que de melhor a terra produz e os rios, os mares e os ares fornecem para nosso uso e nosso gozo e, por outro, espectáculos das mais diversas ordens, representando as realidades mais espantosas, as qualidades mais impressionantes, os movimentos e as cores mais admiráveis, dispostos nos arranjos mais harmoniosos, mais proporcionados e mais adequados, por forma a que, sem engano algum, se saiba qual é a música arquetípica, verdadeira e exemplar. À vista de tais espectáculos, os homens formaram, depois, as imagens que deles retiraram e que gravaram na alma, permitindo-lhes assim transmitir a arte mais necessária à vida e mais útil a ela» (*De opificio mundi*).

Se o leitor chegou até aqui, paciente mais um pouco para ver onde quero chegar.

Quando, hoje, a nova retórica visual vulgarizou termos como «sítios», «ícones», «janelas», «pórticos», «hipertextos», etc., está a seguir os fundamentos de uma teoria e de uma prática que, sistematizadas no século XV, foram esquecidas por longos séculos, para ressuscitarem em finais do século XX.

Volto, pois, a Giulio Camillo, discípulo de Pico de la Mirandola e de Marsílio Ficino, amigo de Aretino, de Tiziano e de Lotto, suposto criador laboratorial do homem alquímico, do «homúnculo».

Projectou ele construir, num anfiteatro de madeira, um novo sistema da arte da memória, a que chamou «o teatro da memória». O referido anfiteatro, com dimensão imponente mas não esmagadora, seria coberto de pinturas, de significado hermético, mágico ou cabalístico, que tinham uma dupla função: evocavam os mistérios divinos sem os profanar (pois «decifrá-los» pressupunha uma iniciação) e despertavam a memória, estabelecendo associações que permitiam, através da ordem das imagens, recordar a ordem das coisas e memorizar o texto a partir de uma espécie de alfabeto visual localizado num espaço arquitectural.

Parece que Camillo só revelou o funcionamento da sua «maravilhosa máquina» a Francisco I, rei de França, que o chamou (como Leonardo ou Rosso Fiorentino) quando, após o saque de Roma, as ideias heterodoxas do cabalista lhe começaram a valer perseguições.

Mas se nada ficou da construção (se é que esta chegou a ser executada) ficou-nos o livro *L'Idea del Theatro*. Um visitante, descreveu-o assim, em carta a Erasmo, de 1544, pouco antes de Camillo morrer.

«A obra é em madeira, onde estão pintadas numerosas imagens e onde foram incrustadas numerosas caixinhas, como gavetas de abrir e fechar [...]. Há muitas ordens e muitas filas [...]. Camillo dá muitos nomes ao seu Teatro. Tanto diz que é um espírito ou uma alma por ele construídos, como se refere a uma alma cheia de janelas. Pretende que tudo o que o espírito humano pode conceber, e não podemos ver com os nossos olhos corpóreos, pode ser descortinado ali, após atenta meditação, de tal modo que o espectador, ao fim de um certo tempo, pode alcançar, com uma única mirada, tudo o que, de outro modo, ficaria para sempre oculto nas profundezas do espírito humano. Por causa dessa visão física, insiste no termo Teatro.»

Mas o Teatro da Memória era, como necessariamente teria que ser, um teatro invertido. No palco estaria o único espectador (no Teatro da Memória, só há lugar para um, como, por outras palavras, também disse Proust) e, nos degraus, decorreria o espectáculo, ou seja o lugar da imagem. E toda a construção estaria apoiada em sete colunas (as colunas de Salomão), sob a influência de um planeta.

É um mundo à Borges prefigurado (ou post-figurado) nesse livrinho das Éditions Allia?

Ou é um livro que não existe, nunca existiu, com uma mitologia de mitificação, que eu fui buscar à memória — como as nuvens mortas da minha mais remota infância — para vo-lo inventar, em sentido etimológico e em sentido costumeiro? Mas mesmo que assim seja, há, sob o signo do teatro da memória, como sob o signo de Melinda, como sob o signo das nuvens brancas, «algo de completamente diferente que eu tenho de tentar descobrir, uma ideia que procura uma imagem, uma imagem que busca uma memória, à semelhança desses caracteres hieroglíficos que se julgou representarem tão somente objectos materiais. Decifrá-los é o mais difícil, mas se os não decifrarmos nenhuma verdade neles leremos». A citação é de Marcel Proust, como convém para terminar.

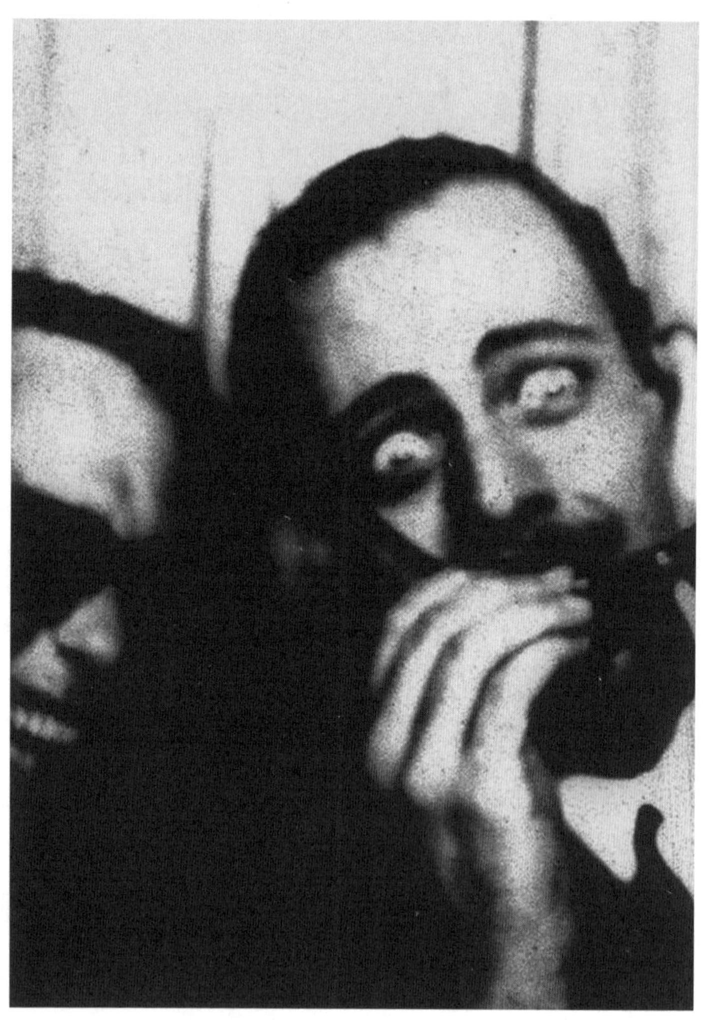

Luís de Sousa Costa.

LUÍS, DIZ

Adília Lopes, a quem me referi, elipticamente, na minha crónica «O Dom das Lágrimas» (*Público*, 4 de Outubro de 2002) — e estou bem certo que ela saberá localizar bem tanto a referência como a elipse — surpreendeu-me, mais uma vez, com a crónica «Souvenirs Pieux» («Pública», 20 de Outubro de 2002).

Após eruditas referências às papas Blédine ou Cérélac, explica que aprendeu o conceito de Fonotáctica em 1983/84, na Faculdade de Letras de Lisboa, «com o Dr. Luís de Sousa Costa». Quer isto dizer que o aprendeu cerca de um ano antes de me mandar pôr em cima da minha secretária da Rua Barata Salgueiro (antiga e futura Cinemateca) um livro de poemas da sua autoria, intitulado *Um Jogo Bastante Perigoso*. Dentro, estava a seguinte dedicatória:

> «para o meu tio João da sua sobrinha
> Maria José»

Surpreso, fiquei. Adília Lopes parecia tudo menos nome de gente. Pseudónimo da tal Maria José? Mas quem seria a Maria José? E, morto quem morreu em 1985, há tanto tempo ninguém me chamava «meu tio», nem mesmo os meus sobrinhos. Reparei que havia um poema chamado «O pulso de Lillian Gish» e fui à procura dele para ver se encontrava pistas para a decifração. Mas o livro abriu-se na página antes de eu lhe tomar o pulso. Nessa página, estava o poema chamado «A Aurinha». «A Aurinha perdeu o pio / a pobrezinha / o pio foi pela pia / abaixo / e ela nunca mais o viu [...]». Eram coincidências a mais. Mas da minha sobrinha Maria José nem rasto.

Passado algum tempo, conversando com o meu sobrinho Miguel, este ensinou-me que Adília Lopes não era pseudónimo nenhum. Existia e ele conhecia-a. Depois, soube que era muito da Cinemateca, mas nunca se me desvendou. Depois, recebi mais livros de poemas dela. A última vez que nos vimos calhou ser na Tarantela, perto da rua que está quase a deixar de ser da Cinemateca. Dissemo-nos coisas delicadas e dedicadas, mas nada ao jeito de tios e sobrinhas. Domingo passado, entrou-me pela casa dentro, para me dar a notícia («souvenirs pieux») que tinha aprendido «com o Dr. Luís de Sousa Costa».

Além do conceito de Fonotáctica, sabe ela do «Dr. Luís de Sousa Costa» que este publicou em 1977 um livro chamado *O Cancioneiro Policial da Menina Alzira* e que «não passou pela cabeça de ninguém pensar que o Dr. Luís de Sousa Costa estava a pensar na Professora Maria Alzira Seixo». Sabe que «escreveu outro romance, mas perdeu o manuscrito numa viagem de comboio entre Paris e Lisboa» (essa não sabia eu) e sabe que já morreu. Morreu em 1986, com 54 anos. Se não tivesse morrido, tinha agora 70. Mas Adília Lopes dá-me outra surpresa. Eu nunca tinha visto escrito «o Dr. Luís de Sousa Costa». Nunca ouvi chamarem-lhe Dr. Era-o. Pelo menos tanto como eu ou como todos os outros licenciados desta terra a quem logo chamam assim. Só que com o Luís me dá menos jeito. Associar Dr. ao Luís (ao Luís de Sousa Costa) parece-me uma «sequência de sons» que não pode ocorrer, para usar um conceito de Fonotáctica, que aprendi com Adília Lopes, que o aprendeu com o Luís. De resto, ele nem se chamava Luís. Chamava-se Fernando. Fernando Luís. Mas Fernando só em casa o chamavam. Fora de casa, desde o liceu, era o Luís. E quando a gente o chamava, em modos de vocativo para começar conversa, atalhava o «Luís» com um «diz», que a maioria das vezes servia para acabar com a abordagem.

O Luís era de uma família protestante, já não me lembro se pelo lado da mãe se pelo lado do pai. A mãe casou duas vezes. Do primeiro casamento teve dois filhos, se não erro. Viúva, casou com o Senhor Costa e nasceu o Luís. Esta situação deu mais tarde origem a vários conflitos de partilhas. O mais memorável referiu-se ao usufruto de um jazigo e foi arbitrado pelo António Alçada Baptista.

Muitos, muitos anos depois, já o Luís andava mais pelas Alemanhas do que por Portugal, um amigo comum informou-me que morrera o Senhor Costa, o pai do Luís. Só que a irmã, para não o afligir, decidira nada lhe dizer. A irmã, de resto, não tinha relações com o padrasto e soubera da notícia por um telefonema circunstancial. Ora o Luís ia chegar em férias, ia querer ver o pai, e a embrulhada adivinhava-se.

O Luís chegou. Pouco depois, fomos jantar com ele à Caparica. Rimos muito (com o Luís ria-se sempre muito, pelo menos até ele começar a chorar). Mas, a certa altura, um de nós, com incurável propensão para as «gaffes», disse-lhe: «É verdade. Então o teu pai...». Fez-se gelo. «O meu pai, o quê?» perguntou o Luís, pela primeira vez sem resposta pronta. Muitos pontapés debaixo da mesa. Ajudada por todos nós, a dona da «gaffe» e de mim, lá emendou como pôde. Mas o jantar acabou ali. O Luís ficou calado, ausente.

Dias depois, veio jantar cá a casa. Ao contrário do que eu esperava, ria-se mais do que nunca. Lembrou o «então o teu pai...» e ria--se tanto que não conseguia falar. Até eu, achei demasiada aquela boa disposição. Mas ele lá se explicou: «Quando a Ana Maria me falou do meu pai, eu, que já andava um bocadinho desconfiado, porque a minha irmã me interrompia de cada vez que eu queria telefonar ao meu pai ou perguntava por ele, percebi tudo. Quando cheguei a casa, chamei a minha irmã e perguntei-lhe se o meu pai tinha morrido. Ela atrapalhou-se e justificou-se. Depois, para me consolar, deu-me pormenores: "Mas não sofreu nada. Estava a fazer a barba e caiu para o lado. Morreu como um passarinho". Ontem, a certa altura, tocou o telefone. Fui atender e julguei que estava a ter uma alucinação. Era o meu pai, muito bem disposto, a dizer-me coisas do género: "então tu, meu maroto, estás em Portugal e nem falas ao teu pai". Quando desliguei, sem saber de que terra era, fui a correr ter com a minha irmã. Quando lhe disse que o meu pai me parecia bem vivo, ficou intrigadíssima. "Mas telefonaram-me... Disseram-me que tinha morrido o Senhor Costa". De repente, ficou branca como a cal da parede e correu para o telefone. Quando reapareceu, chorava como uma Madalena. "Foi o Senhor Costa foi. O Senhor Costa, o meu cabeleireiro. Ai, que era tão bonzinho. E eu nem sequer fui à igreja, nem ao enterro. Coitadinho, coitadinho". E chorava, chorava.»

Histórias destas só com o Luís se podiam passar. Quanto a famílias... A um grande, grande, grande amigo dele (amigo nosso) com gravíssimos problemas psíquicos, o Luís tentava convencer a ir a um psiquiatra. O outro resistia. Até que o Luís lhe acertou com o argumento mais definitivo que em minha vida ouvi. «Ouve, qualquer pessoa normal, com uma família como a tua, já estava completamente louco. Tu não estás completamente louco. Logo, não és normal. Logo, precisas de te tratar.»

O Luís converteu-se ao catolicismo aos 17-18 anos. A única família portuguesa protestante que eu conheci, era a dele. O único português protestante convertido ao catolicismo que eu conheci, foi ele.

Conhecemo-nos na Faculdade de Letras, no Convento de Jesus, e foi ele quem me «converteu». A pessoa mais inteligente que eu já encontrei, converteu-se graças a São Tomás de Aquino e à *Summa Theologiae*. Queria ser compositor. O gregoriano, a música medieval eram paixão dele, como o era, na música contemporânea, Messiaen. Não juro por Bach, mas da segunda metade do século XVII até à primeira do século XX, quase tudo lhe parecia de deitar fora.

As nossas melhores noites, antes dele sair de Portugal, eram dedicadas a jogos em que um sustentava uma proposição manifestamente absurda e o outro tinha que provar, com milimétrica lógica, onde estava esse absurdo. Um dos exercícios mais brilhantes desse género de retórica acha-se no «livro a quatro mãos», escrito por ele, pelo Nuno Bragança, pelo M.S. Lourenço e pelo Manuel de Lucena. Chamava-

-se (onde pára esse livro?) *Guliveira o os Liliputos* e, em tempos de Oliveira Salazar, pedia que «Guliveira não mais nos guliverne».

O texto do Luís, era aquele que começava com Guliveira a desabafar com uma pobre rapariga: «Homessa, nada mais me maça do que a missa, moça».

Como diz? O Luís.

Para a semana, eu conto a história dos atalhos.

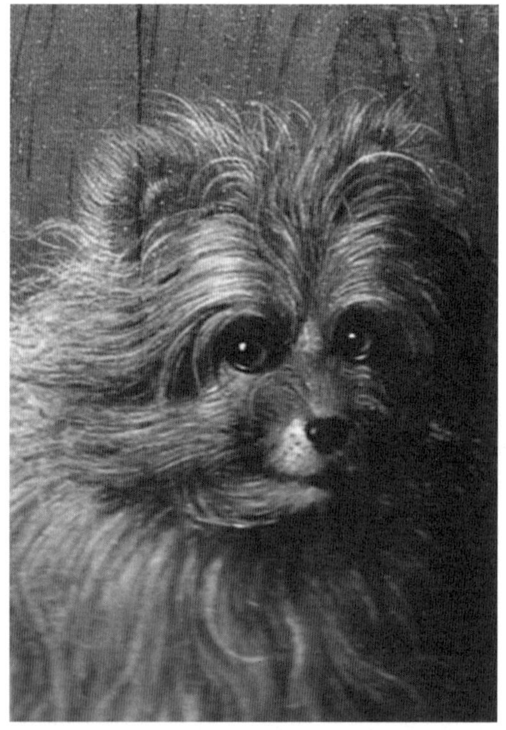

Pormenor do *Retrato de Giovanni Arnolfini e a Sua Mulher*. Jan van Eyck.

OS ATALHOS DA MEMÓRIA

«Quem teve a grande desgraça / de nunca aprender a ler / sabe só o que se passa / no lugar onde estiver». Julgo que a quadra vem da *Cartilha Maternal* de João de Deus, se não for ainda mais antiga e do «cego sublime» António Feliciano de Castilho.

Desculpe-se-lhe o lado sentencioso e considere-se que, seja de Castilho, seja de João de Deus, foi inspiração muito anterior às primeiras televisões. Dê-se o devido desconto e dê-se ainda o devido desconto a uma época que se acreditava que de pequenino se torcia o pepino (pobre pepino) e que quem não se sente não é filho de boa gente.

Havia mil provérbios pedagógicos, como desse outro João de Deus (que, por acaso, até era Lívio) a nefanda maldição paterna: quem falha o primeiro amor, vai a pé-coxinho para a vida. Tudo se pode resumir na genial máxima: «mais vale rico e com saúde que doente e pobrezinho».

Há muita coisa que mais vale, se um homem (ou uma mulher) tiver sorte e cuidado nos anos em que a barba ou as maminhas nos crescem e vos crescem. Nos anos em que ainda temos a cara com que nascemos e não a cara que merecemos. Uma delas (estou certo) é encontrar uma tribo. Um grupo dos dois sexos que gosta do mesmo e desgosta do mesmo, crê e duvida nas e das mesmas coisas básicas, tem os mesmos sujeitos e objectos de culto e, sobretudo, acredita que Deus os fez Deus os juntou e os fez para fazerem qualquer coisa que só juntos farão.

Hoje, não conheço muita gente que tenha lido o livro *Les Grandes Amitiés* de Raïssa Maritain, mulher de Jacques Maritain. Para a minha tribo, há quase cinquenta anos, foi uma bíblia, como bíblias foram todas as histórias de amizades em que só sábios éramos sete.

Nós éramos mais, nos tempos da JUC, da universidade, do *Encontro* e do CCC, antes de nos casarmos e descasarmos, de *O Tempo e o Modo*, o Pacto, etc. E tínhamos a certeza de viver uma «grande amitié». O Luís Sousa Costa, de quem falei na semana passada (*Público*, 25 de Outubro de 2002) foi, como terá percebido quem leu a crónica «Luís, diz», um de nós, «one of us», se quiser lembrar-me (e não quero) de um terrível filme de Tod Browning. Filme por filme, prefiro lembrar-me de *Veredas* de João César Monteiro (1978). Nele, o Luís, no papel de um capelão de família de ricos alentejanos, em plena reforma agrária, exaltava os seus deprimidos senhores com uma homilia ritmada pelo bater do pé no chão, acompanhando o slogan: «Assim se veja / a força da Igreja» com que esmagava o «Assim se vê / a força do PC» dos inimigos que queriam correr com eles dali para fora.

Mas estou-me a desviar do assunto. Uma das histórias favoritas do Luís era a história dos atalhos. Prometi-a para hoje. Cumpro a promessa.

É uma história que muitos conhecerão e tem mil versões diferentes. Ensinou-me o Francisco Vaz da Silva, que publicou agora um luminosíssimo livro (ainda nem cheguei a meio) sobre «as dinâmicas do simbolismo nos contos de fadas europeus» (*Metamorphosis* chama-se o livro, publicado em inglês por Peter Lang — Publishing Inc, New York, 2002), que não há literatura do género em que não figure, e sob diferentes espécies.

O princípio é basicamente o mesmo. Três amigos, ou três irmãos, no que se diz ser a «flor da idade», resolvem separar-se por uns tempos (quase sempre três anos), ou para cumprir uma missão que outrem lhes confiou, ou por decisão própria, para correr o mundo. No dia aprazado, partem de casa com um farnel (importante, esta história do farnel, em tantíssimos contos de fadas) e metem-se por atalhos na floresta (retenham, também, os atalhos e a floresta). Chegados a uma encruzilhada (ou a uma clareira) já bastante longe da terra natal, repartem os farnéis e despedem-se com grossas e lentas lágrimas, as últimas que prometem chorar. Marcam encontro para daí a três anos, no mesmo sítio e à mesma hora. Depois, o mais velho toma a estrada da direita, o do meio a do centro, e o mais novo a da esquerda.

Daí por diante, a história dividia-se, contando o que a cada um deles acontecia, ou suspendia-se numa longa elipse (ou num longo eclipse) até ao dia em que os três, três anos volvidos, se voltavam a encontrar na encruzilhada. Grande plano individual e cada qual contava a sua história. Regra geral, duas eram histórias com fim feliz e uma com fim triste. Mas, também regra geral, o fim triste era um falso fim, que, na última parte da história, alimentava o «suspense» até demonstrar, pela enésima vez, que os últimos são os primeiros.

Eu gostava especialmente de uma variante em que três belos príncipes partiam à busca de três belas noivas. Os mais velhos encontraram-nas. O mais novo só encontrou uma macaca, que vivia num palácio e lhe deu para dormir uma cama feita de fresco. Quando voltava ao palácio real, rei e rainha muito troçaram da macaca e o conselho do reino recusou-se sequer à possibilidade de ter uma macaca por rainha. Esta abandonou então a sala do trono e foi para um quarto, onde se despiu. Mandou chamar o príncipe e pediu-lhe que a chicoteasse: «bate-me com este chicote nas minhas costas; três pancadas bem fortes». O príncipe, ao princípio, recusou-se. Mas, perante a insistência, cedeu, que é como quem diz fez-se valer. Então, saltou a pele de macaca e apareceu formosíssima dama. Que obviamente seria a nova rainha, etc.

Pressinto que foi a história do chicote que me fez favorecer esta versão, mas não era essa a versão que o Luís amava.

Era uma versão em que cada um, como a Nau Catrineta, tinha muito para contar e, durante três dias e três noites, cada um dos três contava aos outros histórias de espantar. A história de cada um fazia-se história de todos, isto é cada um ficava com três histórias em vez de uma: a história que vivera e as histórias que também vivera, pois, ao ouvi-las da boca e do peito dos amigos, dele passavam a ser também. No fim da terceira noite, ou ao romper da terceira madrugada, voltavam para a aldeia pelos atalhos outrora percorridos. Mas esses atalhos já eram também atalhos da memória. E memória era a aldeia, e memória era a vida futura deles, que o conto já não contava.

Nesse tempo — tempo do princípio de uma guerra colonial em que nenhum de nós queria guerrear (alguns tiveram mesmo que o fazer) e tempo do fim das «oisives jeunesses» — discutíamos muito se aqui (aqui Portugal) devíamos ficar, indissolúveis num só, ou se devíamos ir correr o mundo, levando farnéis para a despedida numa encruzilhada. Alguns ficaram. Outros, partiram. O Luís de Sousa Costa era dos que mais queria partir. Contava então esta história, contando de como seria bom quando todos voltássemos a reencontrar-nos e a contar, contar. Contar da «lovely maiden» tão macia como um bolo acabado de sair do forno, contar da «fair girl» com cabelo e pele de seda, contar daquele que, em vez de donzelas, só achara uma rã. Contar de como o azul conheceu a cor de laranja e de como a mão conheceu a sombra que projecta na parede. Contar como fora possível vencer Guliveira, sendo gigante, sem se ser gigante. Contar como os braços de uma mulher se podem transformar em ramos de árvore e as pernas dela em caules florescentes. Contar tudo, de tudo.

Tanto nos perdíamos ou nos encontrávamos na história que nos esquecíamos doutras, como a da «Torre da Babilónia», «Torre tão alta, tão bela / Que entra pelo céu dentro / Como se fosse uma estrela». Mas «À Torre da Babilónia / Quem lá vai nunca mais torna».

Muitos — cada vez mais muitos — não tornaram mais e eu acredito que entraram pelo céu dentro como se fossem uma estrela. Mas quando me afasto do Poço Velho, que, coberto por cal, já não deixa ver o centro da terra como há cinquenta anos eu o via, e tomo o atalho para El Carmen, através da Mata Coberta, sei que vou a caminho daquela encruzilhada, que é o único lugar no mundo onde nem o grotesco nem o tétrico tem lugar. Sento-me na minha pedrinha e, atalhando na memória, recomeço a ouvir e a juntar-me a quem se juntou a mim e a quem eu me juntei. Pode ser tão longe, quando é tão perto? Então «sozinho, desconfio / Que a vida é uma coisa bem diversa».

FELLINI DE RIMINI

A última clareira (cronologicamente falando) aconteceu-me bem chegadinho ao Adriático, em Rimini.

Há aquela cidade de nome feiíssimo para um português dizer, de onde, um dia, um dia do ano de Abril, embarcámos «nós os quatro» para a Jugoslávia, ainda com excitante sabor a proibida. Há Pesaro, memória de bons festivais, de Rossini «sottovoce, sibilando» e da Pala belliniana. E, mais a norte, antes de se chegar a Ravena, que é em tudo outra conversa, fica Rimini, única dessas cidades costeiras que eu não conhecia.

Rimini teve dois habitantes célebres, não desfazendo. Francesca, a dos «dubbiosi disiri» a quem o cunhado Paolo «un giorni per diletto», a boca beijou «tutto tremante»; e Federico, o realizador dos nevoeiros e de Giulietta, do Pinochio e da «mamma putana», de Marcello Mastroianni como alter ego e meio e mais metade de Fred Astaire (mas não a metade que se vê).

Há ainda uma família: os Malatesta, que reinaram em Rimini do século XIII ao século XVI.

Um Malatesta, Giovanni (Gianciotto, tão belo diminutivo) casou em 1275 com a dita Francesca. Deixou-a tempo demais a ler histórias da Távola Redonda, com o irmão Paolo. Um dia, não leram mais nada do que se podia ler para diante. Gianciotto os surpreendeu de bocas coladas e não perdoou. E tudo se passou na terra ao pé da marinha, onde o Pó queria descansar e achar a paz com os afluentes dele. No século XV, viveu Sigismondo Pandolfo (1417-1468), o mais poderoso da família, com o perfil de Pisanello e de Piero e as lendas dignas do Marquês de Sade.

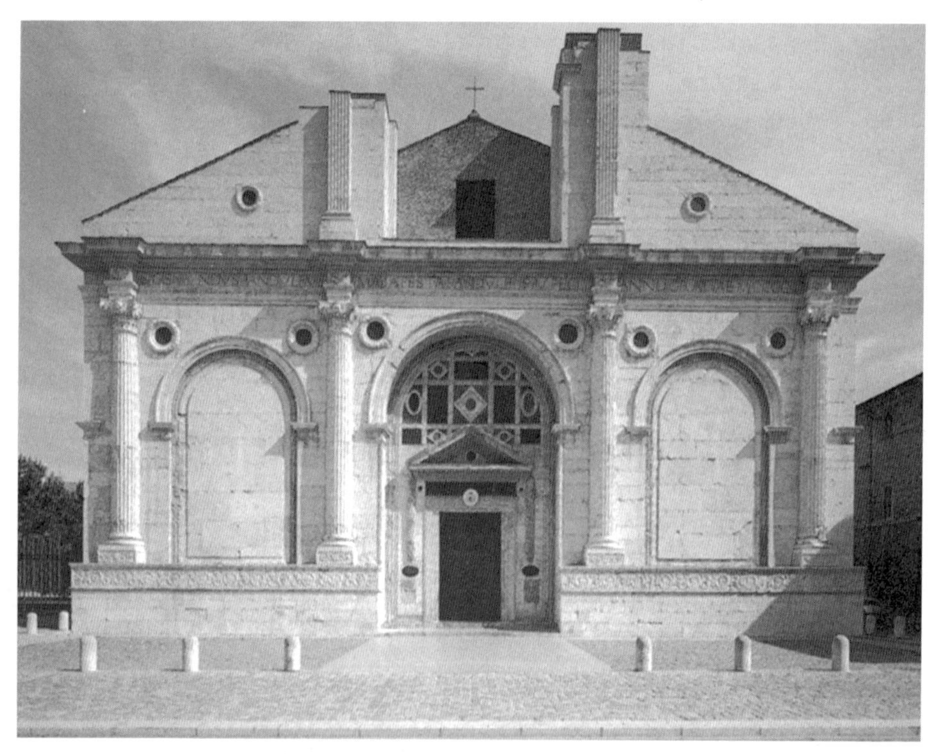

Templo Malatestiano, Rimini. Leon Battista Alberti.

Foi ele quem deu a Rimini a sua jóia suprema, o Templo Malatestiano, uma das mais belas visões miráveis nesta terra. A Rimini, com a memória de Francesca e de Federico, vai-se para ver o Templo ou para ver o Grand Hotel, que, um dia, Fellini mitificou em *Amarcord*. Parece bizarro, mas assim é. E é uma cidade que começa com um Arco (o Arco de Augusto) e acaba numa Ponte (a Ponte de Tibério).

Nunca fui felliniano, ou melhor só o fui nos anos da minha virgindade cinematográfica, quase antes de a perder em circunstâncias que o pudor manda ocultar. *La Strada* foi sonho dos meus vinte anos, mas aos vinte e cinco já não me reconhecia nele.

Mas desta confissão — ou desta declaração — não concluam as mentes costumeiras que considero Fellini coisa de trazer por casa, que olho de alto e de longe. Bem pobre seria se considerasse e visse tal. Objectivamente, penso que Fellini é um grande cineasta e, indiscutivelmente, um Autor. Por isso, muitas vezes o programei, eu que me gabo também de não programar filmes mas autores. Mas, subjectivamente, somos feitos de espécies diferentes. É uma questão de pele, não é uma questão de olhos. Como Breton dizia de Victor Hugo («Victor Hugo est un fou qui se croit Victor Hugo») eu digo que Fellini foi um louco que se julgou Fellini. A crença é admirável, a loucura também. O problema é dos que não conseguem ter essa fé, como é o meu caso. Nunca deixarei que digam mal de Fellini diante de mim. Mas nunca me imaginei a ser eu a começar a dizer bem.

Aconteceu-me em Rimini, onde fui participar num colóquio sobre a herança de Fellini («L'Eredita' di Federico Fellini») nove anos depois da morte dele. Um colega meu francês (de quem gosto) e que também nunca foi muito de fellinianices, sustentou que Federico não deixou sucessores, nem em Itália nem em França. Contradisse-o. A herança dele parece-me visível em Portugal, em Espanha e nos países de leste (Checoslováquia, Polónia, Hungria). Depois, tive saudades de *Il Bidone* e daquele texto do Nuno de Bragança que começa:

«Porque é que as crianças acordam, no meio da noite, tomadas de um súbito e invencível terror? Porque é que os adultos, os fortes e experientes adultos, sentem por vezes um sacudir até às entranhas que é mais do que medo porque não tem objecto inteligível? De onde vem aquela sensação, capaz de nos acometer até numa praça pública, de que estamos perdidos, amnésicos, num lugar que não nos compete?»

Estas e outras interrogações eram suscitadas por Augusto Rocca (fabuloso Broderick Crawford) vigarista e falso bispo em *Il Bidone*. Era ele, dizia o Nuno de Bragança, o homem que Alguém veio buscar pelo cachaço. O rato sem cauda e de venda caída.

Acordei no meio da noite no Il Grand Hotel di Rimini. Um hotel do fim dos anos 10, arte nova, com uma decoração vegetalíssima e carnalíssima, reentrâncias e saliências, enormes corredores e pequenos elevadores. Jardins até ao mar, com todos os perfumes do mundo. Aquele género de hotéis a que se chamou monumentos de kitsch, na ignorância da monumentalidade do kitsch.

Anos e anos passou Fellini às portas dele, pensando se um dia as poderia transpor e ser aceite nesse Balbec invertido, de mulheres de enormes chapéus, cinturas descaídas e boquilhas pecaminosas. Aos 25 anos, viu o hotel desabar sob as bombas americanas, particularmente virulentas contra Rimini, ponto limite da chamada «linha gótica». Mas o hotel renasceu e renasceu igual, com o mesmo dono, o mesmo estilo, o mesmo mobiliário. E quando Fellini o mitologizou, em *Amarcord*, já esse dono mandara chamar à antiga suite real do hotel, «Suite Federico Fellini». E mesmo, na estação alta, quando no hotel não cabia um alfinete, recusava-se a alugar a suite, sempre preparada para um inesperado apetite do «Maestro», para o que lhe desse e para o que lhe viesse. Fellini pagou-lhe na mesma moeda. Embora tivesse uma bela casa em Rimini, só lá ia de visita e durante o dia. As noites, as noites de Rimini, eram no Grand Hotel. O único local, segundo ele, onde «fascismo e adolescência continuavam, de certo modo, a ser as estações permanentes da nossa vida».

Já o tinha pressentido quando vi *Amarcord*, uma só vez e há muitos anos. Confirmei-o agora quando acordei no meio da noite, com um «sacudir até às entranhas que é mais que medo». Não se percebe Fellini, se não se dormir no Grand Hotel «palcoscenico» de uma obscura terapia, que convoca todos os sentidos e todos os espíritos.

Mas se o hotel é felliniano até dizer basta (eu que o diga que tantas vezes o disse) nada é menos felliniano que o Templo de há quinhentos e cinquenta anos, obra máxima de Alberti, o que me disseram que Fellini chamava «ossi di seppia» (Montale de Neva).

As três instâncias maiores do credo albertiano (*necessitas, commoditas, voluptas*) presidem a essa nec plus ultra do renascentismo com a extrema simplicidade e o extremo despojamento da branquíssima estrutura de mármore.

Que fez Alberti? «Pegou» numa igreja gótica já ali existente (São Francisco) e cobriu-a com um templo platónico e sincretista «de modo a encostar uma parede à outra, como um casaco de peles se encosta a um vestido».

Assim renasceu uma igreja que já não é uma igreja, nem sequer no nome, assim se ergueu um templo que é o panteão de Sigismondo Malatesta e da sua amante Isotta delli Atti. Ele o elefante, ela a rosa. Pio II (o papa Piccolomini) não tolerou essa igreja transformada em templo, homenagem a uma concubina e excomungou e queimou em efígie esse Malatesta dissoluto a ponto de «violar virgens consagradas a Deus, desonrar mulheres judias e violentar rapariguinhas e rapazinhos».

Mas num fresco da Igreja — único fresco do Templo — Sigismondo Malatesta, de joelhos, de branco e de perfil, ergue as mãos em súplica ao santo do seu nome, severo e ameaçador. Atrás do «condottieri», um enorme galgo branco parece rezar e suplicar tanto como o dono. Mas um outro — mais ao fundo e muito preto — desvia os olhos da cena e, voltado para o exterior do fresco, parece esperar alguém ou algo que dê ou tire sentido à cena sacra.

Alberti e Fellini estão nos extremos de uma galáxia. O Templo e o Hotel também. Mas o que é que os reúne em Rimini, o que é que os faz rimar em Rimini?

E que imagem escolher para este texto? Uma fotografia de *Amarcord* ou uma fotografia do Templo de Alberti? A imparcialidade tem limites. A parcialidade também.

A INGLESA E O DUQUE
(A GRAÇA E O PECADO)

Tout ce qui est vivant et réel doit devenir pictural.
ERIC ROHMER

Quando José Manuel Fernandes me convidou a cronicar no *Público*, acordámos que eu não me ia pôr a escrever sobre cinema, como em tempos sucedera no defunto *O Independente*. Mas nem ele me pediu que evitasse as salas escuras nem eu lhe disse que nunca mais lá punha os pés. Ambos admitimos que podia acontecer que acontecesse.

Sucede que agora aconteceu. Depois de um ano para esquecer (Lynch e Cronenberg terão sido as excepções, para além do sempre excepcional Oliveira) surgiram de rajada sete obras-primas «imperdíveis», como eu teria que escrever se quisesse fazer futuro entre as bolas do *Expresso* e as do *Público*. Oliveira, evidentemente. O despedaçado Kaurismaki, com dois filmes em «cartaz». Night Shyamalan, que, um dia, todos juntos hão-de protestar ter descoberto. Eastwood, cada vez mais crepuscular. E o filme do «coup de Grace», o mais nosferatiano dos filmes de Rohmer, *L'Anglaise et le Duc*.

Não se pode pôr diante de um viciado tantos sim-senhores (ou tantas sim-senhoras) sem esperar que se passem coisas menos ortodoxas. Perca o que perder, dedicarei as três últimas sextas-feiras do primeiro e último Novembro de 2002 a três filmes. Como antigamente? Como antigamente.

Começo por Rohmer, de todos o que mais me espantou (quando o vi há um ano e um dia), de todos o que mais me continua a espantar, agora que é meu encontro diário no Nimas.

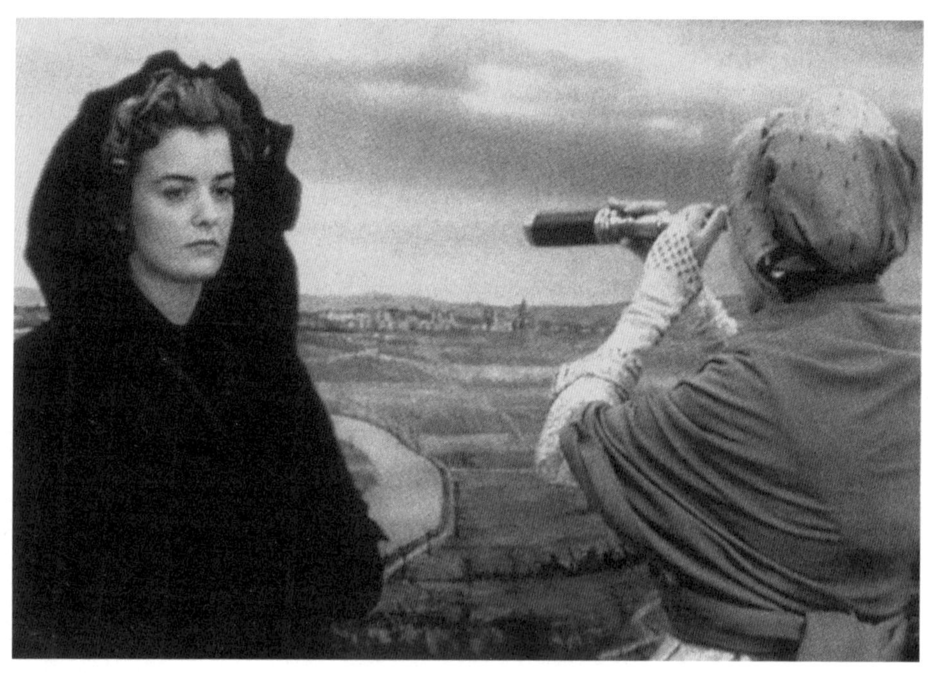

L'Anglaise et le Duc. Cahiers du Cinéma, n.º 559.

Rohmeriano, sempre o fui ainda os signos eram do leão e ele escrevia à Kierkegaard para Nicholas Ray. Mas percebia que esses contos, morais ou proverbiais, irritassem gente mais irritável com tiques franceses.

Mas até os suspeitos do costume se suspeitavam quando se lembravam de uns filmes singularíssimos, dos finais dos anos 70. *Die Marquise von O*, feito na Alemanha a adaptar Kleist. *Perceval le Gallois*, com a Távola Redonda em bizarra recriação.

Que Rohmer era esse que tropeçava no outro ou fazia tropeçar o outro? E, eis que aos 81 anos, Rohmer saiu outra vez dos contos, dos provérbios, das comédias, das fábulas, para pousar no verso e no reverso de gravuras dos tempos da Revolução Francesa. Voltou à «pintura da história», essa pintura que domina os séculos XVIII e XIX (pelo menos), desde Hubert Robert e David a Delacroix e Delaroche (passando por Ingres) e que é uma das matrizes — se não for a matriz — do cinema. Há por aí alguém que ainda se lembre de *Orphans of the Storm* de Griffith? Eric Rohmer lembrou-se e, revendo-o, descobriu que a força desse filme vem da absoluta fixidez dos planos. «Fiz, pois, planos fixos e, dentro deles, planos mais aproximados, recorrendo a uma segunda câmara.»

A história conta-se depressa. Há uns dez anos, quando estava em férias, Rohmer leu numa revista de história um resumo das memórias de Grace Dalrymple Elliott (1760-1823), uma aristocrata escocesa. Casada aos 15 anos com Sir John Elliott, foi, depois, amante do futuro Jorge IV, de quem teve uma filha. Pouco a seguir, apaixonou-se pelo Duque de Orléans, Philippe, enquanto este viajava por Inglaterra. Em 1786, Philippe levou-a com ele para França. Ambos estavam fascinados pelo «ar do tempo», sonhando ver uma monarquia à inglesa substituir-se à monarquia absolutista francesa.

A partir de 14 de Julho de 1789, Grace manteve um diário, já rompida a sua relação com o duque. «Mais ils restèrent unis par une profonde amitié». Grace conservou a sua fidelidade a Luís XVI e a

Maria Antonieta. Philippe — primo direito de Luís XVI e Príncipe de França — odiava os soberanos. Chamaram-lhe «Philippe Égalité», de tal modo assumiu os ideais republicanos e as reivindicações mais extremistas destes. Rohmer fixou-se no período 1790-1794, com particular ênfase no terror robespierriano. A morte do rei. A morte de Philippe, que não salvou a vida com a «traição de classe», nem com o voto pela morte de Luís XVI. A prisão de Grace. A morte de Robespierre. Depois, a libertação de Grace, que voltou a Inglaterra aos 34 anos e aí morreu trinta anos depois. Não vemos ninguém morrer. Ouvimos de longe e por um óculo a morte do rei, numa manhã cinzenta (em verdade vos digo que é a mais bela sequência do filme).

O diário foi publicado em 1859, e traduzido em francês em 1860. Mas esqueceram-no, vá-se lá saber porquê. Rohmer desenterrou-o agora, sem lhe mudar uma vírgula, sobretudo nos relatos dos muitos e vários encontros entre Grace e Philippe. A inglesa e o duque. Ela não traiu nada nem ninguém. Ele traiu tudo e toda a gente, menos ela. Mas quando ele morre, Grace manda voltar a pendurar na parede o retrato do duque, que tinha mandado retirar na noite em que soube que ele votara a morte do rei, faltando, inclusive, à palavra de honra que lhe dera.

Demoro-me pouco na história abjecta à volta deste filme. Cannes recusou-o em 2001, acusando Rohmer de dar uma visão «reaccionária» da Revolução. Quem tiver dúvidas (históricas) leia a obra definitiva alguma vez escrita sobre a Revolução. Taine: *Les Origines de la France Contemporaine (1876-1893)*. Ou o notável artigo do historiador de literatura Marc Fumaroli, nos *Cahiers du Cinéma* de Julho-Agosto 2001.

Veneza vingou Rohmer e deu-lhe no mesmo ano o Leão de Ouro à carreira e à obra, estreando mundialmente o filme.

Mas tenho muito pouco espaço e ainda quase não disse nada.

Como os franceses afrancesam sempre qualquer nome estrangeiro, Grace é sempre tratada (inclusive pelo duque) por Grâce, com o *a* circunflexo, como para qualquer Graça Divina. Quando vemos o filme, verificamos que, pelo menos sete vezes, aquela mulher só não morreu por milagre. Perto do final do filme, é o próprio Robespierre quem a salva, por inadvertência, por distracção ou por misterioso desígnio. Marie Anne Guérin (*Trafic*) sublinha o plano mais estarrecedor desse milagre: o último. «Quando a inglesa, incrustada no muro da cela, porque não a chamaram para o cadafalso, se torna como que uma figura de décor e distingue aquele que, literalmente de costas diante dela, vão ser guilhotinados. Filmados como fantasmas, que, de frente, avançam para nós, cada um por sua vez, saindo do enquadramento, vindos de uma foto de família (ou de classe) e dissolvendo-se no espaço. Só saem os que vão morrer. Morreram como apareceram ou como Nosferatu apareceu.»

Durante quase todo o filme, a inglesa é filmada em plano de busto e os decotes de época acentuam-lhe o pescoço. «Le coup de Grâce». Ou «le cou de Grâce».

Frente a ela, o Duque, nas suas vestes de cidadão, é o pecado. Tudo é mentira nele, excepto esse amor irracional pela Graça. Ou excepto o seu ódio aos reis, esses reis que, num momento de lucidez, admite que se importariam tão pouco com o destino dele, como ele com o dos reis. Talvez não tenha querido ser rei, mas, na torrente, como ele próprio diz, deixou de saber o que queria. E acabou sem cabeça, só igual nessa acéfala igualdade.

«Pintura da história» (e a verdade deste filme é exclusivamente pictural, na genial recriação de Paris virtual e de uma revolução virtual) *L'Anglaise et le Duc* é, também, um tratado de moral, onde a graça jamais coincide com a santidade e o pecado com a maldade.

Nenhum real é possível em nenhuma representação histórica. Alguém lembrou a Rohmer um antigo filme dele sobre os Irmãos Lumière e o realismo no cinema, perguntando-lhe se ele se desdizia agora, neste filme de artifícios, em que Méliès parece reinar. Rohmer respondeu:

«Julgo que apesar de tudo tentei reencontrar Lumière em Méliès e, com o estúdio de Méliès, reencontrar o natural de Lumière. Mas devo dizer-vos uma coisa: A picturalidade é a minha preocupação fundamental [...] A pintura é sempre o meu ponto de chegada e o meu ponto de partida.»

L'Anglaise et le Duc, pintura dentro da pintura, tempo dentro do tempo e ilusão dentro da ilusão, é o reverso genial da ética. Ou seja, precisamente, o fundamento da estética. A partir deste filme, um *outro cinema* é finalmente possível.

O PRINCÍPIO DA INCERTEZA
OU UMA HISTÓRIA DE FADAS E DE BRUXAS

A vida é um enigma, não é legível.
E são os rituais que a permitem ler
MANOEL DE OLIVEIRA

Vou dizer uma coisa arriscada: *O Princípio da Incerteza* é o mais *incerto* filme de Manoel de Oliveira. Arrisco-me, porque parece que estou a dizer um lugar-comum, uma evidência. Arrisco-me, porque parece que estou a diminuir o filme.

Ora, por um lado, há trinta anos (*O Passado e o Presente*) que eu não diminuo nenhum dos filmes de Oliveira. Não era com esta idade que ia começar. Só os cegos do costume ou os cegos da recordação, vos poderão dizer que este é um Oliveira menor. Mas «há obras que, são como espelhos. Se é um macaco a vê-las, impossível a descoberta de um Apóstolo» (há que tempos que eu não citava Lichtenberg e que bem me sabe citá-lo a propósito deste filme de espelhos).

Por outro lado, o princípio da incerteza, referido num dos jantares do filme a propósito de palavras de Thomas More ao seu querido Erasmo (num diálogo que nem é de Agustina) tem tão pouco a ver com o fim da incerteza (que acaba com o princípio dela) como com o que eu chamo incerto.

Quando eu digo que este filme é o mais *incerto* dos filmes de Oliveira, é porque é aquele onde ele leva mais longe a dúvida sobre tudo o que dá a ver. Ninguém pode sair desta visão certo de nada. As incertezas começam, ainda corre o genérico, no plano de uma capelinha e de uma menina de chapéu de chuva e saia aos quadrados, que tira

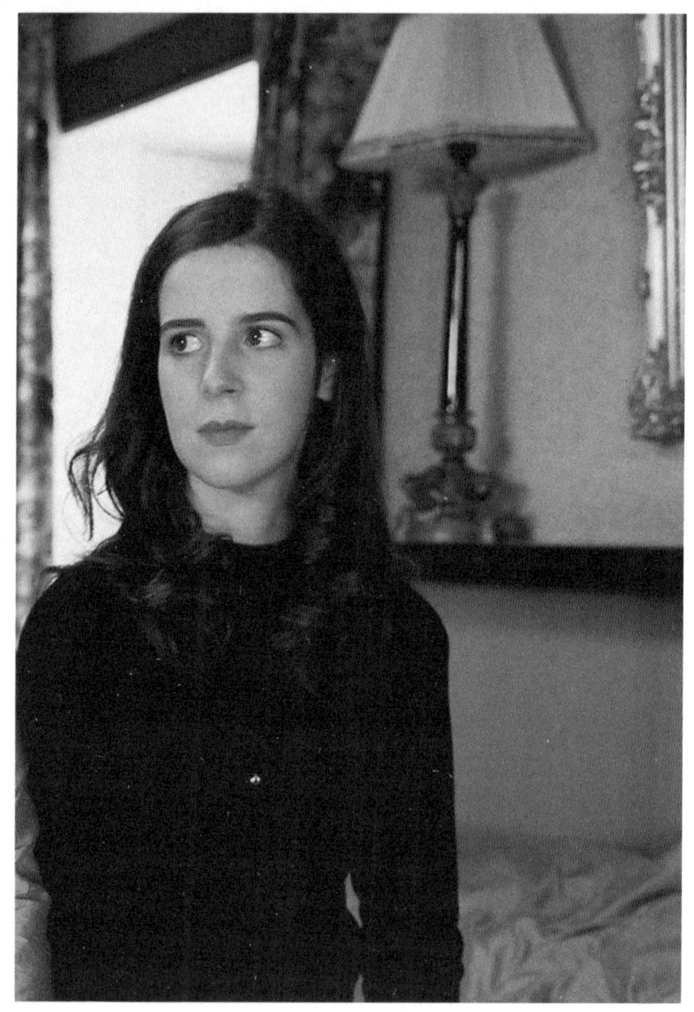

Leonor Baldaque em *O Princípio da Incerteza*. Manoel de Oliveira, 2002.

uma chave de debaixo de umas pedrinhas. Continuam — incertamente iguais ou igualmente incertas — quando a mesma menina, já muito mais crescida, de véu e de viuvez à Louise Brooks, combina com um advogado, incertamente familiar, que se vão passar a ver muito, continuando a não se verem nada. O advogado parece-se com o Touro Azul (mas o Touro Azul foi preso e de leis não sabia mesmo nada) e é incertamente o mesmo actor. Camila, pois é dela que falo, não anda arisca como cabra aos montes, nem recapitula uma Nossa Senhora popular, como quando a conhecemos de menino ao colo. É uma mulher mais do que nunca incerta, que talvez esteja, finalmente, a deixar de ser uma mutante, e a aprender que a sedução pode suplantar a servidão. Mas pode ser que eu me engane, pois, como diz Agustina, «os homens não têm o mínimo jeito para diferenciar seja o que for». Sobretudo os homens como eu, que se apaixonam tão depressa por mulheres assim, com «costas bonitas, talhadas como o mármore, com um veio onde se pode deitar vinho», de olhos singularmente juntos e de pele de leite e de neve.

Não foi filmado no filme. Foi escrito no livro: *Jóia de Família* de Agustina Bessa-Luís. Camila, a que queria «triunfar de repente, como por artes mágicas» «tinha a certeza, certezinha, de que ia chegar aonde queria» Agustina repete mesmo «a certeza, certezinha».

Parece não fazer muito por isso, até ser pedida em casamento por António Clara («acabou-se, amor, acabou-se / acabou-se a nossa alegria» e nunca um coro popular foi tão bem filmado). Depois há o encontro com o Touro Azul, quando ele lhe atira umas pedrinhas à janela. «Eu sempre quis seduzi-lo. Tocava piano no tampo da cadeira para o seduzir. Talvez me case para o seduzir ainda. Mas casar-me consigo era renunciar. Entende?» «Eu não entendo, não. Só sei que a amo», responde o Touro Azul. E então, enquanto volta para casa, Camila, «muito certinha, muito certinha», tem o movimento e diz a frase que deixam o meio tão incerto como o princípio ou o fim: «Que bom ouvir isso. Não sabe quanto tempo esperei por isto. Agora já posso casar descansada.»

Pouco depois, ela à varanda. E o «raccord» com o anjo barroco. Percebem agora porque chamei *incerto* a este filme?

O casamento é um dos monumentos do cinema de Oliveira. O decote triangular das costas de Vanessa. A câmara olhando os noivos do lugar do bolo. O bolo cortado, ou, com maior rigor, perfurado e esventrado. «Raccord» genial e a roleta do casino da Póvoa, tudo no dezasseis. Filha de jogador (jogador que até o corpo dela jogou, tinha ela 13 anos, numa sala de cinema) Camila, «a noiva de Drácula», vê a vida como se fosse uma roleta, como a acusa Vanessa, dessa primeira vez, em que, chegada a casa, ela tudo comanda.

Lembro-me do plano dos dois copos, mas lembro-me mais da visita a Daniel Roper, no regresso de Aosta, onde Vanessa lhe disse: «Eu não te compreendo». Há o colar que em figura de repetição, ou em figura de ficção, se volta a desfazer por cima do tapete. E as pérolas ficaram todo o tempo na mão de Daniel, até ele a abrir e ela lhas tirar.

Reparamos, pouco depois, que todos começam a desaparecer ou a morrer. Desaparece o pai de Camila e desaparece Torcato, o irmão de Daniel. Morre a Tia Tofi e morre Daniel. Tantos jantares como velórios. E é no segundo deles que Camila, ligeiramente adiantada, conta como lhe apareceu a Tia Tofi, num comboio.

Depois, quando já se prepara a morte de António e o desaparecimento de Vanessa, Camila diz por duas vezes ao Touro Azul: «Eu não sou boa. Toda a gente julga que eu sou boa e não sou. Não faço mal a ninguém, é uma questão de disciplina como pôr a mão na boca quando se boceja. Mas não sou boa.» E logo a seguir repete: «Já lhe disse que não sou boa. E a vida é uma história de fadas.» «Ou de bruxas» acrescenta o Touro Azul, mas não acrescentou Agustina.

Tenho citado muito texto (diálogo pode dizer-se? Não me parece).

Escrita cola com escrita, mas nisto vai outra traição.

Porque quando eu penso neste filme *incerto* (quando fecho os olhos e revejo este filme *incerto*) o que sobretudo vejo são as viagens de comboio. O que sobretudo ouço é o estremecimento do comboio nos carris, é o comboio a apitar na noite. É o violino, o violino do Diabo, ou seja de Paganini.

Há seis viagens de comboio durante o filme, todas da Régua para o Porto ou do Porto para a Régua. As duas primeiras viagens são de Celsa, quando vai e vem de casamenteiro a casa dos Roper. As outras são viagens de Camila, ou a casa dos Roper ou ao túmulo de Daniel.

Um dia, foi num comboio que Camila viu o fantasma da tia. Todos esses comboios, são comboios fantasmas, à beira-Douro, em busca do ouro de lei que ninguém nunca soube explicar a Camila o que era. Ninguém viaja dentro deles, ninguém se demora fora deles. Barcos, rio, pontes, aço, casas da outra margem. Por duas vezes, na Régua, a noite toda. De Profundis? Não tenho nada a certeza.

Mas é na última viagem que o tema de Joana d'Arc se funde com o tema do fogo e o filme se torna totalmente ígneo, como no plano — inadjectivável — em que Vanessa entra e sai pelo quarto de Camila (a porta que não fecha, a porta que não fecha). «Aconselha-me» pede Camila à donzela de Orléans, na última visita à capela.

A máscara é o conselho da santa ou a gargalhada da santa? Mais do que nunca *incerto*. Muito mais *incerto* para quem — conhecendo do livro de Agustina as páginas magistrais da relação de Camila com o agente, depois do fogo da casa de alterne — vê agora tudo condensado em duas breves sequências: a da máscara queimada no fogão da cozinha e a do diálogo com o advogado. Agustina escreveu de esconder o que se quer no que se diz. Oliveira filmou de dar a ver o que se esconde no que enganosamente aparece. Como guardou para o fim da história o «angelus» de Celsa aos pés da *Madonna da Cadeira* de Rafael.

Ao longo do texto, só falei de personagens que não existem, calando os nomes dos actores, máscaras delas.

Tenho as minhas incertas razões. Mas tenho a certa certeza que esta incerteza não podia ter princípio nem fim sem um nome e sem um corpo: Leonor Agustina Baldaque. De Oliveira.

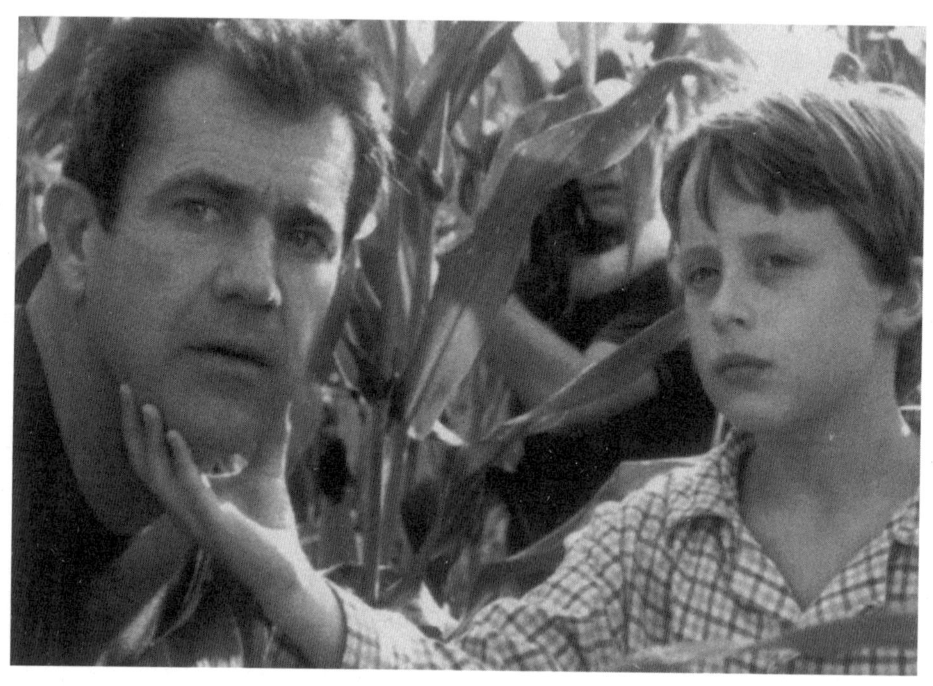

Signs. M. Night Shyamalan.

SINAIS DO ACASO, SINAIS DA NECESSIDADE: A INTELIGÍVEL EXTENSÃO

Definitively I'm in the miracle side
MANEJ NIGHT SHYAMALAN

Vou conversar hoje sobre *Signs*, o último filme de M. Night Shyamalan. Como ainda acredito que a crítica ganha alguma coisa com a paixão, como me recuso a acreditar, segundo outro dia vi escrito, «que a globalização em que vivemos exige profissionais desapaixonados, por imperativo de nomadismo laboral», é com paixão que vos vou falar de *Signs*, como foi com paixão que há uns anos vos falei de *The Sixth Sense* ou de *Unbreakable*. Desde que vi o primeiro, comecei-me a convencer que este realizador americano, de origem indiana, era um dos vários que valia a pena seguir com paixão. Até à data, não vejo razão para me desdizer, embora reconheça que na algóstase dominante (insensibilidade à dor, insensibilidade ao prazer) seja difícil aos «profissionais desapaixonados» aceder ao mundo deste ocasionalista reencarnado nos séculos XX e XXI.

A cena fundamental de *Signs* situa-se no último terço dele, quando os protagonistas, barricados em casa, aguardam o eminente ataque das criaturas vindas de outros mundos.

Na casa, estão dois irmãos, ambos agricultores nas infinitas planícies que rodeiam Filadélfia, cidade e paisagem obsessivos na obra de Shyamalan. O mais velho é Mel Gibson. O mais novo Joaquin Phoenix. Graham (Mel Gibson) fora, até há pouco, padre. Mas perdeu a fé quando a mulher morreu, num desastre de automóvel. Com os dois irmãos, estão os dois filhos de Graham, um rapaz e uma rapariga, ainda crianças (qual é o filme de Night Shyamalan em que as crianças não têm um lugar central, genialmente dirigidas?).

No horror daquela noite, Graham pergunta-se a certa altura se coisas como aquelas acontecem por acaso ou por alguma obscura razão. Dito de outro modo, pergunta-se (tudo quanto vimos e quanto já sabemos leva-nos a supor que, desde a morte da mulher, muitas e muitas vezes se pôs essa questão) se o acaso ou a necessidade governam o mundo das coisas e o das pessoas.

Joaquin Phoenix está convencido que há uma razão, que há uma necessidade em tudo quanto acontece. Para o provar, conta a seguinte e pasmosa história.

Uma noite, poucos anos antes, numa festa, conheceu uma rapariga boa como o melhor milho que é o pão quotidiano da vida dele. Com o somar das horas e com o somar dos copos, as coisas começam a correr-lhe bastante de feição. A certa altura, senta-se num sofá com a rapariga e repara no olhar cada vez mais lânguido dela, na respiração cada vez mais estremecente dela. Decide-se a beijá-la. Mas está a mascar uma pastilha elástica. Discretamente, vira a cara para o lado e atira a pastilha elástica para um cinzeiro. Volta a inclinar-se sobre a rapariga, cada vez mais ofegante. Nesse mesmo momento, ela desata a vomitar. Joaquin Phoenix enganara-se nos sinais. Nem os olhos de carneiro mal morto, nem a respiração de vitela saltitante significavam o que ele supusera, mas eram o efeito de copos a mais. E Joaquin Phoenix retirou a moral da história: se não fosse a pastilha elástica e os segundos que mediaram entre a intenção do beijo e a sua quase concretização, ele tinha apanhado com o vomitado todo na própria boca. Talvez esse episódio o marcasse para sempre, criando-lhe para o resto da vida irreprimível repulsa por beijos e mulheres. A pastilha elástica salvou-o. Deus existe.

O público ri muito com esta história grotesca e absurda. Mas Mel Gibson não ri e não se convence. E o exemplo que opõe ao do irmão é o da morte da mulher. Esta foi atropelada por um condutor bêbedo, que adormeceu ao volante. O carro que a atropelou quase a cortou ao meio, mas por um daqueles fenómenos que às vezes acontecem (já falei neste artigo de casos de algóstase) o próprio automóvel lhe prolonga um pouco a vida e a impede de sofrer muito. A polícia decide não retirar o carro até que o marido chegue e possa ainda trocar algumas palavras com a mulher. Mel Gibson chegou, foi reconhecido e a mulher dá-lhe alguns conselhos sobre os miúdos e o modo como ele terá que se ocupar deles. Depois, diz-lhe uma frase aparentemente despropositada: «Agarrem esse taco e atirem-no com toda a força». De seguida morre.

Para Graham, a explicação da frase é a seguinte: como os dois irmãos foram basebolistas e a mulher gostava imenso de os ver jogar, ela teve uma alucinação. Viu-os, como antigamente, num desafio de basebol e deu um grito de apoiante como em tempos tantas vezes tinha dado. Nada a perceber, nada a interpretar. As últimas palavras da mulher não faziam qualquer sentido. Para ele, a partir desse dia também nada fazia sentido, o que se voltava a verificar nessa inverosímil situação do ataque extraterrestre.

Alguns saberão que há um cineasta francês, chamado Robert Bresson, que morreu há pouco tempo, cuja obra é uma permanente variação sobre o tema do que acontece pela Graça de Deus ou do que acontece por puro acaso. Alguns saberão que a questão do primado da Graça ou do primado das obras para a salvação das almas, se prolongou ao longo de séculos de questões teológicas, desde Pelágio e Santo Agostinho até às querelas entre jansenistas e jesuítas no século XVII. Um dos nomes relevantes nessa grande questão filosófica do século XVII foi Nicolas Malebranche (1638-1715) que sempre procurou conciliar o cartesianismo com o pensamento de Santo Agostinho e com a origem neoplatónica desse mesmo pensamento.

Numa das suas obras mais célebres — *Entretiens sur la métaphysique et sur la religion* (1688), — Malebranche dá dois exemplos que não andam muito longe dos exemplos de Night Shyamalan.

Sublinhando o primado da Graça, recorda, como tantos dos seus predecessores, o caso de São Paulo, que, enquanto se chamava Saulo, perseguiu cristãos com sanha e crueldade desmedidas. Quando um dia, na estrada de Damasco, cavalgava a toda a brida para chegar a tempo de matar mais uns cristãos, ouviu distintamente a voz de Deus perguntar-lhe: «Saulo, Saulo, porque me persegues?» Houve um enorme clarão, o cavalo estacou apavorado, Saulo caiu da montada e perdeu os sentidos. Quando os recuperou, converteu-se e mudou o nome para Paulo. A questão é: se Deus se manifestasse desta forma a todos os mortais, a fé não seria coisa muito difícil de crer. Porque é que, entre tantos, São Paulo foi o escolhido, ele que aparentemente nada fizera para merecer tal Graça e tudo para a desmerecer? A única resposta vem do que não tem explicação: a Graça de Deus.

Mas Malebranche dá um outro exemplo mais comezinho: a certo nobre francês foi dito que, num baile dessa noite, determinada senhora, loucamente apaixonada por ele, estaria vestida de determinada maneira, para que ele a pudesse reconhecer. Assim aconteceu, vieram a casar e a ser pais de filhos ilustres. Só muito mais tarde, o homem descobriu que, na noite da festa, a sua apaixonada, à última hora, trocara de fato com uma amiga. O encontro não foi predestinado? O encontro foi casual? Ou exactamente o contrário? Aliás, para Malebranche, o que vulgarmente se chama «causas» são as *ocasiões* em que Deus age para produzir efeitos.

No filme de Shyamalan, todos os sinais são ocasiões para produzir efeitos. Desde os enormes ciclos nas plantações de milho, até à água que a miúda se recusa a beber. Desde o livro ridículo sobre os extraterrestres até ao pobre ET que vemos no final, muito mais parecido com as criaturas dos anos 50, de Jack Arnold e de Eugene Lourié, do que com os sofisticados bonecos de Spielberg.

No final, Graham volta de novo a ser padre. Que aconteceu? Aconteceu que, na noite do combate com a tenebrosa criatura, que ele já sabia ser alérgica à madeira, os olhos lhe foram ter ao taco de basebol, pendurado numa parede. Nesse momento, ele percebeu que a última conversa da mulher não era uma recordação nostálgica do passado, mas uma visão premonitória do que estava para acontecer. E os dois irmãos, agarrando com toda a força o taco de baseball, conseguiram matar a criatura e salvar-se.

Signs, filme de suspense e de extraterrestres, é igualmente um discurso sobre a Graça e sobre as obras, sobre o que Malebranche chamava a inteligível extensão. Não serve de nada dizê-lo a quem o sabe muito bem? Como escreveu Pascal: «Il vaudrait mieux le dire à ces autres personnes, dont vous parlez. Mais elles ne l'écouteraient pas.» Cada vez mais a questão é essa, para Night Shyamalan ou para mim: a quem falamos e quem nos ouve? Quem nos ouve e a quem falamos?

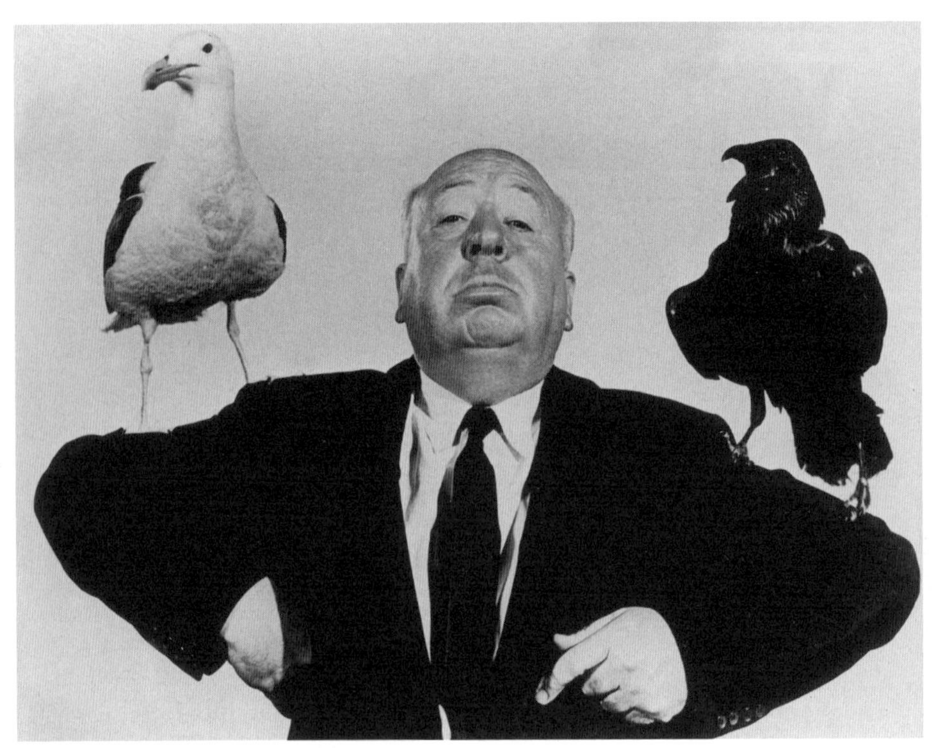

Alfred Hitchcock.

SE EU SERIA PERSONAGEM

Uma leitora minha, que faz o favor de ser minha amiga, como se dizia em português servil, perguntou-me esta semana, com algum enleio, se eu agora me ia voltar a voltar só para crónicas de cinema.

Descansei-a. Lembrei-lhe que, pelas novenas de Novembro, me tinha dado no goto escrever três semanas sobre três amados filmes, que estão aí para se ver. O criminoso volta sempre ao local do crime, mas raramente o reconstitui como morada permanente. Ela que me voltasse a ler em Dezembro e ia encontrar-me em quartos escuros, mas não no escuro do cinema.

Mas quando abri a porta do quarto escuro — ou o quarto escuro abriu a porta quando me fechou a mim — quem me saltou ao caminho, de tal modo que lhe não pude escapar? Sir Alfred Hitchcock. Ele mesmo, o cineasta. Juro que não premeditei. Juro que não quis enganar nem os leitores, nem a minha amiga. Mas não há coisa alguma a fazer se certo dia... Certo dia, mais do que outros quaisquer, são os incertos dias que temos atravessado, distraídos a ranger os dentes ou a observar a lei de Lynch. «Tudo são perigos, mesmo o que semelha necessário consolo», escreveu Guimarães Rosa, depois de pedir à morte para não o enlouquecer mais. «Ah, ninguém sabe quão terrível é a loucura dos mortos. Mortos — isto é — os que ainda dormem.» *Estas Estorias*. Ou *Tutameia*. E se eu hoje fui buscar o título desta crónica ao título de uma história de Guimarães Rosa é porque o vou citar muito. Ele também estava no quarto escuro, como Hitchcock. Mas só o vi muito depois e tenho que pôr alguma ordem nisto.

Em noites como estas, pareço-me com aquele homem que ia muito calmo a descer a Rua Nova do Carmo, quando alguém lhe gritou: «Manuel, corre para Almada, que a tua mulher endoideceu e deitou fogo à tua casa.» O homem desatou a correr Baixa abaixo. Atravessou o Terreiro do Paço como um milhafre, meteu-se no cacilheiro, saltou em primeiro lugar chegado à outra banda, mas, quando já ia no fim de Cacilhas, parou de repente e disse: «Que merda é esta! Eu não me chamo Manuel, não moro em Almada, sou solteiro e não tenho casa.»

Eu vi. Na televisão, mas vi. Hitchcock, aos 79 anos, a receber o Life Achievement Award do American Film Institute, corria o ano de 1979 e o mês de Março.

No breve discurso de agradecimento, quis compartilhar qualquer coisa com os jovens prometedores que, nessa noite, graças ao American Film Institute, tinham obtido o título de membros da confraria Alfred Hitchcock. O que partilhou foi a seguinte história:

«Quando tinha mais ou menos 6 anos, fiz já não sei o quê que o meu pai achou que devia ser castigado. Não me lembro do que fiz — com 6 anos não foi, com certeza, meter-me com a criada. Talvez tivesse roubado um tomate. Fosse como fosse, o Pai mandou-me para a esquadra de polícia mais próxima com um recado escrito. O polícia de serviço fechou-me cinco minutos numa cela e disse-me: "É assim que se tratam os meninos maus".

Daí em diante nunca recuei perante nada que me pudesse evitar ser detido ou preso. Ainda hoje, fico sempre aflitíssimo diante da autoridade, sobretudo quando me aparece fardada de polícia.

Para vocês, os novos, a minha mensagem é esta: evitem a prisão. Assim, talvez um dia possam vir a receber um prémio do American Film Institute. Prémios destes são para meninos bons e bonitos.

Boa noite.»

Foi a última vez que Hitchcock falou em público. Mas um dos seus biógrafos conta que quando, pela mesma altura, lhe perguntaram se já tinha pensado na inscrição para a lápide funerária, respondeu aproximativamente: «Talvez qualquer coisa como "Vejam o que lhes pode acontecer se não forem meninos bonitos"». E fez um filme — *The Wrong Man* (1957) — para mostrar a situação que achava ser a mais terrível que podia acontecer a um homem: vir pacatamente para casa e ser preso por algo que não fez. Todas as provas eram provas contra ele e toda a gente — até a mulher — achava que ele era o culpado.

O meu medo, a cela onde eu não quero ser fechado, é uma variante dessa. Se a imagem do polícia de Hitchcock vale como imagem de uma expulsão do paraíso — o menino bom transformado em menino mau, o Pinóquio com orelhas de burro — com as correspondentes cargas de crime, culpa e castigo, o que me parece desmedido é o peso de que se faz contra o peso do que se é. Ser, pode ser atenuante, mas não absolvição. Fazer implica a pena e impede o perdão. Outro modo de dizer o mesmo. Horrível é pensar num casal que, no meio da multidão, perdeu o filho e o procura desesperadamente. Mas não será mais horrível (mais importante como símbolo) pensar no miúdo que, no meio da mesma multidão, se abeira de um polícia e a chorar lhe pergunta: «Senhor guarda, o senhor não viu um homem e uma mulher sem um menino assim como eu?». A canção que sempre mais me apavorou foi a do Josézito que me cantavam em criança. «Já te tenho dito / que não é bonito / andares-me a enganar / Chora agora / Josézito chora / que eu me vou embora / p'ra não mais voltar». *Não mais.*

E há aquela terrível quadra espanhola:

«esta si que es calle, calle;
calle de valor e miedo
Quiero entrar y no me dejan
Quiero salir y no puedo».

Dos pesadelos, por mais terríveis que sejam, acorda-se, sai-se. Ser proibido de entrar e impotente para sair é o pesadelo mais inominável. E não se acorda nunca mais.

Sextus Empiricus escreveu sobre estes casos palavras sábias: «As diferenças entre os homens são necessariamente razão para que se aplique a suspensão de julgamento.» Mas como é que essa suspensão se obtém? Aí, o vetusto autor não deu resposta.

Se nós fôssemos personagens de ficção (ou se nós seríamos personagens, como Guimarães Rosa disse tão bonitamente) seria bastante simples. Musil suspendeu o nosso juízo sobre Moosbrugger, Fritz Lang suspendeu o nosso juízo sobre Beckert, para não falar do juízo retido de Dostoievski sobre Raskolnikov.

Se fôssemos (se seríamos) personagens históricas também. O tempo apaga as paixões e sem paixões não há julgamentos, pois que toda a justiça vive delas.

Mas quando «só sabemos de nós mesmos com muita confusão» e o fundo dos nossos pensamentos não entende as nossas palavras nem os nossos actos, obter essa suspensão de juízo é praticamente impossível. De nós próprios sobre nós próprios, leva, quase necessariamente, à esquizofrenia. De nós sobre os outros, ou dos outros sobre nós, implica uma dose de irracionalidade, que se mascara na crença ou na descrença, na compaixão, ou na renegação.

E as alternativas são o zero ou o infinito, o nada ou o amor total. Mas o nada é uma faca sem lâmina a que se tirou o cabo, «melhor do que Deus, pior do que o diabo, que a gente morta come e, se a gente viva comer, morre». É aquele «ponto limite da irrealidade existencial e da estática angústia» que conheceu o solitário passageiro do carro eléctrico num dia de tanta chuva. Quando o viu, o guarda-freio, espantadíssimo de o ver sentado no único banco onde chovia como na rua, perguntou-lhe por que não trocava de lugar. «Inerte, humano, inerme», o homem respondeu: «Trocar, *com quem*?» Histórias que aprendi com Guimarães Rosa.

Quando não podemos trocar com ninguém e quando a chuva é o nosso único, absurdo, mas irremediável lugar, estamos perto de saber que não há nenhuma coincidência entre o olhar com que nos vemos e o olhar que o próprio espelho nos devolve.

Então pode voltar-se a esperar para o resto da vida. Porque não somos personagens e pode-se sempre voltar para o fim da ida, do fim da vida. Nosso começo, começo dela. Como nos espantaremos quando virmos tudo do outro lado.

Se não acreditasse, em tempos como este, em dias como estes, em coisas como estas, não saía do quarto escuro, entre os medos e as culpas de Hitchcock e as *anedotas de abstracção* de Guimarães Rosa. E diria à minha imagem se eu seria personagem.

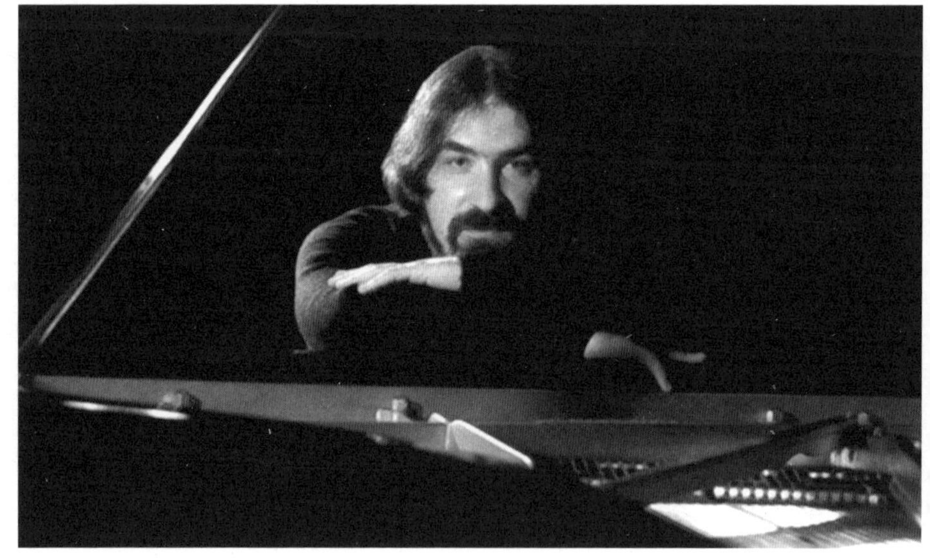

Radu Lupo.

SERVIDORES DA DIGNIDADE

Algumas pessoas sabem que, de vez em quando, sob o pseudónimo de Duarte de Almeida, apareço em filmes de Manoel de Oliveira e de outros. Foi Manoel de Oliveira, (que esta semana fez 94 anos e acabou mais uma rodagem) quem me desinquietou. Sendo maior, é a menor das razões pelas quais lhe estou grato.

Mas se, quase invariavelmente, perguntas sobre o tal Duarte vêm à baila em entrevistas várias, muito menos falado é o facto de duas vezes — duas vezes, apenas ou duas vezes, horror! — o meu descaramento e o meu exibicionismo me terem levado a palcos de teatro.

Em 1971, na Casa da Comédia, numa encenação de Jorge Listopad de *O Fim* de António Patrício. Fazia de ministro (velho e trôpego ministro) na corte espectral de uma rainha facilmente identificável. Manuela de Freitas fez uma Rainha inadjectivável, talvez a coisa mais misteriosa que eu já vi em palcos portugueses (e, como ministro dela, vi-a muito de perto). Mas um dia, Listopad — ainda hoje não sei com que intenção — resolveu dilatar-me a fé e o império. Em vez do breve ministro, desafiou-me para o papel de um misterioso Desconhecido — arauto do fim, profeta do princípio — que estava em cena todo o 2.º Acto e praticamente não se calava, cabendo-lhe o mais críptico e o mais belo dos diálogos da peça. Disse, representei ou cantilenei? Ainda hoje não sei bem nem já interessa sabê-lo. Foi sol de pouca dura.

Mas em 1982 (sim, Turgeniev, e Deus proteja todos os vagueantes sem abrigo) a Manuela de Freitas voltou a desafiar-me para um salto no palco. *A Gaivota* de Tchekov. Papel pequenino (mas em Tchekov não há papéis pequeninos nem personagens secundárias) o de Chamraev, o feitor de Sorine. O personagem aparentemente abrutalhado e aparentemente intratável (servil com os fortes, déspota com os fracos) tinha uma mania: recordar actores e cantores da sua juventude, necessariamente incomparáveis aos seus sucessores. Arkadina — a actriz — odiava essas tiradas. Obcecada com a sua própria idade, fingia não se lembrar dessas criaturas a que chamava pré-diluvianas.

Mas o melhor momento de Chamraev chegava, na noite de representação da peça de Treplev, o filho de Arkadina, a peça dos homens, leões, águias e perdizes. A mãe estragava a peça ao filho, o amante da mãe começava a interessar-se por Nina. Chamaraev, para cortar a tensão, para recuperar protagonismo ou por qualquer outra das mil razões que não explicam os personagens de Tchekov, retomava, para quem o quisesse ouvir, o elogio de um célebre baixo, curiosamente com o portuguesíssimo nome Silva.

«Lembro-me muito bem, foi em Moscovo, na Ópera, o célebre Silva conseguiu entoar o dó mais grave. Ora, nessa noite — nem de propósito — estava na geral um outro baixo — mas um baixo sinodal. E de súbito — imaginem o espanto de todos nós — ouvimos, vindo lá de cima, um "Bravo, Silva!" — uma oitava mais baixo que a nota do outro. Assim, (e com uma vozinha profunda) "Bravo Silva". No teatro fez-se um silêncio de morte, de morte.»

Silêncio, mas nada mortal, seguia-se ao grandioso bravo do feitor, até que alguém dizia. «Passou um anjo». Mas, no fim da cena, sozinho com outro personagem, Chamraev repetia: «Uma oitava mais abaixo: "Bravo Silva!" E não era um cantor profissional, era um cantor sinodal» (ou seja, cantor dos sínodos, de coros religiosos). O seu infeliz interlocutor perguntava-lhe então: «Quanto ganha por mês um cantor sinodal?». Mas «de res minima non curat praetor», como saberia Chamraev que também fazia gala no seu latim: «De gestibus aut bene, aut nihil».

Vamos, pois, aos meus gostos, depois de lhes ter falado de alguns dos meus desgostos.

A imitação de Chamraev da oitava profunda do baixo sinodal, foi pretexto para eu experimentar nessa cena um dos *Bravô* mais profundos, (tão profundos quanto roufenhos) em que dos 16 anos até hoje não me poupei, sobretudo em concertos ou em óperas, quando os intérpretes me fazem subir ao sétimo céu. *Bravô* para os homens e *Brava* para as senhores. A tradição é italiana (daí o *Brava*) mas nos séculos XIX e XX deu a volta ao mundo. Há cento e cinquenta, cem, cinquenta anos (as duas primeiras datas, ao que me dizem) o êxito de violinistas, sopranos e tutti quanti media-se pela quantidade e diversidade desses berros, como o comprova a história do baixo Silva, na Ópera de Moscovo, aí por 1875. Era a altura em que, nos concertos, os solistas mais amados, findo o programa, tocavam sete ou oito «encores» (em português, começou a dizer-se extras a partir de certa altura) e nas óperas, no fim das árias célebres, pedia-se aos ídolos de outrora «bis» ou mesmo «tris».

Toscanini foi o primeiro ou dos primeiros a querer acabar com essa confusão entre circo e ópera. Quando ele dirigia, nenhum cantor bisava, o que lhe valeu alguns ódios mortais. Mas nem ele conseguiu que as óperas deixassem de ser interrompidas por revoadas de palmas e de bravos, no fim dos trechos célebres.

Na minha vida, só me lembro de um bis. Foi da penúltima vez que Maria Canigla nos visitou, numa *Tosca* de 1955. No fim do «Vissi d'arte, vissi d'amore», a Canigla, figura emblemática da era dos «bis», não se fez rogada para voltar ao principio, nem Antonino Votto (o maestro) para a seguir.

Já lá vão quase cinquenta anos e depois dela mais ninguém bisou, que eu ouvisse. Mas até hoje ninguém conseguiu acabar com os bravos e as palmas (às vezes as pateadas). A certa altura, alguns tentaram explicar que o costume era bárbaro. Recomendo sempre a esses «puristas» a leitura do belo romance de Pierre-Jean Rémy *La Mort de Floria Tosca.*

Ópera é ópera e não existia se não existissem bravos e bravas. Há cada vez menos disso? Essa é outra questão mas eu não costumo confundir gato por lebre.

Há três ou quatro anos, lembro-me de ter esgotado os meus bravos com uma cantora de quem jamais ouvira o nome. É grega como a

Callas ou a Suliotis e chama-se Dimitra Theodossiou. Foi em Bolonha e ela cantou a Odabella do *Átila* de Verdi.

Este ano, S. Carlos anunciou *La Traviata* com a celebérrima Angela Gheorghiu. Passou a ser *o* espectáculo da temporada. Mas, à última hora, a Gheorghiu cancelou a sua estreia em Portugal. Quem foi Paolo Pinamonti chamar para a substituir? Bem-aventurado! A Theodossiou. Quase toda a gente ficou tão desapontada como quando — também nos meus tempos de menino e moço — Karl Böhm substituiu Furtuwängler à frente da Filarmónica de Viena.

Mas, quem esteve em S. Carlos no dia 6, no dia 9 ou no dia 11 (ou quem lá conseguir ir no dia 15 e eu rezo, leitor, para que este seja o seu caso) deve ter agradecido aos numes a sorte grande que nos saiu. Não vou dizer mal da Gheorghiu, mas lá que nunca me entusiasmou em Verdi também é verdade. E Dimitra Theodossiou, tremente e premente, foi a Violetta mais inesquecível que eu já vi, fora a evidente excepção da Callas. Com um barítono tão colossal como o Silva do meu Chamraev, Ambrogio Maestri, outro nome de que tanto se irá falar. O 2.º Acto (particularmente) foi dos mais magoados e tristes de que me lembro na vasta vida. «Dite alla giovine si bella e pura». Digam-no a Dimitra Theodossiou, de quem, nessa noite, comprei o «first complete recording» da *Anna Bolena* de Donizetti.

Como os mortos e os vivos vêm sempre aos pares, dia 10, na Gulbenkian, ouvi, mais uma vez, o maior dos pianistas vivos: Radu Lupu, romeno como Clara Haskill, romeno como Dino Lipatti e tão grande como.

Desta vez (talvez por causa de Debussy, que nunca o tinha ouvido tocar) lembrei-me de Gieseking. Se as caras são opostas, os corpos de ursos são iguais e igual a posição ao piano. Tocar com as costas. E ainda tenho no ouvido a última nota suspensa do último «encore» (Debussy, mas qual?) como a pedra no fundo do poço de Mélisande.

O Tio Vânia devia ser assim. Como a Theodossiou podia chamar-se Nina. Servidores da dignidade.

A VELA DA GLÓRIA

A expressão é de Gil Vicente na *Mofina Mendes.*

«E porque a noite é quase meia
e são horas que esperemos
seu nascer,
ide, Fé, por essa aldeia
acender esta candeia
pois outras tochas não temos
que acender;
e, sem serdes perguntada,
nem lhes vir pela memória,
direis em cada pousada
que esta é a vela da glória».

Gosto, especialissimamente, dos verbos ante-ante-penúltimo e ante-penúltimo. À Fé não se fazem perguntas nem ela as espera. Também não é coisa de memória ou que venha da memória. A Esperança convoca a memória e não existe sem ela, mesmo que exista contra ela (ter esperança contra toda a nossa memória de desesperança). A Caridade nasce da memória e desagua na memória. A Fé não.

Acreditar que a «vela da glória» é no Natal, quando «a noite é quase meia», está muito para além de toda a nossa humana memória de muitos Natais, das famílias que morreram e das famílias que nasceram, do olhar do burro e do olhar do boi. É acreditar que há a mais — como escreveu Péguy — «uma luz maravilhosamente nova».

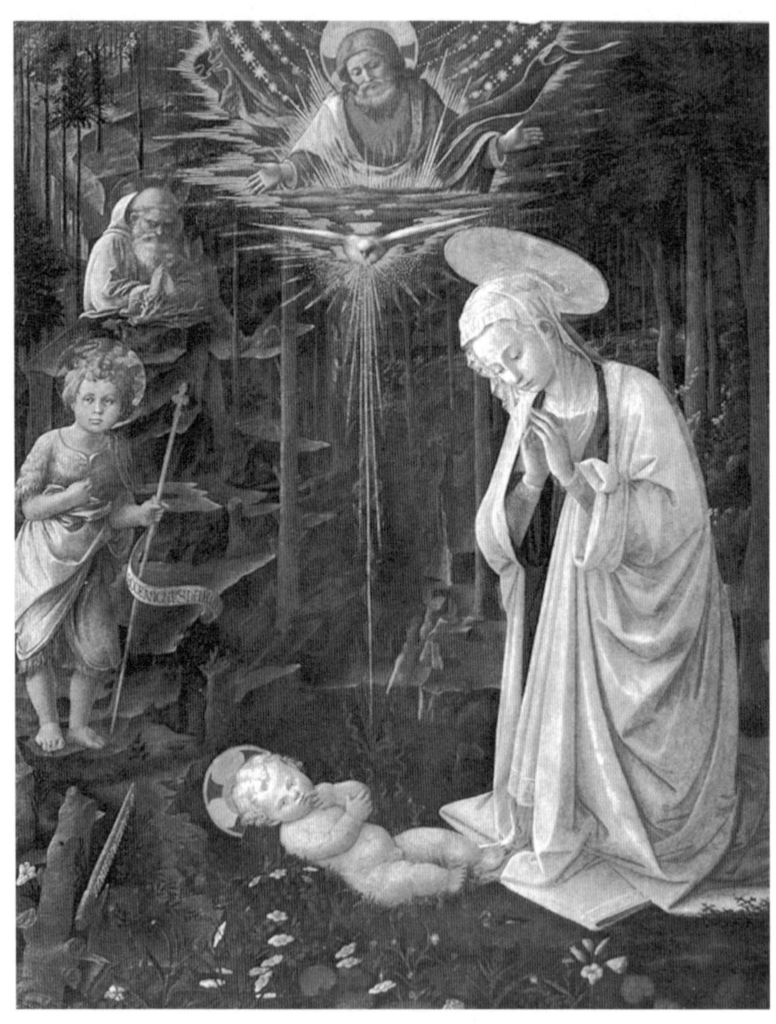

Adoração do Menino Jesus num Bosque. Filippo Lippi.

«Tudo então era novo; o salvador do mundo / Era ainda a criança a brincar na soleira».

Deus-Menino. Deus-criança. Tão espantosas expressões. Porque, se só nos guiássemos pela memória, Deus era o velho das barbas ou o adulto crucificado. Antes de Cristo, depois de Cristo, houve deuses crianças, deuses meninos, mas sempre vistos como filhos ou servidores de deuses grandes, percursores de anjos e não percursores do Filho do Homem. Seja o que for e como for a nossa ideia de Deus (apesar de Deus estar para além de qualquer ideia) há uma como que rejeição de divindade no Jesus do presépio, uma espécie de impossibilidade racional de conciliar Deus com um bébé. Os Evangelhos quase nos não falam dele. Há uma frase de Simão a deixar entrever a Maria terríveis coisas no futuro, há a breve imagem de um menino-prodígio deslumbrando os doutores, mas inquietando a Mãe porque saiu de casa sem lho pedir nem lhe dizer para onde ia. Há os caminhos violentos da Sagrada Família (o massacre dos inocentes). Curiosamente, essa colossal elipse temporal dos textos canónicos, foi a que mais suscitou imaginações de poetas e pintores. Milhares de Natividades, de Virgens com o Menino, de Fugas para o Egipto, a custo procuradas nas fontes evangélicas.

Nenhum evangelista nos falou do Menino a brincar ao colo da Mãe, ou do descanso da Sagrada Família a caminho do Egipto. Se essas imagens são tão insistentes, na tradição iconográfica e textual, é porque sentimos a necessidade de contrapor à Paixão a alegria da infância, de contrapor aos mistérios dolorosos os mistérios gozosos. A imagem da criança é a imagem do todo novo, do «cordeiro divinal» ainda silencioso.

«Cinco mil cento e noventa anos depois da criação do mundo, ao tempo em que Deus tirou do nada o céu e a terra;

Dois mil novecentos e cinquenta e sete anos depois do dilúvio;

Dois mil e quinze anos depois do nascimento de Abraão;

Mil quinhentos e dez anos depois de Moisés e do povo de Israel fugirem do Egipto;

Mil e trinta e dois anos depois da sagração do rei David;

No sexagésimo quinto dos anos preditos pelo profeta Daniel; na centésima nonagésima quarta Olimpíada;

No centésimo quinquagésimo segundo ano da fundação de Roma;

E no ano quadragésimo segundo do Império de Octávio Augusto.

Gozando todo o universo de Paz, na sexta idade do mundo, Jesus Cristo, Deus Eterno e Filho do Pai Eterno, querendo santificar o Mundo com a Sua vinda misericordiosa, foi concebido pelo Espírito Santo, e depois de passarem nove meses sobre a sua concepção nasceu em Belém de Judá feito homem da Virgem Maria Natividade de N.S. Jesus Cristo segundo a carne».

Deixemos o cômputo dos anos e qualquer suposta autenticidade deles. O que está nesta proclamação do *Martirológio Romano* é a outra imagem do texto vicentino. É Jesus Cristo a entrar na História, através da memória e da cronologia. Segundo a Fé. Segundo a Carne. E — sempre — segundo a Palavra. *O Verbo fez-se Carne.*

Cito agora, um excerto do Cântico do Natal de Santo Efrém:

«Ó Deus incompreensível, por Ti começo e com a Tua Graça terminarei. Começo pela Tua sujeição; encho a minha boca com os Teus tesouros. Eu sou o campo e tu o lavrador; por isso, Tu, Tu que te semeaste na Virgem puríssima, semeia a tua voz na minha voz fraca. Filho, saíste do Pai como um raio de luz, e de Maria como colheita não semeada.

Maria deu à luz o gigante dos séculos, o gigante dos milagres, aquele que estava escondido na essência do seu pai, no seio da Divindade. A Virgem divina estreitava-o nos seus braços, abraçava-o, beijava-o, precipitava-se para ele. Jesus, deitado na manjedoura e envolvido em faixas, olhava para sua mãe e sorria. Se começava a chorar, a mãe dava-lhe o seio, cobria-o de beijos, embalava-o no seu colo e ele calava-se…

Umas entranhas te trouxeram, uma manjedoura te bastou, Simeão tomou-te nos braços, ó Deus imenso. E assim Tu vieste, circunscrito, palpável, contido num corpo, fruto tangível, Tu, cuja natureza não conhece limites. E assim Tu vieste cerrado numa manjedoura. Quem podia traçar limites à Tua essência? E no entanto assim vieste, fechado em estreitos limites, porque assim o quiseste, Filho infinito e sem limites!»

Péguy (*Eve*, traduzido há muito tempo por Manuel de Lucena) disse que «os grandes olhos fechados sob o arco das pálpebras / já deixavam de ver o seu imenso reino». E diz também: «E o sangue que mais tarde no Calvário / havia de cair como um ardente e trágico orvalho / Não era nesta hora de tranquila miséria / Mais do que um fio sob os lábios vermelhos».

Na Noite de Natal, vemos o fio na boca, como se voltássemos do Calvário ou como se a ele ainda não fôssemos? De novo, a memória submissa, ajoelhada como um cão aos nossos pés. Nunca poderemos saber quem nascerá de novo, depois de caído «em ardente e trágico orvalho», no Natal seguinte do Natal seguinte. Supremo luto, suprema cor.

E seja o meu último dom deste Natal, a minha última prenda deste Natal, uma oração de um missal moçárabe, adaptada por M.S. Lourenço nos mesmos Natais idos, Natais vindos, em que Manuel de Lucena traduziu Péguy:

«E agora chamamos por Ti, Senhor,
Porque és o Salvador dos homens
E Homem Todo Poderoso,
Porque habitas na Tua Misericórdia,
Na justiça e no perdão.

Move os nossos corações para desejos santos,
Põe nas nossas bocas orações de Paz
E faz com que a nossa vida Te seja agradável.
Não Te pedimos, Senhor,
Que renoves o Teu nascimento no mundo,
Mas antes que nos conduzas à Tua divindade!»

Citei muito. Fui preguiçoso? Acham? Bom Natal!

ANO VEM

E, no primeiro dia dele, calhou-me ficar a olhar, com mais esquisito pasmo, para uma reprodução de Guido Cagnacci, que tem por nome *L'Allegoria della Vita umana* e que uma legenda me ensinou incluir-se na colecção Sgarbi em Ro, na província de Ferrara.

Não conheço a colecção. Não sei onde fica Ro. Ignoro tudo sobre Vittorio Sgarbi. Mesmo de Guido Cagnacci (1601-1681), o nome nada me dizia até lhe ter visto essa alegoria, na capa de um livro — *Le Ténèbre et la rose* — em que o proprietário dela (dela, alegoria) nunca o cita ou o comenta. Aparentemente, serviu-lhe para as trevas e para a rosa. Se bem percebi do pouco que li, o título é uma homenagem a Roberto Longhi.

O tema é um tema que a pintura renascentista, maneirista e barroca mil vezes usou, como o usou a poesia, a novela e o teatro dos mesmos séculos XVI e XVII. «Oh coisas todas vãs, todas mutáveis». «A morte a rir-se nos nossos verdes anos». Frequentemente, os pintores no-lo deram em sucessão espacial: uma criança linda de morrer; uma mulher nua, anelante e anelável; uma velha sem dentes e peitos flácidos. Aurora, dia claro, poente escuro, ou, como dizia Giordano Bruno, se não erro, «un alan, un leon, un can». Outros houve — é o caso de Cagnacci — que não precisaram de contar a história tin-tin-por-tin-tin. Bastou-lhes a nudez irradiante contra a noite, a partir de um corpo lácteo e luminoso, de alma tapada mas espelhada no rosto. E a rosa e o dente-de-leão na mão direita, levantando-se de um braço que descai. E a ampulheta na mão esquerda, coroando um braço que se ergue. Ainda à esquerda, a caveira e a mortalha. «O outrora, o

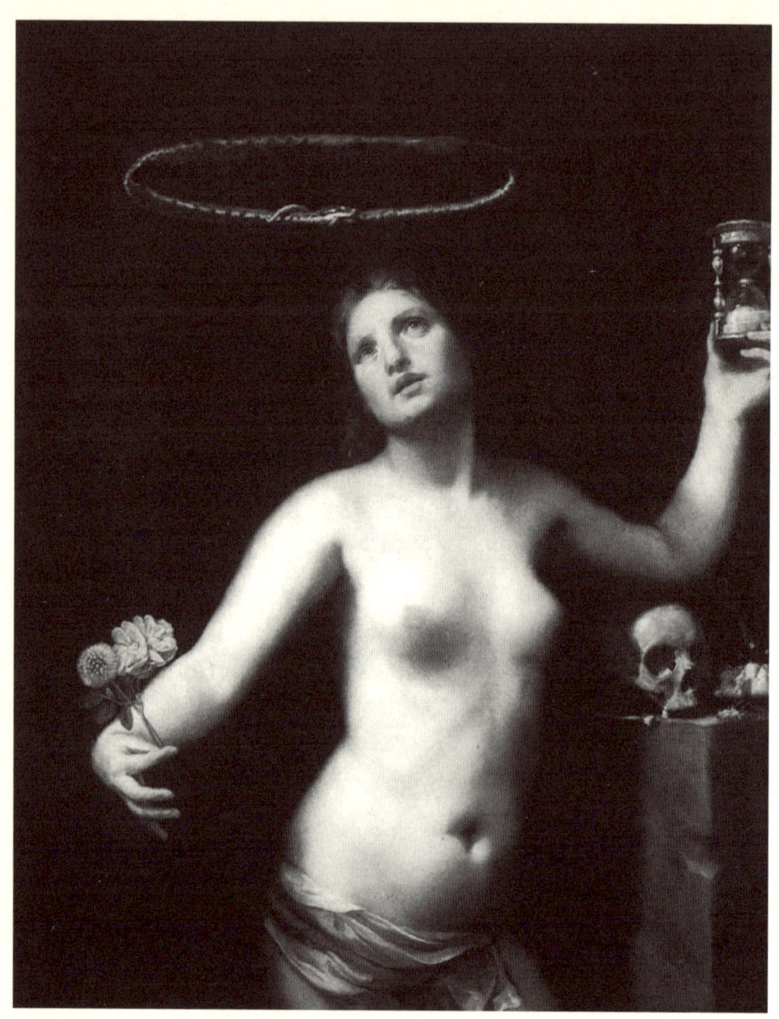

Alegoria da Vida Humana. Guido Cagnacci.

agora, o aquilo que virá / em dor, temor, espera me tem já» e agora estou certo de citar Bruno traduzido memoravelmente por Jorge de Sena.

Como, depois de muito olhar para esta Santa Cecília pagã, tão fora de esperar bem e tão forte de bem, no bem, o bem ter feito, me lembrei donde me ficara esse nome de Cagnacci. Viena, há quase vinte anos. Uma *Morte de Cleópatra* com idênticos luarentos nus femininos, com símiles sombras húmidas e túmidas.

Não uso relógio há muitos anos, creio que desde que o Brasil ganhou o campeonato do mundo de futebol em 1970. Mas sei o que são as horas a passar. Ainda ontem à noite, se fazia o barulho do costume (um barulho dos diabos) a celebrar o advento de 2003, no único cantinho do planeta que acertou o passo por esses milénios mais ou menos espúrios. Uma noite mal dormida (é certo que muito menos ressacada do que as nossas noites de antanho) e já o ano é tão velho como o seu finado antecessor. Os anos só são novos enquanto os novos somos nós. Crescem connosco, envelhecem connosco e vão morrer connosco, pois que o que se passar no dia depois da minha morte já não se passa comigo.

Por isso, os dias de vinho e rosas se sentam sempre à nossa direita, na linha do ventre e da alma. À esquerda, a areia da ampulheta escorrerá tanto, acabará por pesar tanto, que nos há-de empurrar o braço para o chão, para o pé da caveira. E por mais que me digam que o tempo não existe, se isto não é o tempo, onde me fica o espaço?

Contradigo-me? Não vejo em quê. Passa-se com o tempo o que também se passa com a luz. Marsílio Ficino, sem o qual não conheceríamos Platão nem teríamos vivido o Renascimento, também se aterrou quando descobriu que nada havia de mais obscuro do que a luz, essa luz que é a coisa de todas a mais clara e, com ser a mais clara, a mais escura é também.

Nessa tarde — um crepúsculo toscano — após se ter despedido do celeste Febo, Marsílio Ficino foi visitar o seu colega Michele Mercati, médico e filósofo e jurou-lhe, após uma vagarosa discussão sobre a imortalidade das almas, que, depois de morrer, o seu primeiro gesto seria visitar o amigo, para lhe dar uma prova evidente e irrefutável. Estava-se a 1 de Outubro de 1493.

Exactamente, seis anos depois (1 de Outubro de 1499), à «hora pensativa do escurecer», Marsílio Ficino morreu. Nesse preciso momento, um cavaleiro, todo vestido de branco, parou debaixo das janelas de Mercati. «É verdade, Michele, tudo isto é verdade!». Mercati não duvidou. A lenda ficou célebre pelos séculos dos séculos e tão célebre que Berkeley a utilizou, no século XVII, para explicar melhor o que entendia pela imaterialidade do tempo. «A aparição de Marsílio Ficino no momento da morte é explicável pela minha ideia de tempo.»

Explicável, é. Mas tenho as maiores dúvidas que Ficino e Berkeley tivessem do tempo conceitos semelhantes. Ou que Ficino considerasse, sequer, que a sua própria aparição, depois de morto, era algo de explicável.

Ano vem. Ano foi. Diz-se (quer dizer, diz-se, a partir de certa altura) que os anos não perdoam. Julgo que somos nós — pelo menos a maioria de nós — que não lhes perdoa a eles. Imaginem o que seria a história da pintura (os anos de pintura) se essa mulher, que não vos olha, deixasse cair a ampulheta e abraçasse um cavaleiro tão branco como Marsílio na primeira cavalgada da sua vida nova?

Esse abraço é verdade. Tão verdade como este corpo de mulher. Tão verdade como a escura luz. Tão verdade como as trevas incandescentes. Tão verdade como a rosa. Tudo isto é verdade.

O VINHO E A TAÇA

De vez em quando, Stefan Zweig (1881-1942) salta-me ao caminho.

Quando eu era bastante pequeno, e ainda não sabia que «isto de a gente ser grande não é como se nos pinta», encontrava livros dele por tudo quanto me era casa. Não tenho qualquer prova para o que vou afirmar, mas, fiando-me na memória, não estou longe de jurar (o que é diferente de apostar) que Stefan Zweig devia ser o escritor de língua alemã mais traduzido para português. Na lombada de um dos livros sobreviventes, herdado em legítima, conto trinta e três obras de Zweig, publicadas pela Livraria Civilização do Porto, nos anos 40. Muitos géneros, muitos feitios: biografias (*Maria Antonieta, Fernão de Magalhães*, *Fouché*, *Maria Stuart*) ensaios sobre filósofos ou escritores (Hölderlin, Kleist, Nietzsche, Balzac, Dickens, Dostoievski), histórias de viagens e viagens de histórias, muitos contos, alguns romances. Pela mesma lombada, fico ciente que quase todas tiraram entre cinco a nove edições, o que presumo invulgar nesses outroras. A lusa popularidade de Zweig é-me ainda confirmada pelo facto de não haver praticamente casa alguma com livros, em que não haja um livro dele e pela permanência desses livros nos últimos sessenta anos. Sempre que se vai a um alfarrabista é remota a hipótese de sair de lá sem ter visto uma mão cheia de Zweigs; sempre que se herda uma biblioteca, Zweig não falta. Deve haver uma razão, não sei qual é.

Não quer isto dizer que eu pense injusta e exagerada essa caseira fama do escritor austríaco. Mas outros contemporâneos dele foram tão maiores e em Portugal nem de nome eram conhecidos, que alguma bizarria há-de haver.

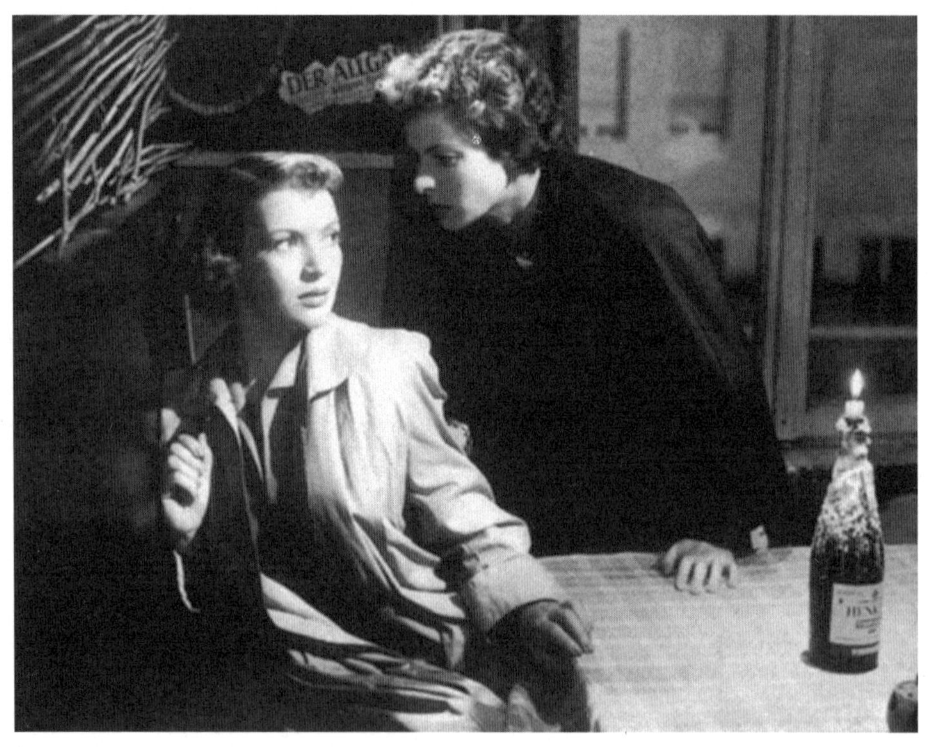

La Paura (O Medo). Roberto Rossellini, 1954 (Ingrid Bergman e Renate Mannhardt).

Seria fé particular de Alice Ogando, tradutora de tantas das obras dele? Viria do Brasil a fama de Zweig, já que para o Brasil emigrou, fugido ao nazismo, em 1940, para em Petrópolis se suicidar com a mulher dois anos depois, num duplo suicídio que tanto lembra o de Kleist e Henriquetta Vogel? É verdade que Zweig, apesar dos tormentos dessa estada brasileira, adorou o Brasil e foi ele quem lhe chamou *País do Futuro*, no lugar comum mais repetido e mais aplicado ao «país-irmão». Conta-se que De Gaulle, quando lhe vieram com essa, respondeu: «foi do futuro, é do futuro e será do futuro» ou, noutra versão ainda mais cruel, «este país há-de ser sempre o país do futuro». Mas não julgo que fosse só a pensar no mercado brasileiro que a editora do Porto lhe comprou os direitos da «opera omnia». Talvez haja quem saiba e me explique.

Também não foi por causa da eleição de Lula e do regresso da futuribilidade ao Brasil, que Stefan Zweig me apareceu agora.

Esta última aparição, contra outras do passado que tiveram que ver com filmes de Ophuls ou Rossellini ou com óperas de Richard Strauss, surgiu-me em Salzburgo, onde Zweig viveu mais de vinte anos, entre 1913 e 1934. Quando eu estive em Salzburgo no amargo Verão passado, Stefan Zweig apareceu-me a duas esquinas.

Numa, reunia-se a fabulosa colecção de manuscritos e raridades bibliográficas que reuniu toda a vida e confiou a um amigo, antes de fugir para Londres. Este guardou-lha intacta, mesmo depois da morte do escritor. Só depois foi vendida e confiada à cidade onde Zweig a criara. Não por fetichismo de assinaturas mas «porque o problema da génese de uma obra de arte, quer sob o aspecto biográfico quer sob o psicológico, sempre foi para mim o problema que se sobrepõe a tudo o resto».

A segunda vez foi oblíqua. De humores depressivos e pouco alimentado pelas óperas do Festival, manifestei, mais uma vez (possivelmente com mais ênfase que noutras ocasiões) o meu activo pessimismo cultural, ou seja a minha penosa mas inabalável crença de que o analfabetismo cobre os mapas da Europa como os cobriu ao tempo das invasões bárbaras e que são raríssimos os que ainda sabem ler ou ver, ouvir ou escrever. Nunca ninguém convence ninguém, como sempre sucede em discussões entre pessimistas e optimistas. E, nesta discussão, faço má figura, quando me dizem que eu tenho saudades de um mundo em que a cultura era de poucos e para poucos. Abertas as portas à democracia, tanto vale o voto de Forrest Gump como o meu. O gosto dos outros tem a mesma legitimidade que o gosto canónico ou cultivado. Dante e Proust só foram exemplo para gente muito suspeita. Na Alemanha nazi e na Rússia de Estaline cortavam-lhes o mal pela raiz.

Estava portanto numa tirada destas, quando o meu opositor aproximou a minha visão de um livro de Zweig, publicado em 1944, sob o título *Die Welt von Gestern* (*O Mundo de Ontem*[1]).

Não me recordava do título nem da tradução portuguesa (que afinal houve). O meu Amigo prometeu-ma e cumpriu a promessa numa nova tradução francesa de 1993.

Foi com esse livro que passei o ano de 2002 e entrei no de 2003. «Fazendo face ao tempo, sabendo que atrás de tempo, tempo vem», para copiar a epígrafe shakespeareana (*Cymbeline*) da obra.

Zweig demora-se na descrição da época em que nasceu, «a idade de ouro da segurança», o período que antecede a Primeira Guerra Mundial.

Judeu, rico, muito culto, não pressentiu apocalipses. Nem os julgou possíveis. O mundo dele era o mundo herdado dos pais e onde alguns grandes amigos — Hofmannstahl, Schnitzler, Stefan George, Rilke — estavam a preparar uma revolução literária sem precedentes. Lidas de hoje, depois de tanto se ter lido sobre os círculos de Viena e sobre a alegre derrocada de um império que sempre desembocara na cripta dos capuchinhos, as páginas de Zweig não são de grande novidade.

De resto, Zweig não é demasiado amável com o mundo dos pais dele. As escolas eram tenebrosas. A hipocrisia sexual atabafante.

[1] Tradução portuguesa de Gabriela Fragoso, Assírio & Alvim, Lisboa, 2005.

Comparando-as com as da geração dos filhos dele (os nascidos depois de 1918), Zweig gaba a sorte destes últimos. Curiosamente, é nessas voltas e reviravoltas que o tempo que está atrás mais passa à frente do que o cobre. Por exemplo, quando recorda os horrores da sífilis e das doenças venéreas antes da ampola do Dr. Ehrlich. «A juventude dessa época pseudo-moral era muito mais dramática e muito mais suja do que romances e peças de teatro nos fizeram crer». Feliz é a juventude do tempo em que escreve, em que já não havia dois contaminados em cada dez jovens e estes podiam ter vida sexual sem recearam pagá-la com a paralisia, a senilidade precoce, ou a própria vida, meses ou anos mais tarde. Impossível ler essas páginas sem algum sorriso amargo. Soubesse Zweig da sida, não teria pintado retratos tão negros ou tão cor-de-rosa.

Mas, regra geral, o escritor é equilibrado. Reconhece que a geração dele gozou de mais liberdades cívicas do que a dos filhos, que a liberdade individual era muito maior em 1900 do que em 1930. Mas socorre-se de uma frase de Friedrich Hebbel, para explicar que o cobertor, quando sobeja de um lado, falta do outro. «Ora nos falta o vinho, ora nos falta a taça. Raramente um e outra foram concedidos à mesma geração. Se os costumes deixam aos homens alguma liberdade, é o Estado quem os reprime. Se o Estado não oprime, são os costumes que tentam modelar-nos.»

O tom do livro ensombrece muito quando o nazismo ensombreceu a Europa. Zweig, como Freud, como tantos outros judeus, abandonou a Áustria muito antes do «Anschluss», buscando as «certezas anteriores» em Inglaterra. Quando fugiu de Londres, após o início da guerra, já não buscava mais nada.

Para um judeu como ele, o único verdadeiro problema filosófico, como dizia Camus, era o do suicídio. No «país do futuro» preparou esse suicídio. «Pereça o dia em que eu ia nascer e a noite que disse: "Foi concebido um homem". Maldito o dia em que nasci, Maldito o homem que anunciou a meu pai: nasceu-te um filho.»

George Steiner, nas suas *Gramáticas de Criação*, recentemente traduzidas para português, volta muitas vezes a essas passagens de Job e de Jeremias, em que não se pede só a Deus justiça. Pede-se-lhe que faça sentido.

Atrás de tempos, já não podem vir tempos. Já não há dia de vinho nem dias de taça. Stefan Zweig, ao contrário de Steiner, não achou que devia ao nosso hospedeiro a cortesia da interrogação. No combate com o demónio, como chamou ao seu livro sobre Kleist, Hölderlin e Nietzsche, deixou-se vencer, ou deu-se a vencer, pelo demónio.

Mas lembrei-me dele pelos mundos de ontem. Por isso, prefiro ficar em Viena e não passar a Petrópolis.

LANTERNA MÁGICA

Quem é que teve a ideia de ir buscar as lanternas mágicas para a Sala dos Cupidos?

Algumas salas da moradia novecentista, que agora foi restaurada como sede da Cinemateca, são pintadas a fresco. A Fundação Ricardo Espírito Santo que os restaurou (magnificamente) identificou um desses frescos como a musa Polímnia, símbolo da harmonia. Três elementos decorativos (uma lira, um ramo de loureiro e o papiro) reforçam essa interpretação da pintura, datada de 1907 e assinada por Pedro Guedes. Gostei do nome Polímnia, gostei da musa. Em madrugadas mais róseas, imaginei-a rodeada de lanternas, que transformavam a canora deidade em vitral vacilante e momentâneo.

Só que às vezes presumo demais dos deuses, dos mitos ou dos acasos. Quando, numa noite mais baça, reacendi a luz para a contemplar (contemplar Polímnia) descobri que as memórias e os espaços me tinham ludibriado. Polímnia presidia a uma outra sala, não chamada à nossa festa. Na sala das lanternas não havia Polímnia nenhuma. A decoração limitava-se a Cupidos esvoaçantes.

Nessa altura, ainda era incerto que as lanternas mágicas fossem postas a funcionar nos dias inaugurais. Mas, com escondida tristeza, pensei de mim para mim que, com tantos arcos e frechas, era difícil, para não dizer impossível, reconstruir a «pequena floresta triangular que aveludava de verde sombra a encosta da colina» e que sempre fora o maior mistério da evocação proustiana do crepúsculo de Combray, quando Golo, «plein d'un affreux dessein», avançava «en tressautant», para o castelo da pobre Genoveva de Brabante. Com tanto cor-de-rosa,

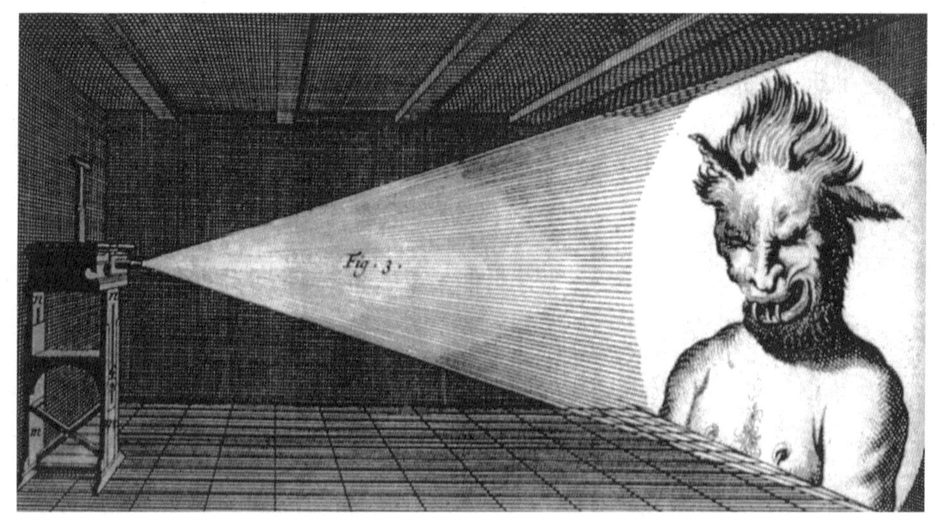

«Physics, elementa, mathematica experimentis confirmata».
A Magia da Imagem. W.J'S Gravesande, 1996.

tanto azul, onde prefigurar triângulos e florestas, tenebrosas e côncavas intenções, passos inebriados pelo cheiro da mais secreta carne humana? Mesmo que não fosse Combray o meu objectivo. Com as grinaldas de flores e as taças de frutos, onde achar aquela luz coada que, manhã tão cedo, fazia aparecer sobre as portadas das janelas, sombras que com o mar se confundiam? Não, daquela sala, ao contrário da da musa, não me parecia poder emanar qualquer passado merovíngio.

Até que chegaram os alemães, com nomes de Bergman. Vogler, nome de Max von Sydow, o mago, em *Ansiktet* (*O Rosto*) ou de Erland Josephson, o encenador, em *Efter Repetitionen* (*Depois do Ensaio*). Ou, se me virar para a banda feminina, nome de Liv Ullmann, a actriz, em *Persona* ou de Ingrid Thulin, a amante do caixão, em *Vargtimmen* (*A Hora do Lobo*). Ambos eram o oposto físico desses macilentos e assustados actores. Sabiam a cerveja loura e cheiravam a saia de saibro. Mas lá se amanharam quando tocou a lanternas. Pediram-me o Proust (primeira surpresa). E se não me deram a ver nem Golo, nem Genoveva, (será que os voltarei a ver?) conseguiram que eu me esquecesse dos anjinhos rosados e, sozinho, de cabeça nos joelhos, me sentisse incapaz de nomear o mal-estar que me causou a intrusão do mistério e da beleza nessa sala tão despovoada de mims. «L'influence anesthésiante de l'habitude ayant cessé, je me mettais à penser, à sentir, choses si tristes».

Lembro-me de ver o Barba Azul. A oitava mulher acabara de fugir do quarto proibido, com os olhos pela boca fora depois de visto o que viu. Fechara tudo a sete chaves e eis senão quando reparou na mancha roxa (não é encarnada, é roxa) que se espalhava pela chave maldita. Lavou-a, lavou-a e a mancha mais manchava. De que lhe valia agora ter tanto medo, de que me valeu agora ter tanto medo, de que me valeu a mim tê-lo tido, outrora? Descidos do cavalo de ébano, já o marido lhe perguntava pelas chaves. A história era consideravelmente mais resumida, mas os corpos eram de uma essência luminosa e sobrenatural, essa a que Proust chamou «transvertebrada».

Depois, a voz do mago Vogler tornou-se mais amável. Introduziu um personagem «que vocês todos vão reconhecer». Era Napoleão, imóvel, de costas, olhando o mar. Insensível passagem a outro vidro, feita com mestria e em bonito encadeado. Diante de Napoleão, desaparecia o mar e apareciam as tropas em parada. Uma diafaníssima violinista polaca, de láctea pele e cáfio cabelo, tocava, *A Marselhesa*. De repente, deteve o arco e o punho, tão de repente como novo encadeado nos levava à imagem inicial. Com essa suprema simplicidade, Napoleão contemplando o mar, passava a ser Napoleão em Santa Helena recordando os seus dias de glória. Nenhum cineasta faria melhor. Não me recordo de projecções mais inquietas.

De que é que eu estou para aqui a falar? Hoje, é o primeiro dia da minha definitiva loucura?

Acalme-se a vossa leitura. Estou simplesmente a descrever, com alguma subjectividade é certo, parte de um espectáculo de lanterna mágica que teve lugar na Cinemateca no fim-de-semana passado.

Diz-se que o nome «lanterna mágica» apareceu, pela primeira vez, em 1668, quando o matemático jesuíta Francesco Eschinardi descreveu a «laterna, quam dicunt magicam». Uma máquina simples, uma espécie de caixa munida de uma fonte de luz artificial, um espelho côncavo e um sistema de lentes que permite projectar numa superfície lisa imagens ampliadas de vidros pintados com cores transparentes.

Chamaram-lhe «lanterne de peur», «lanterne sourde» e as pessoas diziam que ela permitia ver o paraíso, o inferno, Deus e os demónios. Se não permite, permite o diabo por ela. A projecção suprema era a figura da morte, esqueleto inspirado em Holbein. Conta-se que um rei da Dinamarca (Frederico III) morreu poucos dias depois de o ter visto dançar macabramente.

No século XVIII, a lanterna mágica já mostrava tudo: as execuções dos jacobinos, cenas eróticas, teatros de morte, jardins de prazer.

Hoje, esses espectáculos são raros, ao menos em Portugal. Mas quem viajou entre Cupidos e o Barba Azul, tigres e ogres, nas tardes anoitecidas da Cinemateca, viu mais do que uma curiosidade. Atravessou nalguns minutos séculos de civilização e, com a grande arte das luzes e da sombra, descobriu que a imobilidade das coisas em nosso redor lhes é imposta pela nossa certeza que elas são elas e não outras, pela imobilidade do nosso pensamento face a elas. Mudem as luzes e as sombras e nada é idêntico e menos do que tudo fica a nossa ideia sobre o que chamamos as coisas. É por isso que o cinema é mágico.

Ingmar Bergman, que acima citei a propósito do nome Vogler, conta nas memórias — chamadas *Laterna Magica* — como no Natal dos seus dez anos trocou com o irmão um «cinematógrafo» por cem soldados de chumbo.

O aparelho combinava várias possibilidades de projecção: vidros pintados e um filme sépia com três metros. A fonte de luz era um candeeiro de petróleo. Bergman acendeu o candeeiro e dirigiu o feixe de luz para uma parede pintada de branco. Então viu.

Viu um prado. Viu uma rapariga a dormir deitada no chão, com vestido aparentemente folclórico. Quando deu à manivela, a rapariga acordou, sentou-se, levantou-se lentamente, estendeu os braços para ele, virou-se de costas e desapareceu pela direita. Mas o mais mágico, diz Bergman, é que se ele continuasse a rodar a manivela, a rapariga reaparecia deitada, acordava e refazia os mesmos gestos. Infinitamente.

Alguém definiu já o cinema (creio que foi Renoir) como a arte de fazer fazer fazer coisas bonitas a mulheres bonitas. Bergman define-o como a arte de fazer desaparecer mulheres bonitas que, se voltam sempre a aparecer, voltam também sempre a desaparecer.

Somewhere over the rainbow. Quem é que teve a ideia de ir buscar a Judy Garland para presidir à inauguração da Cinemateca?

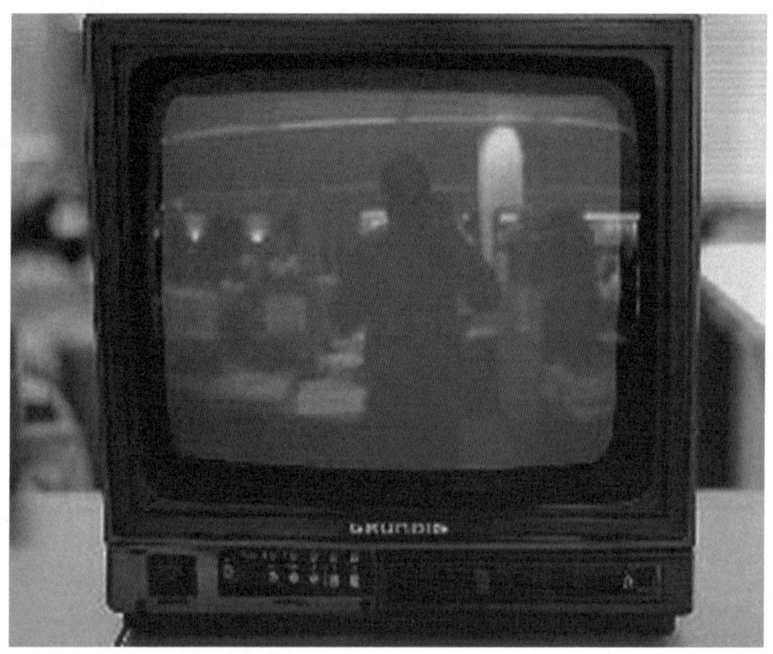

Imagem de uma televisão. Arquivo do jornal *Público*.

TODA A GENTE TODO O TEMPO

Eu sonhei ou anteontem, dia 22 de Janeiro, participei, com algumas centenas de pessoas, numa conferência internacional intitulada «Televisão, Violência e Sociedade»? Eu sonhei ou essa conferência se realizou na mais prestigiada universidade privada portuguesa, a Universidade Católica? Eu sonhei ou essa conferência foi o resultado do trabalho de muitos meses, por sugestão, iniciativa e total empenhamento de Maria Barroso e organização e absoluto apoio de Manuel Braga da Cruz, reitor da Católica? Eu sonhei ou nessa conferência intervieram especialistas muito conhecidos, americanos, ingleses e espanhóis? Eu sonhei ou nela foram conferentes, moderadores ou comentadores alguns nomes ilustres, de que me limito a citar os dois que o são mais: Manoel de Oliveira e Eduardo Lourenço? Eu sonhei ou, para presidir e falar na sessão inaugural, se deslocou expressamente a Lisboa, a convite de Maria Barroso, a Rainha de Espanha?

Durante o dia tive a certeza de estar bem acordado. Felizmente acordado para uma iniciativa que ultrapassou as melhores expectativas, quer pela enorme qualidade de algumas intervenções, quer pela participação de uma sala cheia (o Auditório Cardeal Medeiros). Mas, à noite, vendo os vários canais televisivos (salvo erro ou omissão) receei ter sonhado. Tudo o que vi foi uma sala quase vazia, onde a vedeta era o Ministro da Presidência, que foi presidir à sessão final, mas, se falou aos jornalistas (sobre outros casos) não falou nela. Qualquer semelhança entre o que vi com os meus olhos «no real» (Universidade) e «no tempo real» (das 9 e meia da manhã às 8 da noite) e o que vi com os mesmos olhos «no virtual» (em minha casa, na televisão) e «no tempo virtual» (minuto, minuto e meio) foi pura coincidência. Rainha de Espanha, Maria Barroso, Braga da Cruz, Manoel de Oliveira, Eduardo Lourenço (para me ficar pelos já citados) ou nem foram referidos, ou seriam descortinados na plateia por olhar mais arguto. Eram (éramos) todos fantasmas de um velório qualquer, eventualmente convocado por Morais Sarmento para discutir o Bombástico ou o *Eu Confesso*. Durante todo o dia nem se falou nesses «casos»? Inteiramente verdade. Mas a verdade já nem sequer é o que parece. É o que aparece. E o que apareceu foi isso. Apenas isso.

Só alguém extremamente ingénuo ou extremamente distraído, pode acreditar que esse «off» aconteceu por acaso ou porque os programadores acharam a conferência coisa mui pouco mediática. Qualquer pessoa que não seja nem uma coisa nem outra, sabe o que seria o frenesim se a Rainha Sofia viesse assistir a um desfile de modas. O frenesim até existiu quando a Rainha chegou, quando entrou na sala, quando falou. Mas precisamente por ter existido é que se achou que não devia ser mostrado.

Ninguém estava ali para diabolizar a televisão, como sublinhou a horas tantas Emídio Rangel. Ninguém estava ali para a canonizar, embora alguns, como Lopes Araújo, dissessem amá-la muito ou outros, como Pedro Norton de Matos, se referissem ao incómodo do discurso «anti-televisivo». Todos estavam ali para a discutir. Mas será que a televisão se pode discutir? Há mais de dez anos, Karl Popper alertou para esse estatuto singularíssimo, em obra que muitos atribuíram a suposta senilidade. Vejam. No dia 22, eu aprendi muito. Com o que vi, com o que ouvi, com o que não vi, com o que não ouvi. E, como recordou Eduardo Lourenço na sua espantosa intervenção, todos somos candidatos a *Ricardo III*: O nosso reino por um minuto de celebridade televisiva. A única celebridade que conta, ou que faz de conta, como em tempos disse Andy Warhol, também citado por Eduardo Lourenço.

Ele ainda citou Pessanha: «Imagens que passais pela retina / Dos meus olhos, porque não vos fixais? / Que passais como a água cristalina / Por uma fonte para nunca mais!». À noite, lembrei-me do resto do poema. E, na elipse, ou no eclipse, senti esse «vago medo angustioso» e pensei na pergunta: «Sem vós o que são os meus olhos abertos?». Fantasmas de Orwell, fantasmas do *Fahrenheit*, fantasmas de Carpenter (*They Live*). Exagero? Por enquanto. Mas o cheiro que cheiro aqui já não cheira nada bem.

A propósito do controverso tema da influência da televisão em comportamentos violentos, ou no aumento da violência, a inglesa Julia Firmstone, investigadora em Leeds, lembrou, com pertinência, que muito e muito antes de haver televisão ou de se pensar nela, crimes horríveis foram cometidos e que nada prova que fossem menos ou mais dos que hoje se atribuem aos malefícios dela.

Já conhecia o argumento, mas nunca me pareceu que ele tocasse o cerne do problema, que não reside numa relação de causa a efeito, mas numa relação sintomática. A fórmula precisa, que eu próprio nunca havia encontrado, foi-me dada, algumas horas depois, na luminosa intervenção de David Walsh, professor da Universidade do Minnesota. «O real impacto da violência na televisão não se traduz no acréscimo de comportamentos violentos, mas na criação de uma cultura do desrespeito (*creates the culture of disrespect*).

Assim, isolada do contexto, a fórmula pode parecer moralista, até porque não tem a mesma carga que «respeito» ou «desrespeito». Mas, para David Walsh, ela é o corolário de uma afirmação capital, em que eu acredito tanto quanto ele: «Whoever tells the stories, defines the culture» («Quem conta o conto, define a cultura»). Durante milénios, de Homero até à minha geração, essa foi a verdade, num tempo histórico em que a cultura era do tempo, a cultura do «era uma vez». Está a deixar de o ser. Porque o contador de histórias, o «criador da cultura», já não é mais o poeta, o bardo, o cronista, o ficcionista ou o historiador. «O que é novo» — disse Walsh — é que, desde 1950, delegámos na televisão, crescentemente, o poder de contar a história e as histórias. Muitos, hoje, sabem mais sobre personagens e heróis da televisão que sabem sobre os seus vizinhos. Como observava um dos personagens do «cartoon» *Calvin and Hobbes*. «Cada vez sabemos mais sobre acontecimentos que nunca aconteceram e pessoas que nunca existiram.»

Pouco antes, tinha recordado o que o célebre escritor E.B. White apontara em 1929, quando assistiu, na exposição de Chicago, a uma das primeiras demonstrações do novo invento. «Estou convencido que a televisão vai ser o teste do mundo. «An unbearable disturbance of the general peace or a saving radiance in the sky. We shall stand or fall by television.»

Voltando ao dia 22: quem conta a história desse dia aos que não estiveram lá? Quem *cria* a cultura? Os que estivemos lá, ou os que querem criar esse dia como um dia nulo, clone de um dia que se não houvesse passado?

Tanto barulho, por causa de um colóquio, que teria sempre difusão restrita, podem pensar alguns dos que me lêem, não percebendo tom tão grave.

Mas não foi um incidente. Foi um sinal. Um sinal poderosíssimo, pois que, como também disse David Walsh, a televisão não é boa ou má, é poderosa.

Nesta mesma semana, poucos dias antes, vi um filme soviético (*O Grande Cidadão* de Friedrich Ermler) que Estaline mandou fazer em 1938, à glória dos processos de Moscovo. O herói é o famigerado Kirov, assassinado em 1934. A morte dele foi o pretexto para os processos.

A certa altura do filme — num dos passos mais demenciais dele — Kirov falando dos «inimigos» (trotzkistas e outros) vai ao ponto de parafrasear Lincoln: «Pode-se enganar toda a vida um bom comunista. Mas não se engana para sempre um milhão de comunistas.» A citação acabou por virar-se contra Estaline e contra os sucessores.

Mas será sempre verdade que «ninguém engana toda a gente todo o tempo?». Ou a televisão terá o poder — ou já o tem — de reduzir o credo lincolniano a mais uma frase feita, ou como hoje se diz, a um conteúdo? Um «conteúdo» sem frase nem fraseador. Um vazio.

AQUELA QUE CONTOU A HISTÓRIA

Foi nos primeiros dias do passado Agosto. Chegava eu a casa para jantar, tocou o telefone, como quase sempre toca a essas horas tardias, em que no código das «pessoas normais» já se jantou há que tempos e ainda não é «tão tarde» que telefonar seja má-criação.

O interlocutor era-me desconhecido. Mas não vinha de rádio ou de jornal a pedir depoimento sobre o morto do dia em Hollywood, nem de câmara ou associação a pedir um filme à Cinemateca. Tinha lido uma crónica minha no *Público* sobre a Arrábida, em que eu falava dos meus bisavós paternos — aliás irmãos — que desciam frequentemente do Barreiro, onde viviam, a Vila Nogueira de Azeitão, onde tinham parentes e compadres, para depois visitarem a Serra.

Essa passagem deixou-o meditabundo. Reparou melhor no meu nome. Quem seriam aqueles irmãos bisavós de um *Costa*, que viviam no Barreiro e usavam fazer «pic-nics» na Arrábida? Seria eu um «Costa», como «Costa» era ele, desses «Costas» do Barreiro, a que atribuía desmedida importância social e política, do século XVII ao século XIX, importância a que a implantação da república, desgraçadamente, pusera fim? Para enorme alegria do telefonador, rapidamente chegamos à conclusão que sim e que ainda éramos primos, embora em distantíssimo grau. E eis que, para enorme espanto da minha Mulher, que queria ir jantar, ela me começou a ouvir falar de tios e primos remotos, conferindo datas de nascimento e de morte, perante a imensa alegria do parente desconhecido, que, fanático de genealogias, descobria mais alguns ramos dessa árvore de «Costas», que já tinha bem frondosa.

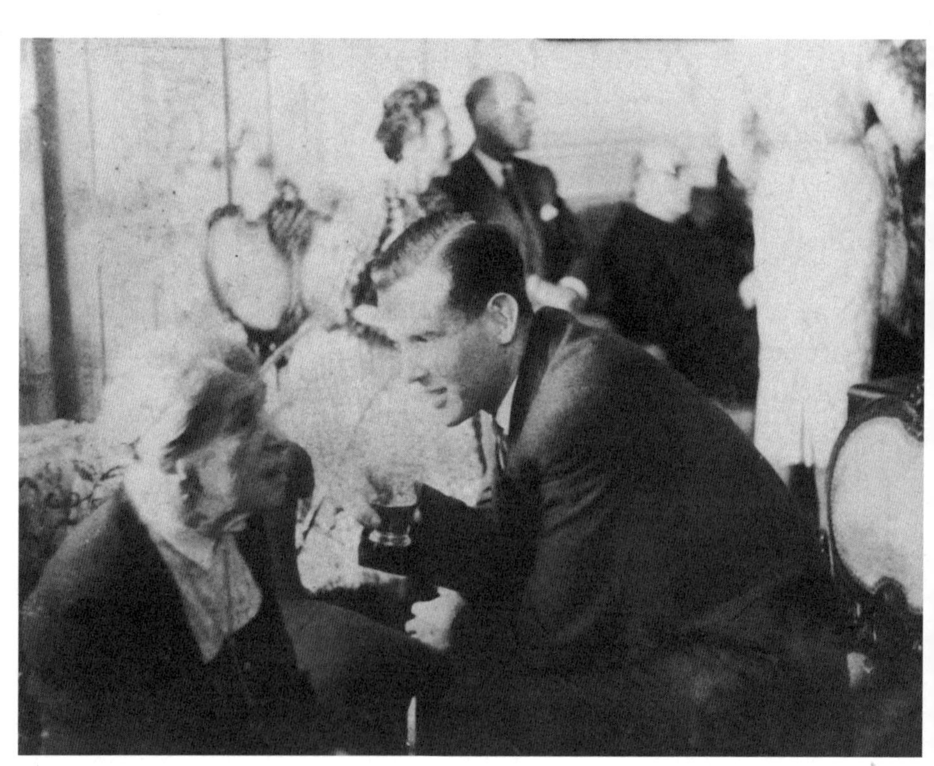

Quis encontrar-se comigo. Recomendei-lhe um sobrinho meu, que sabe muito mais de genealogia do que eu. Mas ainda passámos quase uma hora ao telefone, sobretudo às voltas com o maior fautor de mistérios familiares: um trisavô meu, que teve dezassete filhos de dois casamentos e deu o mesmo nome a muitos deles. Ou de um outro que foi desafortunado protagonista de um caso de assassinato político-financeiro que deu brado no Barreiro novecentista e para sempre amaldiçoou na família o mês de Janeiro, gerando ainda ódios seculares entre vários ramos dela. Ou da costumeira tendência para casamentos entre primos, que se perde na noite dos tempos, durou até aos meus avós paternos (primos direitos) e talvez explique muita coisa. Etc., etc., etc.

Embora nunca me tenha dedicado à genealogia e não seja dos membros da família mais cultos nela, o tema nunca me deixou indiferente. Quem gosta de histórias e de História não consegue sê-lo, já que qualquer família é um poço sem fundo para umas e outra. Da farsa à tragédia não há género que não as toque, havendo, sempre, inesgotável reportório de histórias ocultas ou proibidas, que só muito mais tarde se vêm a saber e de que nunca é bom falar muito. A História é feita da história delas, por pouco protagonista que se julgue ter sido. Ou se esteve com D. João IV ou com a Duquesa de Mântua. Com Pombal ou com o Duque de Aveiro. Com D. Pedro ou com D. Miguel. Por aí fora, ou por aqui dentro.

Hoje, com o desaparecimento das «famílias alargadas», essas largas histórias estreitam-se muito, a não ser naquela estreita faixa da sociedade que retira ainda do nome e da família razão de ser e forma de identidade. Não creio que os meus filhos saibam os nomes de todos os tios-avós e, quando conhecem um primo distante, raramente se interessam em saber porque o é ou como o é.

Eu, se não bebi no leite tudo isso, bebi-o próximo. Uma tia-avó minha, irmã da minha avó paterna e, além de tia, minha madrinha, me contou tudo isso desde muito criança. Solteira, depois da morte dos pais foi viver com a irmã, cunhado (e primo direito) e filhos.

Educou essa geração (a do meu Pai) a histórias e História. Continuou-o na minha, particularmente comigo, último afilhado dela, nascido no ano em que fez 70 anos. Viveu até aos 94. Morreu no dia em que nasceu o meu filho mais velho.

Além de muitas histórias de família, devo-lhe ainda quase todas as histórias da minha infância.

Do meu pai, recordo a história daquele rapaz que procurava o irmão transformado por uma bruxa em pintassilgo. Ia pelos bosques e, de cada vez que via um pássaro desses, recitava a cantilena que a fada-madrinha lhe havia ensinado: «Pinta, pinta, pintassilgo / Se tu és o meu irmão / Dá na bruxa um safanão / E vem para casa comigo». Ou aquela canção litânica e circular como ladaínha, em que todos se apresentavam para levar o vinho à Ribeira Torta, variação simultânea da *Loja do Mestre André* e do *Bolero* de Ravel. Da minha Mãe, lembro muitas outras de pendor surrealizante, que me faziam rir imenso e guardo cuidadosamente, até chegar a hora de explicar quem foi, na minha quinta, o gato com trinta patas.

Mas contos, contos mesmo, contos de contar e contos de encantar, foi essa Tia quem mos contou, tão infatigavelmente como infatigavelmente eu lhos pedia. Os grandes clássicos (o *Barba Azul*, a *Gata Borralheira*, o *Gato das Sete Botas*, o *Polegarzinho*, etc., etc.) com contos que nunca mais ouvi contados como a *Mãe do Vento*, o *Senhor das Janelas Verdes*, os *Meninos da Estrelinha de Ouro na Testa*, a *D. Esvintola* («tão brava na vida / e tão doce na morte»), a *Mulher do Senhor Tenente*.

De alguns já não me lembro bem. Outros, trouxe-os pela vida e contei-os aos meus filhos e aos filhos dos meus filhos. Dela terei herdado, também, algo sem o qual não há história nem histórias, ouvidos grandes a ouvir e bocas grandes a falar: um prazer de contar que tem que ser igual ao prazer de escutar. Narrador e ouvintes têm que ser um só, como o foram Demódoco e os Feácios, na festa que Alcino organizou em honra de Ulisses na ilha de Nausica. «A divina e inigualável arte de contar e cantar». Das coisas que mais gostei de ouvir na vida, foi um conto do meu filho (em tempos, a pedido da «Pública») em que este me gabava essa arte.

Mas, mais do que eu, a teve essa Tia que evoco, entre os eucaliptos e os zimbros da Arrábida ou em escuros corredores e quartos de Lisboa. E quando, às vezes, descansávamos do Marquês de Calatrava ou da Velha da Cabaça, ela começava a contar-me como era quando tinha a minha idade, contar de pais, avós, primos e tios. Da ficção ao documentário? Nem neste caso. Da ficção a outra ficção. Do compadre lobo à comadre Maria Ana, que vivia tão longe como ele e, de longe em longe, vinha e ia.

Não estou a dizer nada que não tenha sido já muito dito. Da Bíblia a Proust, todas as grandes ficções são ficções genealógicas («qui genit») como da *Odisseia* ao *Ulisses* de Joyce, a história que se nos contou foi a mesma história de pasmar.

Os poemas de Sophia são inseparáveis dos seus contos, de *A Menina do Mar* ou do *Cavaleiro da Dinamarca*, que inventou para os filhos porque as histórias que os livros contavam eram geralmente más.

Mas fiquei a pensar muito nisto tudo, quando, outro dia, como contei na crónica «Toda a gente todo o tempo» (*Público*, 24 de Janeiro) ouvi um professor americano afirmar: «Whoever tells the stories, defines the culture».

Pensei muito, nesse dia e nos dias seguintes, na pessoa que me tinha contado mais histórias, na pessoa afinal que me tinha contado a História. E acabei por pensar, pela primeira vez, se afinal quem me definiu a Cultura, não foi sobretudo ela, essa Tia, a quem sabia dever muitíssimo, mas talvez não tanto.

Não teve certamente culpa nenhuma no que eu tresli na vida. Mas no que eu li nela, ou no que eu ouvi dela, foi dela a lição e a definição. Aquela que contou a história, contou-me a história. Só me resta repeti-la. «Whoever tells...»

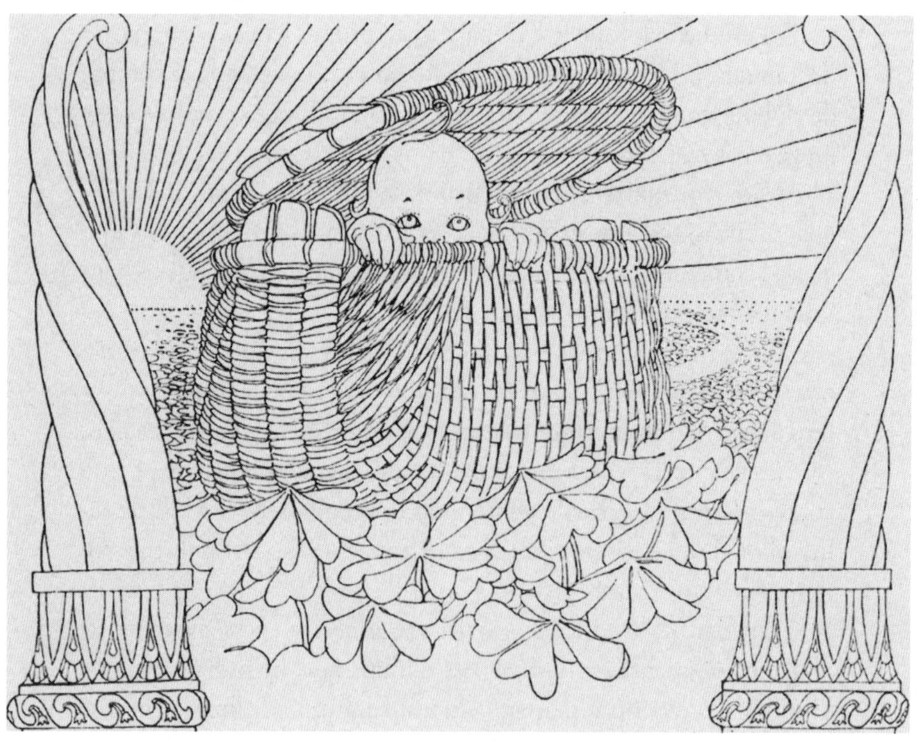

Desenho da capa do livro da 1.ª classe.

7 DE FEVEREIRO DE 1935

Há só um dia em que se nasce, há só um dia em que se morre. Regra geral, certos humanos (pessoas como nós) conhecem o seu dia de nascimento e desconhecem o seu dia de morte. Quantos milhares de vezes, em 68 anos de vida, tive eu que escrever ou citar a data titular deste artigo, para ser reconhecido como mim, para me identificar ou me identificarem? Sete barra dois ou dois barra sete (há modas e houve tempos) e um ano que cada ano se torna mais distante. Já sou dos raros que ainda o vejo de calções. A esmagadora maioria não o conhece de parte nenhuma, a não ser dos livros de história, ou das datas de nascimento, ou morte, de pais e avós.

Mas como eu andei com ele desde a escola, pensei que tinha para com ele particulares obrigações. Afinal de contas, festejei-o muito, de muito diversas maneiras, com muito diferentes pessoas, tardes dentro ou noites fora. Ao menos uma vez na vida, e mais vale tarde do que nunca, devia-lhe merecidíssima atenção. É hoje, aproveitando a coincidência mensal e a coincidência de setes.

Até porque, tanto quanto me lembro (bem sei que há quem diga que a memória é traidora) vivi muito distraído esse dia em que vim ao mundo, num quarto de um terceiro andar de um prédio de Lisboa (nasci em casa, como, em 1935, nasciam quase todos que a tinham). E vivi-o muito pouco. Não chegou a hora e meia, pois, segundo sempre me disseram e consta das certidões, eram 22 horas e 35 minutos quando anunciaram aos meus pais o terceiro filho, primeiro de masculino sexo. Depois, as primeiras notícias que me chegaram de mim datam de 23 de Fevereiro. Continuava tão distraído que não compareci no acontecimento que imortalizou essa segunda data: o meu registo.

Mas eu não estou aqui para contar a tenríssima infância («Mãe, ainda não chegou o meu tempo») mas para glorificar uma data que me deu tantas horas tão felizes.

Não foi ideia nova, não foi ideia de velho. Da primeira vez que me decidi a umas pesquisas, corriam os anos 70, ainda não era Abril. Coisa dos meus tempos trintões. O *Diário de Lisboa*, um jornal catorze anos mais velho do que eu (n. 1921) e que morreu há quase treze (m. 1990) resolveu comemorar os 50 anos dele com cinquenta volumes (em fascículos) dedicados a esse meio século. Cada ano do jornal, bem comprimido, devia originar um livro com doze fascículos, em que, em «fac-simile» das edições da época, se resumisse um mês num dia. Não era uma ideia original, mas era a ideia geral.

José Cardoso Pires foi convidado para dirigir o empreendimento e convidou uma equipa pintalgada, da qual recordo melhor o Nuno Bragança e o César de Oliveira. A certa altura, o Nuno deu baixa e o Cardoso Pires convidou-me para o substituir. Durante uns meses, deram-me um gabinete, ali para as bandas de São Mamede, que eu ocupava das 6 às 8, vasculhando *Diários de Lisboa* de antanho. Diverti-me imenso e aprendi bastante. Sem grandes resultados, porque a certa altura o jornal desistiu da ideia que estava a ficar muito cara.

Mas foi durante essa minha efémera actividade de investigação jornalística que, um dia, acordei com a obsessão de saber o que tinha acontecido a 7 de Fevereiro de 1935. No original, e não nas cópias de que só me começo a lembrar nos anos 40.

Assim que descobri que, no momento em que me descobriram, os lisboetas que não dispensavam esse vespertino podiam ler na primeira página dele o célebre artigo de Fernando Pessoa em defesa da maçonaria, reacção do poeta à proposta do deputado João Cabral de proibir, a qualquer português, a filiação em associações secretas. Pessoa perdeu e Cabral ganhou. A 21 de Maio, mês em que me vacinaram contra a varíola e fiz a minha primeira viagem (de Lisboa para Santiago do Cacém) a Maçonaria foi extinta.

Norton de Matos, grão-mestre da Maçonaria em Fevereiro de 1935, ou Domingos Fezas Vital, autor do parecer mais acrisolado contra a filha de Satã, se fossem vivos, deviam lembrar-se bem desse dia 7, mas por razões que nada tinham que ver com o meu bercinho.

7 de Fevereiro célebre em Portugal, no século XX, não foi o de 1935, mas o de 1927, quando rebentou em Lisboa a revolução que Sarmento Pimentel chamou do Remorso. Duzentos mortos e novecentos feridos (coisas hoje impensáveis) foram saldo final da única militarada que ia dando cabo do 28 de Maio.

No dia em que eu nasci, as comemorações desse grande sucesso da Ditadura (desse grande susto da Ditadura) eram ainda o acontecimento das primeiras páginas, o único a ter direito de fotografia no *Diário de Notícias* de Schwalbach. Na missa dos Mártires fizeram-se representar Carmona e Salazar, enquanto, no Cemitério dos Prazeres, o ministro da Guerra espalhava flores pelos túmulos das vítimas, em «homenagem à memória dos que tombaram na defesa da ordem».

Em França, comemorou-se outro Fevereiro sangrento, ocorrido não a 7 mas a 6 e em 1934. Chiappe, perfeito da Polícia, tinha chefiado nesse dia uma manifestação de extrema-direita que não logrou os seus fins. Mas as «Juventudes Patrióticas», que Buñuel evocou muito mais tarde, em jeito de exorcismo, ainda mexiam.

Por aqui, a Comissão de Propaganda da União Nacional convidava os Sindicatos Nacionais do Distrito de Lisboa a «encorporarem-se» na manifestação ao Senhor General Carmona, prevista para 10. Preparava-se a «reeleição» do venerando Chefe do Estado, a primeira de três «reeleições» (35, 42 e 49) durante os seus quatro mandatos.

Não cheguei a tempo de me inscrever num banquete marcado para 24, com reservas em função. Um grupo de escritores, artistas e jornalistas ia jantar ao Restaurante Garrett, no Largo do Chiado, 9, para defender «os princípios católicos de ordem moral e social que sempre caracterizaram o nacionalismo português na sua expressão mais bela e mais profunda».

O mesmo DN contava que o *Times* elogiava a situação florescente de Portugal, «onde existem poucos desempregados», e «os impostos são poucos elevados». Simultaneamente, o *Figaro* exaltava a serenidade e firmeza de Salazar, «ditador apesar de tudo».

O crime do dia, condenado na Boa Hora, foi um furto de arroz. Por bilhetes desde um escudo e sessenta centavos podiam ver-se no Capitólio dois «grandes filmes»: *O Aventureiro de Florença* e *Capricho de Princesa*.

La Dame aux Camelias de Abel Gance (1934) estreou no Politeama, no Odeon e no Palácio. *Caravan*, realizado na América pelo alemão Erik Charell, passava em versão francesa (hoje perdida e tão procurada) no Tivoli, enquanto um Raoul Walsh dos autênticos (com Marion Davies e Bing Crosby) triunfava no São Luiz.

Só cinco escudos («nem um centavo a mais») custava a nova caixinha de bolso das Pastilhas Richelet. «Com uma Pastilha Richelet na boca não tem que temer o contacto com o frio da rua, ao sair de casa, do teatro ou de local aquecido.»

E foi no 7 de Fevereiro em que eu nasci que morreu o Tenente-Coronel Silveira Ramos, demitido em 1910, readmitido por Sidónio, e novamente demitido em 1919, pela sua participação nas incursões monárquicas. «A actual situação reintegrou-o». Tinha 55 anos, era solteiro e aos seus últimos momentos assistiram, além dos sobrinhos, os srs. drs. Fernando e Pedro da Silveira Ramos, marquês de Belas, os srs. Francisco Manso Preto, dr. Álvaro Reis Torgal, comandante Almeida Teixeira, dr. Carlos Tavares, dr. Sousa Botelho, coronel Cristovam Aires, conde da Torre, Jorge Bleck, Vergilio Barros e Alberto e João Maia. Treze pessoas à cabeceira de um moribundo, num quarto particular do Hospital de S. José. Não consta dos meus registos quantas teriam estado à cabeceira da minha Mãe, quando eu nasci. Presumo que não fossem muitas menos. Há sessenta e oito anos, nascimentos e mortes queriam-se concorridos.

E foi uma quinta-feira. Três dias depois do meu nascimento, a lua ficou em quarto crescente. A temperatura máxima 11.º. A mínima 9. Vento de nordeste moderado. Parece que foi ontem.

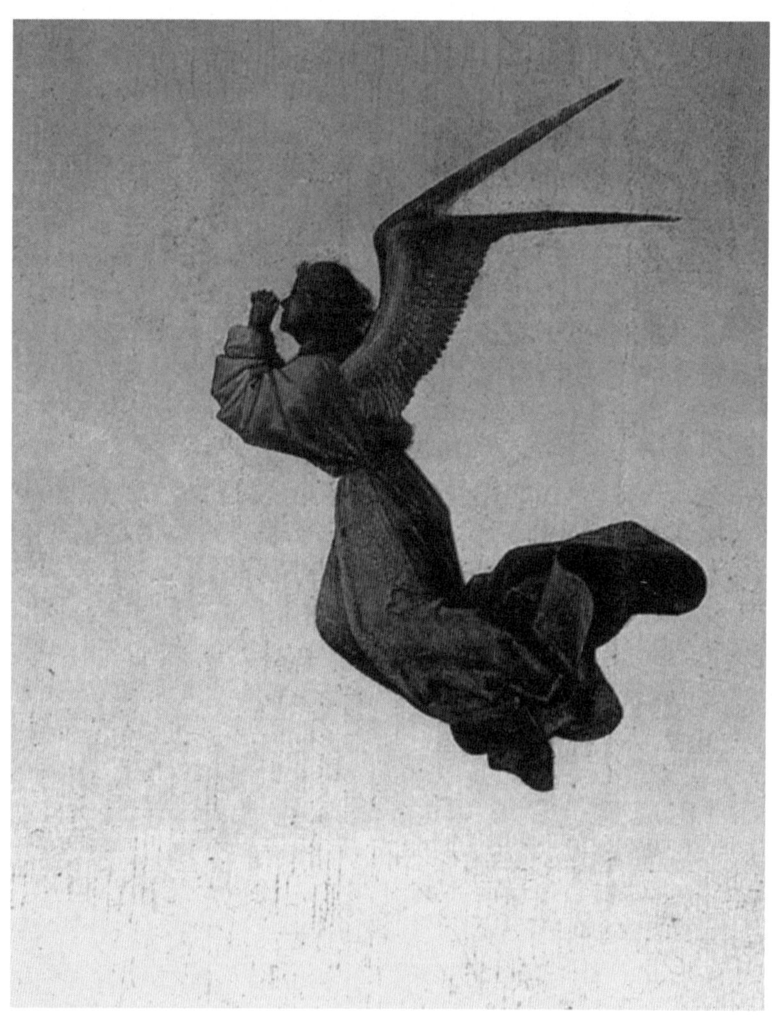

Tríptico do Calvário (pormenor), Rogier van der Weyden.

O IRMÃO MAIS VELHO DA ALICE

À beira de uma pessoa que não se conhece e se quer conhecer — uma pessoa nova, uma nova pessoa — tenho medo. Medo que a pessoa não seja tão nova como a imaginei ser, medo que eu seja muito mais velho do que me imaginei ser. Medo que, afinal, não haja novidade, medo que o encontro se volva em desencontro, medo de não conhecer nem ser reconhecido. Medo que os séculos que nos contemplam, do alto de pirâmides, morada de mortos, não gostem do que contemplam e nos dêem pontapés debaixo da mesa.

À beira de uma pessoa que se conhece bem mas está muito diferente da pessoa que se conheceu — uma pessoa antiga, uma antiga pessoa — tenho medo. Medo de já não reconhecer aquela pessoa, medo de ter mais saudades do que presença, medo do tempo que passou e que passa e do que, ao passar, faz às pessoas. Medo que o encontro seja também desencontro, medo igual de não reconhecer nem ser reconhecido. «Não éramos assim». Mas agora somos. Medo de ver a morte a tomar conta de tudo e de não saber receber os poderosíssimos sinais de vida de um olhar não cerrado nem serrado.

Nesta semana aconteceram-me encontros desses, por sinal no mesmo dia. Tive medo mas não me escondi. Agora vejo, olhos nos olhos, os olhos de duas pessoas que também tiveram medo e não se esconderam. Porque é que pensamos tanto no nosso medo e tão pouco no medo dos outros? Mas, se fosse ao contrário, não teríamos medo do medo, não saberíamos o que o medo era. A mão do medo.

Foi um dia, um dia meu e de umas pessoas mais. Mas um dia num tempo dominado pelo medo, como é este nosso tempo português de 2003, seja o medo geral da guerra, seja o medo particular da justiça das coisas, e das coisas da justiça.

O medo geral é um medo singular, porque, pelo menos visto do *nosso* lado (e mesmo os que vão para a rua berrar contra a América *neste lado* estão) não é um medo comparável ao que os mais velhos de nós sentiram, quando da guerra de 39-45 ou quando a guerra fria esteve quase a tornar-se quente (Cuba e a crise dos mísseis por exemplo). Quase ninguém acredita, como nessas alturas acreditou, numa destruição planetária, no regresso ao planeta dos macacos. O sentimento dominante, entre a gente comum, é o de um «remake» da guerra do Golfo, provavelmente com mais peso e consequência. Em Portugal, por exemplo, ainda não encontrei ninguém que temesse pela sua sobrevivência. Acredita-se que, melhor ou pior, a «coisa» nos passe por cima, entre americanos e iraquianos. O medo vem do «e depois?». Um mundo árabe em desespero, terrorismo a uma outra escala, o «começo do século XXI».

Perante este medo, com este medo — e depois do 11 de Setembro esse medo faz parte de nós — há quem, por medo, queira a guerra e já (para se defender do «medo permanente» de uma guerra futura quando tudo for bem pior); há quem, por medo, insista na paz por enquanto (confiando numa neutralização do Iraque e acreditando na força dissuasora da «consciência internacional»). Mas, entre uns e outros (e continuo a falar apenas deste lado) os sinais de insegurança multiplicam-se. À excepção de minorias mais aguerridas ou mais pacifistas, quase todos têm medo do que a guerra ou a paz possam piorar. A zaragata ocidental, com meio mundo a acusar outro meio e o fantasma de Hitler a ser evocado pelos dois lados, é um dos sintomas mais evidentes do *nosso* medo, medo que só alivia Saddam, se acaso o alivia e não lhe mete mais medo.

Outro medo difuso, singular e perigoso, é o medo provocado pelas mais recentes evoluções do caso da Casa Pia. Como tantos escreveram, se Carlos Cruz foi mal preso, cai a justiça pelas ruas da amargura; se Carlos Cruz foi bem preso, esses percursos serão jazida dos «media» e sobretudo da televisão que o canonizou. Há quem fale, entre dentes, da «pior hipótese», mas ainda não vi ou ouvi ninguém dizer qual delas pior hipótese seria. O medo de uma é igual ao medo de outra e, como não parece haver meio termo, nem divisão possível de responsabilidades, o medo aumenta. Neste caso, ao contrário do da guerra, no tempo talvez esteja a cura. Mas pensar nisso também faz medo. Será que daqui a vinte anos, como tanto acontece neste país de Camarates, ainda se discute se Carlos Cruz é culpado ou inocente, entre novos recursos e novos julgamentos?

Um dia na minha vida, que só a mim e a poucas pessoas mais disse respeito. Uns «meses de loucos», quer neste planeta, quer neste país ou neste sítio. Anda a Diabo à solta?

Eu prefiro dizer que anda o medo à solta, embora o medo possa bem ser o mais certo dos nomes do Diabo.

Talvez por isso, levei, para o primeiro dos encontros referidos nesta crónica, um artigo em tempos escrito por Nuno de Bragança para um caderno da revista *O Tempo e o Modo*, dedicado ao tema «Deus, o que é?».

Não é bem um artigo. É um depoimento, resposta a um pedido da revista que ele escrevesse sobre Deus. Nuno de Bragança não escreveu sobre Deus. Ou melhor escreveu sobre Deus, mas escrevendo sobre ele e sobre o medo.

Esse extraordinário texto — pouco conhecido texto — é um texto sobre o medo.

«O medo. É ele que está na origem de todo o mal a toda a hora desfechado pela humanidade contra si própria. Creio que, para alimentarmos o medo, não há como fingirmos que o não temos. Conheci um homem que durante algum tempo considerei como um padrão de coragem. Ele praticava actos difíceis, impressionantes. Um dia, ouvi-o afirmar que não tinha medo de nada, e calmamente. Como isto era necessariamente falso, compreendi então que ele tinha medo de tudo, e que a sua "coragem" não passava do assobio com que a criança se anima para atravessar um bosque em plena noite. Era um bom assobio, reconheço-o. Mas assobio, e nada mais.»

Pouco mais adiante, Nuno de Bragança fez uma espécie de inventário de medos:

«Medo do ruído, medo do silêncio. [...] Metemos medo à criança para a meter na ordem do medo e ainda mais ao adolescente quando ele começa a nos meter medo. [...] Temos medo de fazer amor ou de não o fazer suficientemente e bem. Medo da política ou de reconhecer que temos medo de nos comprometermos com ela. Medo de perder a religião ou de que ela nos cace. Temos medo das doenças, dos polícias e ladrões, da porteira ou do irmão mais velho da Alice.»

Esse artigo foi escrito em 1969. Mas, desde que o li, há quase trinta e cinco anos, não deve ter havido dia em que não tenha pensado no irmão mais velho da Alice.

Foi nele que pensei quando almocei com a pessoa a quem dei o artigo sobre o medo. Foi nele que pensei quando jantei com a pessoa que tinha mais medo de fantasmas do que de ladrões e de elevadores do que de polícias. Foi nele que pensei ao longo de todas estas discussões e manifestações, sobre a guerra ou contra a guerra, mobilizando tanta gente que seria para sempre imobilizada se o vencedor se chamasse Saddam Hussein. Foi nele que pensei enquanto a SIC e a TVI me bombardeavam com mais doses de pedofilia.

Onde mora o irmão mais velho da Alice? Mudou-se para a minha rua ou fui eu que me mudei para a rua dele?

FILHOS DAS TRISTES ERVAS

Continuamos em Cafarnaum.

Jacques Chirac interpretou a posição da República Checa, da Hungria e da Polónia, que preferiram pôr as barbas de molho a dar as derradeiras alegrias ao ladrão de Bagdad, como fruto de má-educação. Questão de maneiras. E subiu de tom em relação aos candidatos da vigésima quinta hora (2007). Ameaçador, disse à Bulgária e à Roménia que «se tivessem querido diminuir as possibilidades de entrar na Europa não podiam ter achado melhor meio». Como se a Europa, em frangalhos, falasse pela voz dele e não houvesse já na família cinco ovelhas tresmalhadas.

Diplomata, o primeiro-ministro romeno lembrou que estavam a apanhar por procuração. «Quem se zanga com a mulher, costuma bater nos filhos», comentou. Mas o pior é que ninguém sabe bem quem é a mulher, quem é o marido, quem são os filhos. Até parecem confundir amigos e inimigos. Ouvem-se e não se acreditam certos slogans anti-americanos. Os americanos começam a ripostar e a desenterrar fantasmas anti-europeus (a guerra de Cuba, o «Maine») que durante cerca de um século não ocorreram ao mais extremista dos isolacionistas.

E quando Chirac, para provar que não é o anti-americanismo que o move, louva e simplifica o hamburguer e a coca-cola, eu tremo. Além das famílias, são os valores de escantilhão? Se ao menos a situação — desesperada — não fosse grave, para recordar Hermann Broch que bem merece ser recordado nesta vigília virgiliana... Mas nem isso se pode dizer. Por muito que os protagonistas pareçam todos errados, com péssimos bons e péssimos péssimos. E hora a hora Deus piora.

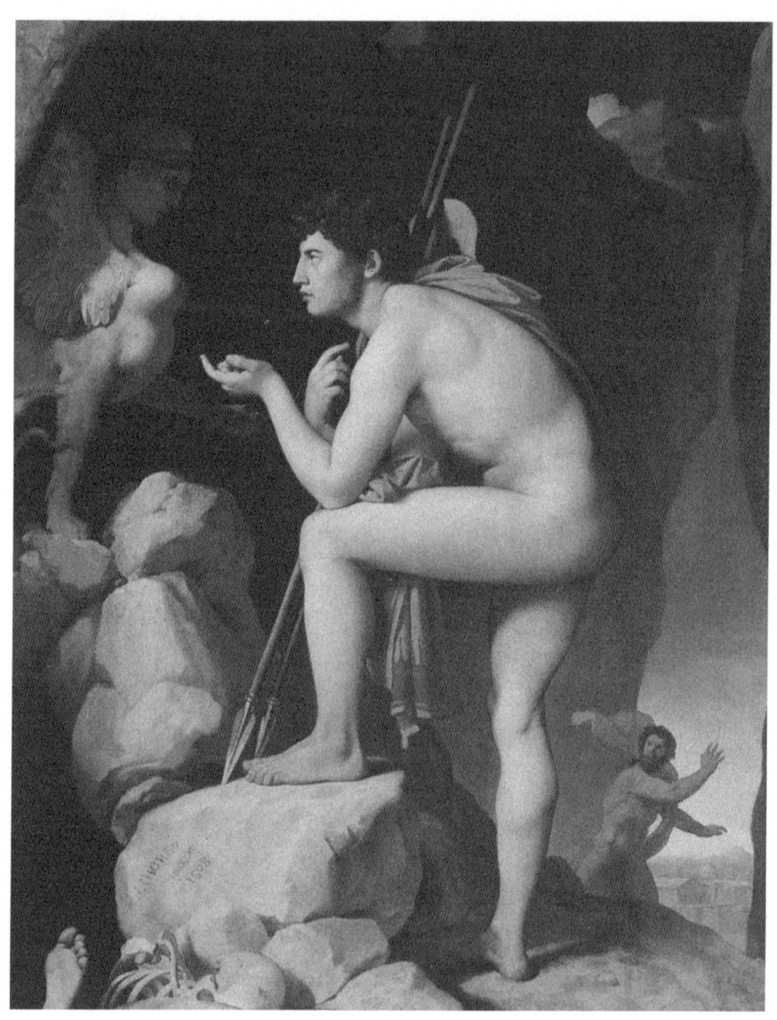

Edipo e a Esfinge. Jean Auguste Dominique Ingres.

O mito de Édipo, como Freud o interpretou, serviu de base a um dos grandes mitos fundadores do século que começou ainda dezanove e está agora a terminar.

Mas, na tragédia, o facto de Édipo matar o pai e dormir com a mãe não é o cerne dela. O que leva o rei de Tebas a arrancar os olhos é a descoberta do logro do seu próprio passado. A seus olhos, enquanto os teve, Édipo tinha conquistado o amor e o respeito da comunidade pastoril em que se educou. Tinha vencido em combate leal um estrangeiro que o desafiara e lhe esmagara um pé. Às portas de Tebas, enfrentara a Esfinge e fora o primeiro a decifrar o enigma, a vencê-la e a libertar a cidade do monstro horrendo. Aclamado por uma população reconhecidíssima, achara um trono vago, uma rainha viúva e reconhecera o desejo de todos de o terem como senhor. A sua vida parecia-lhe, e parecia a todo o povo de Tebas, a vida de um herói, sem fissura nem tonsura.

Até que chegou o dia em que quis saber de mais. O oráculo bem o preveniu e por três vezes o conjurou a não perguntar mais. Édipo não o temeu, pois achou que nada devia, cometendo o erro fatal de ignorar que são os que não devem os que mais devem temer, pois que nunca entre culpa e castigo houve relação de causa a efeito que não fosse formal.

O que lhe é revelado, anula-lhe o passado, retira-lhe a história. Volve-se no parricida incestuoso, usurpador de reinos, violador de leitos reais. A história que até aí se contou e contou ao mundo é uma história de mentira. Édipo perdeu o passado, perdeu a história e por isso se destrói.

Nesta acepção, o «complexo de Édipo», que mais visivelmente carregamos, não é o do fantasma da morte do pai ou o do desejo pela mãe. É o do medo que a história que nos contaram, e que desde o berço nos fundou, seja uma falsa história. Um dos maiores medos infantis (tantas vezes explicitamente provocado pelos adultos) é que um dia lhe digam que não é filho da mãe nem filho do pai, mas filho das tristes ervas. Se quiser saber da sua história, tem que a procurar longe da morada em que morou, se quiser saber do seu passado tem que voltar à horta, junto da couve em que o acharam.

Às vezes, a versão não é tão radical nem o medo tão visceral. O medo da perda pode atingir um só dos elementos progenitores. Pai sempre incerto... E se o meu também o fosse? E se um dia a minha mãe me contasse que «ton père n'est pas ton père mais ton père ne le sait pas»? Menos violento, ainda: se a história dos nossos pais fosse outra história, diferente da que nos contaram, ou se eu pudesse saber tudo o que não me contaram, já que raríssimos são os humanos que nada têm a esconder e raros ainda os que não se escondem para o esconder?

Antes da história começar por nós começou por outros e enquanto eu não me sentir tão absorvido pela minha história como pela história que na minha se continua, o espelho não me devolve uma imagem una.

Quando Telémaco partiu de Ítaca para Pílos e, depois para a Lacedemónia, não queria apenas saber se o pai ainda era vivo ou morrera. Queria saber até que ponto a história que lhe contavam desde os três anos era verdadeira, até que ponto Atena o não iludia, com embustes de deuses, até que ponto as versões de Nestor, de Menelau e de Helena confirmavam a de Penélope. Só quando todos coincidem na *mesma história*, Ulisses pôde entrar nela e podemos esquecer-nos do filho para voltarmos ao pai.

Haverá alguma grande ficção — eu que tanto gosto de desvendar o tema como de me perder nas variações — que não seja uma demanda de pais ou uma demanda de filhos? Às vezes, aceitamos não ter futuro. Mas recusamo-nos sempre a não ter passado, a ser filho das tristes ervas. Até Rómulo e Remo tiveram uma loba que os amamentou. Tudo menos sermos vegetais. É por isso que não pode haver «fim da história».

Mas em todas estas histórias — e particularmente naquela em que agora somos figurantes e por onde comecei esta crónica — persiste o grande enigma que os gregos interrogaram sob o signo da «moïra», que a palavra destino só imperfeitamente traduz.

O mesmo oráculo que revelou a Édipo a sua história foi quem lha escreveu, ao profetizar ao pai, no momento do nascimento dele, que aquela criança o assassinaria e lhe roubaria trono e mulher. Tudo o que aconteceu aconteceu porque Laios quis esconjurar a maldição e porque a Pítia a confirmou a Édipo que, por isso abandonou Corinto, seu efémero abrigo. Mas é próprio dos Deuses abandonarem culpa e castigo aos mortais. Nem Laios nem Édipo se revoltaram contra os oráculos, pelo menos como Macbeth contra eles se revoltou, ao descobrir, muitos séculos mais tarde, idêntico logro.

E nós? Onde perdemos a identidade e onde nos abandonamos ao destino? Com os americanos? Com a «velha Europa»? É certo que ninguém pode saber hoje se, como pretendem os americanos, a invasão do Iraque nos poupará a destruição a curtíssimo prazo ou se, como pretendem os anti-americanos, essa invasão dará o pretexto para o avanço da barbárie. É certo que, por enquanto, Édipo está diante da Esfinge e só o oráculo sabe se na sua vitória estará a sua derrota. Mas com a História e com o Mito (com as histórias e com os mitos) aprendemos que a inversa não é a verdadeira. Ou seja, se Édipo fosse derrotado pela Esfinge — admitindo que não sabia resolver o enigma desta — não teria vitória nenhuma, pois seria devorado pelo monstro como todos os tebanos que, antes dele, o desafiaram. Nesse momento, a questão da peste e do causador dela não se punha para Édipo. A questão era a questão com o monstro. A questão era a de renegar o seu passado e a sua história.

E esta, diante da Esfinge, é a questão que se nos põe hoje. Resta saber quem escolhemos como monstro ou quem escolhemos como família. Resta saber de quem queremos ser filhos e de quem queremos ser pais.

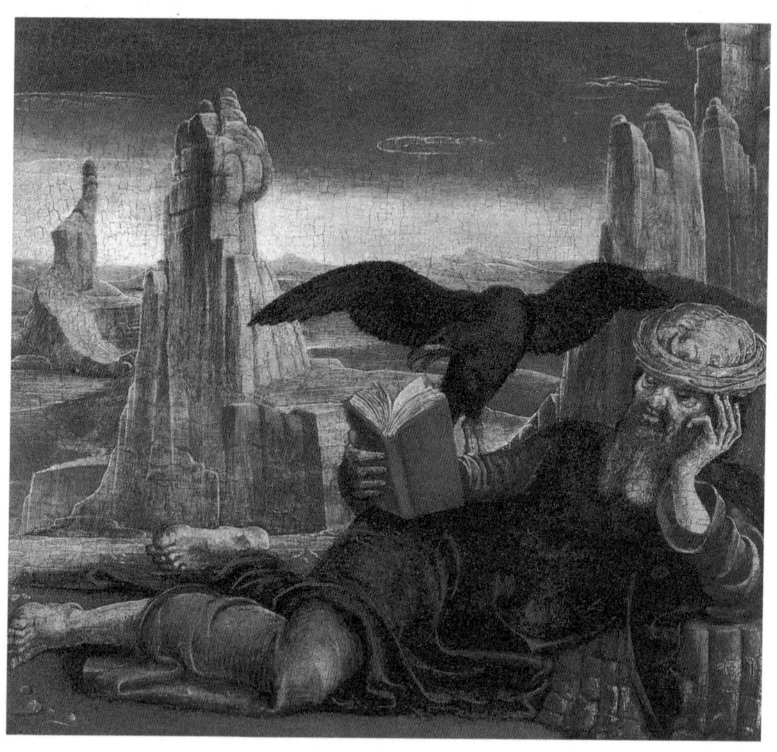

São João Evangelista em Patmos. Cosme Turra.

PATMOS NO BORNÉU

Ilusão de percepção ou falso movimento da memória, o fenómeno é bem conhecido.

Um olhar, uma curva, uma recta levam-me (ou obrigam-me) a querer reter um nome associável a eles ou dono deles. Nome nunca antes ouvido, nome desconhecido. Pode também ser um poema, um quadro, um filme. Nunca ninguém me tinha falado desse poeta, nunca vira sequer uma reprodução desse pintor, nem em revistas especializadas lera menção ao realizador. Mas quando o nome assim passou de debaixo da língua (onde todos estão) para o ponto mais frenético dela, parece-me, de súbito, que toda a gente só fala da pessoa que acabei de encontrar e que todos descobriram quanto eu descobri.

Abro um livro e o nome está lá; vou na rua e ouço uns estranhos citá-lo; recordo um vivo ou um morto e recordam-me, a propósito ou a despropósito, esse ou essa que são a minha mais recente companhia.

Depende do ego de cada qual, a ressonância dessa simultaneidade. Ou me louvo a glória de ter descoberto o ignoto, antes que todos os outros o descobrissem («em verdade, em verdade vos digo, fui eu o primeiro») ou me flagelo pela minha ignorância, que me fez desconhecer até tão tarde o renomadíssimo ilustre.

Eu sou mais do primeiro género. Quando tal me aconteceu, reclamei (e reclamo) direitos de autor. Mesmo quando a história não me dá razão, rememoro a putativa paternidade e neste caso a feia palavra tem certeira aplicação. O melro não era apenas negro, vibrante e luzidio. Sobretudo, o melro eu conheci-o. E conheci-o antes de Guerra Junqueiro e do padre-cura. O melro é meu.

Pensei um bom bocado nisto tudo, quando, há dias, no Thyssen de Madrid, os passos me levaram até diante um velho conhecido: Cosme Turra, pintor de Ferrara, nascido cerca de 1430 e que morreu em 1495. Tratava-se de um pequeníssimo quadro (27 x 32 cm) com o título *São João Evangelista em Patmos.*

Razoável conhecedor de pinturas e pintores, desde assaz tenra idade (como, noutras crónicas, sobeja e narcisistamente tenho contado) nunca ouvira tal nome em vida minha, até àquela manhã de 1958 em que entrei, pela primeira vez, no Louvre. De súbito, de entre dezenas de idolatradíssimas figuras, que há muito mais de dez anos eu conhecia de retratos e postais, e que nesse dia vi, pela primeira vez, em carne e osso, abriu-se-me numa parede, em semicírculo escuríssimo e disforme, uma *Pietà* (*Compianto sul Cristo Morto*) que era a mais convulsa e a mais revolta de quantas representações dessas eu conhecia. Autor: Cosme Turra, que, na mesma data, me foi apresentado como Cosimo Tura.

Convém explicar, aqui chegado, que nestas coisas eu fui e sou bastante nominalista e que muito boa gente me apanhou com a boca na botija de olhar para a legenda antes de olhar para o quadro, reforçando, ou moderando, segundo ela, o meu ímpeto admirativo ou desiludido. Razão de sobra para me darem mais crédito quando não tenho nomes a que me agarrar e só a imagem me transporta. Naquele dia, perante aqueles verdes e aqueles castanhos, e sobretudo perante aquelas mãos e aqueles pés, eu tinha decidido que descobrira um dos maiores de sempre. «Coup de foudre» total e à primeira vista.

Mais adiante, os meus olhos mo reconfirmaram. Noutra sala, muito esguio e pétreo (quase tanto escultura como pintura), um *Santo António*, cinzentíssimo, desarmonizava-se de um dourado velho. Do corpo só se viam a cabeça, as mãos e os pés. Mas era a mesma tortura, a mesma maceração. O cristianismo como religião dos esfolados vivos.

Falei a toda a gente, e muito mais a certa gente, de Cosimo Tura. Procurei livros, fontes e não os encontrei. Aprendi umas generalidades, comecei a sonhar com Ferrara (Antonioni estava a nascer), mergulhei na história da Casa d'Este, mas nenhum dos diamantes do Palácio me levou a uma monografia sobre o pintor, coisa que os meus mais fiáveis livreiros me diziam não existir.

Valha a verdade, eu não exagerava tanto como hoje se pode pensar. Se Tura não era tão desconhecido como eu imaginava, a reputação dele, há quarenta e cinco anos, estava longe de ser a que hoje é.

Vasari vivera-lhe a vida, como eu também aprendi em 58, mas dera-lhe como mestre um misterioso Galasso, que pode ter sido bem notável, mas que, como tantos outros, levou sumiço. No século XIX, Venturi interessou-se bastante por ele e tentou a sua reabilitação, contra muitos contemporâneos que lhe detestavam o que tanto me atraiu: o excesso e o desenfreamento.

Mas só em 1933, com a primeira grande exposição dedicada à Escola de Ferrara, Longhi lhe deu um lugar central na evolução da pintura italiana no século XV. Em 1933 eu ainda não tinha nascido? É bem certo. Mas a fama do pintor, que eventualmente decorou com as alegorias dos meses e dos signos astrológicos o Palácio Schifanoia de Ferrara, não passou dos iniciados para o vulgo ao ritmo de Vermeer e também é bem verdade que em 58 nenhuma monografia lhe fora dedicada.

Tal só começou a suceder nos anos 60 e 70, *depois de mim*, quando eu também, em Londres ou na América, em Veneza ou em Florença, lhe descobria mais uma dúzia de obras-primas, com a marca inconfundível de Autor. Até que, em 74, cheguei, pela primeira vez, a Ferrara. Abril e Cosimo Tura. Nesse ano, aprendi que não era Cosimo, mas Cosmè e que a minha *Pietà* de Paris era o topo de um dos mais lendários polípticos do século XV; o Políptico Roverella, do nome do médico do papa que terá encomendado a obra para a sua sepultura. O políptico maravilhou as gentes de Ferrara, na Igreja de San Giorgio fuorí le Mura, até 1709, ano em que os prussianos, cercados pelos tropos papais, se refugiaram no templo. O pontífice decidiu as coisas a seu modo: a canhão. E do políptico, excepto pequenos fragmentos, hoje dispersos por aqui e por acolá, só ficou a *Pietà* de Paris e a *Nossa Senhora no Trono com o Menino e Anjos Músicos*, que é hoje uma das maiores glórias da National Gallery de Londres.

Porque não fui só eu que mudei. No Louvre e na National Gallery, nos anos 80 e 90, as obras de Tura despregaram-se de paredes secundárias e ocupam hoje o primeiro plano, entre Mantegna e Antonello, Masaccio e Piero della Francesca.

Mantegna e Piero estão ao lado, sem dúvida. Do outro, está Van der Weyden que fez longas estadas na corte dos Este. O historicismo de Mantegna, o universalismo formal de Piero, o expressionismo de Van der Weyden. Tudo isto e os segredos do mundo alquímico e da astrologia, de que Ferrara foi «roccaforte». A matéria a transformar-se ou a corromper-se num espaço que já não é este espaço e num tempo que já não é este tempo.

Mas, como em 58, voltei a abismar-me, em 2003, com este São João Evangelista, de datação incerta, agora no Thyssen (aliás, foi em 58 que Ruhmer o datou entre 1470 e 1475, mais ou menos ao tempo do Políptico Roverella).

São João não é nem o jovem que costuma ser, eternamente prolongando o discípulo que o Senhor amou, nem o velho de Patmos, aquele que, segundo a lenda, podia bem não ter morrido. Com as sempiternas mãos imensas, com os sempiternos pés imensos, semideitado num chão verdíssimo, lê um livro ou adormeceu à leitura do livro, certamente o *Apocalipse*. Pousada em cima do seu braço direito, a águia joanina, negríssima e de asas todas abertas, centro esvoaçante e ameaçador de tão urânica visão, dedica ao livro uma atenção acutilante, que contrasta com o crispado desalinho do irreconhecível Apóstolo, com a sua grave descalma.

Depois, tudo é paisagem. O céu onde já não há nuvens, mas leves círculos astrais; as colinas de um planalto lunar; os rochedos megalíticos de outras galáxias.

De uma das *Musas*, da National Gallery de Londres, escreveu Longhi que era «terrível e pungente como um ídolo do Bornéu». Como esse ídolo, voltei a ver São João em Patmos. Mas donde Cosme Turra o deu a ver, eu não evoco florestas luxuriosas, mas o lugar chamado em hebreu Harmagedôn. «E quando o Cordeiro abriu o Sétimo Selo fez-se um silêncio no céu que durou cerca de meia hora.» Neste quadro, o silêncio está-se a acabar.

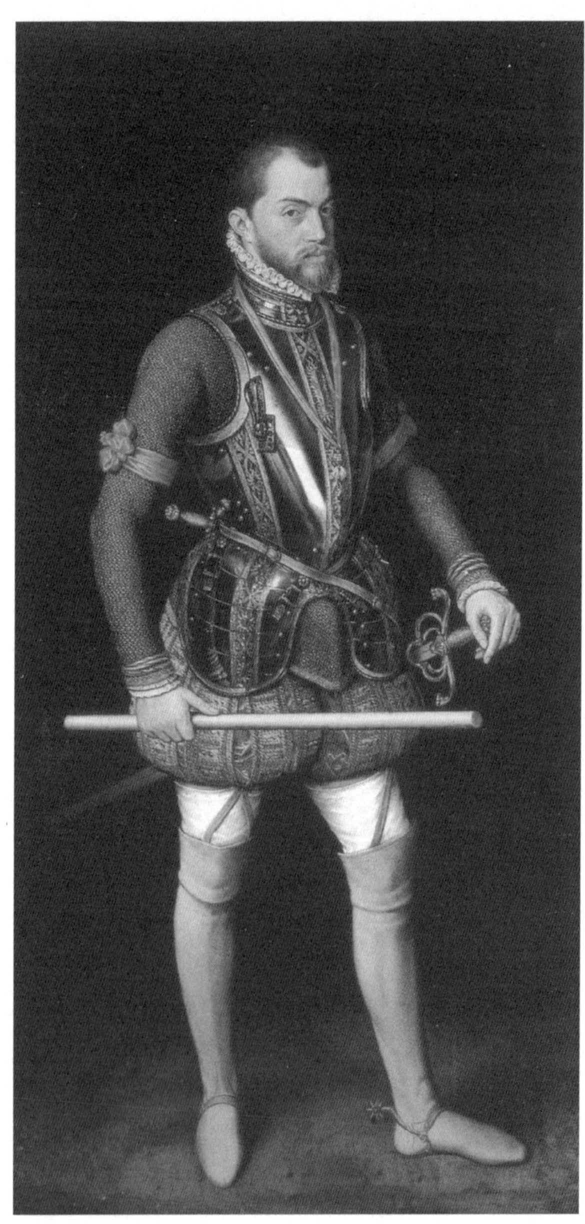

Filipe I de Portugal.

TERRAS DE ESPANHA

... E areias de Portugal. Começa-se numas, acaba-se noutras. Acho mesmo que só se começa numas para se acabar noutras, alvíssaras capitão, meu capitão-general. Já nesse tempo, o sólido era espanhol e o movediço esfarelável português. Porquê? Andamos há séculos para o saber. Mais uma vez, vai ser esse o movimento deste artigo. Ir buscar lã e sair depenado. Puxar da Espanha para esfarrapar Portugal.

Quando eu andava de bibe e de retratos de reis de Portugal, arrenegavam-se os espanhóis nos livros de história e nos estádios de futebol. A sublime bandeira castelhana derribada aos pés da lusitana. As mãos e as pás da Padeira de Aljubarrota. Viva El-Rei D. Henrique no inferno muitos anos, pois deixou em testamento Portugal aos castelhanos. Os filipes da página 46 do livro de história da primária, mascarrados com cornichos feitos a Caran d'Ache, com línguas de belzebú, amedalhoados por palavrões que os achincalhavam mas não faziam zangar a virginal professora. «Portugueses, onde está a vossa lealdade?» E os portugueses atiravam com Miguel de Vasconcelos das janelas do Terreiro do Paço, acabando com ele e com a melíflua Duquesa. Aos 12 anos, achei que igualava esse feito, quando, por intercessão de Araújo e de Travassos, marquei quatro golos aos espanhóis no Jamor, primeira vitória após uma infamante série de derrotas.

Eu sei que se ensina, hoje, nas histórias para camaradas de Portugal, que os regimes, depois de 1939 e da vitória franquista, eram irmãos e os dois ditadores amigos do peito. Amigos ideologicamente talvez o fossem, embora pareça que o português achava o espanhol demasiado galego para o seu ascético gosto e que o espanhol achava o português demasiado cabistorto para a casta de homem que era. Mas sobretudo ambos achavam que amigos amigos, negócios à parte. Salazar costumava dizer que Portugal só tinha dois inimigos naturais: a Espanha e a África do Sul. E nunca se fiou da gratidão de Franco, pelo auxílio português durante a guerra civil, para afastar a hipótese de uma invasão espanhola a sopro da Alemanha, campanha unificadora que muito bom falangista achava indispensável e urgente.

Atente-se apenas nisto, que pouco vi bem atentado. Quando o Estado Novo decidiu fazer estalar todos os foguetes com as comemorações do duplo centenário, tinha duas hipóteses igualmente plausíveis; 1943, oitavo centenário do Tratado de Zamora e do expresso reconhecimento por Afonso VII da independência de Portugal, ou 1940, terceiro centenário da Restauração. A primeira data seria a «politicamente correcta», remetendo mais para o rei conquistador do que para o restaurador. Mas foi 1940, como se sabe, a data escolhida. Já vi escrito que, quando a escolheram, Salazar ainda temia uma vitória vermelha. Em Março de 1938? Nada menos crível. Para o que desse e viesse, ficava a incorrecção política. A Exposição do Mundo Português inaugurou-se trezentos anos depois de 1640 e não em qualquer centenário da independência da pátria, que só alguns historiadores fantasiosos localizaram em 1140, a pretexto de umas assinaturas de Afonso Henriques. E eu posso jurar que as expressões «ocupação espanhola», «dominação espanhola», «cativeiro filipino» eram recorrentes na nossa aprendizagem, pouco propícia a explicar as subtilezas da «monarquia dual». Pão, pão, queijo, queijo. O nacionalismo escolar dos anos 40 tinha um aliado óbvio e natural.

Só que esse «aliado óbvio e natural», arruinado por uma devastadora guerra civil de três anos, praticamente seguida pelos bloqueios e cercos que, apesar de neutralidade, a Segunda Guerra Mundial lhe impôs, estava de rastos em 1945.

Quando os portugueses voltaram a viajar tinham com que alimentar o ego. O nosso jardinzinho fazia muito boa figura ao pé da devastação da meseta. Por aqui, cheirava bem, cheirava a Lisboa. Por lá, Madrid, tirando os hotéis e os cabarets do costume (as espanholas do costume e os toureiros do costume, também) era uma imundície e uma miséria. Regressados à pátria, os vossos bisavós (os meus pais) condoíam-se com a apagada e vil tristeza desse país exangue.

Exagero? Eu não sou desse tempo e só posso falar do que ouvi. Mas quando chegou a minha altura de ver, já os anos 50 iam muito adiantados, ainda não havia a mínima comparação possível entre os nossos dentes lavados e os dentes amarelos deles.

As estradas eram buracos em catadupa, onde raro se vislumbrava um «cochecito» espanhol e onde abundavam velhíssimos e paquidérmicos camiões de carga. Hotéis só os de luxo ou de primeira, que para baixo se compartilhavam os quartos com pulgas, percevejos e cheiro a mortos. Não era difícil escolhê-los porque o escudo valia mais do dobro da peseta e o que para eles era caríssimo, para nós era baratíssimo. Os portugueses — sobretudo em Badajoz — sentiam-se tratados como americanos ricos e despejavam as lojas, compensando-se da fraca qualidade dos produtos com o irrisório valor dos preços. Os carros voltavam atulhados e o único inimigo era a guarda fiscal que às vezes apreendia esses fartos enxovais.

Pior era se se percorresse a Espanha de comboio, com linhas e carruagens no mesmo estado de degradação. Ainda hoje me acontece ter pesadelos com uma certa estação de Medina del Campo, em que o Sud Express parava às 4 ou 5 da manhã para uma longa escala. No restaurante da gare, a única coisa comível eram umas bolachas-maria que lá deviam ter ficado antes da guerra civil. A única coisa bebível, uma água castanha a que eles chamavam — julgo que para nos gozar — café com leite.

Havia Franco, havia Salazar. Mas quando voltávamos, mesmo os mais anti-salazaristas admitiam que isto aqui era outra coisa, pelo menos na fachada.

Para quê contar estas coisas?

Quem nasceu depois de 1960 não me pode acreditar. Quando os velhinhos como eu recordam essa Espanha, fazem a figura que fez o conterrâneo do milionário que nasceu pobre, ao descrever como ele era quando, roto e nu, até lhes pedia esmola. Os outros ouvem com ar compassivo, enquanto ironicamente observam as vénias do maledicente ao suposto mendigo de outrora. Quem se quer valer do que foi, quando já não é, arrisca-se a ser patético.

Pouco a pouco, foi isso que nos foi sucedendo, nos últimos quarenta anos. Ao princípio, ainda nos permitimos acenar aprovadoramente, notando, com agrado, os progressos do vizinho. A partir dos anos 70 (e o 25 de Abril não tem muito que ver com isso) os papéis na comédia ibérica inverteram-se. Nenhum Antero ou nenhum Oliveira Martins seriam levados a sério se falassem, hoje, da «decadência dos povos peninsulares». De Portugal não há muito a desdizer nem a acrescentar, por mais que os mais optimistas teimem em se convencer que este país mudou muito. Mas decadência em Espanha, onde está, ou onde se vê?

Por acaso, depois de um período (inícios dos anos 90) em que ia a Madrid três ou quatro vezes por ano, passei agora quatro anos sem lá pôr os pés. Comecei por não reconhecer o aeroporto e continuei a não reconhecer avenidas, palácios, restaurantes, lojas, museus. Até a própria Filmoteca Española — é o que mais me custa confessar — se tornou irreconhecível no palácio do século XVII em que agora vive em Madrid, deixados os barracões em que eu sempre a vi morar.

Mas vou deixar de a reconhecer no futuro, agora que, à minha frente (comemoravam-se os cinquenta anos da dita) a Ministra da Cultura anunciou dezassete milhões de euros para a construção do arquivo deles, do ANIM deles (o nosso custou cinco e ainda hoje se a inveja fosse tinha...). Quando eu comecei nisto (nisto de Cinematecas) em 1980, eram eles que tinham inveja de nós...

Deus sabe que nunca fui iberista. Deus sabe como o vírus do nacionalismo salazarento se me meteu no corpo para ainda não ser capaz de olhar direito para os queixos de Filipe II, a quem nunca chamei Filipe I. Mas às vezes — é certo que é a brincar — alinho nas gargalhadas com que alguns se referem ao «maldito 1 de Dezembro». Eu bem preveni que isto ia acabar nas areias de Portugal. Ora, até essas o mar no-las está a comer, ou os rios no-las estão a levar de volta, assestando-se a nascente.

Pensei nisto tudo à saída de uma exposição de Vermeer, de que contarei para a semana que vem. Porque é que nos havemos de conformar de viver e morrer sabendo que não é possível trazer Vermeer a Portugal?

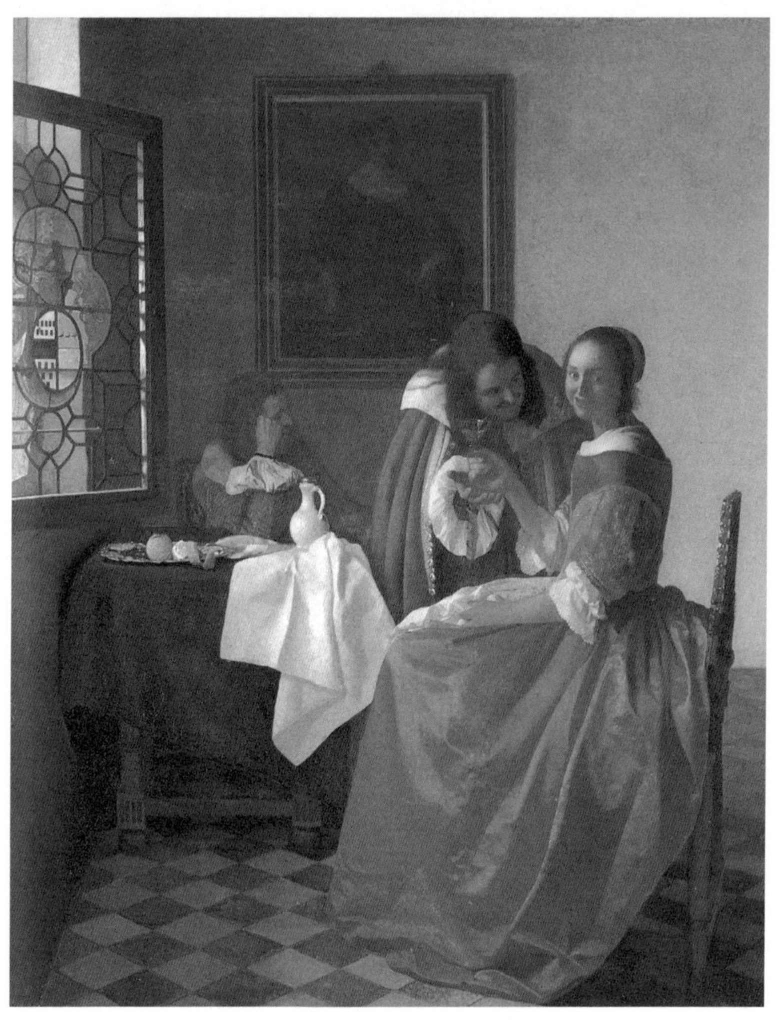

A Rapariga com Um Copo de Vinho. Johannes Vermeer.

NOVE VERMEER EM MADRID

O desemprego aumenta com os males associáveis. A recessão está à porta ou já entrou. A ministra das Finanças diz que os problemas estruturais nos ultrapassam e pede contenção à Educação, à Saúde e à Justiça, logo as três que mais andam pelas ruas da amargura e onde já batemos no fundo, há tanto, tanto tempo. E venho eu (*Público*, 7 de Março de 2003) e, para ilustrar o abismo que nos separa de Espanha, cito, proustianamente, Vermeer. «Porque é que nos havemos de conformar com viver e morrer sabendo que não é possível trazer Vermeer a Portugal?»

Muita gente se chocou. As coisas são o que são com os nossos frangos e as galinhas deles, com as nossas casas e as casas deles, com os nossos ordenados e os ordenados deles, e vem este e queixa-se que lhe falta a luz de Delft.

Pois é. Só que eu sou impenitente na minha crença que o nível de vida (e quero mesmo dizer *nível de vida*, expressão mais exacta do que a qualidade dela, de que hoje tanto se fala) vem de Vermeer para as galinhas mais do que vice-versa. É quando as pessoas podem ver, ouvir, ler, provar, mexer em certas coisas que começam a mudar e a fazer mudar. Isto não tem nada que ver com a «reforma das mentalidades» ou com paixões pela educação. Tem que ver com o ar que se respira.

Por isso, continuo a pensar que Vermeer foi um bom exemplo. E digo Vermeer como podia dizer Tiziano ou Rubens, que também pousaram recentemente em Espanha. Sempre que eu me resigno a aceitar que nomes desses e obras dessas não podem passar do Caia, ou que quem não tem dinheiro não tem vícios, estou também a empurrar todo o resto para o fundo. Como dizia o outro: «Mais vale rico e com saúde do que doente e pobrezinho»? Pobrezinhos, estamos cada vez mais doentes. À míngua de.

Há duas páginas, de duas revistas que assino, que me deixam sempre sonhador e cioso. Uma é a da *Opera*, onde os editores dedicam uma página aos «acontecimentos do mês», à escala mundial. Faz mais de anos do que de dias, que me imagino a 4 em Londres, a 7 em Berlim, a 10 no Scala, a 13 no Met e por aí fora, entre Marechalas, Leonoras, Sentas ou Mélisandes. É só uma questão de tempo e de dinheiro. Só.

A outra não é bem página, mas aquele bonito caderninho, chamado *Guida del viaggiatore curioso* que é o suplemento da *FMR*, e que sempre acompanha cada novo número dela. Da Austrália aos USA, passando por França e Aragança (rarissimamente passa por Portugal) as grandes exposições deste vasto mundo são referidas e referenciadas. Deixar-me ir ao sabor delas. Vogando de Böcklin em Paris para a colecção Bórgia em Nápoles, de Donatello em Pádua para Luca Giordano em Viena, é também a mesma questão e o mesmo brilho nos olhos.

Mas se nunca deu para viagens à Goethe ou à Stendhal, deu para saltinhos, ou quando o útil se juntou ao agradável (tinha que lá ir por outras razões) ou quando a Espanha (anos 90) começou a fazer parte das grandes rotas das caravanas expositivas.

E foi precisamente num «saltinho» desses, que poucos dias depois dela ter aberto, fui ao Prado ver a fabulosa exposição «Vermeer e os interiores holandeses», inaugurada a 19 de Fevereiro e que no Prado estará até 18 de Maio.

Não são «all Vermeers in Madrid», para glosar o título de um filme belíssimo de Jon Jost. (*All Vermeers in New York*, 1990). Dos trinta e cinco Vermeer conhecidos (diz-se que o pintor teria pintado setenta quadros nos seus 43 anos de vida), só nove figuram na exposição do Prado. Que não é uma exposição Vermeer, mas uma exposição centrada nas maravilhosas cenas de interior que, entre 1650 e 1675 (Vermeer nasceu em 1632 e morreu em 1675) se pintaram nos Países Baixos, sobretudo em Leiden, Haarlem e Delft. Gerard Dou, Gabriel Metsu, Nicolas Maes, Jen Steen, Gerard Ter Borch, Pieter de Hooch, Emanuel De Witte, Frans Van Mieris, são os oito contemporâneos de Vermeer (mais ou menos) igualmente visíveis em Madrid, num total de quarenta telas. Vermeer é o mais representado mas Gerard Ter Borch (6), Pieter de Hooch (6) e Gabriel Metsu (7) têm também forte presença.

Vermeer tem viajado muito e, desde os anos 20, integrais da sua obra têm sido relativamente frequentes (a última grande «integral» foi a de 1996). Mas é a primeira vez que chega à Península Ibérica. Representado pelos seus melhores quadros? Em minha opinião, que, na matéria, não é propriamente original, à excepção das duas primeiras telas (Edimburgo e Haia), evangélicas ou mitológicas, que, não fosse a bem visível assinatura, provavelmente jamais lhe teriam sido atribuídas, todos os outros Vermeer são todos **o** *melhor* e as preferências relevam dos gostos. Em Madrid, estão nove obras-primas absolutas, entre os trinta e um interiores de Vermeer (para além dos dois quadros iniciais, já citados, só dois outros, celebérrimos, Vista de Delft e *A Ruazinha*, não são filiáveis no género).

Um dos prodígios da exposição de Madrid é trazer Vermeer a esse terreno — ao seu terreno — permitindo a comparação e distância com os seus contemporâneos. Muitas vezes (sobretudo nos casos de Pieter de Hooch ou de Gerard Ter Borch), quando os vi longe de Vermeer, me pus a mim mesmo a questão de saber se eles seriam vítimas de relativa desvalorização por excesso de «política de autor». Ou seja, se me dissessem que aquela *Mulher Contando Moedas* de Pieter de Hooch, que está em Berlim, com a imensa parede amarela e a luz paroxisticamente crepuscular, era afinal de Vermeer, eu não acreditava logo? Não o acreditava com a *Mulher Escrevendo Uma Carta* de Gerard Ter Borch, Mauritshuis de Haia?

No Prado, esse preconceito ou anti-preconceito desvaneceu-se. Sem beliscar com a pluma mais leve do mais leve leque de moleque, os gloriosos pintores que *viveram com* Vermeer, a diferença entre eles e Ele é evidente em cada sala (onde estão misturados, numa exposição agrupada por temas e não por nomes). Só um quadro da última sala (*Interior com uma mulher ao cravo*, de Emanuel De Witte, com o mais estupefaciente uso da profundidade de campo, que me lembro de ter visto) pode ser tão forte (tão inesquecível) como um Vermeer. Os outros, por mais belos que sejam, apagam-se relativamente à luz avassaladora do émulo. Mesmo sem querer, somos puxados para os nove Vermeer de Madrid, reis absolutos desta exposição.

Proust explicou a Albertine que os grandes escritores só escreveram uma obra, «ou plutôt réfracté à travers des milieux divers une même beauté qu'ils apportent au monde».

A lição a Albertine começou pela música (Vinteuil) e prosseguiu pela literatura. «Se não fosse tão tarde, minha querida» — disse-lhe — «mostrava-te que a monotonia das obras de Vinteuil é a mesma que existe na obra de todos os escritores que tu lês enquanto eu durmo». E prosseguiu com a pintura, com Vermeer. «Ao veres os quadros de Vermeer, logo te dás conta que são fragmentos de um mesmo mundo, que é sempre, por maior que seja o génio com que foi recriada, a mesma mesa, o mesmo tapete, a mesma mulher, a mesma nova e única beleza.»

Na exposição do Prado, verificamos que a mesa, o tapete e a mulher não são só os mesmos nos quadros de Vermeer, mas nos quadros dos outros pintores de interiores. Mais ainda: esse interior é o mesmo de quadro para quadro, como se todos tivessem pintado na mesma casa os mesmos móveis e as mesmas pessoas. Se procurarmos o parentesco no tema — e no tema da exposição — ele é evidente e aprisionado. Igualmente aprisionado, dando pano para mangas a quem queira sair da estética para a sociologia, da ordem da representação para a ordem do representado. Mas se procuramos a similitude naquela «impressão particular que a cor produz», a beleza de Vermeer é a «beleza nova» de que falava Proust. A cor dos tecidos e das paredes não é apenas a cor dos tecidos e das paredes, mas a criação de uma cor nova, ou, sempre seguindo Proust, de uma certa alma que é uma alma nova.

Talvez por isso, ao ver, pela primeira vez, — único Vermeer que vi pela primeira vez em Madrid — a *Senhora com um copo de vinho* de Brunswick — eu passei da vista à visão. A beleza nova é também um sonho novo. E quem o sonha não é a sorridente mulher que nos olha, mas o taciturno personagem que nos ignora. Ver para além de ver. Ver mais ou demais.

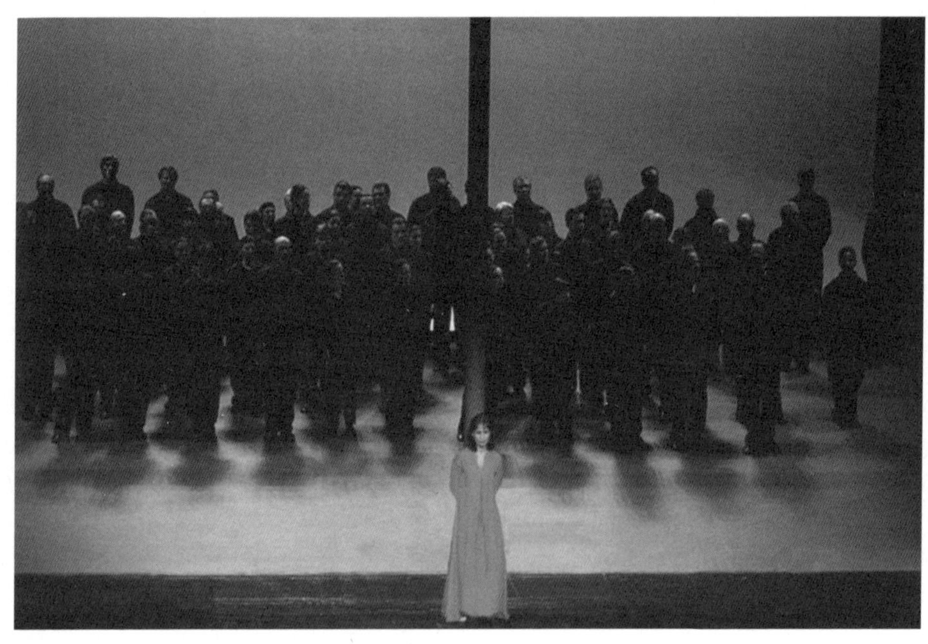

Isabelle Huppert, em *Jeanne d'Arc au Bûcher*.

NA FOGUEIRA

Os meus tempos da Juventude Universitária Católica, do «Encontro», do CCC (não faz mal que não percebam bem, pois que estou só a molhar a «madeleine» no chá dos anos 50) são inseparáveis de muitas coisas, tantas que não bastaria um livro para as contar. Mas são inseparáveis também desse «long-playing» (outra referência que se foi com os tempos do vinil), um tudo nada mais avantajado que os «long--playing» normais, mas que não chegava a álbum (não me traia a memória) com as chamas e Joana d'Arc na capa. Salvo erro, era a primeira gravação da oratória dramática de Arthur Honegger (1892-1955) com libreto de Paul Claudel (1868-1955) *Jeanne d'Arc au bûcher*, interpretada pela Orquestra de Filadélfia sob a direcção de Eugene Ormandy. Vera Zorina, a célebre actriz e bailarina que fora estrela do Ballet Russe e mulher de George Balanchine, era a protagonista, prolongando uma tradição interpretativa do papel, balética e russa, exótica e ínclita, que vinha da lendária Ida Rubinstein (1885-1969) criadora do papel na estreia da oratória (Basileia, 12 de Maio de 1938).

É possível — é bem possível — que essa gravação histórica dos anos 50 comemorasse a dupla morte de Claudel e Honegger, ambos partidos deste mundo em 1955. Mas não estou certo disso e não tenho mais o disco à mão. Do que estou certo é que haurimos um misticismo que nesses anos estava longe de perdido, ouvindo os versos de Claudel na voz de Vera Zorina: «Qui m'appelle? Qui est-ce qui m'appelle? Qui est-ce qui a dit Jeanne?» Quem a chamara havia sido Frère Dominique (São Domingos, ele próprio) que lhe perguntava «Ne me reconnais-tu pas?» E Jeanne d'Arc respondia: «Je reconnais l'habit de

Dominique, la robe blanche et le manteau noir». Devo parar com o francês, que cada vez menos gente fala e cada vez tem pior reputação entre os intelectuais dos novos serviços. Se o usei foi como evocação, nessa métrica prodigiosa, dita por Vera Zorina de forma admiravelmente escandida. O papel dela e o de alguns mais são papéis falados, sustentados nos cumes e quebras pela música de Honegger.

Ouvíamos, voltávamos a ouvir, ouvíamos de novo. Quando Jeanne acabava de arder («Fille de Dieu! Viens! Viens! Viens!») com o grande brado para as alturas («Il y a l'Amour qui est le plus fort! Il y a Dieu qui est le plus fort») a emoção era mais pesada do que as correntes de que a Donzela de Orléans se libertara. Deus era o mais forte.

Depois, vi e ouvi Claude Nollier (S. Carlos, 1964), ouvi Marthe Keller na gravação de Ozawa. Agora, foi a vez de Isabelle Huppert, na encenação de Luís Miguel Cintra e sob a direcção de Jonathan Webb. E, como sempre, aos primeiros acordes, quando o coro invoca as trevas e a França inane e vazia, a imagem começou a tremer e, encadeando-se e encadeando-me, fundiu com os décors austeros dos nossas casas dos anos 50 e com o grande plano de Vera Zorina. Beirais onde nasci, entre as partilhas do meio-dia e as solidões do rei David à meia-noite.

Luís Miguel Cintra, em Março de 2003, ao quinto dia da guerra do Iraque, deu toda a verticalidade «à chama dessa vela em que Joana se transforma na fogueira de Rouen», colocando a imponderável Isabelle Huppert no centro de tudo, na cruz de uma arquitectura em que guardou «a memória das catedrais» com «algum esquematismo» e sem «nenhuma elegância». E «permitindo-se o simbolismo das cores», vestiu Isabelle Huppert de escarlate, como Ingres em tempos também fez. *Di quella pira*. E nela, portentosamente imóvel, Isabelle Huppert todo o tempo está, as mãos ligadas atrás das costas, virgem no corpo e filha de Deus na voz, medo de morrer no corpo e «active soeur sacristine» na voz, carregando na carne todos os nomes vis que lhe deram e lançando a voz para o seu nomezinho de cristã, esse nomezinho que, em francês, é o mais aéreo e o mais volátil.

Nunca vi uma actriz tanto entre terra e céu, palco e cúpula, tão assunta e ascendente como terrena e térrea. Jeanne, tal como Claudel ou também Péguy a viram, mulher e santa da cabeça aos pés e não só no rosto, como a tradição protestante (Dreyer, Bresson) no-la representou. Isabelle Huppert e Luís Miguel Cintra deram-me a mais católica das Jeannes d'Arc, genialmente servidos pela coreografia e figurinos inadjectiváveis de Cristina Reis.

Joana d'Arc nasceu mais ou menos em 1412. Em 1456 — vinte e cinco anos depois de a terem queimado, teria ela 19 — o Papa Calisto III anulou a sentença de 1431.

Mas, nos séculos XVI, XVII e XVIII, se me esquecer de Voltaire e dos enciclopedistas, não se falou muito da camponesa de Donrémy e a Lorena ainda não era lar dela. Se foi o romantismo (curiosamente, sobretudo Schiller com *Die Jungfrau von Orleans*) quem a ressuscitou, quem a mitificou e literalmente a canonizou foi o século XX (Bento XV a elevou aos altares em 1920).

A Primeira Guerra Mundial deu-lhe os mais geniais cantores (Péguy, Claudel, Bloy) e Hollywood, muito antes de Dreyer, a primeira imagem, através de Geraldine Farrar (cantora de ópera) no filme de Cecil B. DeMille de 1916. Poucos santos — talvez nenhum — tenham conseguido nos nossos tempos uma tal fortuna estética. Para além dos nomes citados, o rosto da Falconetti, de cabeça toda rapada, as pombas de Bresson, a peça de Bernard Shaw, criada para e por Elisabeth Bergner. Rivette, Rossellini, Ingrid Bergman, Sandrine Bonnaire. Tantos, tantos mais. Se a santa é a santa de Le Pen, como se sabe, ninguém do outro lado do espectro ousou profaná-la ou reatar chamas. Talvez ninguém como ela seja tanto *la mécontemporaine*, parafraseando o belíssimo título do belíssimo livro de Finkielkraut sobre Péguy, esse Péguy que tudo refundou no *Mystère de la charité de Jeanne d'Arc* de 1910, a obra que marcou a sua conversão ao catolicismo.

Caridade? Santidade? Podemos acreditar, no século XX ou no século XXI, que Deus tenha mandado à terra Santa Catarina e Santa

Margarida para convencerem uma adolescente de 16 anos a pegar em armas pela França contra a Inglaterra, numa guerra que hoje não saberíamos se chamar preventiva ou defensiva? Acaso se casam com o repúdio generalizado das guerras — que está à nossa vista e têm no próprio Papa o seu representante mais autorizado — as cartas bélicas com que desafiou os ingleses em 1428, ou o fulminante ataque a Orléans, depois da inspiração de uma certa noite de 4 de Maio? É plausível que tenha sido por inspiração divina que fez coroar Carlos VII em Reims, ajoelhando com o seu estandarte para beijar a mão àquele que só nesse dia chamou rei? Não será plausível, não será explicável, mas, por isso mesmo, é que Péguy se referia à caridade dela como o maior mistério. E quem ler as actas do processo fatalmente esquece a guerreira «miraculosamente sustentada por Deus para defender a Fé e a Pátria», como se lê nos textos litúrgicos da festa dela (30 de Maio) para recordar a rapariguinha que evitou o pérfido ardil dos juízes, quando lhe perguntaram se se considerava em estado de Graça: «Se não estou, Deus ma dê, se estou, Deus ma conserve.»

Quem pode dizer que compreende Joana d'Arc? Mas quem pode dizer que compreende Deus?

Nem a carne nem o sangue, nem a razão nem o siso, nos permitem compreensões dessas. A nossa pergunta perante ela é a mesma que Dominique lhe dirige no texto de Claudel: «Jeanne! Jeanne! Jeanne! Foi por um rei de carne que deste o teu sangue virginal?».

Mas não será sempre — repensei-o agora — por reis e rainhas de carne, homens ou mulheres de carne, que damos o nosso sangue, virginal ou não? Foi o rei de França. Podia ser o rei de Inglaterra. Podia não ser rei. As ideias passam, só a história fica. Ou, como dizia Péguy, o único grande escândalo, o único grande mistério é a História, nossa criação temporal.

«Amanhã», escreveu um dia Finkielkraut, «não se opõe a hoje como o eterno se opõe ao temporal ou a plenitude se opõe à finitude. Amanhã, é ainda coisa temporal, coisa temporária, coisa do *ulterior* perecível».

Talvez por isso Jeanne d'Arc seja mais vocação de futuro do que vocação de passado. O único ulterior não perecível é o grande brado que seis vezes pronunciou entre os madeiros ardentes. «Seis vezes pronunciou o nome do seu Salvador. Depois inclinou a cabeça e morreu.»

Como se diz na oratória de Claudel: «Louvado seja o nosso irmão fogo que sabe como separar a alma da carne. Jeanne acima de Jeanne. Chama acima da chama. Louvado seja o nosso irmão fogo, que é sábio e forte.» Nestes dias de guerra, louvo os dias da minha paz passada, louvo a virgem que gostou quarenta vezes mais do seu estandarte do que da sua espada e louvo o fogo que sabe separar a alma da carne. *Jeanne d'Arc au bûcher*, notas para uma visão. Na fogueira.

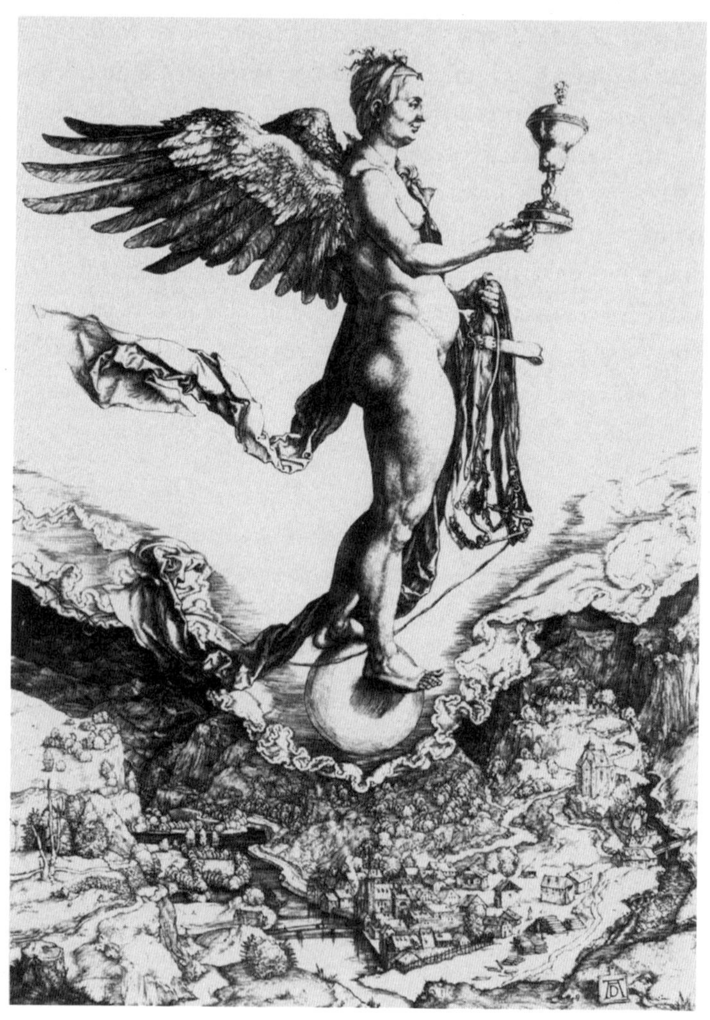

Nemesis / The Great Fortune. Albrecht Dürer.

A INFLUÊNCIA DA ANGÚSTIA

Possivelmente, alguns leitores reconhecerão no título desta crónica uma variação do título da tradução portuguesa (trad. Miguel Tamen, Ed. Cotovia, Lisboa 1991) de um livro de Harold Bloom. Embora tradições familiares (digamos) mo autorizem, eu tenho alguma «angústia» ao traduzir por esse termo o termo inglês *anxiety* (*The Anxiety of Influence* é o título do livro de Bloom publicado há vinte anos). Porque angústia é um estado de exagerada ansiedade e Bloom não é muito de exageros, nem de pôr socalcos debaixo de palavras dessas. *Ansiedade* também nunca seria correcto, pois que o termo tem qualquer coisa de frenético, ou pelo menos de veemente, na sua invocação ou desejo. E não é de desejos de influência que Bloom fala (e daí...) mas da aflição que esta provoca. Tribulação não é bonito (lembra tripulação) mas, entre tantas hipóteses, talvez fosse a que eu escolhesse. As almas religiosas costumam (ou costumavam) estar tribuladas ou atribuladas e os poetas, mesmo os mais agnósticos, são almas religiosas. Até agora, tinha-me esquecido de explicar que o livro de Bloom é, ou pretende ser, uma teoria da poesia «através de uma descrição da influência poética». Até agora, tinha-me esquecido de explicar que este primeiro parágrafo é um «encobrimento poético», aquilo a que Bloom, retomando um termo de Lucrécio, chamou *clinamen*, um desvio ou uma queda. Uma má leitura, em suma.

Mas esta crónica, não é, nem pretende ser, uma contribuição para a teoria da poesia, nem a minha presente tribulação ou atribulação provém da leitura de Bloom. Aliás, o próprio Bloom, que me foi suscitado mais por algumas tribulações sobre a influência do que por tribulações sobre a tribulação, diz que, no sentido da influência *poética* ou *artística*, o uso da palavra é muito tardio, não anterior ao proto-romantismo e aos anos finais do século XVIII ou iniciais do século XIX. Rimas de antigos marinheiros. Para não me desviar mais — já ia em jornada para cálidos céus de cobre — agarro-me pela última vez a Bloom e cito-o, segundo a tradição: «A palavra "influência" recebeu o seu significado de "ter um poder sobre outra pessoa" logo no latim escolástico de São Tomás, mas durante séculos não perdeu o seu sentido etimológico de "influxo", e o seu sentido primordial de uma emanação ou força sobre a humanidade proveniente dos astros. No seu primeiro uso, ser influenciado queria dizer receber um fluido etéreo proveniente dos astros, um fluido que afectava o carácter e o destino de uma pessoa e que alterava todas as coisas sublunares. Um poder — divino e moral — mais tarde apenas um poder secreto — exercia-se a si próprio, desafiando tudo o que nos parecia voluntário.»

Muito para além da influência literária ou artística, eu, que tanto gosto de citar o Lichtenberg dos macacos e dos espelhos, quando ele disse: «Também eu gosto de admirar os grandes homens, mas só aqueles cujas obras não entendo» (o que é o máximo da pacificação poética) eu soube bem, desde muito novo, o que era receber o meu poder do poder de outra pessoa. Sabendo receber dela, ou através dela, o «influxo» astral, influxo divino ou influxo moral.

Abandonei-me a esses vários pais ou a essas várias mães, poucas vezes de uma geração acima da minha, e deixei que me influenciassem, ou melhor pedi-lhes caladamente que me influenciassem.

Seria impudico, neste género de texto, vir falar de coisas divinas. Mas, entre as coisas morais, sei perfeitamente quem alterou esta coisa sublunar que sou, como sei quem me passou o fluxo de Mozart ou o fluxo de Musil, o de Mizoguchi ou o de Nicholas Ray, o de Agustina ou o de Sophia, o de Kierkegaard ou o de Fichte, o de Jaurés ou o de Mounier. Sorvendo esses fluidos, deles e dos seus transmissores, olhos fitos nos quais até contava... Tantas, tantas coisas que contava.

Deixei-me guiar e nunca serei eu a chamar lúgubre à jornada em que esses me guiaram. E, como os guias ou mestres que escolhi e me escolheram eram contraditórios, nas artes e nos ofícios, com essas contradições vivi, na imagem em que me reflecti e me projectei. Já o disse atrás; a influência (essas influências) eram a principal fonte da minha pacificação (se é que jamais me pacifiquei) e da transmissão que, através de mim, se processava dos fluidos de que fora receptor.

Mas um dia, sem sobreaviso, chega-se à metade da nossa vida. Ensinaram-nos que é quando aparece Virgílio, mas Virgílio é demasiado distante para ser o guia que outrem foi. Na metade da nossa vida o que aparece ou acontece é o vazio deixado pelo desaparecimento desse outrem, por muito plural que o pronome indefinido haja sido ou possa ser. É quando, espantados com tão inesperada fragilidade, nos perguntamos como servimos senhores que afinal podiam morrer. E, pouco a pouco, ou muito a muito, com aquela velocidade que o tempo adquire depois da tal metade, descobrimo-nos nautas sobreviventes, longe da costa, e unicamente dependentes do nosso esforço para lá chegar. Quando boiamos, para descansar, os astros no céu são idênticos ao que sempre foram e idêntico é o fluxo deles. Mas já ninguém, com a nossa forma, nos serve de viático entre eles e nós. Começa então a atribulação da influência ou, para me deixar de rodeios, a angústia da influência. Que finalmente consiste, nesta outra dimensão, na descoberta que a angústia provém não da influência, mas da ausência dela. Só aquele que renunciou à influência, sabe o que é a angústia. *Farewell happy fields*. Mesmo que eu seja o mesmo? Mesmo que eu seja o mesmo.

Generalizei, o que não é muito conveniente em textos tão subjectivos.

Voltando a ela (subjectividade) digo-vos que tenho atravessado estes tempos de matar com alguma da angústia que caracterizei.

Novo, muito novo, defini a minha família. Desviei-me às vezes — desvios de esquerda mais profundos e mais cismáticos do que desvios de direita, assinalando nos anos 60 ou 70 a crista da rebentação. Mas nunca estive tão longe que não fizesse parte, mesmo como heterodoxo, mesmo olhado de soslaio, de uma equipa e de timoneiros. Se acontecia mais desorientação, recorria aos mestres e na tensão do Édipo de Bacon, revisitando o de Ingres (que «por acaso» ficou nestas páginas como ilustração, quando já andava à volta com estas esfinges) ouvia o que os oráculos tinham para me predizer. Depois, julgava-me a salvo na acalmia estática transfigurando a ética.

Até que um dia estava na Arrábida. O telefone tocou e a Mónica disse qualquer coisa que estava a passar na televisão. Tempo de almoço, luz de muito sol. Acenderam a televisão. A primeira das Twin Towers. Quando cheguei à praia, já a segunda fora decepada. Falava-se do Pentágono, do Capitólio, da Casa Branca. E a outra Mónica (primeira pessoa a quem ouvi essa frase) disse que mais nada seria igual ao que dantes fora.

Para mim, nos domínios da angústia carente de influência, nunca mais foi. A tal família, há tantos anos definida, começou primeiro a indefinir-se e depois a soçobrar. Como naqueles filmes de ficção científica, em que até os próximos são *poltergeists*, quem eu esperava que estivesse ao meu lado não o estava e quem eu esperava que não estivesse ao meu lado, estava-o. E eu não os podia acusar de incoerência ou de inconstância. O incoerente era eu ou tinha-me tornado eu.

Era só um doce princípio. À medida que esta danosa guerra, que esta danada guerra, que esta inevitável guerra, se preparou e *não se* declarou, tudo se tornou muito pior. Confesso que me precipito diariamente para ler os mestres — nacionais ou estrangeiros — à espera de ver justificado o partido que tomaram. Não consigo. Mas alguns artigos do lado contrário — como um que li no jornal espanhol *ABC* a 25 de Fevereiro — podia assiná-los sem hesitação.

Discretamente, procuro a companhia dos falcões silenciosos. Emudeço mais quando as pombas arrulhantes me dizem que deixaram de ter poder sobre mim ou que eu deixei de ter poder sobre elas e as crias delas. Mas, enquanto me lembrar daquele dia da Arrábida, desse 11 de Setembro, que essas mesmas pombas varreram da memória ou da razão, julgo que sou fiel aos fluxos que outrora recebi e transmiti, ao recusar-me qualquer pensamento, palavra ou obra que me aparte das vítimas desse inominável horror ou que me aproxime dos bárbaros que o cometeram, o pagaram, o apoiaram ou o compreenderam. Mesmo que o preço a pagar seja o da influência da angústia, ainda mais do que o da angústia da influência.

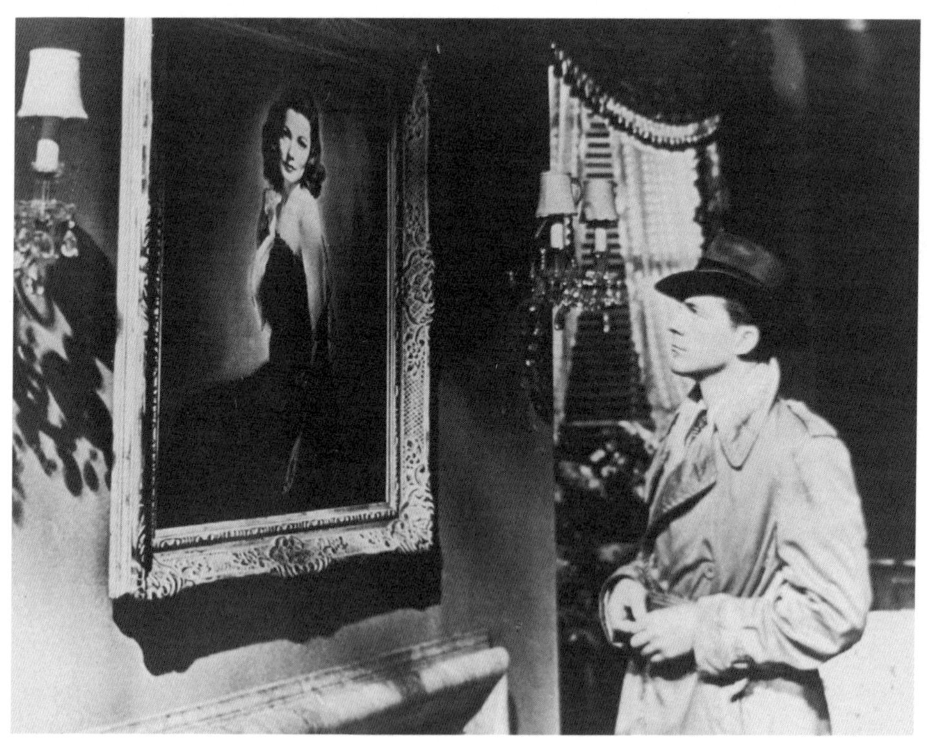

Laura. Otto Preminger, 1944 (Dana Andrews).

BACK TO THE 70'S

Nova coisa inesperada inovou esta semana. Recebi vários exemplares de uma revista chamada *Filmihullu*, com uma bela foto de Gary Cooper na capa (muito bonitinho, muito novinho) e outra bela foto de Marilyn na contracapa (grande plano da forte boca, largos dentes, muito de brincos, muito de colar, um vago sorriso só nos olhos). Ainda na capa, o meu nome e o de Manoel de Oliveira, escritos a dourado. Lá dentro (eis a inovação) li-me, pela primeira vez, em finlandês. A revista reúne vários artigos meus nessa língua. Hei-de morrer sem saber se estão bem ou mal traduzidos. Confio nos nórdicos, sobretudo nos finlandeses, de todos os povos que conheço o único que iguala os portugueses na má-língua sobre si próprios. Os poucos finlandeses que conheço são, aliás, o oposto do ministro de *Os Maias*. Gente completamente doida e completamente sublime. Dizem-me que são os únicos. Quem sou eu para os contradizer? Começo a ouvir o *Concerto para Violino* de Sibelius. Toca Zino Francescatti.

Ao mais sublimemente louco desses finlandeses — Peter von Bagh, de quem creio já ter falado nestas crónicas e de quem prometo falar mais de espaço um dia destes — devo a surpresa da semana, pois que é ele o director da tal revista *Filmihullu* (se julgo saber o que é «filmi», o que possa ser «hullu» escapa-me completamente). Diz-se — e eu confirmo — que é o maior historiador de cinema vivo (provavelmente morto também). O projecto — borgesiano ou averroisiano — de escrever uma vera história do cinema mundial (todos os tempos, todos os países) é dele e só podia ser dele. Já vai consideravelmente adiantado. Nos domínios da erudição cinéfila, é a única pessoa a quem eu reconheço o direito de me corrigir. Temos aliás, de há muito, um «private joke» muito nosso. Numa banal conversa sobre cinema perante estranhos, eu largo uma informação propositadamente incorrecta. Ai dele, se não ma corrige, como implacável professor a incerto aluno. O vice-versa é idêntico.

Ninguém me acreditará se eu disser que, hoje, não vinha para falar dele. Tanto não vinha que me começo a inquietar pelo espaço e pelo tempo. Ao que vinha? Vinha para falar de uma dessas banais conversas nossas (nunca são banais) em que ele me observou um dia que quase todos os filmes da vida dele eram filmes dos anos 50. Que, de cada vez que lhe pediam essas listas das ilhas desertas, filmes dos anos 50 eram a maioria. Pensando com os botões dele, achava que tal se devia ao facto de ter começado a sua devota adição à grande arte da luz e da sombra nessa década. Era o cinema que tinha bebido logo antes, logo depois, do primeiro vodca. Imprime carácter.

Isso me fez reparar que comigo acontecia o mesmo, mas em relação aos anos 40. Não é de admirar: sou oito anos mais velho do que ele e comecei a peregrinar por salas escuras no ano em que ele nasceu. Lembra-me Max Steiner ou Miklos Rosza, já me ponho a suspirar, como o poeta espraiado de Vila do Conde.

Esta semana foi boa para ruminar memórias dos anos 50 e dos anos 40. Foi caso que um dia (às vezes, as bolinhas dos críticos ainda conseguem brincar com as minhas) fui ver *Far from Heaven*, apesar de nunca me ter sentido muito salvo nas minas de veludo de Todd Haynes. Foi caso que outro dia (sabendo que *Experiment Perilous*, como as águas meteóricas de Celan, estava quase, quase a chegar e não me podendo conter mais) fui matar as saudades imensas do filme de Jacques Tourneur (filme de 1944, estreado no Politeama em 1947) que não via há séculos. Os séculos que vão da tarde dos meus 12 anos à manhã de anteontem, 85 anos depois da Batalha de La Lys (vídeos não contam).

O filme de Haynes é uma expressa invocação (não confundir com evocação) dos anos 50 e, logo no título, uma provocação a Peter von

Bagh, ao atirar para longe do paraíso (e não para leste dele) a imagem desses anos. O filme de Tourneur, muito simples, ou muito complexamente, é dos anos 40 e tanto e tanto que mais de 56 anos depois da primeira visão, e com uma confusa memória dele, mal o comecei a ver deixei-me ir em «flash-back» até às Portas de Santo Antão e à mórsica banda sonora da RKO Radio Pictures, que, por essas e por outras, eu considerava, nesses anos, a fonte de onde jorravam as obras-primas.

Não houve gato nem cão (a começar, naturalmente, pelo próprio Todd Haynes) que não falasse de revisitação a Douglas Sirk, e aos geniais melodramas deste, a propósito de *Far from Heaven*. *All that Heaven Allows* foi o mais citado, já que o céu dá para todos os lados, está por cima de todos nós e, hoje em dia, parece permitir mais do que tudo o que no filme de Sirk já permitia. Como ainda não se inventou melhor do que os franceses para sintetizarem em três linhas o dicionário das ideias feitas (Bouvard, Bouvard) cito mesmo as três linhas dos «incontournables» «inrockuptibles». «*Longe do Paraíso* inscreve-se na linha magnífica e intemporal das histórias de amor impossíveis. Um melodrama, que nunca perde a carne dos seus personagens, a sua dimensão política.»

Pois é. A carne e a dimensão política. A mistura quase sempre dá maus resultados e, a meu ver, foi o que aconteceu. Porque Haynes não revisita Sirk, revisita a moldura de Sirk. «Não pude resistir aos fatos, às cores, às texturas dos anos 50.» Estão lá todas e todos, num magnífico trabalho de art direction, de cenaristas, de guarda-roupa, de cabeleireiros, de maquilhagem, etc., etc. Julianne Moore em Deborah Kerr ou em Jane Wyman. Mas, quando se passa para a carne dentro dessa moldura, eu só vi paisagem. Li algures que, ao revisitar Sirk, Haynes mostrava tudo o que Sirk elidia: dois homens abraçados num gabinete fechado, um rapazinho a abrir o roupão sem nada por baixo, uma criança preta a ser lapidada, um senhor branco a ameaçar um jardineiro preto. Etc., etc. Só que, quando se mostra, se estraga, como dizia a outra, sobretudo em matéria de melodramas. Muito mais carne quer dizer muito menos alma e muito menos alma quer dizer muito menos carne. Como é que se deixou de saber isto?

«Quis também utilizar os *fifties* para mostrar como a nossa sociedade evoluiu pouco.» Pois é e é pena. Quem se lembra dos filmes de Preminger dos anos 50 (*Advise and Consent*, por exemplo) não precisa de tanto palavreado para perceber que a questão da homossexualidade não era assim. Nem a do matriarcado. Nem a do racismo. Saí do filme com a sensação de ter visto, numa cópia de um mestre, os anos 50 passados a ferro na tábua de engomar da correcção política. Apeteceu-me lavar a alma revendo *All That Heaven Allows*. Saudosismo? Precisamente o contrário. Saudosista é o filme de Haynes, com saudades do que nem sequer conhece.

O primeiro plano de *Experiment Perilous* mostra um campo de margaridas e um céu muito escuro. Um Inverno frio, como os invernos da Bóbeda e de Agustina. Depois — estamos nos *forties* — a voz *off*, voz do narrador. Depois, o comboio na noite e, como quase sempre nos *forties*, recuamos dos anos 40 para os princípios do século XX e homens, mulheres e crianças vestidos à 1900. Depois, uma tempestade, uma ameaça e um mistério. Depois, um quadro — a pintura dentro do cinema — quadro representando uma mulher tão bonita quanto o foi Hedy Lamarr. Depois, a dita Hedy Lamarr, cabelo tão preto, pele tão branca. Depois, o marido, vinte anos mais velho. Depois, diz-se que as mulheres assim tão bonitas de dia se volvem bruxas à noite. Depois, as bruxas e a noite. Depois, carruagens, neve e casacos de peles. Colares perdidos, perfumes esquecidos. E uma história não abre para a história adiante mas para a história de trás. Ainda mais para trás, onde se vai sempre ter às margaridas, como em *Dragonwyck* se ia ter aos narcisos, em *Secret Beyond the Door* aos nenúfares, em *Leave Her to Heaven* ao patchuli. Sempre, sempre — estamos nos *forties* — às flores do mal. Todos os personagens pediam uns aos outros «conte-me lá» e todos sabiam, como nós espectadores sabíamos e sabemos, que ninguém podia contar nada e que o grande feitiço era exactamente o que não se podia contar. E tudo acabava bem só para poder acabar mal, nesses filmes que a mim me parece que cheiram, que cheiram a gavetas fechadas e a espelhos ovais, a ruas baixas e a roupas de cima, a leite salgado e a licores de frascos barrocos. Eram os filmes onde se ouvia a ronca das sereias e onde «o mar oleoso e profundo parecia assumir o significado romanesco, e instável e perigoso da nossa própria vida». Vou jurar que foi n'*Os Incuráveis* que li isto, mas, se não foi, incurável fiquei desde esses anos perversos.

Falta-me responder a uma pertinente pergunta de um atento leitor. Anos 50, anos 40. Porque é que este artigo se chama então «Back to the 70's»? Não há perguntas indiscretas, só as respostas é que o podem ser. Foi nos 70's — mais precisamente em 1979 — que eu organizei um «Ciclo de Cinema Americano dos Anos 40», na Gulbenkian. E data desse Ciclo — um Camarote «near from Heaven», uma perigosa experiência — a minha descoberta de ter nascido e morrido, entre retratos e medalhões, encadeado nos anos 40.

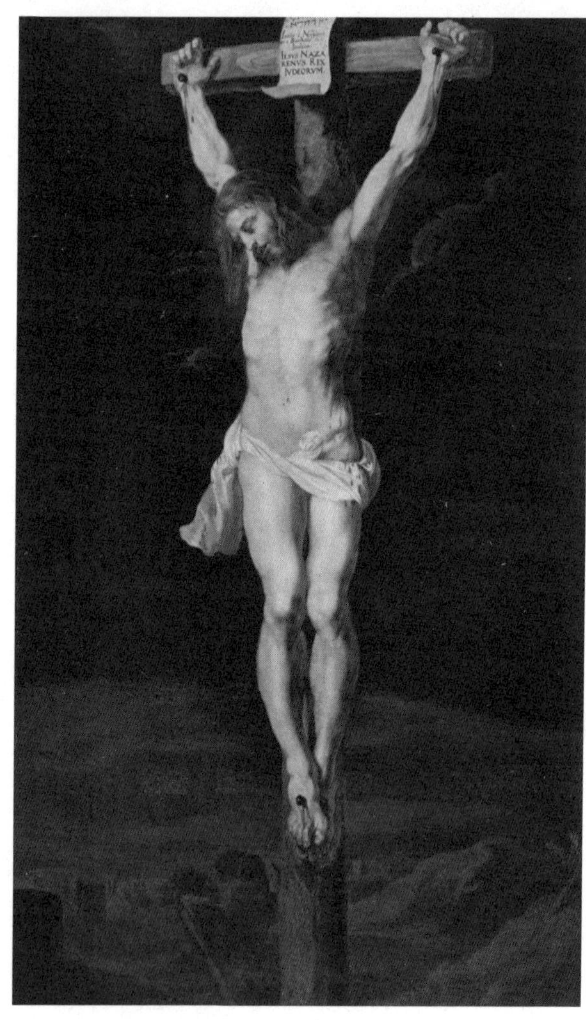

Cristo na Cruz. Peter Paul Rubens.

AS SETE PALAVRAS DO SENHOR

«O Cristo na Cruz! Ninguém conseguirá jamais perceber este mistério!». Esta frase de Romano Guardini, que li há muito longo tempo, sempre a retive sem perceber bem porquê. Os mistérios só são mistérios porque ninguém os percebe e porque é estulto aquele que os tenta perceber. Cristo na Cruz, para qualquer cristão, é um mistério. Mas Cristo ressuscitado também. E, na esfera do mistério, não cabe o maior nem o menor. Quando não percebo, não posso perceber o tamanho do que não percebo. Se abro a porta para uma escuridão total, nunca poderei saber se essa escuridão é imensa ou atravessável em sete passos. A não ser que me enfie nela, o que não posso fazer pois que não tenho sustentação possível.

Porque é que então a dupla exclamação de Guardini tanto se me colou?

Para lá do que análises ou psicanálises possam descobrir (e nunca acreditei que descobrissem muito) julgo que o grande susto vem da familiaridade da imagem com a incognoscência da ideia.

Se nenhum de nós viu nunca alguém a ser pregado numa cruz, alguém a morrer numa cruz (banido o suplício, há muitos séculos, dos usos e costumes de qualquer reino) quase todos nós fomos nascidos e crescidos sob o signo da Cruz, sob o sinal da Cruz. E só muito de longe em longe — às vezes de tão longe, de tão longe — nos damos conta que, se esse sinal é tão esmagadoramente representativo, é porque na Cruz (uma cruz que nem sequer estamos certos de corresponder à figura geométrica que a ela associamos) morreu, há quase dois mil anos, um homem que alguns biliões de pessoas acreditaram ou acreditam que é Deus.

Deus pregado numa cruz? Deus morto numa cruz? Se conseguirem ler estas duas perguntas como se nunca as tivessem ouvido, como se fosse a primeira vez que alguém as pergunta, talvez se aproximem do que Romano Guardini quis dizer. Hoje, Sexta-Feira Santa do ano de 2003, talvez seja um dia adequado à experiência que vos proponho.

São Paulo disse-nos (*Filipenses II*, 6-8) que «Jesus, existindo na forma de Deus, não julgou ser igual a Ele. Mas aniquilou-se a Si mesmo, tomando a forma de escravo e tornando-se semelhante aos homens, e, sendo reconhecido por condição, como homem, humilhou-se a si mesmo, feito obediente até à morte, até à morte da cruz!» Como é que Deus não julgou ser Deus? Como é que Deus se pode humilhar a si próprio? A quem obedece Deus que, por natureza e essência, não pode obedecer a ninguém? E sobretudo — chego sempre à minha citação e à minha radical suspensão — como pode morrer Deus, de mortal morte na Cruz? Porque a condição divinal foi trocada pela condição mundanal, o Filho de Deus assumindo-se como Filho do Homem? É essa a nossa fé, mas também é esse o nosso absurdo. Não é só levar o credo até ao cabo, na pasmosa expressão de Gil Vicente no *Auto da Barca do Purgatório*, é ultrapassar qualquer cabo. *Credo quia absurdum.* Hoje, entre a hora sexta e a hora nona, comemora-se o aniversário litúrgico da Morte de Deus. Nunca me admirou que tivesse ficado tudo tão escuro, como desde Amos fora predito, tão escuro que no apócrifo Evangelho de Pedro se diz que os judeus tropeçavam uns nos outros, sem encontrar o caminho para casa. Luto por Deus, luto pelo Filho Único. «E farei deste dia, até ao fim, o dia da amargura» (*Am 8*, 10).

«O Cristo na Cruz!».

Todos os evangelhos são muito parcos na descrição dessas horas que nos perderam e que nos salvaram. É verdade que, de todos os discípulos, «só aquele que o Senhor amava», como São João a São João se chama, ficou junto d'Ele todo esse tempo. E o quarto evangelho é o que nos dá mais pormenores, como, noutra perspectiva, o Evangelho Segundo São Lucas.

Em Marcos e Mateus, como notou Jean-Noël Aletti, nesse extraordinário livro que se chama *L'Art de Racconter Jésus-Christ*, Jesus morre sozinho, abandonado pelos discípulos e só observado, de longe, por algumas mulheres. Mas Jesus está também silencioso. «Injuriado e provocado, mas silencioso perante os ultrajes». A única palavra desses Evangelhos é o brado que os dois evangelistas conservam em aramaico: «Meu Deus, Meu Deus, porque Me abandonaste?». Deus desesperando de Deus? Se houvesse desespero, não haveria invocação e sobretudo nunca Deus diria «Meu Deus». O adjectivo possessivo é, neste caso, o abissal, porque substantivo e adjectivo são um só, porque o *meu* é tão mais *d'Ele* quanto é Ele. A variação do apócrifo de Pedro ilumina, nesta passagem, o que nela pode ser iluminado. Nesse texto, o Senhor não se dirige ao Pai, mas a Si Próprio: «Minha força, minha força, tu me abandonaste». E, depois, dando um grande brado, expirou.

Em Lucas, pelo contrário, chegado ao lugar dito do Crânio (o Gólgota) e crucificado entre dois ladrões, a narração começa com a palavra de Jesus: «Pai, perdoa-lhes que não sabem o que fazem.» Ela é o nosso mais absoluto perdão, pois que os céus e as terras passarão mas a Palavra do Senhor não passará e nessa palavra (oculta sob a forma de pedido) todos somos perdoados, porque nunca soubemos nem saberemos o que fizemos ou faremos. Ou, dito de outro modo, se quem pregou Deus na Cruz é perdoado, quem o poderá não ser?

Como nos outros sinópticos, segue-se breve descrição das injúrias e sarcasmos. À soldadesca e à populaça, junta-se, no entanto, um dos ladrões igualmente crucificados, mas que o injuria com uma réstia de esperança: «Se és Cristo, salva-te e salva-nos a nós também.» Mas o outro ladrão censura-o e diz-lhe esta coisa espantosa: «Nem a Deus temes, tu que sofres da mesma pena?» Para aquele que a história viria a conhecer como o Bom Ladrão, Deus está ao lado dele na Cruz. Foi o único homem que viu Deus na Cruz e que não o tomou por impossível. Tamanha fé — eu creio que é o maior acto de fé de que nos foi dado conhecimento — merece a recompensa: «Em verdade, em verdade te digo que hoje mesmo estarás comigo no Paraíso.» Foi o único homem que morreu certo da sua salvação, porque foi o único homem que existiu que não duvidou de Deus crucificado nem duvidou da realidade do reino dele.

Mas, ao Mau Ladrão, Deus nada respondeu e nunca lhe disse que o recusaria no Paraíso.

A terceira das palavras relatadas por Lucas é também uma palavra de comunicação. «E, num grande brado, Jesus disse: "Pai, nas Tuas mãos deponho o meu espírito"».

No Evangelho de João, a quinta palavra que, na Cruz, do Senhor nos ficou, é a que designa, para o discípulo que amava, Maria como mãe dele («Eis a tua mãe») e a que confia a Maria o discípulo amado («Mulher, eis o teu filho»). Na Terra, a Mãe de Deus achava um outro filho, na Terra, João é confiado aos cuidados da Mãe de Deus.

Depois, Jesus disse a palavra talvez mais enigmática: «Tenho sede». João explica-nos que a disse para que as Escrituras se cumprissem. Mas Eckhart, o místico, num texto sobre o recolhimento, recordou que ter sede é abrir os peitos. «A imagem da coisa a beber não o deixa, enquanto a sede durar não o deixa. E quanto maior for a sede, mais interior, presente e contínua é a imagem da coisa a beber.» De Si Próprio, muito antes dessa tarde escura, o Filho do Homem tinha dito: «Se alguém tem sede, venha a mim e beba.»

Por isso, depois de ter bebido do vinagre, Jesus disse: «Tudo está consumado.» E, baixando a cabeça, entregou o espírito.

São Bernardo, num hino que lhe é atribuído, demora-se a olhar-Lhe o rosto e diz que «os Altíssimos adoram essa palidez.» Quem são esses Altíssimos, o texto não explica.

Mas só podemos pensar o dia de hoje se o pensarmos como a perfeição de uma esfera admirável, porque, como disse Frei Heitor Pinto, «O princípio une-se com o fim.» «Esta é a perfeita figura, este é o círculo divino [...] este é o filho que é padre da madre; este é o que, nascendo em tempo, foi antes do tempo e fez o tempo; este é o que sendo impossível se fez possível e sendo eterno se fez mortal.»

Podemos então começar a ver a Cruz fundir-se com a Árvore. A Árvore da Vida, a Árvore da Vera Cruz.

E termino como se deve, ou seja como comecei. «Ninguém conseguirá jamais perceber este mistério!» Esta é a Sexta-Feira Santa, Sexta-Feira da Paixão.

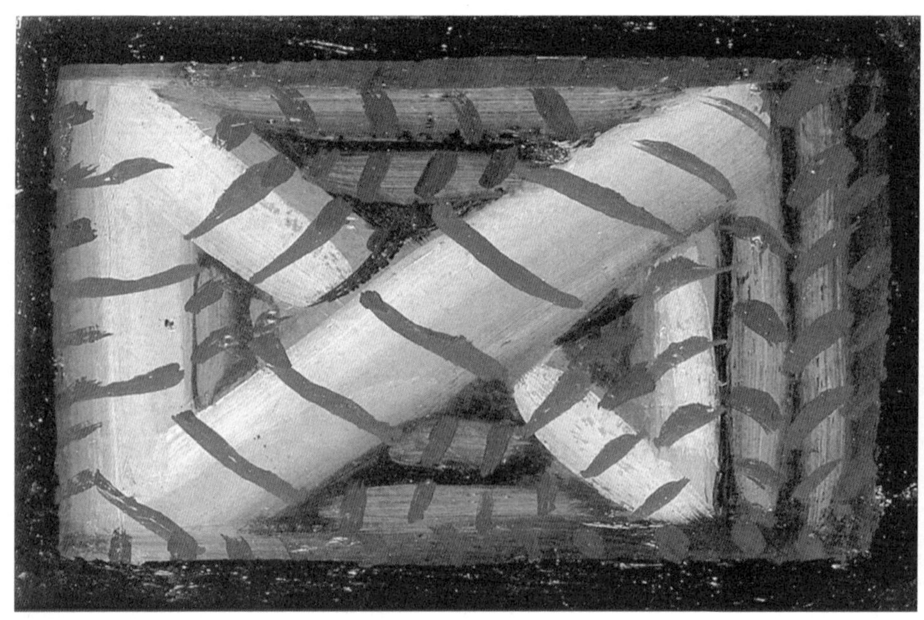

O Cerco Infinito. José Escada, col. particular.

ESCADA: O CERCO INFINITO

Acabados os tempos da minha mesa de estudo, meus dias de rapaz e de adolescente, nunca mais voltei a ser muito de Régio. Nem de Anto, para não ficar ninguém de fora. Mas há poemas deles que nunca mais me deixaram, como os que já citei e outros que vou citar.

De Régio, para além do *Colegial*, o que mais me martela é aquele soneto do *Mas Deus É Grande*, que começa, oclusiva, dental e guturalmente: «Tenho ao cimo da escada, de maneira / Que logo entrando os olhos me dão nela, / Uma Nossa Senhora de Madeira / Arrancada a um Calvário de capela». Vezes sem conta o tenho glosado, às vezes dando-se por isso, outras vezes não se dando. Gosto da ideia de uma imagem que assim se nos mete pelos olhos, ou, como Régio melhor diz, que assim se nos dá aos olhos.

Em minha casa, ou nas minhas casas, nunca houve escadas diante de portas. Mas, nos maples em que me sento, animal de hábitos que fui e sou, logo me sentando os olhos me davam uma imagem de maneira. A que mais durou, a que mais longamente me enfrentou, foi um óleo sobre tela (78 x 53,5 cm) sem título, assinado Escada 58. Foi (é) o presente de casamento do Zé Escada (José Jorge da Silva Escada, 1934-1980). Se quiserem (por que é que hão-de querer? por que é que não hão-de querer?) podem chamar-lhe um quadro abstracto. Mas eu lembro-me que o Escada, pouco depois de no-lo dar, me falava de Nossa Senhora no mar, ou do mar com Nossa Senhora, ou de Nossa Senhora sobre uma manhã de mar.

É um quadro a cinzento e branco, com um tudo nada de verde no canto inferior esquerdo e um tudo nada de negro, à esquerda, perto do centro. Está dividido em três faixas verticais e há uma ilusão de linha central, o que permite vê-lo como um duplo tríptico. Mas, como o leitor não está a ver nada e nem sequer é essa a ilustração desta página, é inútil continuar a descrevê-lo (aliás, é sempre inútil descrever um quadro, ou, pensando bem, o que quer que seja ou o que quer que fosse). Só adianto que, se o vissem, é provável que vissem o mar, mas não Nossa Senhora. Não é de espantar: vemos o mar a cada passo, nunca conheci ninguém que tivesse visto Nossa Senhora.

Muitas outras coisas vi no quadro durante os quarenta anos em que os olhos me deram nele. Coisas que terei pudor de contar seja a quem for, e novamente é José Régio a saltar-me ao caminho. Nunca o Escada mo citou e duvido que se espelhasse nele. Logo havia de ser hoje e não o tinha premeditado. Assim seja.

De há uns anos para cá, o quadro está-me mais longe dos olhos. Também tenho pensado menos no Escada. Até que outro dia recebi um convite da Galeria Antiks Design para uma exposição dele ou de alguns quadros dele. Rua Mouzinho da Silveira, reparei e, como estava na Cinemateca, disse ou pensei: «É aqui». Olhei para a rua e mudei o «é aqui» por «é ali». Mesmo à esquina da Barata Salgueiro com a Mouzinho da Silveira, de maneira que logo olhando os olhos me davam nela, estava a Galeria. E estavam uns pendões muito encarnados com o nome Escada a letras alvas. Guardei o catálogo, que simpaticamente me mandaram, e jurei-me essa visita ao Escada, que não via desde aquela tarde de Agosto de 1980 em que o Palolo me disse: «Morreu o Escada.» E depois acrescentou, como ele sempre dizia dos que tinham morrido e de quem gostava: «Foi desta para melhor.» Nunca mais ouvi ninguém dizê-lo com tanta certeza ou com tanta confiança.

Se eu pensar bem (mas estas coisas não se fizeram para isso) nunca fui muito íntimo do Escada ou muito próximo dele. Ele chegou como chegaram os outros, deuses mais velhos, nesses finais dos anos 50, em que todos tínhamos vinte e três anos ou pouco mais e acreditávamos que quem quer ganhar a vida perdê-la-á e que quem quer perder a vida ganhá-la-á. Estava escolhido antes que eu o escolhesse e descobrir quem escolheu quem, quando e onde, é quase a mesma coisa (sem blasfémia) que andar pelos Evangelhos à procura de como dois se tornaram quatro, quatro seis e seis doze. Houve sempre trocas e baldrocas. Só interessa saber que no fim eram doze. Nós quantos éramos? Fomos crescendo e multiplicando-nos, à medida que vários de nós (não foi o caso do Escada) se tornaram dois e, depois, de novo um só. Era, pelo menos, o que dizia o verso do Pedro Tamen da pagela do meu casamento: «A Quem dois nos fez / tornamos um só.» E o verso era a legenda para uma gravura do Escada, em que havia dois ou havia um, ou havia dois pintados num ou havia um partido em dois.

O Escada já tinha acabado Belas Artes, já era pintor há vários anos (que bonito que é o retrato da Lourdes Castro que está nesta exposição, datado de 1955, 4.º ano) e além de nós tinha um outro grupo, que se tornou célebre sob o genial nome KWY. Lourdes Castro, René Bertholo, Costa Pinheiro, João Vieira, Gonçalo Duarte, Christo. Falavam da pintura dele como «simulação caligráfica» e consideravam-no (José-Augusto França foi quem o considerou) «o mais maturo» entre esses pintores. Outros viam nele as pedrinhas e os ossinhos, conchas e vértebras, «róseas unhinhas que a maré partira... / Dentinhos que o vaivém desengastara...».

Mas o soneto de Pessanha também fala de «naufrágios, perdições, destroços». Nada mais longe do Escada branco que recordo de então, com os olhos trocistas de criança alumbrada, poucas palavras e corpo certeiro. Tanto do KWY como de «uma nova geração que descobre Cristo» e em que aparecia como «artista cristão», em entrevista ao jornal universitário *Encontro*, a pedir que os católicos «se afirmassem naturais, verdadeiros, sãos», vivendo no meio dos outros «como no meio de irmãos».

Com o grupo do KWY reencontrou-se em Paris, quando, com uma bolsa da Gulbenkian, para lá foi em 1960 e por lá ficou até

1971. Connosco — comigo — reencontrávamo-nos uns dias por lá, de cada vez que eu ia a Paris durante esses anos em que fui tanto. Lembro uma vez (61) em que ele nos pediu boleia para ir até à Suíça e vivemos juntos essa alegria que trouxéramos dos anos 50. Lembro-me de ter pousado em vários dos ateliers dele, protegido, noites inteiras, pelo Cristo Glorificado do retábulo de Van Eyck, de Gand. Nunca as jóias da tiara divina me foram tão luminosas, enquanto o olhar do Senhor se tornava crescentemente indecifrável e imperscrutável. Anjos cantores e anjos músicos e um homem e uma mulher todos nus.

Mas, tão longe quanto Paris e Lisboa estavam por esses anos — mistério da Comunicação dos Santos — os caminhos que íamos percorrendo aproximavam-se, muito longe dos lençóis de linhos e do vinho aciduloso e fresco. A pintura de Escada foi-se fazendo carne, nos papéis montados em platex ou nos acrílicos voluminosos. Nela, não cabiam mais diminutivos. Era o tempo dos olhares para dentro e por dentro de corpos abertos sobremaneira cerrados.

Depois, começaram aqueles anos loucos de antes e de depois de Abril. Paradoxalmente, foi quando o vi mais (tantas festas, tanta confusão) e quando o encontrei menos. Tinha os cabelos muito compridos, deixara crescer a barba, tinha uma sobrinha chamada Ana, que, depois, entrou noutros contos. Bruscamente, o figurativismo irrompeu na pintura dele, para logo se apaziguar e voltar a caber em expressões domésticas. As paisagens tomavam as cores da Flandres e nelas pastavam ovelhas e cabras, ou nelas se espreguiçavam gatos e cães. Às vezes docemente, outras vezes terrivelmente. Uma das visões mais terríveis figura nesta exposição. Tem título (nos anos finais Escada deu nome aos quadros). Chama-se *O Felino*. É um gato imenso e pretíssimo, com uns olhos que rasgam a noite toda. Mas não é ele quem mete medo. O medo vem do canário que lhe está pousado no lombo e que, de bico muito aberto, uiva à noite uma dor que só os olhos do gato parecem entender.

No catálogo da exposição, está escrito: «Nós devemos, a cada instante, reconquistar o sentido da vista, pois os nossos olhos transformam-se rapidamente em holofotes distraídos. Olhemos, por consequência, gratuitamente.»

A citação é do José Escada. Pouco antes de a ler, levantei os meus «holofotes distraídos» para o quadro que se chama *Cerco Infinito*, datado do Monte Estoril, 24 de Agosto de 1973. É a noite em que se diz (Noite de São Bartolomeu) que anda o diabo à solta. Pensei no meu quadro, na Mantelada e lembrei-me daquele poema em que Nemésio disse: «Sonhei que o coração me era serpente». E percebi — ou julguei perceber — o que seja um «cerco infinito». Seremos capazes de olhar gratuitamente? Seremos capazes de lembrar por elevado preço?

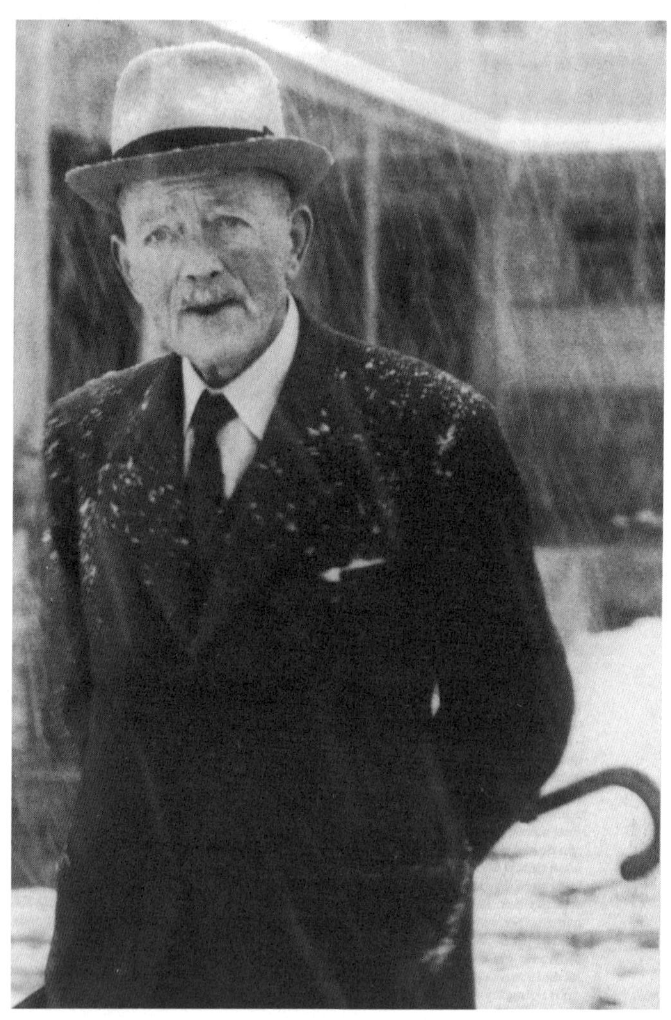

Robert Walser.

DAS COISAS POST-PÓSTUMAS

Subitamente, naquele quarto não muito distante desse outro onde morreu Fernando Pessoa, aconteceu-me uma coisa que há muito tempo não me acontecia. Não ter mais nada a fazer senão esperar. Sentei-me numa grande cadeira verde, dessas que, à noite, se transformam em cama, cama de acompanhante. Mas não acompanhei ninguém, porque ninguém havia para acompanhar.

No quarto vivia um livro. Um livro de Musil. Abri onde queria abrir e fiquei a ler. E a ouvir a chuva e a ter medo. A certa altura, li isto: «Quando se espera muito tempo pode acontecer aquilo que só raramente acontece.» Copiei a frase. Pensei em Proust, que escreveu a *Recherche* quase à busca do contrário, entre as *Mil e Uma Noites* e as *Memórias* de Saint-Simon, ou entre as bandas de Guermantes e as de Méséglise, naqueles crepúsculos quentes dos cadentes passeios de Combray, quando Gilberte já era Mme de Saint-Loup.

À noite, em casa, fui buscar o livro a que Musil chamou *Obras Pré-Póstumas*. No prefácio explica-se: «Às vezes, os inéditos deixados por um escritor são uma bênção para os leitores. Mas, na maioria dos casos, as obras póstumas evocam assaz suspeitosamente as liquidações ou os saldos. Se parecem gozar de algum sucesso, julgo que este se deve à perdoável fraqueza do público perante escritores que solicitam, uma última vez, a atenção dele. Seja como for, e mesmo que se devam distinguir saldos de obras póstumas, resolvi impedir a publicação das minhas antes que seja tarde. O meio mais seguro de o conseguir — concorde-se ou não — é publicá-las quando ainda estamos vivos.» Musil publicou-as em 1936, seis anos antes de morrer, aos 62 anos.

O mais paradoxal, ou o mais irónico, é que, apesar desta precaução, quando morreu ainda estava por publicar grande parte da sua obra-prima, *O Homem Sem Qualidades*.

Nisso, Proust e Musil tiveram destinos idênticos, com tão diversas visões. Nenhum deles chegou ao fim da noite, nenhum deles pôde contar com a indulgência do sultão Xeriar, suspendendo para o dia seguinte a condenação, em troca de mais uma noite de histórias e memórias.

«Viverei na ansiedade de saber se o Senhor do meu destino», escreveu Proust quando decidiu, fictícia ou circularmente, no final da *Recherche*, sacrificar tudo à obra. Mas também não tinha ilusões sobre a eternidade dessa obra. Numa nota de pé de página, no final do livro, pouco depois de ter dito que a ideia da morte («essa morte que não amo, essa morte que detesto») se instalara definitivamente nele como faz o amor, Proust escreveu as linhas que suspendem o reencontro com o Tempo: «É evidente que os meus livros vão também acabar um dia por morrer, como o meu ser de carne. Mas temos que nos resignar a morrer. Aceitar a ideia que daqui a dez anos eu próprio, daqui a cem os meus livros, deixaremos de existir. A eterna condição, nunca prometida aos homens, também nunca foi prometida às obras.»

Talvez seja esse, igualmente, o sentido do conto que se chama «O Melro» e encerra a selecção das obras que Musil reuniu no tal volume pré-póstumo. Quem conhece o sentido último, não precisa de contar histórias. Antes ou depois da morte, as histórias são a nossa maneira de sabermos se o que ouvimos (o que nos foi dito ao ouvido) é um murmúrio ou não passa de barulho. A posteridade é uma coisa bem secreta, em tudo o oposto de uma festa da música. No fundo (qual fundo?) o que se diz nas últimas páginas da *Recherche*, como nas últimas páginas do *Homem Sem Qualidades*, que talvez também nisso se aproximem, é que essa Obra em cujo altar se sacrificou, talvez não fosse o mais importante. Mas não há outra maneira de o não saber, mas não há outra maneira de o não saber.

Proust morreu há oitenta e um anos. Musil há sessenta e um. Pela lei dos «cem anos», de que fala Proust na frase citada, as suas obras estão a aproximar-se do fim do «prazo de validade». Se o estão, é por razões que nem um nem outro suspeitaram, ou talvez tenha suspeitado Musil, que, algures, profetizou o escritor inteiramente pré-fabricado. Talvez não haja muito mais tempo para leitores à Proust ou à Musil, ou seja para leitores como Proust ou Musil o foram daqueles que os precederam. Mas Swann ou Diotímia contados às crianças, em capítulos de uma hora para não cansar, não são coisas para acabar, no curto prazo de um centénio. Tardará muito tempo em ver esses gigantes desfeitos em poeira. Afinal, mesmo entre o Tigre e o Eufrates, entre caldeus, sumérios, assírios, persas, mongóis e otomanos, foram precisos muitos milénios e Saddam Hussein para que as placas de Ur e os dragões de Uruk se volatilizassem. E há quem diga que não foi nada disso que aconteceu e que reaparecerão um dia, em milionárias colecções, perdidas para o canto da terra em que nasceram mas não para o planeta e para os habitantes dele.

Nunca se deve presumir da posteridade, nem reduzir o campo do póstumo ou do pré-póstumo.

E é o caso, aqui vai para trinta anos, doutro escritor de língua alemã (por acaso um suíço) que começou a dar brado no continente. Chamava-se Robert Walser (1878-1956) e foi também muito falado em Portugal quando João César Monteiro levou ao cinema negro a *Branca de Neve* deles. O texto foi, depois, publicado em português e, salvo erro, é o único texto de Walser na nossa língua. Nessa altura, recordou-se-lhe o estranho destino. Reconhecido desde os fins do século XIX, publicando as suas três obras mais célebres (*Os Filhos Tanner*, *O Amanuense*, *O Instituto Benjamenta* entre 1907 e 1909, rondava os trinta anos) começou a ter graves problemas psíquicos nos anos 20. Em 1929, a irmã e o médico convenceram-no a um internamento, primeiro na clínica de Waldau, depois na de Herisau. Tinha 50 anos. Aparentemente, nunca mais escreveu, mas viveu ainda vinte e oito anos, asilado. A única companhia constante foi a do jornalista Carl Seelig, seu amigo, mais tarde seu tutor, que durante vinte anos o acompanhou em passeios na neve, ouvindo-o e gravando-o. Depois, como sabe quem *viu* o filme de João César Monteiro, apareceu morto na neve, sozinho.

Estava esquecido, fizera tudo para que o esquecessem. Mas Carl Seelig, como Max Brod para Kafka (aliás um dos vários que reconheceu cedo o génio de Walser) não o deixou sossegado na campa de neve. A história (essa que resumo) era demasiado boa para que jornalistas e editores não se interessassem. Reeditaram-lhe a obra antiga, coligiram-lhe artigos dispersos em revistas ignotas, exumaram-no todo.

Até que foram mesmo mais longe. Descobriram que, já internado, Walser continuou a escrever. Uma espécie de «escrita bruta», no sentido em que se fala de «arte bruta». Em cartões de visita, em velhos jornais, em envelopes usados, o escritor rabiscou cerradamente milhares de caracteres aparentemente ilegíveis.

Seelig julgava que Walser inventara uma escrita secreta, algo só para ele e só dele. Mas um outro germanista deu-se conta que essa escrita era alemão arcaico, em caracteres microscópicos. Começou então uma longa decifração. Dela resultaram 4000 páginas e seis volumes, que foram publicados em alemão entre 1985 e 2000 e que agora acabam de sair em tradução francesa (*Le Territoire du Crayon*, Microgrammes).

Aprendi isto tudo no *Magazine Littéraire* do passado mês de Abril e já encomendei o livro. Pressinto que Walser vai ressuscitar pela quarta vez. Há de quê, já que os especialistas não chegam a acordo se os textos são mensagens cifradas, obra de um psicótico, de um maníaco, ou criação de uma biografia sob inédita forma literária.

No mesmo número dessa revista, Peter Utz, responsável pela edição francesa, diz que se ignora ainda a dimensão exacta da obra completa de Walser. «Talvez nunca a conheçamos.» Adivinha-se que, desde a publicação, quase esquecida, da tradução francesa do *Instituto Benjamenta* em 1960 (por Marthe Robert), as grandes traduções da

Gallimard nos anos 80, os múltiplos esparsos dos anos 90 e, agora, este diário secreto e críptico, a obra totalmente póstuma (post-póstuma) de Walser reconstruiu um homem que nunca saberemos exactamente quem foi e que nos será sempre tão negro como no filme de Monteiro.

Ora sucede que há um texto de Walser, datado de 1932, em que Walser fala de Walser. Texto que termina desta exacta maneira:

«O que eu quero é que me deixem em paz. Se há pessoas, apesar de tudo, que se querem ralar comigo, fiquem a saber que eu nunca me hei-de ralar com tão raladoras pessoas. Até hoje, escrevi o que escrevi sem nenhuma espécie de obrigação. Escrevi muito, o que não quer dizer que tenha escrito bem. Não me venham é falar dos "livros precedentes!". Não os sobrestimem. Esforcem-se é por aceitar Walser, enquanto ele for vivo, pelo que ele aparenta.»

Cinco perguntas para acabar: Este texto é um exemplo flagrante da famosa «ironia walseriana»? Este texto só valeu enquanto Walser foi vivo? Este texto, publicado quando era suposto que já não publicava nada, é póstumo, pré-póstumo, ou post-póstumo? Por que será que quase toda a grande literatura do século XX ou foi uma coisa, ou foi outra, ou ainda outra? Por que é que eu comecei com Musil, atravessei Proust e acabei com Walser?

Desejo-vos um maravilhoso mês de Maio.

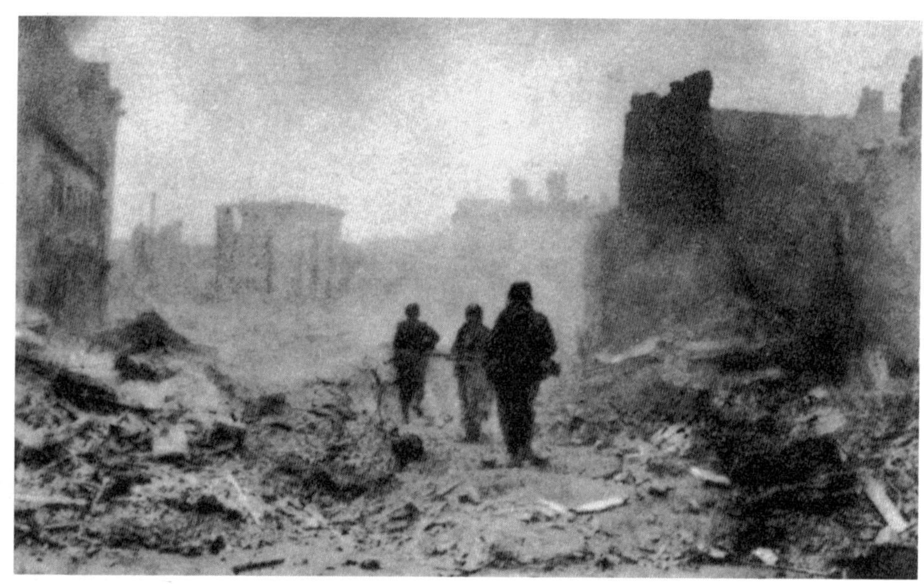

O Fim da Guerra (Cinema Americano Anos 40). FCG.

O ALGARVE EM GUERRA

Comemora-se agora o 58.º aniversário do fim da Segunda Guerra Mundial na Europa. «I remember it well», como se diz na canção de Alan Jay Lerner, musicada por Frederick Loewe, que, um dia, foi gloriosamente cantada ao crepúsculo por Maurice Chevalier e Hermione Gingold, os dois vestidos de branco com um ramo de flores azuis entre eles. Lembro-me tão bem que o meu primeiro livro (felizmente inédito) foi uma história dessa guerra, escrita no mesmo ano de 1945 e cujo manuscrito a minha Mãe conservou. Entre o texto, enquadrei, recortadas de jornais, fotos de Hitler, Jorge VI, Churchill e Lebrun, para apenas citar os das primeiras páginas. Lembro-me tão bem que ainda me lembro de andar aos pinotes pela Avenida, entre bandeiras americanas e inglesas, a berrar Vivas e mais Vivas. A multidão era imensa e aprendi, muito depois, que os mais exaltados fiavam desse júbilo a premonição do breve fim dos nossos senhores de então. Tanto, que havia quem vitoriasse «a outra que falta», também chamada «a mulher do Rossio», da qual não se podiam acenar bandeiras.

Quando cheguei ao prédio onde então morava (Avenida António Augusto Aguiar, 86) fui arrebatado pelos vizinhos do rés-do-chão (o meu andar era o 3.º Direito), uns polacos exilados neste «porto de abrigo». «Zwibatewi Obywatelli Polshik» era (se a memória e a ortografia me não falham) os dizeres de uma placa dourada que ornamentava a porta desse mesmo rés-do-chão. Queria dizer «Associação de Cidadãos Polacos» e deviam ser polacos de confiança (talvez do ramo de Londres) pois que nunca ouvi dizer que a polícia lhes dissesse aos costumes. Mas nesse dia estavam eufóricos, sem saber que iam de

Sila para Caribdes. Tão eufóricos que me convidaram — a mim e a outros miúdos das redondezas — para entrar e beber com eles. Assim, a 8 de Maio de 1945, fui apresentado ao champanhe. Escorropichei tantos copinhos que já não fui capaz de subir os três andares pelo meu pé, e, apesar da festividade do dia, fui tratado e deitado com alguma severidade. Mais tarde, ouvi dizer que os polacos o acabaram em estado muito pior. De quem os tratou e de quem os deitou, nunca ninguém nada me disse. Mas a Clementina — a porteira do prédio — devia saber umas coisas, pela maneira como se ria de cada vez que se falava dessa noite.

Se me lembro bem desse 8 de Maio, se me lembro bem, no ano seguinte, de apostar com um primo meu sobre os veredictos de Nuremberg (perdemos, pois que fomos bem mais severos que os juízes dos vencedores), as minhas mais antigas recordações da guerra começam no ano de 1941.

Foi o caso que o meu Pai se convenceu que a Alemanha ia atacar a Península ou Portugal, nesse ano em que cercava a Grã-Bretanha por todos os lados. Não exagerou tanto como se pode pensar. Hoje, sabe-se que a operação esteve prevista e até teve nome de código — Operação Félix. Ora, por alguns refugiados que passaram lá por casa (holandeses, familiares de amigos) o meu Pai sabia o que haviam sido os êxodos nos países atacados pelos nazis. Pensou que conseguiria sair de Lisboa com a minha Mãe e as minhas irmãs mais velhas (10 e 8 anos, à época) mas que a fuga seria bem mais difícil com crianças de 6 e 4 como eu e a minha irmã mais nova. Decidiu então mandar-nos para o Algarve, para Portimão, para casa de um irmão médico, que lá vivia. Ali estaríamos em zona mais «abrigada».

Assim se combinou, assim se fez, com grande preocupação de não dramatizar e não nos assustar. Mas, talvez por eu ter ouvido o que não devia ouvir (uma dessas refugiadas a falar de uma mãe que nunca mais viu os filhos) quando me mandaram para Portimão (numa camioneta, acompanhados por uma tia) eu berrava quase tanto como o cevado da história da cabra e do carneiro. Não me enganavam com ordenhas ou tosquias nem com os castelos de areia da Praia da Rocha.

Não sei quanto tempo ficámos no Algarve. Mas sei que, apesar dos esforços dos meus tios (sem filhos) para nos distraírem e divertirem, nunca fui tão infeliz. Havia telefones, mas não se usavam, do Algarve para Lisboa ou vice-versa, por questões de economia. Eram um luxo e não se vivia nem no luxo nem na luxúria. Por isso, restavam-me as letras de imprensa (como então se designavam as maiúsculas, que eu começava a saber escrever) para comunicar com o resto da família e sobretudo com a Mãe.

Até que, um dia, ouvi o meu tio a ouvir rádio com ar mais sério do que o costume: a Alemanha invadira a Rússia. Estaline salvou-me. Pouco depois, voltámos com a mesma tia e na mesma camioneta. Já devia ser Verão, porque me lembro que foi na Arrábida que saltei para o colo da minha Mãe. Do exílio de 41, a consequência mais pesada foi uma alergia ao Algarve, que ainda hoje dura. Basta começar a cheirar-me a ele para eu entrar em neurose regressiva.

Depois lembro-me de coisas avulsas: El Alamein e a alegria do meu Pai, a demissão de Mussolini, uns selos com o Almirante Darlan. E discussões, terríveis discussões entre os germanófilos e os anglófilos da família. O meu maior amigo de então, mais velho do que eu e com algum ascendente sobre mim, era germanófilo, como toda a próxima família dele. Os meus pais, anglófilos 200 %. Antes da guerra actual, nunca estive tão dividido até resolver o Édipo contra Caim e por alturas do Dia D (irresistível devido ao lado francês da família) me converter à causa aliada. Por essa altura (9 anos) já ia muito ao cinema e os filmes americanos também ajudaram. O que eu chorei com o heroísmo dos Sullivans em *Eram Cinco Irmãos* (Lloyd Bacon, 44)! Como eu admirei Randolph Scott por tudo quanto ele fez para salvar a *Corveta K-225* (Richard Rossen e Howard Hawks, 1943)!

E, quando via imagens de Hitler ou dos outros nazis, lembrava-me da velha sogra austríaca desse meu tio do Algarve, que, de cada vez que as via, lhes dava um murro valente. É que — esqueci-me de o contar — um filho dela, um irmão dessa minha tia que casara e vivia em Portugal e para Portugal mandara vir a mãe, morrera, aos 20 anos, num avião da Luftwaffe, sobre os céus da Rússia, nessa campanha que a mim me salvou e a ele o perdeu.

Ao longo da vida (bato na madeira) a sorte não me tem sido madrasta.

Mas quando ouço tanta gente, tanta gente (até eu) queixar-se da mofina que os fez nascer em este país perdido, eu penso muitas vezes no que me teria sucedido se tivesse nascido em qualquer outro país da Europa, com a eventual excepção da Suíça e da Suécia.

Deve haver, na Europa, milhões de pessoas com a minha idade. Mas milhões houve que não chegaram aos 10 anos, nem puderam beber o primeiro copo a 8 de Maio de 1945. Entre os tantos que sobreviveram, quantos não perderam pai ou mãe, irmãos ou irmãs? Eu, tudo quanto tenho para contar de mais terrível é uma história pintalgada a Proust de algarves balbequianos. Os meus «gémeos» franceses ou alemães, húngaros ou noruegueses, passaram noites em abrigos subterrâneos, não conseguiram dormir com o estrépito das bombas a cair, conheceram a fome e a sede, e um pavor sem igual. Mais ou menos, a guerra mordeu-os todos e raríssimos — se é que algum dos nascidos no ano em que eu nasci — guardam da infância a doce memória que é a minha.

Se quiser deixar de brincar aos copérnicos, centrando-me em 1935, posso estender o que disse para todos os que nasceram entre 1919 (20 anos no ano da guerra) e 1944 ou 45 (quando quase toda a Europa estava ainda a arder). Vinte e cinco, vinte e seis anos, deixando (indevidamente) de fora os adultos e os velhos de 1939, quase tão vítimas ou mais vítimas do que os outros. É verdade que os sobreviventes, nos anos 50, 60 ou 70, conheceram gloriosas riquezas que por aqui minguaram. Mas, apesar delas, eu não queria trocar com eles. Porque a minha guerra foi a guerra do Algarve, nunca tão pacífico como pacífico o foi nos anos 40. Porque a minha guerra foi a guerra de ondas curtas (na cama, ouvia os pais que, na sala, ouviam a BBC). Porque a minha guerra foi a de espectador de guerreiras discussões familiares a favor de Rommell ou a favor de Montgomery, enquanto, lá fora, as meninas eram da rádio e os costas do Castelo.

Volto a abençoar a minha sorte. Mas se alguma sorte houve (ou lá como lhe queiram chamar), se alguns acreditam que tudo se deve à intervenção d'Aquela a quem pedimos «faz com que a guerra / se acabe na terra», a Miraculosa Rainha dos Céus, houve também — confessa lá — um senhor a quem não queria confessar nada, a quem não queria dever nada, mas a quem acabo esta crónica a confessar que lhe devo — eu e todos como eu — uma guerra nenhuma numa sossegada paz. Faltou-me dizer o nome? Faltou. Há palavras que nesta casa ainda não se dizem.

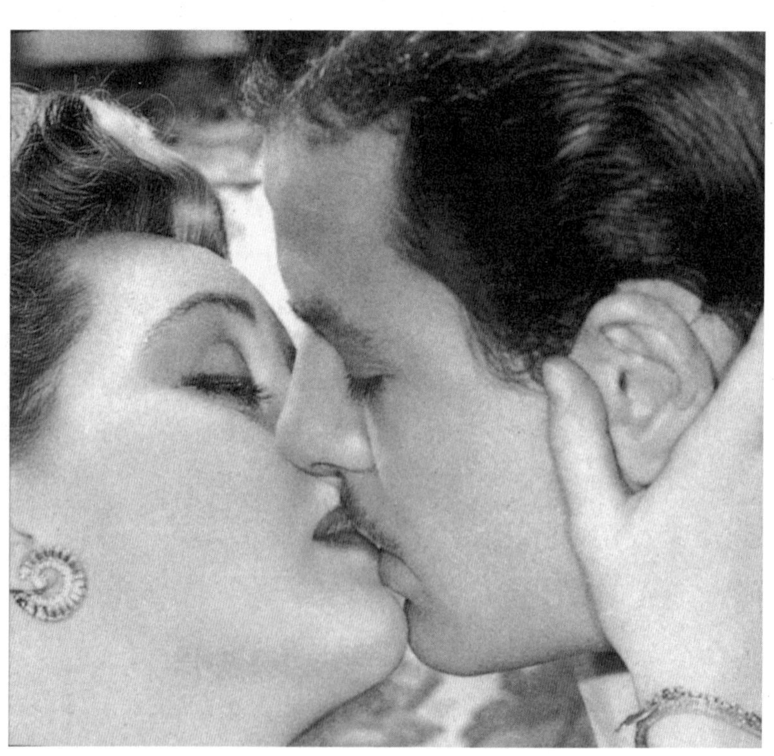

NO MEU FIM O MEU PRINCÍPIO (I)

Há dias em que só me lembro de George Burns, o chato arquétipo ou o arquétipo dos chatos (lembram-se de *The Sunshine Boys* e da cara de Walter Matthau a olhar para ele?). Usava aqueles olhos, meio estrábicos meio estrabulegas, dos que já nasceram a estrabar--nos, picam mais do que as melgas e deixam-nos a peçonha. Mas são dias muito minoritários. Em quase todos os outros, acontece sempre alguma coisa divertida, alguma coisa bonita, alguma coisa boa. Não é por acaso que me puseram estrelinhas de ouro na testa, na casa em que moro.

Ontem, por exemplo, entre pilhas de livros, alguns bem tentadores, desencantei um volumezinho, desses de que os americanos têm o segredo, chamado «The Last Word: final scenes from your favorite motion pictures».

De que se trata? Da coisa mais simples do mundo. O autor do livro — um tal Josh Gross, que deve ser judeu — foi-se a 60 filmes de que gosta muito e copiou pacientemente os diálogos finais ou a última página dos guiões, que consultou na biblioteca da Academia que dá os *oscars*. Juntou-lhes uma ficha técnica em trajes muito menores e uma fotografia. Tudo junto são cento e vinte e duas páginas, formato pequeno.

Onde está o gozo? Bom, o dito Josh Gross nada estrábico e com ar de garoto moreáceo (uma fotografia dele abre o livro) resume a sua biografia, dizendo que *Rosebud* foi a sua primeira palavrinha, que frequentou a Beverly Hills High School e que é agora um caloiro da Universidade da Califórnia, em Berkeley... Bom, se se acreditar, como ele acredita, que, desde a cena nupcial de *Adam's Rib* (*A Costela de Adão*) de Cukor, ao plano de Dorothy a acordar na cama e no quarto de Kansas em *O Feiticeiro de Oz*, os finais dos filmes que amamos são o que melhor dá o melhor deles... Bom, se se folhear o livro para recordar um ou outro desses finais... Bom, a pergunta lá do alto do telhado deste parágrafo, pode ter uma resposta simpática e nada chata.

Aliás, se repararem bem, e superstições à parte, há dois géneros de pessoas: as que acham que tudo se passa no princípio e as que acham que tudo se passa no fim. Sem querer provocar ninguém, T.S. Eliot escreveu sobre isso o segundo dos seus Quartetos: esse East Coker, que começa com o verso «In my beginning is my end» e acaba com o verso «In my end is my beginning». E isso era ele que não sabia muito acerca de deuses. O meu Josh, que julga saber, é mais de fins do que princípios. E julga que todos os finais devem ser «shocking, heart-rending, captivating, surprising, but *always* (o sublinhado é dele) memorable». Confesso que não compreendo o *but*, mas sempre tive problemas com o inglês.

Josh Gross explica no prefácio que não escolheu o «60 melhores filmes de todos os tempos» nem os «60 maiores êxitos de todos os tempos». Foi ecléctico e escolheu os filmes que lhe deu na gana, desde o *Jazz Singer* original (esse de 1927, em que Al Jolson cantou «Mammy! I'm comin'!» e fez chorar Sartre) até *The Untouchables* de Brian De Palma, de 1987. 60 anos, 60 filmes. Não explicou a razão do número, outra coisa simpática a favor dele.

Mas não lhe faltam o *Citizen Kane* (lá está o Rosebud, o *No Trespassing* e o *K*); o Charlot das *Luzes da Cidade*, a rir ou a chorar, quando a ex-cega descobre que o milionário das suas trevas é o pedinte da sua luz; o *E.T.* a despedir-se de Elliot com o «I'll be right here»; o «Tomorrow is another day» da Scarlett — Vivien Leigh do *E Tudo o Vento Levou*; o *Do Céu Caiu uma Estrela*, com o anjo Clarence a ganhar asas e James Stewart a ganhar muito dinheiro; o genial epitáfio de Carl Denham sobre o cadáver de King Kong: «it was beauty that killed the beast»; a célebre citação shakespeareana da

Relíquia Macabra («stuff dreams are made of»); o «Nobody is perfect» do *Some Like It Hot*; Judy Garland a dizer à tia (e é tão mentira!): «There is no place like home».

É também verdade que, se faltassem estes lugares-comuns, o livro não se vendia, porque o cinema é coisa de identificação e projecção e se os filmes fossem muito secretos, tão reduzidos finais nada diriam nem à nossa memória nem à nossa imaginação. E Josh Gross poupou-nos *Casablanca* e *O Silêncio dos Inocentes*. Não está lá o princípio de uma bela amizade, nem a descrição da mais requintada iguaria.

Em todo o caso, o livro inclui três finais de três filmes não muito conhecidos (longe da celebridade dos citados) que me deixaram a cogitar se, efectivamente, neles, se não resumia a moral da fábula, num caso para a moral edificante, no outro para o erotismo e no último para o patriotismo. O primeiro filme não é nada de especial (embora o protagonista seja o inadjectivável Edward G. Robinson), o segundo é uma obra-prima e o terceiro um muito bom filme. Dois são de 1940, um de 1942. A América quase a entrar em guerra, a América já na guerra (falo da guerra santa, claro!).

Dr. Ehrlich's Magic Bullet foi o título de um filme da Warner sobre a vida do médico Paul Ehrlich (1854-1915) a quem se deve a descoberta da cura da sífilis. O Dr. Ehrlich era um alemão e morreu na Alemanha, durante a Primeira Guerra Mundial. O filme retrata-o como um alemão de outras eras, humanista, liberalíssimo. A cena final é a da morte dele, na sequência de uma congestão cerebral. Moribundo, fala da sua preparação 606, «a bala mágica», e, depois, pede à mulher que toque uma valsa ao piano. Quando esta sai e se começa a ouvir a música, o sábio chama os colaboradores e amigos que lhe velavam a agonia e diz:

«Aproximam-se tempos em que se propagarão outras epidemias. Ganância… ódio… ignorância. Há que combatê-las na vida como combatemos a sífilis no laboratório. Temos que lutar… lutar… lutar. Nunca podemos deixar de lutar.»

Depois morre.

Em 1940, o sentido destas palavras era claro. E era um alemão que lançava o apelo à luta contra a Alemanha, país da ganância, do ódio e da ignorância. Quantas balas mágicas foram disparadas com as palavras do Dr. Ehrlich nos ouvidos? Curar a ferida com o pêlo do mesmo cão.

The Shop Around the Corner, também de 1940, é um Lubitsch bastante especial, sobre o microcosmos de uma loja de esquina algures em Budapeste. Há o patrão e há os bons empregados e os maus empregados. Os melhores são James Stewart (ingénuo e puro, como James Stewart foi antes de ir para a guerra) e Margaret Sullavan, uma das mais bonitas criaturas jamais descidas a este mundo. Apaixonam-se, mas fingem que não, etc., até ao inevitável «happy end» final, quando estão sozinhos na loja.

Nela recordam algumas maldades que fizeram um ao outro, como aquela de Margaret Sullavan ter dito que James Stewart tinha as pernas tortas. Ouçam os subentendidos do prodigioso final (1940, insisto).

M.S.: O quê? Eu disse que tu tinhas as pernas tortas?

J.S.: Disseste. E eu quis provar que era mentira. Saí de casa, fui para o meio da rua e puxei as calças para cima.

M.S.: Puxaste? Foi? (*Silêncio*) Ficavas muito chateado comigo, se eu te pedisse para as puxares para cima, outra vez?

James Stewart, devagarinho, puxa as calças até aos joelhos. Margaret Sullavam olha-lhe as pernas com muita atenção e, depois, dá um suspiro de alívio, atira-se para os braços dele e beijam-se. É o único filme que conheço que acaba com um homem a mostrar as pernas.

Yankee Doodle Dandy de Michael Curtiz (42), baseia-se na vida de George M. Cohan (1878-1942), o chamado «pai» do musical americano, autor de canções tão célebres e tão patrióticas como «Yankee Doodle Dandy», «Give My Regards to Broadway» ou «Over There».

No filme, genialmente interpretado por James Cagney, Roosevelt, o Presidente, recebe-o na Casa Branca, na altura da declaração da guerra, para lhe pedir que cante na segunda, como cantou na primeira. Quando Cohan sai, cruza-se com uma multidão que não o reconhece e canta o «Over There». Muito comovido, Cohan atravessa, silencioso, o grupo de cantores. Até que um o interpela: «Que é que se passa, velhote, já não te lembras desta canção?». «Diz-me qualquer coisa», responde Cohan com estranho sorriso. «Dirá — replica o jovem — mas eu não ouço nada». E, nessa altura, juntando-se aos cantores, George M. Cohan, o autor de «Over There», canta a plenos pulmões: «And we won't come back till it's over, over there!».

A sorte sorriu aos audazes. George M. Cohan morreu poucos dias antes da estreia do filme. Quando o público o viu, mortos e vivos juraram que só voltariam vencedores.

Não conheço fim que seja mais princípio. Todos o serão? Prometo que vou voltar à conversa.

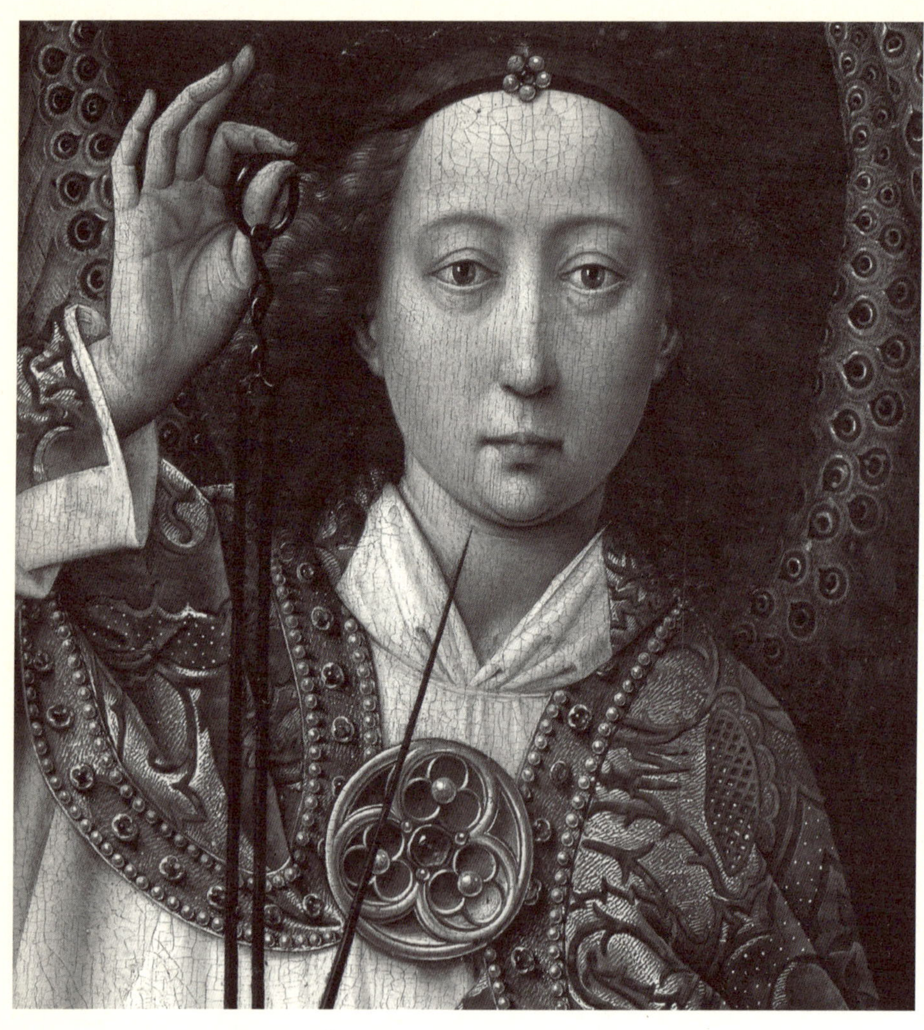

Arcanjo Miguel, *O Último Julgamento* (pormenor). Rogier van der Weyden.

NO MEU PRINCÍPIO O MEU FIM (II)

Como eu ia dizendo (*Público*, 16 de Maio de 2003) não conheço fim que não seja princípio. Talvez que alguém note na autocitação alguma trambiqueirice, mas vícios velhos não cansam, antes se renovam como faz a lua.

Se eu prometi que ia voltar à conversa, foi porque me lembrei, a meio da conversa das últimas palavras das últimas cenas dos filmes da nossa vida, de um amigo meu, que tinha uma receita infalível para saber se ia ou não ler determinado livro que tanto lhe recomendavam. Abria-o no fim e lia a última página, às vezes o último parágrafo. Se gostava, se lhe parecia bonito, lia o livro. Se o final era chocho, desistia logo. Seja qual for o rigor do método, a verdade é que nunca o vi enganar-se. Se calhar, era tão trambiqueiro como eu.

Normalmente, os princípios são mais conhecidos do que os fins. Há mais gente a recitar logo «As armas e os barões assinalados», quando lhe falam de *Os Lusíadas*, do que a declamar «sem à dita de Aquiles ter enveja». Há mais gente a rezar «Menina e moça me levaram de casa de minha mãe para muito longe» do que a saber as histórias do abrupto final e da «demasiada ira», histórias que o Prof. Pina Martins contou, como ninguém, no prefácio da recente reprodução facsimilada da edição de Ferrara editada pela Gulbenkian. Assim, de repente, de trás para a frente, e da frente para trás, só vejo, na nossa literatura, uma obra célebre que me desminta. É mais fácil achar quem se lembre bem da corrida de Carlos e de João da Ega, pela rampa de Santos e pelo Aterro, para apanhar o «americano», «sob a primeira claridade do luar que subia», do que quem recorde que *Os Maias* começam com a descrição da casa do Ramalhete, ou simplesmente o Ramalhete. Experimentem perguntar num «jogo de salão», de preferência com poucos queirozianos, em que ano e em que estação os Maias vieram habitá-lo, ou re-habitá-lo em Lisboa. O «americano» ganha. E ganha, em meu céptico juízo, porque o final de *Os Maias* é a parte mais fraca dele, com o fácil e óbvio desmentido da «teoria definitiva da existência», essa dos dois amigos de que nem a fortuna dos Rothschilds nem a coroa imperial de Carlos V valem um passo apressado. Quando nos metem uma coisa pelos olhos dentro, é difícil deixar de a ver. É por isso que nunca se devem meter coisas pelos olhos dentro.

Mas — repito — tirando *Os Maias*, não me lembro de lusa literatura em que o fim seja mais popular do que o início. Nem sequer o *Ninguém* do *Frei Luís de Sousa* que não é nem princípio nem fim e, além disso, é efeito cénico.

Eça puxa Eça e eu sou daqueles que preferem *A Ilustre Casa de Ramires*.

Na ponte da Portella, «naquele doce sítio d'onde se avista Villa Clara, tão asseada, sempre tão branca, àquela hora toda rosada» pois que o sol descia, eu vejo sempre as «duas vacas lentas», a égua branca do senhor padre José Vicente da Finta, «os fumos das lareiras acesas, lentos e leves» (lentos como as vacas, leves como a égua), o chapéu de coco nos joelhos de João Gouveia, sentado «no belo banco de pedra que o pai de Gonçalo mandara colocar, quando Governador Civil d'Oliveira». O Padre Soeiro exagerou um bocado no elogio de Gonçalo, e «os Ramires não vêm dos Reis mas os Reis vêm dos Ramires». Chegado aqui, lembro-me da Rosinha e do «conhecimento antigo, por causa de um cesto de rosas». Lembro-me do valle de Craquêde. «Na frescura do valle...» Não! «Pelo valle de Crequêde...». Também não! Esperem vocês, que eu tenho boa memória: «E por todo o fresco valle até Santa Maria de Craquêde, os atambores mouriscos abafados no arvoredo.» «É lindo» dizia o Gouveia. «É lindo» digo eu, que também tenho boa memória e ainda não cheguei onde queria nem ao fim dos fins.

Como disse há um bom bocado, o Padre Soeiro exagerou. E foi então — para acabar com a Ilustre Casa ou para começar a Ilustre Casa — que João Gouveia se levantou «e têso na estrada, com o coco à banda, reabotoando a sobrecasaca, como sempre que estabelecia um resumo», perguntou ao Padre Soeiro, perguntou aos outros amigos, perguntou a todos nós, quem Gonçalo lhe lembra. E arranca aquela tirada, que só ele podia arrancar, em que compara «aquele todo do Gonçalo», aquele «todo completo do Gonçalo» a Portugal.

O prodígio é a elipse que se segue. Ninguém comenta, ninguém contradiz, ninguém se comove, ninguém ri. E Eça limita-se a confidenciar-nos que «os três amigos retomaram o caminho de Villa Clara. No céu branco, uma estrelinha tremeluzia sobre Santa Maria de Craquêde. E Padre Soeiro, com o seu guarda-sol sob o braço, recolheu à Torre vagarosamente, no silêncio e doçura da tarde, rezando as suas Ave-Marias, e pedindo a paz de Deus para Gonçalo, para todos os homens, para campos e casais adormecidos, e para a terra formosa de Portugal, tão cheia de graça amorável, que sempre bendita fosse entre as terras».

Tudo quanto sabemos do Padre Soeiro nos faz acreditar que ele pedisse a Deus todas essas coisas, nos exactos termos do discurso indirecto de Eça. Também tudo quanto sabemos de João Gouveia nos faz acreditar naquela ode ao Amigo e à Pátria. Mas Gonçalo Mendes Ramires, que dá e tira razão a tudo isso, não está lá. Ainda não está lá. Nunca sabemos se a Rosinha ainda corou mais, e que mais pôde fazer o cesto de rosas. No centro, nada ficou, a não ser a descrição da chegada a Lisboa, conhecida pela carta, lida como num filme de Ford. Tinham passado quatro anos — «quatro anos ligeiros e leves como voos de ave» — sobre a súbita partida de Gonçalo Ramires para África. «Ai o meu rico menino, o meu rico menino, que o não torno mais a ver!» chorou a cozinheira. Ela terá visto, se acreditarmos no futurível domingo de petiscada. Nós não. Nós nunca mais o vimos. E quem o compara a Portugal foi quem, quatro anos antes, «rosnou» que o homem tinha desandado em janota.

Já viram como é isto de fins. Começa-se numa ponta e vai-se parar ao princípio. E estava-me nos planos — mas já percebi que não tenho tempo nem espaço para isso — puxar doutro final — o de *A Queda de um Anjo* de Camilo — para tentar persuadi-los que «aquele santo homem lá das serras», Calisto Elói de Silas e Benevides de Barbuda, décimo sétimo Varão dos Barbudas de Agra, «sangue limpo, já bom sangue no tempo do senhor rei D. Afonso I», morgado de Agra de Freimar, tão tão diferente de Gonçalo Ramires, não é senão outra das imagens dele, ambos anjos caídos dos «fragmentos paradisíacos do Portugal velho».

Eis uma comparação que deve escandalizar tanto os camilianos como os queirozianos, mas que a mim me parece tão sensata como insensata é essa guerra entre uma pseudo-imagem de arcanidade e uma pseudo-imagem de modernidade. Mas enfim são os meus fins, não são os vossos. No acabar, tudo está em começar.

Somos incuráveis.

Mais incurável eu, que agora que a palavra me veio, me lembrei da obra clave de Agustina e abri-a no fim, para ver como acabava. Acaba assim:

«Enfim, muita coisa esqueci; e muito do que está idêntico nesta obra, não será confirmado por essa realidade aprovada e intolerante que nós temos até da própria alma humana. Muita coisa, depois de acontecida no instante fulgurante da verdade, não se ajusta mais, nem à experiência, nem à razão. Enfim, este livro, mais do que imperfeito — exacto, porque pessoal — este livro não acabou. Prossegue através dos corações melodiosos e sem culpa, cumpre-se para sempre nas nossas mãos manchadas de sangue. Enquanto decorrer a véspera do infinito, ele terá actualidade. Ele sempre acontece e passa com os nossos gritos de protesto e de renúncia, as nossas coroas de orgulho ou de flagelo — passa pedindo socorro às gerações sepultadas, passa vingando-se antecipadamente dos irmãos que esperam na origem do tempo, mudos e sem rosto, como os anjos que Deus baniu da sua presença e dos quais dir-se-ia que sente uma saudade eterna.»

Enfim, posso chegar ao fim. Meu Deus, onde é que eu vim parar, trazido por um «sophomore» de Berkeley, como contei na semana passada e como na semana presente parei de contar?

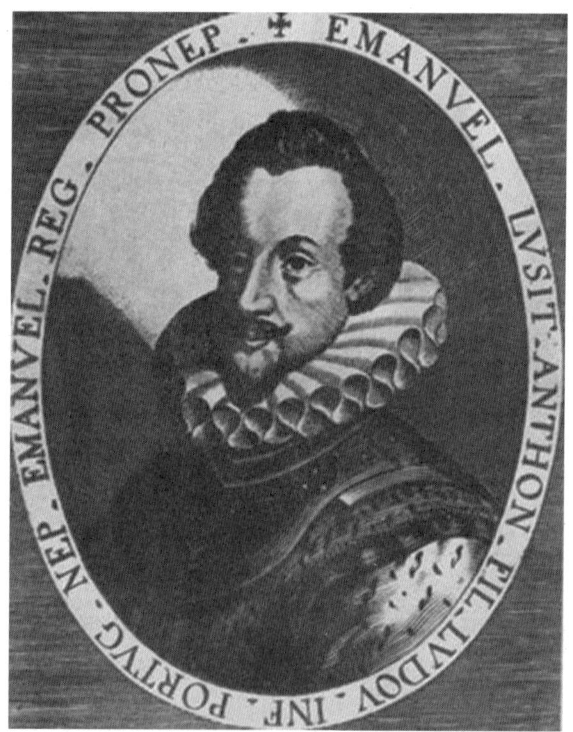

D. António Prior do Crato.

LÁ FORA CÁ DENTRO

Eis-me de volta. A volta, de resto, foi maior do que a minha ida. Ou seja, se «A Casa Encantada» apenas fechou a 30 de Maio e a 7 de Junho, desde 16 de Maio — há quase um mês — que ando em bolandas.

Primeiro, foram umas férias por terras da Campânia e da Apúlia, das delícias de Cápua às criptas de Bitonte. Ver Nápoles e depois morrer? Mais ou menos isso, mas se a minha decumania se tornou mais incurável na fenda de Spaccanapoli, eu nunca podia morrer sem, abertas as correntes, sonhar o que fui e o que serei na Praça do Duomo de Lecce. Algumas partes disso ficarão para futuras crónicas, ao sabor dos vagares e ao vagar dos sabores. Não perderão pela demora, que hoje não estou para aí virado e não ando por aqui com memórias de viandante. Apenas sitiado nas encruzilhadas. Tudo seja para vos dizer que foi uma viagem longamente preparada, que esperou o seu tempo e demorou a chegar. Nem que para tanto me fosse preciso tirar férias em Maio (o que aconteceu pela primeira vez, em vida minha) confirmando a intuição que é o único mês possível para tais paragens. Os dias são compridos e estiveram belíssimos, sem as temperaturas infernais dos verões. A praga de turistas ainda não começou e, mesmo nos lugares mais míticos, há tempo e espaço para todos. Hera me foi tão propícia como Poseidon. E tudo isto durou exactamente duas semanas, entre 16 e 30, duas semanas em que nada preguicei e me ergui a horas que terei pudor de contar seja a quem for. Mas quando, no dia seguinte, me espera o Caravaggio ou o Barba Ruiva, sou capaz de dormir tão pouco como dormia em criança na noite antes do dia de Natal, quando vi pela primeira vez o Mergulhador, agora inesperadamente reencontrado em Paestum.

Pousei em casa apenas no dia 31. No primeiro dia de Junho, voei para outros rumos e por outras razões. Estocolmo, onde nunca fora. Helsínquia, que já conhecia vagamente, quando por lá passeei com o Luís de Pina, poucos dias antes de ter nascido o Miguel. Nada de férias, nem de turismo, a não ser aquele a que ganhei direito pela idade e posição social e por uma crescente falta de pachorra para reuniões inúteis. Aparentemente, era a chamada «viagem profissional», reunindo, como todos os anos acontece, muitos muitos directores de cinematecas, a maior parte dos quais crescentemente fiafosos com o tempo e com as idades. Valem-me as excepções, valeu-me ter visto em carne e osso Ingmar Bergman e valeu-me a cópia soberbamente restaurada da *Flauta Mágica* do mesmo Bergman. De resto, o que me valeu foi periférico e literalmente extra-territorial.

A 7 de Junho, voltei a Sintra. O tempo de preparar um discurso, no dia 8. A 9, visitei pela primeira vez a Ilha de Bruma, a Terceira das achadas nos Açores, com outra farda, noutro personagem e com um cast bem diferente. Apaixonei-me por Angra do Heroísmo e por aquele mar tão negro como os cabelos da Branca de Neve.

Hoje, 11 de Junho, fiz a terceira volta da terceira ida. É noite agora e aproveito para reabrir a minha coluna. Nota-se muito? Mas quem corre por gosto…

Mas, se em três personagens, com três autores e três guiões, sempre me acompanhou o «súbito criador do ínvio fruto da rosa» (o Senhor Santo Espírito) as «áreas tenebrosas» da pátria longe não deixaram de chegar fortes e brutas às longes terras por onde andei. Parece que já não posso viajar sem ser indemne a pranto tanto quanto a gáudio, para continuar a citar Nemésio, que levei e trouxe dos Açores.

Assim, me chegaram, pendulares, as notícias escabrosas que foram pão vosso, pão de quem por cá ficou. Esta histeria está tomando contornos inimagináveis. Lembram-se o que acontece quando um cego guia outro cego? Breughel pintou-o em quadros terríveis. Mas Fritz Lang também retratou como cegos os Mabuse omnividentes das suas ficções apocalípticas. E o pior de tudo é já não se saber se é cegueira ou vontade de visão o que conduz esta roda dentada, que, ou muito me engano, ou apenas começou a triturar. É certo que os portugueses são bons para o medo, mas há muito tempo que eu não via tanto medo, nem nunca esperei que fosse por razões destas que ele voltasse assim. Alguém que nos conhece bem está a puxar-nos pelo pior lado.

Na Terceira, lembrei e lembrei-me de *O Indesejado*, a tragédia de D. António I, o Prior do Crato, tal como foi posta em verso regular e branco por Jorge de Sena, entre Dezembro de 1944 e Novembro de 1945.

O segundo acto da peça, situa-se na Ilha, onde o Príncipe chegou em 1582, depois da vitória da Salga e antes da derrota de Vila Franca do Campo. Há muito tempo não relia esse texto extraordinário, onde Sena criou o Mito mais absolutamente anti-sebástico e mais abissalmente anti-pessoano. António dos Açores, Prior de Portugal, esse que começou por dizer aos poucos que o seguiam, «mas vós, de coração cheio de esp'rança / ouvis só festa onde só há desordem» acaba a dizer «nem me encobriram, nem me desejaram... / Deus me perdoe: sabe que não morro / Não morre quem não foi e eu nunca fui». Mas diz-se que, entre as cinzas, se lhe achou inteiro o coração («O coração se achou inteiro e incorrupto ao tempo que do corpo só as cinzas frias», escreveu António Caetano de Sousa, citado por Sena, na *História Genealógica da Casa Real*). No final da peça, perante o cadáver de D. António, morto aos 64 anos, Diogo Botelho, dos seus validos de todos o mais fiel, após expulsar os médicos que, autopsiando-o, declaravam que o príncipe não tinha coração real, pois lhe faltava, na terceira diagonal descendente, a tão significativa pequena cruz, fica-lhe a contemplar o coração. E diz (são os últimos versos da peça): «Senhor, que sabem eles de sinais? Que sabe a ciência de sinais profundos / no coração gravados?... E eu?... /». (Pausa curta, durante a qual se chega ainda mais, como para falar em segredo) «Senhor / não tendes coração.»

Portugal é esse príncipe que não tinha coração ou o tinha de mais, que não tinha coragem ou a tinha de mais, que era irreflectido ou pensava de mais. E onde, por isso, nos achamos todos e nos perdemos todos, quando ficam à tona apenas alguns loucos, alguns idealistas, ou alguns cínicos a esbracejar.

Em Itália, em Lecce (ou foi em Otranto?) ouvi Diogo Botelho dizer ao rei:

> «Nada se perde em nós. E as coisas chegam,
> e não lembramos como, dizeis bem.
> Mas basta que apareçam. Podem ser
> outras dif'rentes, sem valor: um gesto,
> o olhar, uma palavra, ou talvez menos!...
> E logo dos maior's se espalha a angústia
> e vem, sobre ela, uma vergonha logo:
> primeiro, ao longe, mal se vê. Mais perto,
> é como um barco abandonado, que, à
> deriva, em qualquer porto encalhará».

Suplica-lhe D. António que se cale. Diogo Botelho responde-lhe que não o quis magoar. E diz o Prior do Crato:

> «Pois não. Mas pior que recordar só é
> ouvir falar do que se passa n'alma
> quando, a tais viagens, não se of'rece
> nem delas tira com que alimentar-se o mundo.
> É menor o remorso, que não sinto.
> Sintam-no quantos acreditem menos,
> e cuja crença ignor' que é bem pequena
> ou desconheça mesmo onde não está».

Mais adiante, Diogo Botelho diz-lhe que ele está esquecendo «que não há nos homens / tão extremos fundamentos quais pensais». D. António interrompe-o e diz-lhe:

«Não. Nada resiste.
Somos um resto da vontade! E esta,
por querer tanto, se esqueceu do mundo,
se ultrapassou, enquanto a vida cumpre
alguns dever's e acaba mansamente».

Não voltei pessimista de tão quentes viagens. Mas, sob o azulíssimo azul do céu de Itália, sob o tímido azul dos primeiros céus de Junho em Estocolmo, sob as brumas da Terceira, vezes demais me chegou o «frio imenso» das notícias de injustas grades e barreiras, injustas doenças, irremediáveis mortes.

No terceiro acto de *O Indesejado* (Londres, Novembro de 1581), Diogo Botelho, olhando pela janela, assinala ao rei: «Cai neve, meu Senhor...».

«D. António (*passando as mãos pelos cabelos*).
É tempo dela.»

Em Maio e Junho, em Portugal, nunca foi tempo de neve. Mas agora, aqui, a neve também cai. E não sabemos o que é maior: se o espanto, se o torpor.

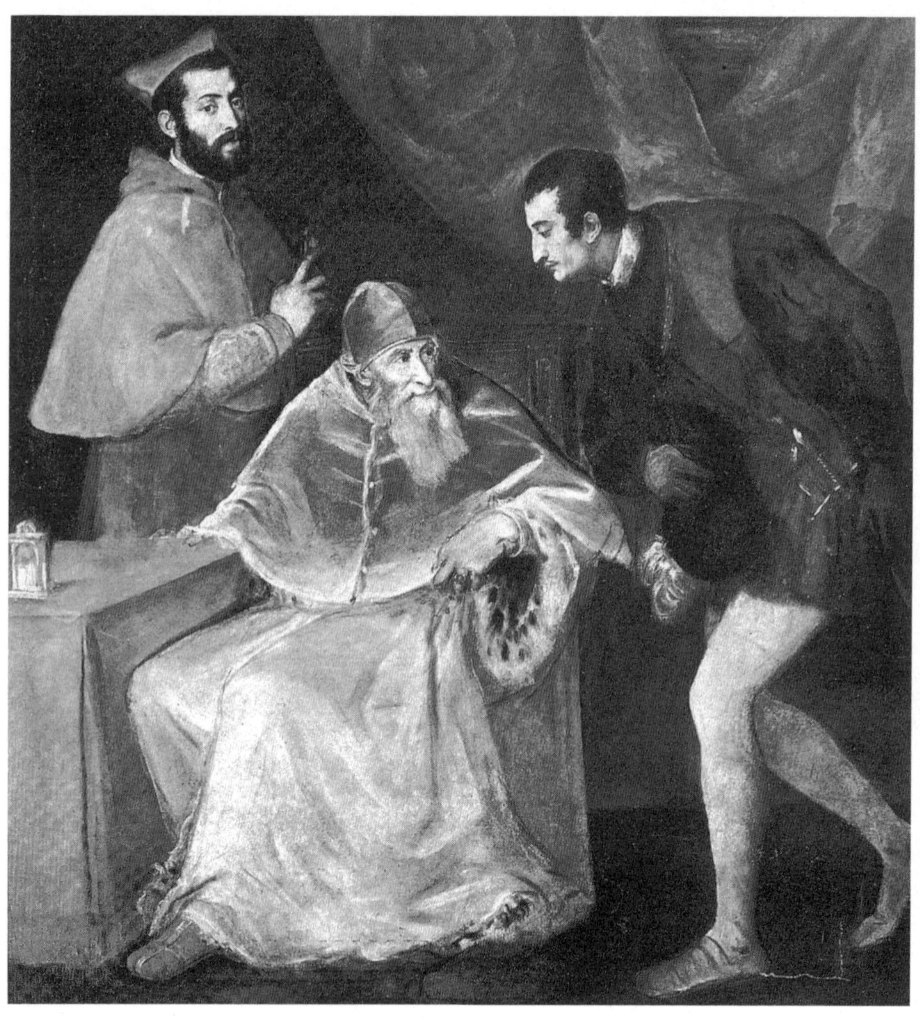

O Papa Paulo III com os netos Alessandro e Ottavio Farnese. Tiziano Vecellio.

RETRATO DO PAPA PAULO III COM DOIS NETOS

Capodimonte. Outrora, o cimo tão cimo desse monte tão desmontado foi um vastíssimo bosque. Ao fundo o Vesúvio, à esquerda a Certosa de San Martin. Aos pés, Nápoles. Para ter Nápoles aos pés, o Infante Carlos de Bourbon, depois de herdar, em 1734, aos 18 anos, o reino de Nápoles, como herdara, aos 16, o ducado de Parma, culminou a longa série de palácios e igrejas barrocas que mandou construir, com um novo e esmagador Palácio Real («la nuova Reggia»). Em Dezembro de 1738, começaram os trabalhos, dirigidos por Antonio Medrano, enquanto o jovem rei caçava na tapada que ordenara reservar. Concluíram-se mais de cem anos depois, em 1839, depois de Nápoles ter visto chegar e partir muitos Bourbons de Espanha, depois da república partenopeia, depois dos Bonapartes e de Murat, depois do regresso de Fernando IV. A mole barroca classicizou-se, mas manteve como cor fulcral um fulvo tão fulvo como o que vemos nalgumas velhas gravuras das chamas do Vesúvio. Entre as palmeiras e os pinheiros, essa Mafra Ardente que já em 1758 — um ano antes de Carlos resignar à coroa de Nápoles, para se tornar Carlos III de Espanha — extasiara um febril Winckelmann, era o símbolo da terceira maior cidade europeia, simultaneamente «reggia» e sede expositiva de uma das mais antigas e lendárias colecções de arte europeias. Como em Florença, para os Médicis, o Palácio Pitti, em Nápoles, Capodimonte para os Farnese. Farnese, pela mãe Isabella, era Carlos III, herdeiro único de únicos tesouros que mandou vir de Parma, de Piacenza, de Colorno e, mais tarde, de Roma.

Justo é pois que o Museu, ainda hoje, se abra e se feche sob o signo dos Farnese e que, depois de vos ter situado na ubérrima moldura, eu me quede perante o quadro que, mais do que todos, ali me levava e que, de resto, se impõe logo ao visitante, dominando a primeira sala e os sete outros Tiziano que o rodeiam. Ao centro, Alessandro Farnese (1468-1549), o primeiro entre os mais célebres membros da família. Rodeando-o, os netos Alessandro (1520-1589) e Ottavio (1542-1586). O título oficial da tela não os chama netos, mas pudicamente sobrinhos.

Pudicamente, porquê? Porque Alessandro Farnese, o velho personagem central, retratado aqui aos 78 anos, em 1546, é o papa Paulo III, o mesmo papa que, iniciando a Contra-Reforma e convocando o Concílio de Trento, não mais permitiu uma Igreja onde papas tivessem, abertamente, directa descendência.

Ele tinha-a, como tinha uma crónica familiar e eclesiástica assaz escandalosa aos olhos de hoje. Irmã dele era a formosíssima Giulia, cujo caso com o Papa Alexandre VI tanto dera que falar quando Giulia e Alessandro tinham vinte e poucos anos. Alexandre foi generoso com o «cunhado». Em 1493, tinha ele apenas 25 anos, fê-lo cardeal, «o cardeal de fraldas».

Dez anos mais tarde, riquíssimo e já detentor de uma prodigiosa colecção de arte, mandou construir o famoso Palácio Farnese, na Via Giulia, do nome da irmã. E nele viveu com uma mulher, ao que parece belíssima e riquíssima, que lhe deu quatro filhos: Pier Luigi, Paolo, Ranuccio e Costanza. Seja dito, em abono da verdade, que, embora cardeal, ainda não era padre, pois só foi ordenado em 1519, aos 51 anos. Dizem os seus biógrafos, que, desde esse dia, a vida privada do futuro Paulo III foi irrepreensível. Quanto à vida pública, sobejavam-lhe os méritos, que lhe valeram ímpar reputação na Cúria, durante os pontificados de Pio III, Júlio II, Leão X, Adriano VI e Clemente VII. Até que, em 1534, à morte de Clemente VII, o Papa do Saque, foi eleito para lhe suceder. Tinha 67 anos. Reinou quinze anos (até aos 82) e presidiu a um dos mais extraordinários volte-faces da História da Igreja. Mas o nepotismo — com que também acabou —

foi prática dele. Pier Luigi, o filho mais velho (1503-1547) foi o primeiro duque de Parma. O neto mais velho, Alessandro como ele, que vemos em pé, à esquerda do Papa, foi feito cardeal aos 14 anos e toda a vida teve por ambição suceder-lhe. O neto mais novo, Ottavio, segundo duque de Parma, casou-se com Margarida de Áustria, filha de Carlos V.

«Toda a pintura deve contar uma história», dizia Alberti. Nenhum pintor as contou melhor que Tiziano. Em 1543, Tiziano pintara Paulo III, no auge do seu pontificado, noutro retrato célebre de Capodimonte. Em 1546, durante a segunda e última visita do pintor a Roma, o Papa não lhe pediu retratos, mas o cardeal, seu neto e seu homónimo, insistiu em ser imortalizado por ele. Primeiro, pediu-lhe um retrato onde está sozinho, e onde foi pintado a meio corpo. Se o retrato (outro Tiziano de Capodimonte) é esplendoroso, é visível que o retratado não consegue competir com a púrpura das vestes.

Dúvidas houvesse, elas terminariam no retrato de família, também uma encomenda do neto. À esquerda, em pé, dedo em riste, ele tudo cuidou e tudo dispôs para ser a figura central, permitindo-se até dominar o avô, sentado. É o único que fita o espectador, enquanto o Papa e Ottavio praticam sem nos fitar. Mas Tiziano pintou outra pintura sob ou sobre a pintura encomendada. Como Paulo III e o futuro duque conversam, o cardeal ficou isolado, afastado do grupo. O papa vira-lhe ostensivamente as costas e parece apenas prestar atenção ao neto mais novo, seu neto favorito. Olhando atentamente o quadro, é crescente a impressão que o cardeal está «off», pertencente a outra história. Já desaparece no escuro corredor da História. Numa análise célebre, Panofsky chamou a atenção para a pêndula (versão «miniaturizada» do relógio mecânico) que está quase no limite do quadro, junto ao cardeal. *Tempus edax rerum*, «o tempo devorador de todas as coisas». E o primeiro a ser devorado foi o cardeal.

Mas foi também Panofsky quem falou de «uma acção física e de uma tensão emocional», até este quadro desconhecidas no reino do retrato.

A reprodução, aqui, não vale. Mas quem viu o original, jamais esquecerá o olhar do velho, de uma lucidez cortante, como se não se conformasse com a inépcia de tais netos para o continuarem. Se ignora o cardeal, desconfia da elegância do duque, «cujo movimento obsequioso, quase rastejante, lhe confere o aspecto perigoso e imprevisível de uma mola tensa, aproximando o requinte do seu manejo, elegante e silencioso, do movimento dos felinos». O papa sabe que vai morrer, que a sua obra está ameaçada (Carlos V forçou-o a interromper o Concílio) mas sabe também que nenhum dos seus ambiciosos netos tem tamanho para a altura a que aspiram. Este retrato de família é um retrato de solidão. Este retrato de poder é um retrato de Lear, um Lear ainda mais trágico porque não se deixou enganar, e não tem campo para a imensidade da sua visão.

Há quantos anos, há quantos anos, sonhava eu ver-me na frente deste retrato inaudito, que não pára de contar histórias e é história da sua cena?

Os grandes pintores — disse um dia Tiziano — só precisam de três cores: o preto, o branco e o encarnado. O branco é o branco do papa (a barba, o arminho, o interior da manga, a sotaina). Algo perpassa dele para as pernas de Ottavio, o neto amado, o neto traidor. Por isso, fora os sapatos, as meias, a gola e a pluma, tudo nele é castanho, cinzento ou preto, como castanha, cinzenta e preta é a cortina imensa que o jovem afastou para entrar. Mas a cor dominante é o encarnado, os vários tons de encarnado, que permitem também ver este quadro como uma premonição do impressionismo, ou, se não quisermos ir tão longe, do que Velázquez fez das vestes de Inocêncio X no retrato das obsessões de Bacon.

Podem-se ficar horas só a olhar para o *camuccio* do papa ou para o quase cor-de-rosa dos sapatos. São as graduações de encarnado que contam a história da traição, como se Tiziano adivinhasse com elas (ou nelas) o que se passou três anos depois e indirectamente foi causa da morte de Paulo III. Foi quando os netos o traíram em Parma e os dois Alessandros — o papa e o cardeal — se viram pela última vez, no mais terrível dos encontros. Será esse afinal o encontro que Tiziano pintou?

Eu já tinha visto Carlos V na batalha de Mühlberg. Agora vi Paulo III, Papa Farnese, na Villa Carafa, em Roma. Abandonando-a, pouco depois, Tiziano escreveu a Aretino que nunca mais visitaria a cidade papal. «Vi em Roma o mais terrível.» Foi isto que ele viu? Vê-se tanta coisa, pensa-se tanta coisa.

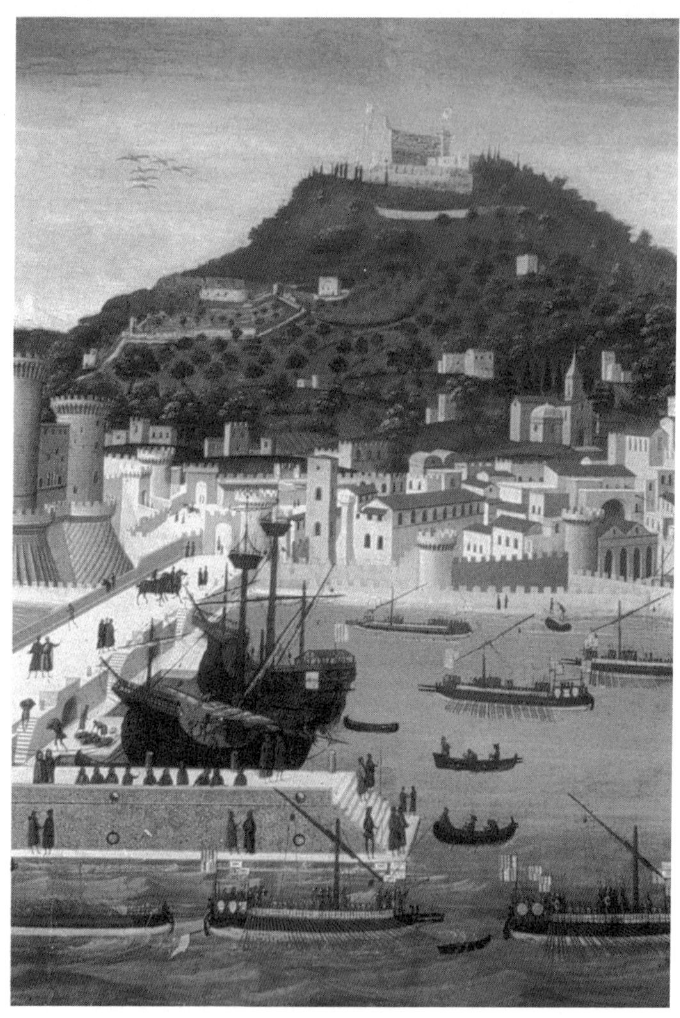

Porto de Nápoles.

A CARTUXA DE NÁPOLES

Attonito e sbalordito.

Quem me conhece, ou quem me vai conhecendo, pensa, ou pensou, que dediquei a mim próprio os adjectivos precedentes e que escolhi «sbarlordito» mais pelo som do que pelo sentido. Também pensa ou pensou que se segue um exaltado hino à Cartuxa de Nápoles, que me terá deixado em tais preparos.

Podia ser. Mas não é. Esses nomes, encontrei-os num belíssimo texto de Raffaele Tufari, intitulado *La Certosa di S. Martino in Napoli. Descrizione storica ed artistica*, publicado em 1854.

Diz Tufari:

«Quando a tua alma, oprimida pela amargura, aspirar a um pouco de alívio longe dos rumores da cidade; quando, cercado pelas terrenas misérias, procurares na solidão, elevares-te até Deus, com pensamentos de paz e um santo recolhimento; vai visitar a Cartuxa de Nápoles. Aí, depois de te teres abandonado a uma doce melancolia e depois de teres dirigido ao Pai Eterno orações reconfortantes, não tardará que o teu olhar se inebrie à vista das fantásticas belezas de arte que só aqui se reúnem. Tudo é silêncio… gravíssimo e soleníssimo. Tudo parece respirar um sopro que vem do paraíso! […]

[…] E, finalmente, se quiseres gozar um espectáculo maravilhoso e uma vista porventura única no mundo, sobe mais um pouco e vai até à varanda do quarto do Prior. Em nenhum outro lugar, de tão delicioso divagar, podes fruir de mais amena visão. Num abrir e fechar de olhos, toda a imensa Nápoles te fica em frente. No primeiro relance, certo é que fiques *attonito e sbalordito*. Depois, à medida que os olhos se vão conseguindo fixar, começas a poder enumerar, um por um, os vários sítios da metrópole, cada praça, cada palácio, cada uma das ruas principais. Ouve-se, muito longe, o fragor das carruagens e o confuso rumor da apressada população. E, perante o aspecto geral de uma tão variegada e pitoresca perspectiva, a alma eleva-se às mais altas contemplações e os teus olhos ficam tão preenchidos que nunca mais te quererás apartar destas belezas naturais.»

Nos séculos XVIII e XIX, sucederam-se páginas como esta, dedicadas à Certosa de Nápoles, tão ex-libris da cidade, como o Vesúvio que lhe fica em frente. Quale e quanta... *nobile cita di Napole...*, ficou imortalizada pela Certosa, desde as mais antigas representações, como esta (século XV) da famosíssima *Tavola Strozzi*, o mais belo dos mais belos objectos hoje conservados no Museu, entre tantas imagens e tantas memórias.

Stendhal (nada a ver com *La Chartreuse de Parme*), Taine, Alexandre Dumas, Herman Melville, Mark Twain, foram alguns dos muitos que lhe dedicaram louvores aproximáveis ao citado, seguindo-se aos medidos ou desmedidos elogios de Goethe ou do Marquês de Sade, no século XVIII, ambos com muito boas e próprias razões para os fazer. O último grande nome ligado à Certosa é o de Marguerite Yourcenar, que nela fez morrer D. Avaro, em *Le Coup de Grâce*. Yourcenar visitou a Certosa em 1938. Poucos anos depois (1944), as bombas aliadas caíram sobre as mais belas igrejas, danificando-as ou destruindo-as como San Giovanni a Mare. A Certosa não escapou à aviação americana. O restauro demorou cerca de cinquenta anos.

Talvez por isso (só com pequenas partes do seu imenso todo abertas ao público, por fases e por épocas) a Certosa deixou de ter no nosso imaginário (no meu, pelo menos) o lugar que teve no século XVII aos princípios do século XX. Sem dúvida, toda a gente e todos os guias a mencionavam, «a ver absolutamente» entre as igrejas de Nápoles. Mas há tantas dezenas de igrejas obrigatórias em Nápoles, essas igrejas de «beleza austera» e de «esplendor desbragado», que a Certosa era só mais uma, ou parecia ser só mais uma.

O convento remonta ao século XIV. Foi em 1325, que Carlos o Ilustre, Duque da Calábria e filho de Roberto d'Anjou, mandou edificar a Cartuxa na colina de Santo Erasmo. Em 1337, chegaram os primeiros frades, nove anos depois da morte de Carlos (1328). A 22 de Fevereiro de 1368, sendo rainha de Nápoles Joana I, a igreja foi consagrada pelo legado do papa Urbano V, e dedicada a São Martinho.

Sabe-se que era um dos mais imponentes edifícios do gótico final, construído quase ao mesmo tempo do que a Cartuxa de Capri. A Ordem, fundada por S. Bruno em 1086, no local chamado Chartreuse, nos arredores de Grenoble, foi a mais austera das ordens a reger-se pelas regras de S. Bento: *ora et labora*. Princípio da clausura perpétua e silêncio total, só cortado aos domingos quando os monges se reuniam no Colóquio. Penitência, solidão, alimentação sem carne. Foi a única Ordem, que nunca se reformou nem nunca se regenerou. A grande época ocorreu entre os séculos XIV e XVI. Só no século XIV foram fundadas cento e treze e três casas, trinta e nove das quais em Itália (além das de Nápoles e Parma, é celebérrima e belíssima a de Pavia). Em 1521, contavam-se 195. A Portugal, os cartuxos só chegaram em 1587 (Cartuxa de Évora).

Datam desse período — quando a Ordem mais enriqueceu — as grandes transformações arquitectónicas. Entre 1581 e 1656, a Certosa di San Martino adquiriu, aproximadamente, o aspecto e as dimensões actuais. Dosio, Pietro Bernini, Conforto e, sobretudo, Fanzago foram os arquitectos que, em cerca de setenta e cinco anos, transformaram o gótico antigo num dos mais assombrosos exemplos do maneirismo e do barroco. A disposição original do complexo não foi mudada, mas as rigorosas superfícies de Trezentos movimentaram-se sob a Contra-Reforma e o vento tudo varreu em San Martino. Foi esse o edifício, que esgotou tantos adjectivos e tantos nomes ilustres. É esse o edifício que agora volta ao esplendor dos séculos XVIII e XIX.

Aterrado, descubro o espaço que já gastei só a fazer de guia turístico. Ainda por cima, mais a aprender do que a ensinar e mais a chamar-me a capítulo do que a tesouro.

É que eu, que até costumo antecipar o que vou ver e formar os meus próprios preconceitos, pouco ou nada sabia quando, vindo dos Tiziano, dos Botticelli, dos Parmigianino e dos Caravaggio de Capodimonte, cheguei à Certosa a meio de uma tarde de sol. Atravessei rapidamente o Cortile Monumentale, junto à chamada Igreja das Mulheres (construída mais tarde, pois que o acesso à Certosa era rigorosamente proibido ao sexo feminino), e vi-me diante da belíssima fachada, de mármore imaculado, que se assemelha à fachada da Cartuxa de Évora. A primeira e fortíssima sensação de estonteamento aconteceu-me quando entrei no templo. A imensa nave central, gótica, ficou, como ficaram os impressionantes batentes da abóbada, mas tudo o resto, do tecto ao chão, do altar-mor ao coro, é uma festa de luz e cor absolutamente inédita, com o mais fulgurante uso de «trompe-l'oeil» que me lembro de ter visto. Na abóbada, o fresco de Lanfranco, *Ascensão de Cristo*, triunfo do poder humano e do poder temporal, como que se reflecte nos mosaicos policromos e geométricos do pavimento. A igreja estava milagrosamente vazia. Avancei até ao altar-mor e ao grande cadeiral. À pedra sucedia-se a madeira, à medida que, como num sonho ou num labirinto, se iam abrindo os apartamentos contíguos: a Sacristia, o Tesouro Velho, o Tesouro Novo, o Capítulo, o Parlatório, o Coro dos Convertidos, as Capelas da Madalena e de Nicolau. É aí que estão os Ribera, os Guido Reni e os Luca Giordano, que pintaram em cada tecto e em cada altar, é aí que estão os frescos de Finoglia e de Vouet, como aquela espantosa figuração das virtudes monacais que inclui a *Displicentia* e a *Assiduitas* (masculina a primeira, feminina a segunda) e culmina nas masculinas *Desiderium Ergo Deum* e *Comptentus Mundi*.

O inesperado aconteceu demasiadas vezes, ou demasiadas vezes para a minha expectativa, durante esse percurso entre «tersie lignee», triunfo radical e obscuro da perspectiva luminosamente sombria.

Julguei-me chegado ao fim da visita. Mas, como sou curioso e «voyeur», afastei um pano preto que tapava uma porta. Assim descobri que ainda não tinha visto nada. Ali, no chamado *Claustro Grande*, começa verdadeiramente a Certosa entre perfumes da lúcia-lima e caveiras de monges encimando as colunas. Mais belo esse, ou o Claustro Pequeno? Ou o misterioso museu? Ou os jardins? Ou o quarto do Prior? Ou a estátua do Bernini? Ou a delirante série de presépios, culminando no Cuciniello?

Ali percebi, porque mais ainda do que o lado de dentro, foi o lado de fora (o ímpar belvedere) o que mais seduziu homens tão pouco seduzíveis pelas belezas naturais como Sade e Stendhal. Ali percebi que a irrealidade pode ser tão «natural» como «artificial». Ali percebi que «la bellezza di Napoli cresce di giorno in giorno, di settimana in settimana, via che scopre i suoi segreti» (Guido Piovene).

Queria saber evocar melhor. Mas, como escreveu Stendhal em 1817, «este é um mundo tão impossível de evocar como de olvidar».

E só em Portugal descobri que não cheguei sequer ao segundo andar da Certosa, o andar dos teatros e das farmácias.

Attonito e sbalordito.

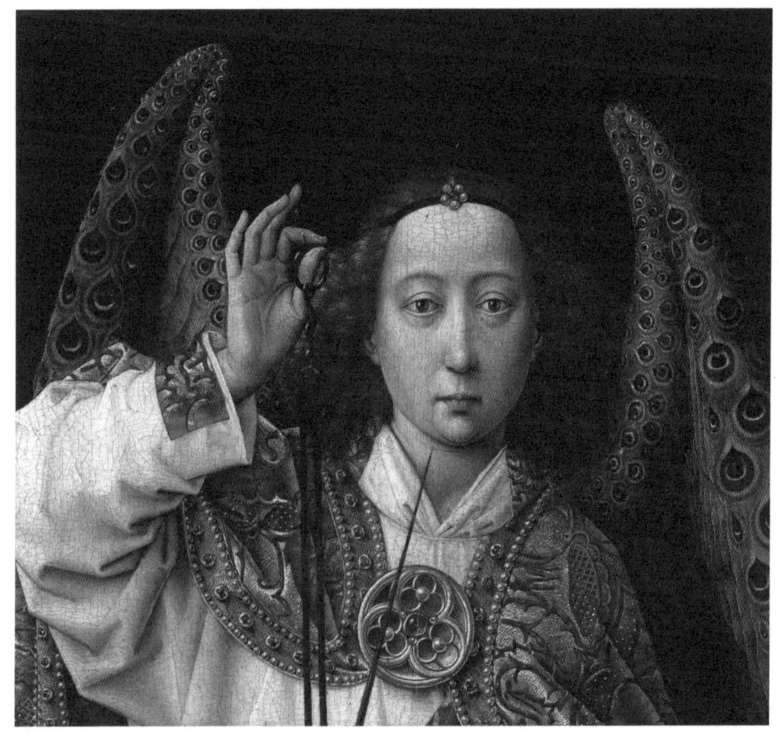

Arcanjo Miguel, *O Último Julgamento* (pormenor). Rogier van der Weyden.

O MILAGRE DE LECCE

Nem sempre. Mas acontece muitas vezes.

Eu estou num barco — a remos, ao que creio — na costa da Arrábida, bastante perto de terra, bastante longe do mar. Costa da Arrábida, onde ela é costa mesmo, ou seja, para quem vem do Portinho, depois de Alportuche, dobrada aquela rocha que se parece com o chapéu do Infante D. Henrique. Do Portinho a Alportuche, não se pode bem falar de costa, que andará pelos vinte metros de altura e escorrega meigamente para o mar. Mas, para lá de Alportuche, a falésia vai dos cem aos trezentos metros (diz-se que o Risco é o ponto mais alto da costa portuguesa) e é mesmo inútil e despida, calva e informe, canção nona em versão marítima, com as antífrases mais felizes. O mar está cheio de rochas negras (as Três Irmãs, o Leão Jazente, a Fera Adormecida) as grutas sucedem-se (Lapa dos Pombos, Lapa do Peixe-Homem, Lapa dos Morcegos). O mar é fundíssimo e é impossível enxergar-lhe o fundo, coberto de algas, alforrecas e aljôfares. Quanto mais se avança, mais respeito mete. Sesimbra ainda vem longe.

É então que acontece. Acontece o quê? Olho para aquele cabo, de onde vem um vento bonino mas bizarro e lembro-me que, passado ele, nada mais haverá, de calvo ou de informe, de inútil ou despido. Numa das maiores baías do universo, a água é de um azul claríssimo, um azul garço, como o Frederico Lourenço me ensinou que se devia dizer. A costa perdeu o tamanho e abre-se em três grutas cenográficas, onde a cor do mar muda para verde-esmeralda, como na Lapa do Peixe-Homem, mas numa dimensão incomparável. As rochas não são negras mas castanhas. Umas parecem sexos femininos, outras sexos masculinos. Às vezes, reúnem-se em grupos. Outras, permanecem únicas e singulares, «amostrando-nos o ventre, sem ter manto». Se o pai das nove irmãs teve reino, ali é.

Mas, logo que disto me lembro, que isto *vejo*, lembro-me também que, das mil vezes em que o lembrei e vi, estava a sonhar e que a certeza mais certa é nada haver de diferente após o cabo. Sempre o mesmo sonho. Mas vou remando e vou-me aproximando do cabo. Sinto um alvoroço imenso. E, de súbito, o que lembro e vi em tantos outros dias, está lá, exactamente como acima o descobri. Não sei de alegria maior do que essa. Viro-me para os meus companheiros (a esta altura da história, já tenho alguns, embora não os consiga identificar) e rejubilo com a minha vitória. «Quem tinha razão?» pergunto-lhes. «Quem é que jurava que isto existia e não era imaginação minha ou sonho meu?» O triunfo dura pouco. Normalmente, é este o momento em que acordo e descubro a recorrência do sonho, sempre idêntico, sempre enganador. Mas sonhei-o tantas vezes que, fosse eu pintor, era capaz de pintar essa baía dos ventos alíseos.

Nem sempre. Mas acontece muitas outras vezes.

Não é de dia, é de noite. Não é na Arrábida, é em Lisboa. Não estou no mar, estou em terra firme. Algures, a oriente da cidade, entre o Miradouro da Senhora do Monte e a Igreja da Penha de França. Há por ali muitas ruelas, casais da cidade com hortos e hortas, pracinhas com bustos olissiponenses. Mas, nas minhas errâncias, eu sei de certeza certa, que uma dessas ruas me conduzirá a uma praça com as dimensões do Terreiro do Paço, dominada por uma fachada barroca, género Santa Catarina, mas sem o Combro a fechá-la, antes abrindo-se para imenso ladrilho. A pedra é castanha velha e a igreja prolonga-se em dois vastíssimos solares que a cercam e prolongam.

Para não me repetir (exposto o tema, não convém que as variações variem muito) à medida que *sei* que me aproximo da praça mais teatral que jamais vi, sei também que o mais certo é estar a sonhar outra vez o mesmo sonho. Mas, quando chego ao fim da rua, incaracterística rua, a praça está lá, desta vez com indesmentível evidência. Não há mais ninguém, mas vão-se chegando insones, a quem eu aponto, tremendo, a certeza da minha fé. Eis pois que acordo e descubro a recorrência de outro sonho familiar. Sonho que sonhei tantas vezes que, fosse eu pintor, era capaz de pintar essa praça barroca, praça ideal do barroco ideal, revelação do pobre Borromini oculto que jaz no meu inconsciente, sem eu saber.

Às vezes tenho pensado que, quando eu chegar ao Céu (eu sei que presunção de salvação sem merecimento é pecado contra o Espírito) me vai acontecer, guardadas todas as desproporções, algo de aproximável a estes sonhos, se um dia pudessem acabar bem. Mas nunca ousei presumir que, nesta terra amarela, vossa delícia Senhor Saint-John Perse que estais tão esquecido, me pudesse acontecer algo de aproximável.

Aconteceu. Aconteceu a 27 de Maio, em Lecce, na Apúlia, cidade de que me tinham dito que era a Florença do Barroco. Chegámos a Lecce a 26 de Maio, quando anoitecia. O Hotel, recomendado por almas mui caridosas, ficava no centro da cidade, zona pedonal. Quando chegámos ao quarto, o criado, saboreando o efeito que queria criar, mandou-me ir até à janela e puxou do estore com todo o vagar. A exclamação foi irreprimível. Diante de nós, do outro lado da rua, a fachada de Santa Croce, o exemplo mais célebre do barroco de Lecce, com as colunas coríntias, as armas de Filipe III de Espanha, as cariátides zoomórficas e antropomórficas, a decoração inadjectivável de folhas de acanto, anjos e motivos florais. Iluminada, como só os italianos sabem iluminar. Ainda não tinha posto um pé na rua, já Lecce me tinha ganho.

Depois do jantar, passeámos pelas cercanias e, às maravilhas, as maravilhas se sucediam. Ouvi então falar, pela primeira vez, de Giuseppe Zimbalo, arquitecto do século XVII, o autor dessa fachada. Eu, que julgava ter algumas luzes de arquitectura barroca, desconhecia o maior dos nomes dela. A partir desse dia, Zimbalo é-me nome tão recorrente como sonho.

27 de Maio: tanta coisa vista, inultrapassável. À tarde, Lecce. E foi quando eu passava por uma rua onde se sucediam belos palácios e belas igrejas, que, de repente, olhei para o lado esquerdo e *vi*. Havia um pequeno peristilo, uma corrente aberta (era uma corrente, ou era uma recorrente?) e, após ela, a praça acima descrita, com a igreja, os dois palácios (palácio episcopal e seminário) e o campanário. Era a mais bela que eu vi? Apesar da minha tendência para os superlativos absolutos simples, não o devo jurar. Mas era a mais teatral e a mais onírica, concretização do sonho da Penha de França, estendido por quilómetros.

Muito tempo esperei, até que mo contassem. Nesse terreiro imenso já havia um Duomo, desde 1144. Parece que houve vários até que, em 1659, um bispo chamado Pappacoda (juro que é verdade) encomendou a Zimbalo um novo. Zimbalo decidiu desenhá-lo em paralela à rua, ou seja com a fachada principal virada para o umbigo da praça, onde já planeara construir os dois palácios. Só que assim privava os passantes de um espectáculo como o de Santa Croce. Por isso, se fixou na fachada lateral e fez dela a apoteose do barroco. O efeito onírico — o primeiro — provém da estreita entrada, que as correntes ainda mais apertam, até que esta se abre num fogo-de-artifício de formas e estilos como outro jamais eu vira. Depois, essa fachada é um arco do triunfo, dominado pela grande estátua do enigmático Santo Oronzo, que teria sido de Lecce primeiro bispo, virgem e mártir.

À esquerda do Duomo e mais perto da entrada da praça, está o Campanário, construído entre 1661 e 1682 por Zimbalo. É um dos mais altos campanários da Europa (70 m). Porquê essa altura, porquê tanto tempo? Porque, alquímico e mago, Zimbalo percebeu que só com essa imensa vertical, podia realçar e dinamizar as horizontais das fachadas de igrejas e palácios. O Pappacoda, a certa altura, desconfiou. Zimbalo foi posto a ferros mas não torceu. Ou o seu campanário ou nada. Libertaram-no e ergueu-o. Outros, depois dele, fizeram o palácio e o seminário, concluídos já no século XVIII e mais rococós.

Mas essa praça de pedra branca («la pietra a Lecce crea l'alma Natura») culminância do que Cesare Brandi chamou «barocchetto» (entre o plateresco, o barroco e o rococó) é simultaneamente a praça mais teatral e mais pictórica do mundo, a mais utópica e a mais imaginária. Quero eu dizer, a mais onírica.

Nessa mesma noite e na noite seguinte (as minhas noites de Lecce) cedo ou tarde que fosse, voltei à praça. Quando entrava no Corso Vittorio Emmanuele e me aproximava do tal peristilo, tremia de medo a pensar que, como nos meus sonhos da Arrábida e da Graça, a praça desaparecera. Mas, desta vez, a vitória era minha e de Zimbalo. Por três vezes, a praça esteve sempre, sempre idêntica e sempre móvil.

No centro dela, manchas no escuro, moviam-se, lentamente, insones como eu.

Quando eu morrer, como o mergulhador de Paestum, espero que ainda me dêem alguns segundos para rever a praça-baía de Lecce. Então me lembrarei que houve dia em que essa baía e essa praça não acordaram. Milagre de Lecce.

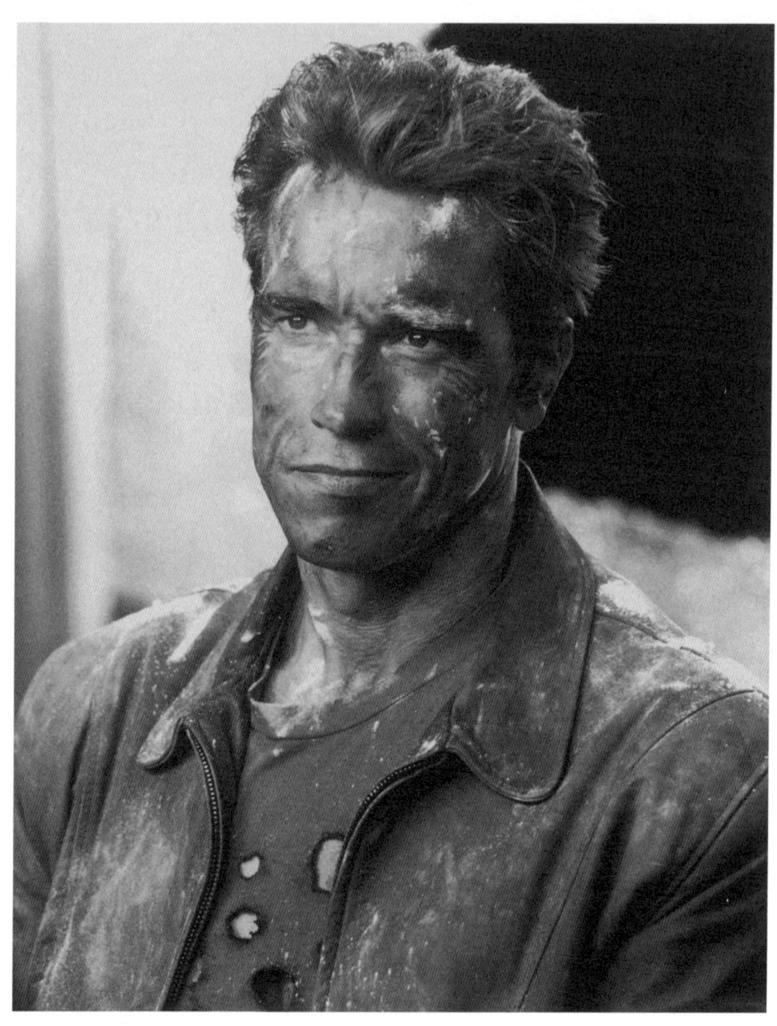

Arnold Schwarzenegger.

EUROPA 03

Por que é que um quiosque com jornais, numa estação de comboios, é um lugar irresistível? Nos aviões, distribuem a imprensa de cada dia, uma das últimas regalias que ficou de tempos idos (é verdade que são cada vez menos e, se o avião vai cheio, raramente chegam ainda além da fila quinze). Nos comboios não. Também já não há ardinas para os apregoar às janelas. De modo que, naqueles poucos minutos entre a compra do bilhete e o salto para o comboio, a busca do jornal é quase compulsiva. Já assim acontecia há muito mais de quarenta anos, quando ainda não tinha nascido ninguém e eu apanhava, na estação de Sintra, o comboio das 7 e 30, que chegava ao Rossio às 8 e 10. Quarenta minutos é um bom tempo para a leitura do jornal, fosse ele *O Século* a contar da morte de Pio XII e dos primeiros passos da república do Iraque, fosse ele *La Repubblica* a contar da morte de Katharine Hepburn ou dos últimos passos depois do fim da república do Iraque.

Mas, por acaso, no dia 2 de Julho, não foi *La Repubblica* que comprei no tal quiosque e de Katharine ou do Iraque não havia novas. *La Repubblica* «era finita» (a frase dava pano para mangas). À falta de melhor, comprei *La Stampa*, que comecei a ler, depois de me ter sentado para outra viagem de quarenta minutos, de que me reservo ocultar-vos o ponto de partida e o ponto de chegada.

La Stampa é-me simpática pelo formato. Deve ser um dos raros jornais do continente que ainda não se converteu ao tablóide, ou ao que eu julgo que se chama tablóide, pois que me perco sempre na terminologia massamédica. Ou seja, como nos matutinos do meu tempo, é tudo confortavelmente alto e largo. Quando a lemos, o nosso plano americano é elíptico a olhos alheios. Também não há qualquer semelhança entre o jornal desdobrado e um guardanapo ao pescoço.

Dois grandes títulos a toda a largura da larga página: «Ciampi: Europa, è l'ora della Costituzione» (a negro grosso) «Berlusconi: Nessuno può darci lezioni di moralità» (a negro fino). Pela precedência e pela força preta, percebia-se que o jornal valorizava mais as palavras solenes mas vazias do «venerando» chefe de Estado do que a bravata berlusconesca.

Quem quisesse perceber melhor (era o meu caso) tinha um curto editorial de Gian Enrico Rusconi (o director) intitulado «Não podemos dizer que não somos italianos». Rusconi começava por afirmar que «nunca foi tão difícil ser italiano na Europa, como nestes dias», recordando as reacções de Estrasburgo e a capa do *Der Spiegel*, que chamava a Berlusconi «o padrinho» da Itália. Seguia nesse tom, resumindo as reacções à presidência italiana, já não tratável ou já não mais tratável em termos de diplomacia convencional. Quatro parágrafos para esta conversa da vergonha, que se ouvia quase por toda a parte em Itália. Mas, nos dois últimos parágrafos, o jornalista-moralista advertia que, apesar de tudo, não se podia identificar a patologia berlusconiana com a patologia italiana. Atacar Berlusconi era uma coisa. Atacar toda a política italiana, todas as instituições italianas, todo o aparelho de justiça italiano, toda a sociedade civil italiana, outra bem diferente. Por isso, por difícil que fosse, era preciso contestar a identificação. «Não por ingénuo patriotismo, mas pela convicção de que um conhecimento mais complexo e mais crítico da vida italiana, é bastante mais instrutivo para os nossos amigos europeus.» O artigo não aquece nem arrefece, mas é instrutivo. Não se nega a roupa suja, mas pede-se que seja lavada em casa, ou como recomendou Casini: «não exportemos polémicas internas». Quando a Itália preside à Europa e quando a Europa se pretende casa de todos nós, separar assim as águas é um bem irónico começo. Os italianos, acima de tudo, são italianos. A ter que renegar alguma coisa... O jornalista não o dizia mas estava implícito. O mesmo se passaria em qualquer outro país da Europa, nas mesmas circunstâncias. No dia seguinte Berlusconi tornava evidente a moral da fábula ao chamar nazi a um deputado alemão. Por maior que seja a indignação, ainda nenhum de nós se esqueceu que a suástica nasceu na Alemanha e que os padrinhos (para não falar em Benito Mussolini) nasceram em Itália. Algum dia nos vamos poder dizer europeus com a mesma memória?

Nessa altura, destapei-me do jornal e gostei de me reconhecer em Itália, em plena Emilia Romana, entre vinhas e ciprestes, sob a mais doce luz do mundo.

Voltei ao jornal. Ao centro da mesma primeira página, concessão aos tempos que passam, uma enorme fotografia a cores. Um efebo louro, de cabelos bastante compridos, casaco de linho branco aberto, enorme fio de ouro ao pescoço, jeans rotos nos joelhos e uns magníficos sapatos. O porteiro de um hotel de luxo — desses que, para mal dos meus pecados, um dia eu confundi com um general de quatro estrelas — segurava ainda a porta da imensa limousine donde o rapaz acabara de sair. Adivinharam quem era? Eu tive que ler a legenda e aprender que lhe chamam «spice boy». A foto era a da chegada de David Beckham a Madrid, após aterrar no aeroporto militar de Torrejon de Ardoz, privilégio até então reservado aos chefes de Estado.

Ao longe, viam-se árvores e alguma multidão. Victoria Adams não foi apanhada pelas objectivas. Só ele, «come una rock star». Afinal, a Itália talvez não esteja tal mal assim. No primeiro dia da era Berlusconi à hora europeia, a grande foto de honra era a de um jogador inglês ao serviço de um clube espanhol. Afinal, será que a Europa existe mesmo? Como bem sabia Butor, não há nada que nos modifique mais do que uma viagem de comboio.

Os meus olhos continuaram a caminhar da esquerda para a direita (é vício antigo).

E, na coluna da direita, quase simétrica à coluna do apelo a um resto de italianidade, comentavam-se, noutro artigo, as crescentes possibilidades de Arnold Schwarzenegger vir a ser, a curto prazo, governador da Califórnia, seguindo os passos de um certo Ronald Reagan.

Aí, eu que até tenho uma certa fixação no actor, como um dia tentei explicar sem sucesso ao Miguel Sousa Tavares, não consegui deixar de rir a pensar na cara dele (desculpe, Miguel) e na de tantos outros como ele, que já não vêem Bush direito, se um dia Arnold Schwarzenegger chegar à Casa Branca. Lembrei-me daquela fotografia trocada que tanto faz rir os meus netos e que um dia tirei em Hollywood, onde a minha cara repousa sobre os peitorais quadrados do antigo Mr. Universe (cinco vezes) ou Mr. Olympia (sete vezes).

Segundo a notícia do *La Stampa*, Schwarzenegger segue com idêntica atenção a carreira do seu recentíssimo *Terminator 3* e as peripécias políticas da carreira do democrata Gray Davis, que um referendo pode afastar do governo da Califórnia. Nas ante-estreias do filme, faz comícios políticos; nos debates da televisão, conta histórias do filme. Quando o censuram por misturar tão às claras as leis do box office com as da política, responde — ou respondem por ele — que Hilary Clinton promoveu o seu livro assumindo-se como futura candidata à Casa Branca. *There's no business like show business.*

Fiquei ainda a saber mais. Se, por acaso, o tal democrata Davis se aguentar e só houver eleições em 2006, Conan, o Republicano, disputará as primárias no seu partido contra Condoleezza Rice. Nenhum republicano esquecerá — para o melhor ou para o pior — que Mrs. Schwarzenegger, eventual futura Primeira Dama, é uma Kennedy, sobrinha do presidente assassinado em Dallas e, ela, democrata dos quatro costados.

Em *Terminator 3*, que ainda não vi, «The Austrian Oak» (não me peçam para traduzir) é um cyborg que vem do futuro para salvar o mundo. Aos 56 anos, que os fará a trinta deste mês, Arnold Schwarzenegger conta com o futuro para guardar o passado. Quem viver verá, que eu por mim não deito foguetes antes da festa.

Naquele dia, chegado onde tinha que chegar, não passei da primeira página do jornal.

Ainda lá havia espaço para anunciar que a Black & Decker está em vias de concluir o mais paranóico dos negócios na China dos dois sistemas, e para informar da morte, aos 91 anos, de um médico de Modena que julgou ter descoberto a cura do cancro.

Para mim, ainda houve espaço, antes de mergulhar noutros mundos mais outroras, de me perguntar se dormira ou sonhara, naquele comboio, aquele jornal que começava em Berlusconi, acabava em Schwarzenegger e passava por David Beckham, sem roçar em Saramago. O comboio e eu podíamos estar em Itália. O jornal estava na Europa. Europa 03. E tanto fazia ser aquele como qualquer outro. Todos, todos são iguais, como já sabiam as gralhas de Agustina.

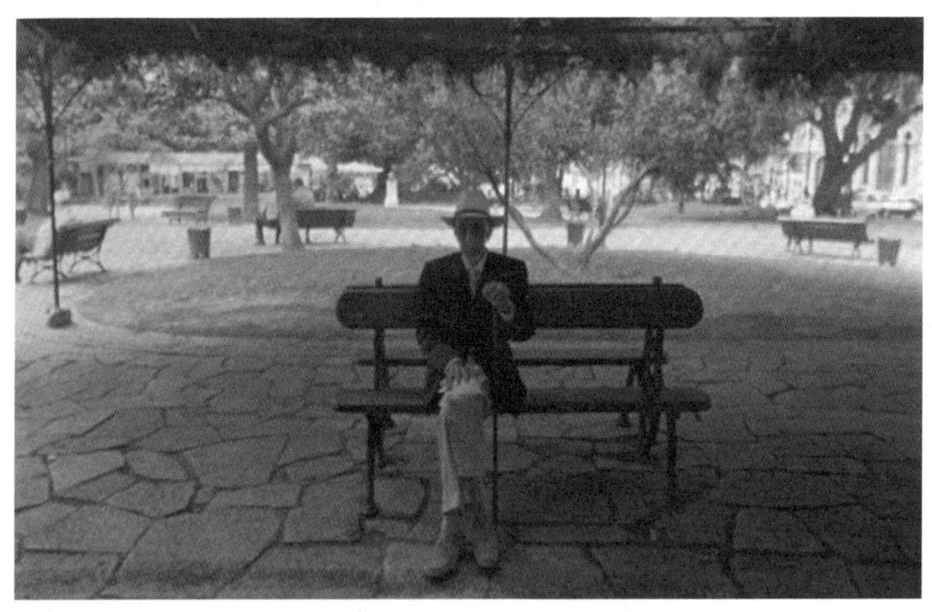

João César Monteiro, *Vai-e-Vem*, 2003.

VAI-E-VEM

Não vim logo que soube. Tive que dar tempo ao tempo. Um tempo para as idas, outro para as voltas. Mas, desde que vi, logo soube que este não era filme que se aquietasse com o ponto de vista que dizem ser de Sírio, ou da galáxia inicial de *A Comédia de Deus*. Sírio nele (nada a ver com Cães Grandes ou Cães Maiores) só se for a Estrada de Damasco e o que alguns sabem que aconteceu nela. Coisas muito próximas, demasiado próximas, nenhuma marchetada distância. Tudo isto para dizer que eu sei que vou escrever sobre o último filme de João César Monteiro e sei que João César Monteiro morreu no cinema e morreu na vida. *Vai-e-Vem* veio e vai com a marca da morte. E se pensarem — os lusíadas são mui coitados — que «marca da morte» parece título de filme de terror, não serei eu quem vos afaste dessa pista. Embora muitas outras me pareçam bem mais sedutoras.

Aí pelos meados do século findo, esteve muito em voga dizer-se que a *última obra* representaria um *topo*. Em tempos — mas sempre no século passado — organizei mesmo um ciclo com últimas obras, para examinar essa questão. Como João César Monteiro diz a Jacinta — a terceira das suas mulheres-a-dias, a propósito de outras coisas que também aparecem feitas — «as opiniões dividem-se» e «é com a subjectividade de cada qual». Mas, se há «últimas obras» que nada parecia predestinar a últimas (em nos distraindo ou em Deus se distraindo, acontece) há «últimas obras» que todos, a começar pelo próprio, sabiam que seriam últimas. *Vai-e-Vem* está neste caso. O tal saber de experiências feitas (por vezes tão falaz) não se inquietou com o filme seguinte. Atemorizou-se à ideia que *Vai-e-Vem* não acabasse, que o movimento da vida cessasse antes do movimento da câmara. Por muito pouco necrófilo que se seja, é quase impossível deixar de associar filmes filmados nessas circunstâncias a filmes — testamento.

Quando, num plano especular, que parece póstuma homenagem a tantos e tão belos planos especulares da obra de César, se vai Urraca — a das barbas — que, sem elas ficou igual, «sem tirar nem pôr», a Adriana, essa dimensão, sempre latente, invade tudo (banda-imagem e banda-som) na nona das dez viagens do eterno vai-e-vem do autocarro da carreira 100. É quando o coro dos ucranianos canta a canção «Enganaste-me, traíste-me». E o protagonista ou a protagonista da canção (nesse coro, o sexo é indefinido) também foi enganado e traído dez vezes, entre a segunda-feira de uma semana e a quarta da semana seguinte.

É a seguir a essa viagem que lemos no autocarro, onde, logo no princípio, viramos, em vez dos habituais anúncios, «A única luz é a do arcabuz», a frase «Some came rambling». No filme de Minnelli de 1959, alguns (sobretudo verdade para Shirley MacLaine) passaram a correr. Neste, João Vuvu passou a *vaguear*, ou a *vadiar*. João de Deus, Max Monteiro, João Vuvu, ou seja quem for o personagem que João César Monteiro habitou entre as *Recordações da Casa Amarela* (1989) e *Vai-e-Vem* (2003) foi, acima de tudo, o Vagabundo. Talvez, depois de Chaplin, ninguém merecesse tanto esse nome como ele.

Vagabundos são as almas e os corpos penados. Sem eira nem beira, ou com eiras ou beiras desvairadas e desbocadas. Às vezes dá-nos para rir, outras vezes para chorar.

Não me aquenta nem me arrefenta que me digam que *Vai-e-Vem* (o projecto) já estava escrito antes de João César Monteiro ter tido a maleita, ou a coisa má, de que fala o povo. A abissal diferença, que se começa a carregar na única vez que João Vuvu não pára na paragem do costume e na única noite (pasmosa noite, pasmoso plano) em que o vemos sozinho, sentado no banco que há debaixo do caramanchão que suporta as ramagens do centenário cipreste (*cupressus Lusitanea Miller*), a abissal diferença, dizia eu, e viu ele, é que quando voltarmos ao caramanchão e ao cipreste, o olho que nos olha e que nós olhamos é um olho morto. Efémero triunfo da imagem fixa sobre a imagem animada? Eu sou dos que acreditam nisso. Mas isso nada retira ao horror do olhar que parou. É por isso que se fecham os olhos aos mortos, para parecer que dormem. O olho que nos olha durante insuportáveis minutos, no final do filme, até que termine o moteto *Qui Habitat* de Josquin Desprez, não se fecha, nem ninguém o fecha. Antes vemos, reflectida nele, a árvore dos mortos e, durante alguns segundos, (fizeram-me ver, pois eu sozinho não seria capaz) uma mancha encarnada, talvez um vestido de mulher ou uma mulher que passa vestida nele.

Quando João Vuvu e Fausta (Manuela de Freitas) vão aos refrescos, antes de irem aos leões de São Bento e ao plano radicalmente mais subversivo de toda a história do cinema português, Manuela de Freitas fala de irrealidade: «Parece que estive não sei onde...». Responde-lhe César: «Tens essa impressão de irrealidade porque estiveste, de facto, no outro mundo, mas não te preocupes: regressaste viva de entre os espectros.» «Cheirava a mofo», comenta ela. «É o cheiro do mundo das quimeras», explica ele.

Por mim, não sei bem explicar por que é que esse sentimento de irrealidade me parece acompanhar não só aquele longo plano fixo como quase todos os outros que se referem às mulheres de Vuvu (além das já mencionadas, Custódia, a da cara-sem-olhos, Narcisa, a «Antigone with the wind», ou Bárbara, a mulher-polícia).

Os sinais exteriores são bastante reconhecíveis para quem conheça o cinema de César Monteiro com João César Monteiro. Lá estão, desde o começo, a árvore primordial e o Príncipe Real; João César Monteiro como só ele, inimitável e único; as meninas de João César, umas novas outras antigas, inimitáveis e únicas; os enquadramentos inimitáveis e únicos; a belicosa coexistência entre o sagrado e o profano; o «pas de plaisir sans pénis»; a prodigiosa inventividade e riqueza dos melhores diálogos jamais escritos em português; as múltiplas citações e autocitações.

Mas João Vuvu é muito diferente de João de Deus. Se tem, como o outro tinha, a resposta pronta (muitas são antológicas e algumas ontológicas) nunca tem a autoridade do outro, nem o seu tom sentencioso e implacável. Recorre bastante menos aos provérbios e, se nenhuma das meninas lhe faz o ninho atrás da orelha, a nenhuma trata por cima da burra.

À excepção do já tão falado plano final, nunca o vemos em grande plano e assim o olhar de César parece, mas quase nunca é. Só por uma vez, antes de chegarmos às portas da morte, eu vi um plano que podia ser do João de Deus antigo. Inevitavelmente, reporta-se ao cipreste e reporta-se a um vai-vem. A rapariga da bicicleta que passa e volta a passar. A certa altura, ele levanta-se, dá uma corridinha, com aqueles passos dele e parece querer que ela venha ou que ela vá. Mas logo desiste. Meninas daquelas já não são para ele. São aparições, água que escorre. O contrário de Emília, a última que permitiu que ele lhe abençoasse a cueca.

Quer isto dizer que *Vai-e-Vem* não tem o sopro de outrora? Se pensaram nisso, mea culpa. O que eu quero dizer é que o movimento — aqui — é para o fundo e para dentro e que toda a comédia acabou, mesmo quando é zarzuela. Dividido em cenas como o projecto de *La Philosophie dans le Boudoir*, de que este filme herdou a «posição» ou «o dispositivo», *Vai-e-Vem* recapitula, em total solidão, o que já só pode ter vida no eterno retorno do cinema.

Mas é impossível acabar sem falar do mais desmedidamente genial.

Na 10.ª e última viagem — única durante a noite e ao fim da noite — João Vuvu é o único passageiro. Até que entra aquele miúdo com o cãozinho e o acordeão. «Apita o comboio / Vai sempre a apitar». Lembramo-nos do genérico e do fígado lançado às aves. E só na cena das *Recordações*, quando João de Deus visitou a mãe, nas escadarias do solar, houve tanta doçura e tanta dor. «Por mim, fazias 11 anos».

Mas dele já não depende nada, que lhe foram ao sítio onde a Alemanha perdeu a guerra, como algures o próprio César escreveu.

O sonho da morte a preto-e-branco é o sonho de quem vai morrer. É Dreyer do avesso ou seja do direito. Qualquer outro comentário seria blasfémia. A cor volta e «a menina dos caracóis e lacinho no cimo da cabeça, abeira-se do esquife, empoleira-se numa cadeira e derrama sobre o defunto, em câmara lenta, uma chuva de pétalas de crisântemo». Contam-se pelos dedos da mão momentos de cinema como esse.

E ainda há Dafné, a filha de Gaia, ou a futura Pasifae, aquela que só lhe pôde dar a sombra, aparecendo e desaparecendo do alto da árvore. «Não te conheço», diz-lhe João. «Eu, sim» responde a ninfa. «Vejo-te todos os dias, quando vais e quando vens».

João veio numa tarde e deu de comer aos pombos. João vai-se noutra tarde, à sombra do acipreste. «Quando fores ter com a tua amada, João, nunca te esqueças de levar o chicote». O que isto quereria dizer só um o saberia e morreu. Chamou-se João César Monteiro. *Vai-e-Vem* também pode ser o seu *Rosebud*. *Rosebud* é uma imagem recorrente de *Vai-e-Vem*.

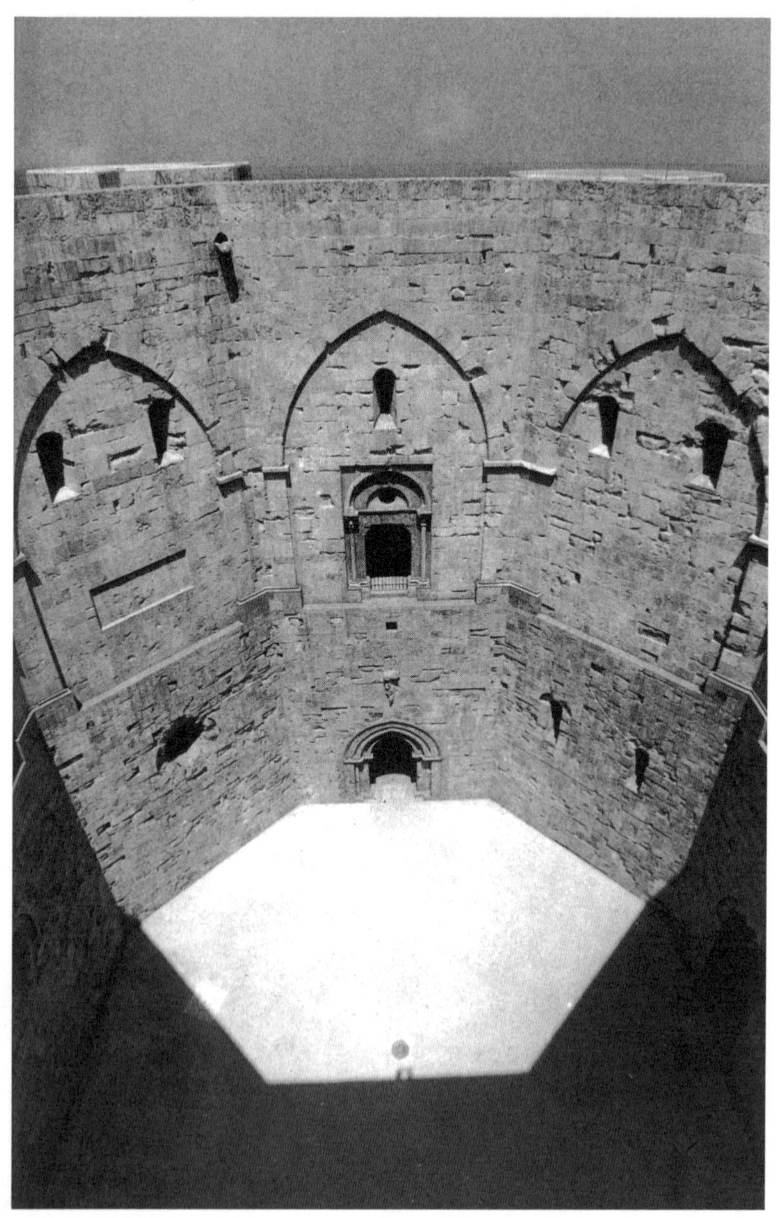

Castel del Monte, Apúlia.

STUPOR MUNDI

Morreu o Prof. Henrique Barrilaro Ruas, que, há um ror de anos, foi meu professor de Paleologia e Diplomática na velha Faculdade de Letras, quando as Letras se escreviam no Convento de Jesus. Era então um homem de trinta e tal anos, esgarçado e esgrouviado, bastante tímido, bastante introvertido. Era diplomata no sentido de ser um homem zeloso das conveniências sociais, mas se cultivava a tradição não curvava a cerviz. Ao longo da vida, surpreendemente para a ideia que fiz dele nesses idos dos anos 50, tive-o por companheiro em algumas lutas que não eram para tíbios, opositor tão fundo quanto fundo era o seu catolicismo e o seu monarquismo. Com o tempo, foi deixando crescer hirsutas barbas, bastas e cerdosas. Não me lembro de o ter ouvido levantar a voz. Mas fixei-lhe bem as mãos quando manuseava diplomas antigos. Com ele aprendi a ler alguns, como aquele que rezava do som da campã tangida e que, sei lá eu porquê, tanto me ficou na memória. Era da rara espécie de homens a que cabe o nome antigo de homens bons, com atenções insólitas e distracções germinativas. Perdi-o de vista muitas vezes, mas, de vez em quando, mandava-me um sinal. Sempre de vida. Acredito que vou continuar a receber sinais desses.

Como muitas outras coisas importantes, aprendi depressa e esqueci depressa o que ele me ensinou. Na altura, já conseguia ler, com algum à vontade, manuscritos do século XV ou do século XVI. Hoje, voltei à anterior ignorância. Mas lembro-me do dia em que lhe fui pôr uma dúvida qualquer, enquanto ele zelava por um exame escrito de Numismática. O velho livro que estava a ler, fac-simile de uma edição da Biblioteca do Vaticano, era o *De Arte Venandi Cum Avibus* (*Da arte de caçar com aves*, em tradução de trazer por casa), o famoso tratado de falcoaria escrita por Frederico II Hohenstaufen, Imperador do Sacro Império, cerca de 1230.

O Imperador (leitura de história medieval, leitura de filosofia medieval, nesses anos de ritos, de Ribeiros Soares e de Virgínias Raus, anos crípticos entre os anos crípticos) começava então a ser uma das paixões da minha vida. Hoje, as fontes mais autorizadas são bastante reticentes face às teses de Winkelmann, ou sobretudo de Kantorowicz (o primeiro nos fins do século XIX, o segundo entre 1927 e 1931) que o consideraram o primeiro dos monarcas modernos, o homem do primeiro renascimento, precedendo duzentos anos o Renascimento consagrado. Mas, digam o que disserem, não houve outro reinado da Idade Média em que tanto se demandasse o conhecimento. E os reinos do Imperador iam do Reno à Silésia, de Génova à Palestina, da Floresta Negra ao reino da Sicília.

Frederico, órfão de pai aos 3 anos (em 1197) foi levado pela mãe — a Imperatriz Constança — para a Sicília, onde foi coroado rei aos 4 anos. De 1197 a 1212, viveu na convulsa Sicília de árabes e normandos, bizantinos e judeus. Teve a sorte de crescer num dos únicos centros onde a cultura clássica ainda florescia e onde a sabedoria oriental ainda penetrava. Sábios eram muitos mais do que sete e ainda hoje não podemos bem saber o que esses homens sabiam.

Pelo que Henrique Barrilaro Ruas me explicou, fiquei com a ideia que o tratado venatório do Imperador era sobre tudo menos sobre a caça, ou que então a caça era um mundo que metaforicamente englobava todos os outros. O olhar do falcão.

Já não me lembro como a conversa veio parar aos esoterismos. Henrique Barrilaro Ruas chamou-me a atenção para um terreno particularmente armadilhado. Porque quando ouvimos a palavra, a homofonia pode-nos prender o pé. Esoterismo, com *s*, diz-se de uma doutrina que os filósofos antigos comunicavam apenas a um escol de alunos, ou seja uma doutrina para iniciados, restritiva e restringente. Exoterismo, com *x*, significa exactamente o contrário e diz-se das doutrinas abertamente ensinadas, por todos e para todos.

O «renascimento hohenstaufiano» terá sido esotérico ou exotérico? Em 1228, Frederico II, já excomungado pelo Papa Gregório IX — que nesse mesmo ano canonizou São Francisco de Assis, seu amigo tão dilecto — conseguiu, através de negociações, o que cinco cruzadas e duzentos anos não haviam conseguido: Al-Kamil, sultão do Egipto, entregou-lhe Jerusalém, Belém e Nazaré. Tão fulgurante sucesso fiou-se muito mais da personalidade magnética do Imperador («Stupor Mundi» ou «Immutator Mundi», como tantas vezes foi chamado) da que do poder dos seus exércitos. A 18 de Março de 1229, Frederico II coroou-se a si próprio Rei de Jerusalém na Igreja do Santo Sepulcro. Foi esotérica ou exotericamente que se espalhou o rumor que ele era o Messias, na sua vinda final, ou mais modestamente, a reencarnação de David? Mas foi a turba que permitiu a comparação das duas entradas na Cidade Santa: a de Cristo no Domingo de Ramos e a de Frederico II em 1229. No ano seguinte, a excomunhão foi-lhe levantada em Ceprano, sem que o papa ignorasse que o monarca era, ele próprio, o autor de uma proclamação em que se reclamava de atributos crísticos.

Que sucedeu depois da sua morte, em 1250, na Apúlia? Metade da Europa não acreditou nela e, quarenta anos depois dessa data, ainda apareciam falsos Fredericos. Diziam que se lançara ao Etna, donde voltaria, envolto em chamas, na próxima erupção. Outros profetizaram que viria no dia final, à direita de Deus Pai, para punir a mundanal igreja, os cupidíssimos pontífices e fundar o Sacro e Eterno Império.

Há treze anos, eu próprio, que creio mais para ver do que vejo para crer, entrei a medo na Catedral de Palermo, essa catedral que foi basílica bizantina, mesquita muçulmana, catedral normanda, templo gótico e teatro barroco e hoje é, esotérica e exotericamente, tudo isso. O interior até é mesmo nada disso, transformado em forma neoclássica, nos finais do século XVIII. Mas nas capelas de nave direita estão os túmulos do Hohenstaufen, da sua primeira mulher, Constança de Aragão, com quem casou aos 15 anos, tinha ela 25, do pai Henrique IV e do avô normando, Rogério II, esse que mandou construir a Capela Palatina. A família reuniu-se depois de tantas mortes, em vésperas sicilianas («Mosso Palermo a gridare: Mora, mora»)? Ou há outros fantasmas a repousar sob as lousas tantas vezes quebradas? É bem certo que D. Sebastião também parece jazer num túmulo dos Jerónimos.

O que é ainda mais certo é que sempre perseguindo Frederico, de Palermo à Terra Santa, de Melti a Parma, sempre Frederico se volatilizou.

Por isso, este ano, na por mim tão badalada viagem à Apúlia, marquei-lhe especial encontro em Castel del Monte. Muito perto dali, noutro castelo apúlio, parte de um mesmo plano ou despiste de um mesmo plano, em Castel Fiorentino, morreu o Imperador, de morte súbita.

Lembro-me desse dia muito devagarinho. Uma manhã na Catedral de Bitonto, que abriu e fechou só durante as horas em que estivemos na cidade. Criptas aquáticas, mosaicos *cum avis*, grifos e trifões. Um longo percurso, depois uma longa subida até ao românico mais puro. Tão puro que era pecado falar.

Segui o caminho para Andria, Ruvo, Corato. Depois uma placa que dizia Castel del Monte, mas onde nenhum castelo nem nenhum monte se viam. Havia uns restaurantes, umas lojas para turistas e um grande parque de estacionamento. Ficámos a saber que não se podia passar dali, a não ser num autocarrozinho que dali sai de meia em meia hora.

Lá fomos. Subiu-se muito, cerca de 540 metros. Era o alto de um monte e o castelo mesmo no cima dele, adivinhava-se bem. Nova subida, agora a pé, e, num súbito traveling, o octógono de pedra loura.

Castelo vem de «castrum». Fortificações, guerras, defesas e ataques. Mas Castel del Monte não tem ameias nem pontes levadiças, não tem torres nem barbacãs. De toda a evidência, não foi feito para a guerra. Mas também não foi feito para a paz. Menagem não é termo que lhe seja propício, pois que nos seus três imensos andares, todas as salas parecem iguais e nenhuma sugere a ideia de habitação. Descobriram-se casas de banho, como outras desse tempo se não conservam, é possível pensar que algures talvez tenham existido cozinhas ou quartos, mas, se compararmos o plano com qualquer palácio da época, tudo perde nexo.

Alguns aventaram — conhecida a paixão do monarca pela caça — que Castel del Monte fosse edificado como pousio de uma corte caçadora. Mais uma vez a comparação com construções análogas retira verosimilhança à ideia.

Que é ou que foi? O «castelo ideal», antecipando o ideal renascentista? Um labirinto, elemento recorrente da arquitectura medieval? Ou outra coisa qualquer, por ventura um edifício sem nenhuma finalidade concreta e com todas as finalidades abstractas? Os matemáticos percorrem-no como a demonstração das teorias de Pitágoras, de Vitrúvio e dos matemáticos medievais da escola de Pisa. Os «números sonoros», os «números mágicos» e, regendo tudo, o «número de ouro» (1618), o número da harmonia do mundo e do corpo perfeito, o número do homem como microcosmos. Já se disse que Castel del Monte representa idealmente quer o homem quer o universo. Esotérico, aguarda o tempo em que possa ser finalmente exotérico. Construído em variações sobre o número 8 (o número das fontes baptismais e o número da ressurreição) aguarda que esse número chegue, sobrepondo-se ao 6 da besta apocalíptica.

Não estou mais em Castel del Monte. O leitor também não. Também não mais vive o Prof. Barrilaro Ruas. Se eu continuasse a falar-vos do 8, dos oito quartos de cada andar, da figura do trapézio e da relação do número de ouro com o homem como microcosmos, provavelmente arruinaria o resto da minha reputação, própria e alheia.

Quando saí de Castel del Monte, havia a sombra da tarde e um vento raso. De longe, olhei para aquele imenso octógono e percebi que não tinha percebido nada. Só em momentos desses — tão raros — entrevemos que podemos perceber. Mas passa logo. *Stupor Mundi*.

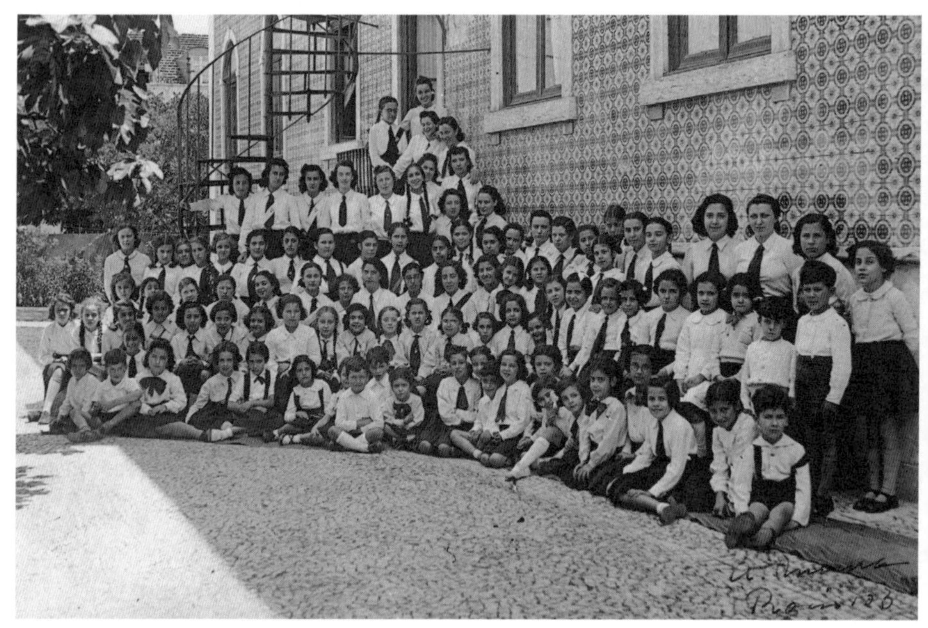

Colégio de São José.

MAIS OU MENOS COMO AGORA

A mãe da minha sobrinha — posto que nem minha irmã, nem minha cunhada, nem minha prima co-irmã, nem da minha mais remota parentela — quis que a filha dela me mandasse a fotografia que vêem na página anterior. Tinha alguma convicção e — quem sabe? — uma secreta esperança que eu fosse um desses meninos. Meninos tão poucos para tantas meninas, que figuram, dispersos e esparsos, nas duas primeiras filas dessa fotografia do Colégio de São José, das Irmãs Dominicanas. A qual, fotografia, foi captada a 9 de Junho de 1940, treze dias antes de Hitler ter assomado, vitorioso, à vasta varanda do Palácio de Chaillot, para dela contemplar a Torre Eiffel. Talvez eu estivesse lá, mais ou menos como agora. Podia ser, muito sentadinho, o segundo a contar da esquerda ou, mais desajeitado e de alça descaída, o primeiro a contar da direita.

A mãe da minha sobrinha, embora eu a não conheça, não é Senhora de inventar coisas, pelo menos assim do pé para a mão. Lê os meus textos (pelo menos ao que diz a filha da mãe da minha sobrinha) e nalgum deles terá aprendido que eu frequentei o Colégio de São José. Um rapaz num colégio de freiras? Até isso eu expliquei não me lembro bem onde, para que não se pusessem a imaginar coisas. As freiras de São José, se eram rigorosas no sexo a partir do que então se chamava a 1.ª Classe (6-7 anos) praticavam a permissividade para as classes infantis (4-5 anos). Nessas idades, rapazes e raparigas podiam coexistir, já que as religiosas nunca tinham ouvido falar em perversos polimorfos e o Dr. Freud era um morto recente, com menos de um ano de cemitério. As irmãs de São José acreditavam muito mais nos poetas Augusto Gil e Manuel António Pina. Mas as crianças, Senhor. Mais ou menos como agora.

Ignoro as razões que levaram os meus pais a escolher, para uma das minhas irmãs e para mim, o Colégio de São José. Mas que eu lá estive cerca de seis meses, juro-o à fé de quem sou. Só que, segundo as minhas contas, e nesse género de contas até não faço má figura, só entrei para lá em Outubro de 1940. Nunca lá fui antes, só uma vez voltei lá depois. Logo, por mais Antonionis que sejam (lembram-se do *Blow-Up*?) nunca me podem ver nesta fotografia. Eu não estou lá. E era novo de mais na terra para lá estar o meu fantasma. Mesmo para além da escada de caracol. Esta fotografia de tantas presenças é a fotografia da minha ausência. Falhei por pouco, mas falhei. Mais ou menos como agora.

Mas a fotografia deixou-me pensativo. É que eu não me lembro de nada, nem daquela grande árvore (que árvore será?) ao fundo e à esquerda, nem dos azulejos das paredes, nem da citada escada de caracol. Também não me lembro do pátio, nem daquela menina que está lá em cima a assomar à fotografia ou com a fotografia a assomar-se a ela. Nem me lembro que as meninas de São José usassem saias pretas e camisas brancas. E como é que eu, que vi o Diabo pela primeira vez num vão de escada do Colégio, que, pela primeira vez, tive pensamentos escuros com cabelos claros num corredor do Colégio, como é que eu me esqueci que as freiras impunham gravata às raparigas (bem digo que nunca leram Freud) e deixavam os rapazes privados de tal pendência?

Mais pensativo, pensei: os circunstantes, a 9 de Junho, preparavam-se para ir de férias. Muitos deles (a maioria?) quatro meses volvidos (nesses tempos as férias das crianças duravam quase tanto como as dos juízes) regressaram certamente ao estefânico edifício. Fui colega deles, talvez amigo de algum ou alguma. Mas nem com toda a minha imaginação, ajudada por toda a minha memória, consigo lembrar um só ou uma só.

Não está lá a Leonor, essa que tinha os cabelos tão louros cortados tão curto e foi completamente inacessível à minha assolapada paixão. Tão gravada me ficou na cachimória que, aninhos depois, foi ela quem vi, descalça pela verdura, formosa mas não segura. É possível que exagere (nunca como agora exagerei tanto) mas julgo que era ainda ela quem vi, muito, muito mais tarde, voando na estrada preta, sobre a praia, de lambreta. Ela olhava-me de alto, eu olhava-a do fundo e assim, miúdo ignaro, metia as mãos no mundo.

Não está lá a Ana Maria (não é essa, era outra) que usava imensos canudos e cantava a «Amapola», em tempos do «Begin the Beguine». Uma criada tinha eu, Eulália chamava-se ela, que, surpreendendo-me um dia um olhar, me atazanava com insinuações. Enquanto me vestia e penteava, cantarolava, muito desafinada, «Ana Maria, Amapola», tornando-me ainda mais lúgubre esse ritual de ovos estrelados e camioneta verde, com uma professora (leiga) a quem chamávamos «o elefante de óculos». Má como as cobras, metia-me as mãos pelos calções e falava dele como se ele fosse uma pessoa.

Não está lá o Luís, também muito louro também muito azul, que foi o primeiro amigo que eu tive. Quando me levaram do colégio, eu já tinha 6 anos e já o Tio Eugénio tinha morrido na Sertã, abraçou-se a mim a chorar e a dizer que queria ir também. Separaram-nos, não sei se doce, se amargamente.

Vi com uma lente estas tantas outras caras todas e nenhuma me evocou fosse o que fosse. Também raras usam os galões que eu mais admirava naquele triste colégio. Consoante a bondade das meninas, era-lhes consentido usar a tiracolo uma larga fita de seda, branca, azul ou amarela. A ordem era decrescente, com o branco angélico no cume da hierarquia e o amarelo solar, mais rente ao solo. Disso me lembro mais ou menos como agora. Para que me vieram desinquietar? Meus tão castos lençóis.

Estava a falar de anjos? Estava. Mas já falei de Diabos e daquele que eu vi, no vão da tal escada, de patas para a frente e corpo de perfil, olhos de mulher, peito de leão, corpo de cabra, cauda de serpente.

Lembro-me que foi pelas 2 da tarde. Almoçávamos cedo, almoços vindos de casa em tachos ainda não pressurizados. O pior era o peixe cozido, ainda a boiar na água e que a criada do colégio se limitava a aquecer. Naquele dia, explicou-nos que antigamente as senhoras usavam fatos até chão. Eu respondi-lhe que não era só antigamente. A minha Mãe usava vestidos desses quando ia a S. Carlos. Ela nada sabia de S. Carlos. Pelo que eu lhe disse, percebeu que era um teatro e fez-me passar pela suprema humilhação de me imaginar filho de uma actriz. Jurei que não e fiquei furioso.

Fomos para a aula. A aula da Irmã de São Gabriel. Papo de anjo e barriga de freira, julgo que almoçava como uma madre, mas posso estar a levantar falsos testemunhos (foi sempre o pecado que mais me atemorizou). O que é certo é que ao mínimo ruído (e ruídos, mínimos ou máximos, havia-os todos os dias) impunha, severa e aliviada, o castigo do costume. Fechava as madeiras das janelas, até que a sala ficasse assaz penumbrosa, e mandava-nos deitar a cabeça nos braços e dormir. Ela seguia-nos o exemplo e ai de nós se a acordássemos.

Em caso de urgências, sabíamos como proceder. Levantávamo-nos muito devagarinho e, pé ante pé, íamos até junto dela e perguntávamos-lhe, sussurradamente, se podíamos ir fazer chichi. Um vago grunhido valia como consentimento. Foi o que se passou naquele dia. Mas quando eu ia a entrar na casa de banho, olhei e vi o Maligno. Dei um berro imenso, corri para a aula e não houve sono que resistisse. As freiras saíram de todos os cantos como os frades de Carpaccio, quando viram São Jerónimo voltar com o leão. Mulheres de muita fé, nenhuma pôs dúvida que eu tivesse surpreendido o Porco Sujo. Fui chamado à Superiora (Madre de São José? Não juro) uma velhota gorda e assilvinada. Contou-me de mil outras aparições a mil infantes como eu. Deus também andava por ai de calças arregaçadas e uma outra madre tivera-o recentemente como companheiro num táxi. Vinha da guerra, que o entristecia muito. Ia-se refugiar nos Estados Unidos.

Assim, a goraz cozido, a fitas celestiais e a louríssimos cabelos, fui eu introduzido ao mundo da educação, e ao mundo da religião. Foi muito antigamente? Não. Foi mais ou menos como agora.

Por isso, gostava de estar nesta fotografia que, apesar de tudo, me pertence. Por isso, a mãe da minha sobrinha não se enganou ao mandar-ma. Todas essas crianças são as minhas crianças e os meus juízes, irmãos humanos que antes de mim ou comigo viveram. Sabem-no e não têm corações endurecidos.

Talvez por isso a filha da mãe da minha sobrinha me tenha enviado também, com o último livro de poemas dela, ou com o último livro de poemas de Adília Lopes, uma reprodução, que eu não conhecia, do quadro de Constable chamado *A Álea dos Juízes em Hampstead.* Fabulosa reprodução, fabulosas árvores, terríveis juízes. Já era assim em 1822 (tempo de Constable) já era assim em 1940 (tempo do Colégio de São José). Mais ou menos como agora, só que com menos terra queimada.

Como já dizia a minha sobrinha que Agatha Christie dizia (dizes… / que eu nada que tu digas acredito) «A Norma não é normal.» Eu seria ainda mais categórico: «Só a Norma não é normal.» Robert Musil não disse isto? Ai, a minha cabeça!

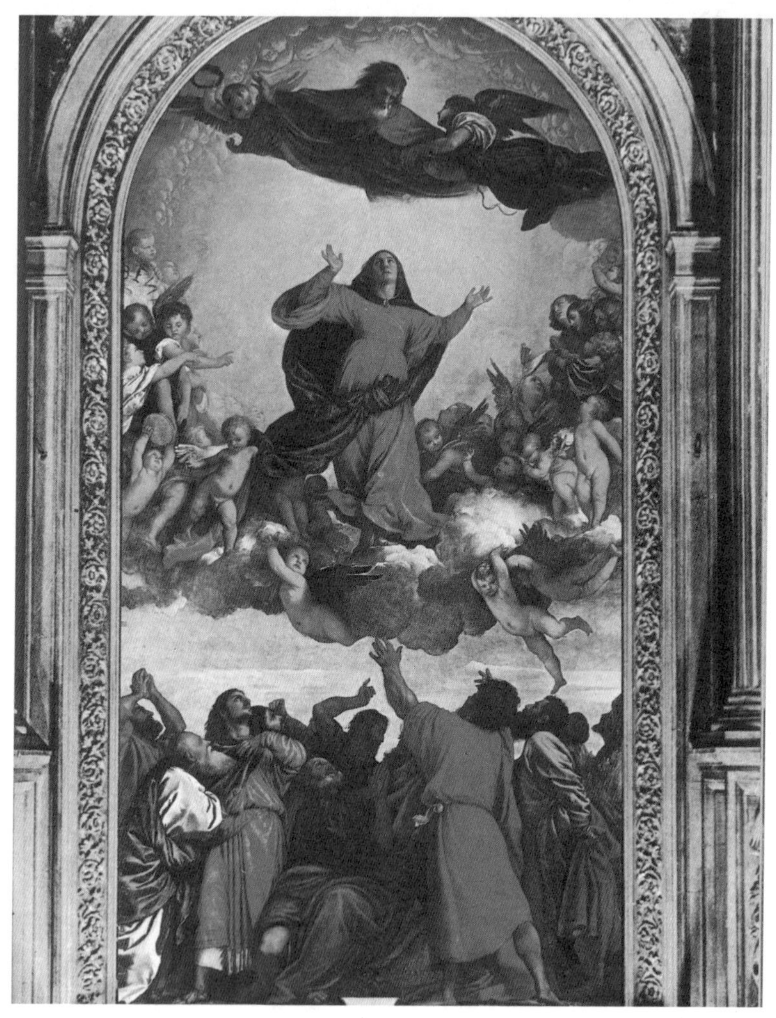

Assunção da Virgem. Tiziano Vecellio.

A MÃE DO AMOR FORMOSO

Começa hoje a doce desfilada das festas de Maria. A Assunção. A 22 de Agosto, na oitava da Assunção, a festa em honra do Coração Imaculado. A 8 de Setembro, a Natividade de Nossa Senhora. A 12, o Nome de Maria. Na oitava da Natividade, em Setembro a 15, as Sete Dores «feixe de espadas». A Apresentação a 21 de Novembro. Em cerca de três meses, sete das grandes festas marianas sucedem-se no calendário litúrgico, até que chegue o dia (Apc., cap. XII) em que um signo grandioso apareça nos céus e o Sol ilumine de luz indizível a Mulher Grávida que repousará os pés na lua e surgirá com a cabeça rodeada por doze estrelas.

Todas ou quase todas essas festas têm raiz no oriente bizantino, que precedeu o ocidente no lugar dado a Maria. Roma só as aceitou dois séculos depois (século VII) no tempo do Papa Sérgio. Mas se, já no século XIII, São Bernardo largamente falava do nome que significa *stella maris*, só Inocêncio XI, em 1683, instituiu a Festa do Nome, em acção de graças pela vitória de Sobieski sobre os turcos, às portas de Viena. São Bernardo dizia ser perfeita a comparação com o astro «pois que tal como o astro emite o brilho dos seus raios sem nele haver alteração alguma, assim, sem que haja sofrido qualquer lesão, a Virgem dá à luz um filho. Nem o raio diminui a claridade do astro, nem o filho a integridade da Virgem».

Mais misteriosa ainda é a festa da Apresentação. Debalde se procurará nos Evangelhos ou nos outros textos canónicos do Novo Testamento, qualquer referência à chegada ao Templo da Menina Santíssima, quando «aos três anos de sua idade» «esta lindíssima arvorezinha

Maria» (cito o Padre Manuel Bernardes) se deteve no terceiro degrau do altar, descendo sobre ela a luz que só Tiziano no quadro da Accademia conseguiu dar a ver.

Esse episódio, como tantos outros da infância de Maria, vem do chamado Proto-Evangelho de Tiago, texto apócrifo, que a maior parte dos autores data do século II. Insolitamente (houve, é certo, o episódio do chamado Evangelho do Pseudo-Mateus) quanto mais se combateu a fonte «herética» e «cismática», mais os factos relatados nela geravam uma iconografia de que o quadro de Tiziano é só o exemplo mais ilustre. No século XVI, a Apresentação já se celebrou no ocidente. Em 1617, São Francisco de Sales escolheu a data para renovação dos votos e, mais tarde, foi esse o dia em que os padres renovaram aos bispos as promessas de fidelidade.

Mais conhecidas são as longas e intermináveis querelas teológicas que levaram a que só no século XIX (1854) Pio IX proclamasse «ex cathedra» o dogma da Imaculada Conceição e só no século XX (1950) Pio XII definisse o da Assunção. Seis anos antes, em 1944, o mesmo Papa, após consagrar o género humano ao Imaculado Coração de Maria, decretou (estava-se em plena guerra) que todos os anos se celebrasse a festa dela.

Festas erráticas, festas errantes, em torno d'Aquela cuja vida se passou «de silêncio em silêncio, do silêncio da adoração ao silêncio da transformação» (Pierre de Bérulle).

Um dia, estive em Éfeso. Vinha de Mileto e de Tales, e peregrinei pelos sítios onde São Paulo frequentou os areópagos. Lembro-me do imenso calor e de ter subido, no pico dele, ao alto de um montezinho para visitar a gruta onde, segundo uma outra tradição bizantina, Maria teria morrido. A morte rondou perto, é certo, mas antes de a ter entrevisto pousada num ombro branco, espantei-me que lugar tão mítico estivesse tão despovoado. À única raiz possível ninguém se agarrava.

Falei de morte. Mas houve morte? Cabe aqui antes dizer a muito bela palavra dormição, que desde o século IV e outro texto apócrifo

(*A Dormição de Maria do Pseudo-João*) foi a que quase sempre se associou às representações do passamento da Virgem. Sempre a vimos rodeada pelos doze apóstolos. Ela mesmo os teria convocado, depois de nova aparição do Arcanjo Gabriel, que lhe disse: «bem cedo, bem cedo, deixarás o mundo e partirás para os céus, para junto do teu filho, para a verdadeira e eterna vida». Maria pediu então, ao Filho e Senhor, que lhe enviasse o apóstolo João e depois lhe enviasse todos os outros apóstolos. Ouvindo, em Éfeso, essa oração, João foi arrebatado pelo Espírito Santo e levado até junto da mãe do seu Senhor. Depois vieram Pedro de Roma, Paulo das margens do Tibre, Tomé do centro da Índia, Tiago de Jerusalém, André, o irmão de Pedro, Filipe, Lucas, Simão o Cananeu e Tadeu, que já haviam adormecido no Senhor, foram arrancados dos túmulos pelo Espírito Santo. Espírito Santo que lhes disse: «Não julgueis que chegou a hora da ressurreição. Fostes ressuscitados dos túmulos para saudar pela última vez a mãe do Vosso Senhor e Salvador Jesus Cristo, pois eis que é chegado o dia em que ela vai partir para os ceús.»

Esta narração figura nos textos conhecidos pelo nome genérico *Transitus Mariae* e dela consta também a primeira narração conhecida da Assunção.

«Após tantas e tais maravilhas operadas por intercessão da Mãe de Deus e Sempre Virgem Maria, a mãe do Senhor, enquanto nós apóstolos, com ela estávamos em Jerusalém, o Espírito Santo disse-nos: "Sabeis que foi em um domingo que a Boa Nova foi anunciada à Virgem Maria pelo Arcanjo Gabriel; sabeis que foi em um domingo que o Senhor nasceu em Belém; sabeis que foi ainda em um domingo que os filhos de Jerusalém o acolheram com ramos de palmeira, clamando: 'Hossana nas alturas, bendito o que vem em nome do Senhor'; em um outro domingo, ressuscitaram-se os mortos; em um domingo, ainda, virá para julgar os vivos e os mortos; pois por fim, em um domingo, descerá dos ceús para glorificar e honrar a partida da santa e gloriosa virgem que o concebeu.

Em esse mesmo domingo, a mãe do Senhor disse aos Apóstolos: 'Derramai o incenso, pois que Cristo vem com o seu exército de anjos.'" Palavras não eram ditas que vimos o Cristo, sentado no trono dos querubins. E, enquanto rezávamos todos, apareceu uma miríade incontável de anjos. E eis que um raio de luz se precipitou sobre a Santa Virgem, quando da chegada do Seu Único Filho. Todas as potências celestes prosternaram-se e adoraram-no.

O Senhor chamou então Sua Mãe e chamou-a "Maria!". Ela respondeu: "Eis-me aqui, Senhor!". E o Senhor disse-lhe: "Não temais, mas exulte o teu coração e conheça o júbilo, pois te foi dado contemplar a glória que meu Pai me deu." A Santa Mãe de Deus levantou os olhos e viu n'Ele uma glória que nenhuma boca humana pode falar ou alcançar.

O Senhor, continuando ao lado dela, disse-lhe: "E agora o teu precioso corpo vai ser transferido para o paraíso, do mesmo passo que a tua alma santa entrará nos ceús, nos tesouros do meu Pai, numa claridade superior, onde são a paz e a alegria dos anjos e muitas outras coisas mais" [...]

[...] O rosto da mãe de Deus brilhou mais do que a luz. Erguendo-se, ela abençoou cada um dos apóstolos. Todos glorificaram Deus. E o Senhor, estendendo-lhe as suas mãos puras, recebeu-lhe nelas a alma santa e imaculada.

Enquanto se elevava essa alma imaculada, todo o local foi inundado por um perfume e por uma luz indizíveis. E eis que se ouviu uma voz celeste que clamou: "Bendita sois vós entre as mulheres"».

Neste texto, como noutros textos apócrifos, Maria fala frequentes vezes. Nos textos canónicos, o seu silêncio só é interrompido três vezes: na Anunciação, na pergunta ao Arcanjo e na aceitação do «Fiat»; na Visitação, quando proclama a Magnificat; nas Bodas de Caná (episódio apenas relatado por João) quando, ignorando o aviso do Filho («Mulher, a minha hora ainda não chegou»), ordenou aos criados que em tudo lhe obedecessem. Essa última palavra é a mais misteriosa. A Mãe de Deus (*Theotokos* e não só *Christokos*) não sobrepõe a sua vontade à vontade do filho. *Consubstancia* essa vontade, manifestando nela a Fé total, necessária ao primeiro milagre como a todos os milagres.

«Deus contraiu com Sua Mãe a dívida da sua substância e do seu corpo humano», como escreveu luminosamente o Cardeal Newman. Ao contrair essa dívida, fizeram-se, a seu modo, Um Só, como a água e o vinho do misteriosíssimo mistério de Caná.

Por isso vos peço, lida esta história e «pensem o que pensarem dos pormenores dela» (como também escreveu Newman), que reflictam se as razões para duvidar que a Virgem Maria ascendeu em corpo e alma à presença de Seu Deus e Seu Filho não são as mesmas que temos para acreditar na Assunção. Quem foi liberto de todas as contingências do corpo, acaso podia ficar preso da corruptível contingência dele?

As razões para acreditar são as mesmas que para duvidar. Todas e nenhumas. Ou seja, a mesma razão que fez uma rapariga de dezasseis anos (outra tradição apócrifa) dizer ao Anjo: «Faça-se a sua vontade e não a minha.»

Ou, no belo verso de Murilo Mendes

«Espere um pouco, meu anjo,
Não esqueça deste recado
Eu sou a ancila de Deus,
Tudo o que ele ordenar
Me esforçarei por cumprir.

Meu corpo nas mãos de Deus
Minha alma nas mãos de Deus
São menos do que a costura
aqui nestas pobres mãos —
O anjo levanta os braços
Vai a moça estremeceu
A sombra dele sumindo
Desenha uma cruz no chão».

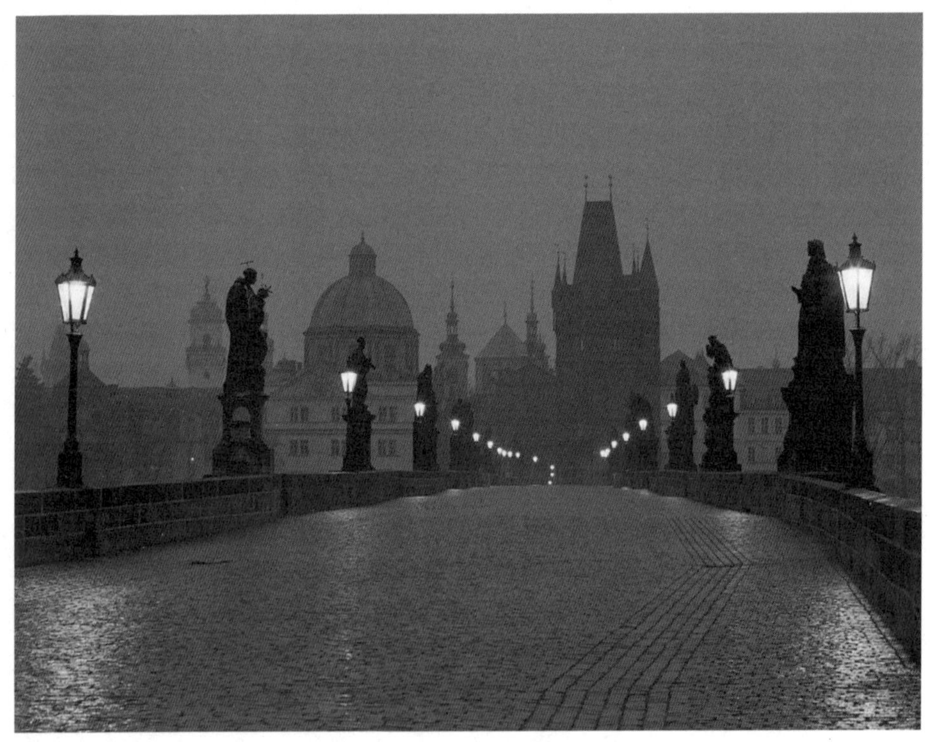

Ponte Carlos, Praga.

PRAGA E BRAGA

Para lá de Bagdad. A expressão, frequente há muito tempo em alguns meios, usava-se quando alguém já tinha passado da conta, naquelas coisas que só em compêndios se fazem com conta (ou com peso, ou com medida) e já não sabia, nem bem nem mal, de que terra era, locução equivalente.

Hoje, dia a dia cada vez mais, não é coisa que se diga. Ou então, é a única coisa que se pode dizer. Seja em Bagdad impropriamente dita, seja em Jerusalém, seja em Mação, seja em Monchique, todos parecem passados da conta. Sexta-feira passada, ainda víamos o país a arder. Quando nos fartamos das polémicas (mais ministro menos ministro) e lemos, por exemplo, a notável entrevista de Gonçalo Ribeiro Telles à *Visão* ou o artigo de Helena Freitas aqui no *Público* (20-8-03) o desespero é maior. Porque percebemos que chegámos onde chegámos por nos termos deixado chegar para lá de Bagdad há uma ou duas dezenas de anos. Agora, quase nada há a fazer ou o que se fizer só dará resultado no mesmo espaço de tempo. A longo prazo. E a longo prazo a devastação, «the waste land».

No fim-de-semana, o folhetim passou para um tema que eu julgava, sinceramente, que já só era desenterrável por aquela meia dúzia de ex-combatentes que, todos os anos, julgando-se ainda no Dia da Raça, se reúnem em Belém, a comemorar o 10 de Junho. A propósito, ou a despropósito, da transladação dos restos mortais do coronel Maggiolo Gouveia, ressuscitaram-se os fantasmas da descolonização e *deliberadamente* os ressuscitaram. Do que conheço, sei que o coronel pediu respeito quando o assassinaram e li nos jornais que respeito e silêncio pediu, agora, a família. Foi o que não houve. Não houve respeito humano, não houve sentido de Estado, não houve sentido da História. Eu pergunto-me porquê e para quê. Quem semeia ventos... Para já, temos, como resultado, a simpática moção do Bloco de Esquerda a pedir honras militares para todos os desertores. Quase trinta anos depois, voltar a isto é muito, muito triste.

Por fim, veio a chacina de Bagdad. Desta vez não foi contra os americanos, mas precisamente contra a ONU, que toda a gente achava, à esquerda, que era em Bagdad que devia estar. Como disse Kofi Annan, Sérgio Vieira de Mello e todos os mortos do 19 de Agosto, «foram para o Iraque com um único propósito: ajudar o povo iraquiano». A morte deles é um acto contra essa solidariedade e contra os restos de ordem internacional que a ONU signifique. Em todo o seu horror, é a barbárie do islamismo radical. A Europa tirará agora as lições que não tirou a 11 de Setembro? Pelo que já li, nada menos certo. Até que... Nem sou capaz de o dizer, embora seja capaz de o pensar. No mesmo dia, quase à mesma hora, a Jihad mandou um autocarro pelos ares. Cerca de vinte mortos. Deve estar iminente — se não aconteceu já, quando esta crónica sair — a doce resposta de Israel.

De todos estes vários dramas e tragédias, ou se escreve com tempo e espaço — sobre a questão do Iraque, aguardo ansiosamente o anunciado longo artigo de Manuel de Lucena — *O Iraque das Torres* — que, pelo pouco que conheço dele, artigo, me parece o texto mais lúcido até agora escrito em português — ou se escreve com acutilância e superficialidade, ou se escreve por deveres (ou pareceres) de militância partidária ou ideológica. Não tenho tempo, não tenho acutilância, não sou militante. Nenhuma razão para me chamuscar ou para mais um «coice ó árabe». Basta o que basta, mesmo para mau entendedor.

Por isso, renunciando a esses temas candentes (há outras razões, mas um dia chegará o tempo de explicá-las), reparei, nas efemérides do *Diário de Notícias*, que passaram ontem trinta e cinco anos sobre a entrada dos tanques russos em Praga.

Tenho várias memórias — fundas memórias — ligadas a esses dias de pavor. Deixo-as para outra ocasião, recordando apenas uma anedota que se contava quando, um mês depois (em Setembro passarão outros trinta e cinco anos) Salazar caiu da cadeira abaixo. Dizia-se que a queda fora provocada por um erro de compreensão do velho senhor. Quando lhe disseram: «os russos entraram em Praga», Salazar terá percebido: «os russos entraram em Braga». Compreensivelmente, estatelou-se no chão.

Praga e Braga. Antes de 68, eu pensava que as cidades se equivaliam, isto é que viver na Checoslováquia «socialista» ou no Portugal «fascista» (espero que as aspas, nestes casos, jamais causem problemas jornalísticos) era mais ou menos a mesma coisa. Viver sem liberdade (ao menos, certas liberdades) viver sem respeito pelos direitos do homem (ao menos, certos direitos) viver com escolhas limitadíssimas. Às vezes, lá para as minhas bandas, havia grande discussão sobre o mal menor. Os mais «direitistas» lembravam que em Portugal não nos tiravam o passaporte e podíamos viajar (a minoria que tinha passaportes, dinheiro para viajar e que não estava sob vigilância mais controlada). Os mais «esquerdistas» argumentavam que as tropelias de leste visavam, pelo menos, um nobre fim e que, para lá do muro, todos tinham pão, cama, mesa e roupa lavada (mesmo que tudo isso fosse assaz rudimentar).

Em 68, percebi que por mais que pensasse de Braga o que o Raposão de *A Relíquia* pensava (quando o amigo lhe perguntou por Jerusalém, ele respondeu: «Pior do que Braga! Pior do que Braga!») não havia qualquer comparação entre viver na cidade dos Arcebispos e de Santos Cunha e viver na cidade donde Dubcek fora varrido. Em Braga, vivia-se numa cidade ultraconservadora, sob um regime autoritário que podia ser duro (às vezes duríssimo) mas onde era possível vida privada, onde era possível a conspirata de café e onde era possível estar razoavelmente informado do que se passava no resto do mundo, mesmo que os jornais, a rádio ou a televisão da paróquia censurassem as novas. Não me esqueço — nem pretendo que ninguém esqueça — que havia militantes políticos (sobretudo se eram membros ou simpatizantes do clandestino partido comunista) que não tinham nem vida privada, nem direitos alguns. Mas, com a grande maioria, não se passava nada disso, como posso testemunhar, eu que jamais pretendi passados heróicos, mas assumo uma história de que não me envergonho e que esteve longe de ser neutra.

É verdade que tremia um pouco, à chegada do estrangeiro, antes de me carimbarem o passaporte, mas também é verdade que nunca me impediram viagem nenhuma. É verdade que me foi vedada a carreira docente e qualquer emprego público, mas também o é que nunca estive desempregado e que o dinheiro que ganhava me dava para o pão e para a manteiga com que o barrar (porque é que hoje me deu para o Eça?). É verdade que passei tratos de polé com a censura e que algumas vezes fui chamado à PIDE, mas sempre disse o que pensava em lugares públicos e nunca fui preso. Escutas telefónicas? Quem me faz a pergunta não é meu amigo, porque sobre esse assunto estão mais conversados os meus auditores de agora (polícias ou juízes da impoluta democracia) do que os auscultadores de antigamente.

Em 1975 (precisamente, no Verão de 1975) fui a Praga, pela primeira vez. Logo à chegada à fronteira (vinha da Áustria, de carro alugado) a revista do automóvel e das nossas bagagens (da minha Mulher e minha) durou bem mais uma hora do que durava em Portugal. Nunca mais me esquecerei (primeiro símbolo) que me apreenderam o *Nouvel Observateur*, exactamente como sempre a PIDE mo apreendeu, antes de 74.

Cheguei a Praga, à noitinha. Entrámos num restaurante razoavelmente cheio. Mas, segundo o hábito germânico de encher mesas enquanto houvesse lugar nelas (mesmo quando os comensais se desconhecem) sentaram-nos com um jovem casal nativo. A certa altura, naturalmente curiosos, ouvindo a língua que falávamos, perguntaram-nos donde vínhamos. Melhor dito: perguntou-nos ela, a única que arranhava um bocadinho de inglês. Ouvindo Portugal — era

1975 — choveram as perguntas, apesar das dificuldades de comunicação. A páginas tantas, o rapaz disse qualquer coisa ao ouvido da rapariga, que corou muito e lhe deu repetidas negas. Julgando que ele nos queria pôr qualquer questão mais íntima, insistimos com a namorada pela tradução integral. Custou mas arrecadou. Muito baixinho, olhando para todos os lados, ela disse-nos: «My friend wants to know if you like Russians.» A surpresa foi tamanha que desatámos a rir. Não foi preciso mais. O amigo levantou-se como uma seta, encomendando ao criado uma garrafa de bom vinho branco, depois uma segunda e esgotámo-la em saúdes cúmplices. A seguir, pagou-nos o jantar. «My friend» passou a ser o vocativo deles quando se nos dirigiam.

Por mais que pense no mais anti-yankee dos portugueses, no mais anti-imperialista dos comunistas portugueses, não o consigo imaginar a confraternizar com estrangeiros só porque estes tinham achado graça a uma pergunta sobre o amor deles aos americanos.

Foi apenas um prelúdio. Conheci depois um crítico de arte — que vivia de traduções sob pseudónimo — e que saía de casa, à noite, para, com amigos, ouvir numa cave longínqua The Voice of America, como num filme anti-nazi. Quando lhe objectei que o programa era péssimo (era mesmo) respondeu-me que bem o sabia, mas que nada pagava o gozo de ouvir «heresias». Nunca, na minha vida, vivi o medo colectivo como em Praga, nesses dias de 1975. A polícia metia medo ao susto e os soldados russos não ajudavam à boémia. Foi então que percebi a diferença entre uma *sociedade repressiva* e uma *sociedade totalitária*. O *totalitarismo*, nenhum de nós, portugueses, o conheceu, nem nas horas mais duras do salazarismo.

Salazar acabou. O comunismo acabou. Praga, que viveu o nazismo e depois o comunismo, não os terá esquecido, mas aprendeu que não se brinca com fantasmas desses. Braga, que não viveu nada disso (apesar das militaradas de Gomes da Costa e das bombas do Cónego Melo) devia-o aprender também. Com os mortos não se brinca. Pelo menos, assim mo ensinaram.

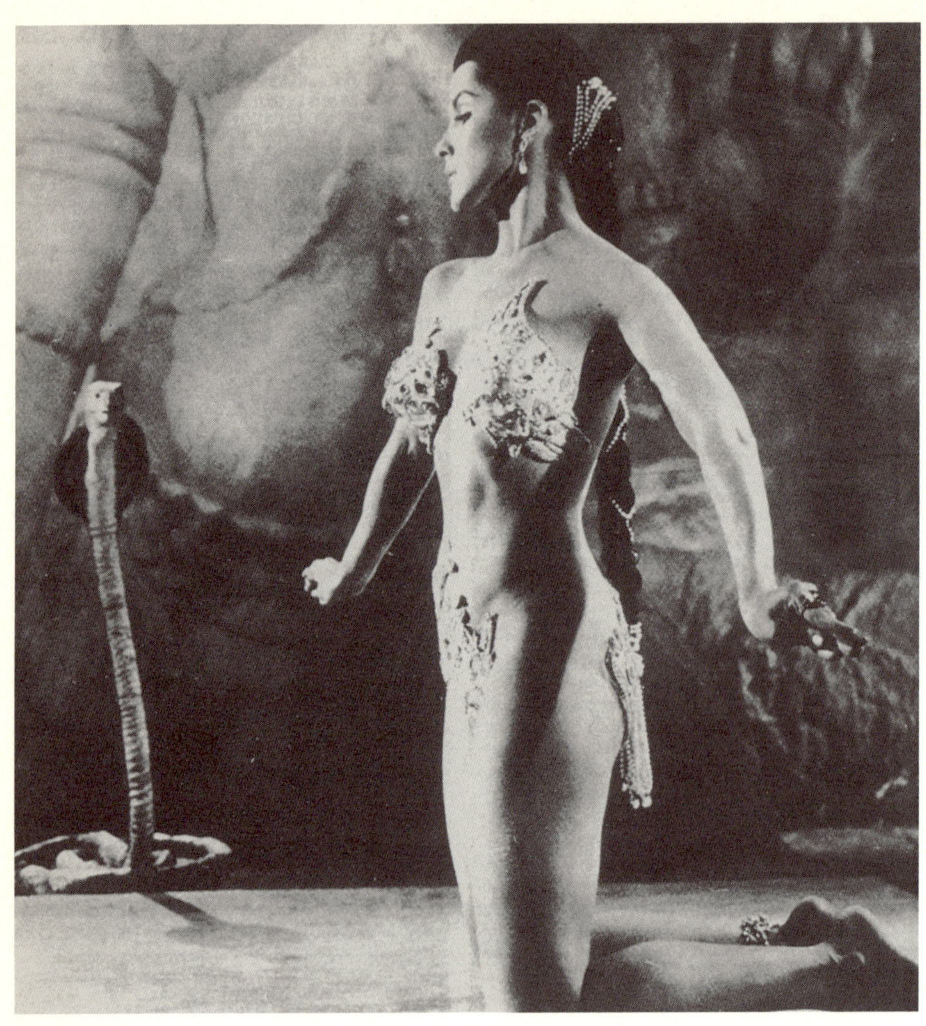

Der Tiger von Eschnapur (*O Túmulo Índio*). Fritz Lang, 1958.

«O ORGASMO VERTICAL»

Vou começar por nada. Aquele delicioso provérbio que diz «o nada fazê-lo em casa», que pode ter tantos sentidos quantos os sentidos que lhe quisermos dar (de sentidos também vou hoje falar muito). Ou aquela espantosa expressão jurídica, já usada por David Mourão-Ferreira para título de um conto: «aos costumes disse nada». Costumes, neste último caso, eram (são?) as relações de parentesco, amizade, ódio que têm as testemunhas em relação às pessoas sobre as quais vão depor. Juízes ou advogados podem (podiam?) invocá-las para invalidar um depoimento. Mas, se achavam que não eram essas relações que punham em causa o testemunho, aos costumes diziam nada. Se já houvesse um poucachinho, um todo-nada, ou um tudo nada, lá se ia a testemunha. Já os costumes tinham que se lhes dissesse, ou seja já havia que dizer aos parentes, aos amantes, aos amigos, aos inimigos. E os costumes, que fez você aos costumes?

Neste caso, sou eu o costume e vou ter que me acostumar a que me digam tudo, ou, pelo menos, muito.

Mas já vou aos costumes. Por agora só quero dizer — a propósito do nada — que é dos costumes que toda a gente gosta de dizer tudo, sobretudo quando tem que ver com o nada que é de fazer em casa. Até porque, como também se diz, quem sempre se recata, nunca acaba nada. Por isso, para me ir chegando aos sentidos, e aos costumes que hoje aqui me trouxeram, discordo de quem diz que, neste mês de Agosto, a imprensa de costumes aos costumes diz nada. Sejam eles questionários de Proust, sejam elas crónicas de jogos de Verão, vai-se dizendo muita coisa. Adequada? Eis a questão.

Nesta semana dei comigo a ler uma entrevista com o psiquiatra José Gameiro (*DNA*, 23 de Agosto), entrevista que muito entusiasmou o meu esporádico colega de página Eduardo Prado Coelho. Na dita entrevista, a entrevistadora (Anabela Mota Ribeiro) pede-lhe que explique porque é que «numa cidade como Lisboa um terço dos casamentos e uniões de facto se dissolvem».

Dissolver, já teria que se lhe dissesse (o açúcar é que se dissolve no chá) mas sobre tal dissolução não se diz nada. O psiquiatra explica que esse facto sociológico está farto de ser explicado pela sociologia. Disserta sobre o aumento da esperança de vida e sobre a felicidade, que, afinal, não parece ser ideia nova do século XVIII (como pretendia Saint-Just antes de ser guilhotinado, supõe-se que com alguma infelicidade) mas do século XX ou XXI. Antigamente (não percebi bem se falavam os sociólogos, se falava o psiquiatra) quando a esperança de vida era de 50 anos, as pessoas continuavam casadas, porque assim como assim não valia a pena muito barulho por causa de uma galinha que durava 10 anos e mais nada (é claro que agora sou eu a falar e não José Gameiro, que é pessoa séria e não fala assim). Agora (volto a José Gameiro) «que a esperança de vida é 70 e tal, 80 anos», «aos 50 anos tenho a noção de que ainda vale a pena separar-me, ainda posso construir a felicidade». E assim, esperança de vida + felicidade + movimento das mulheres «que foi decisivo e começou nos anos 60» aí temos o casamento no galheiro ou, segundo Gameiro, «a vontade de repetir a dose». Logo, o aumento do divórcio é imparável. «No limite — e isto é muito discutível, é ficção cientifica — daqui a cinquenta anos a maior parte de nós terá dois casamentos». Há quem se fascine. O «o admirável caos do amor», titula Eduardo Prado Coelho (Agustina diz que o amor é o defeito que lhe inspira mais indulgência). Eu não percebo bem onde é que está a novidade. Henrique VIII, que não esperava viver até aos 70-80 anos e não tinha telemóvel (diz-se na entrevista que o telemóvel mudou muito as relações conjugais) casou seis vezes e só foi excepção porque no século XVI ainda não se usava a expressão «uniões de facto». Porque se fôssemos a elas (de facto) verificávamos que a monogamia ou a monoandria nunca proliferaram entre o género humano. A insistência da Igreja no pecado da carne não começou em 1960 e não foi mania de padres celibatários. Isto para não ir até à civilização greco-romana ou a outras culturas a que a ideia de felicidade era alheia. Misturar sexo, felicidade, emancipação das mulheres e longevidade, parece-me andar muito para trás em relação aos bons velhos tempos do Dr. Freud, sem querer, nem por sombras, meter foice em seara alheia ou em casa de ferreiro espeto de pau.

Hoje lêem-se estas tiradas. Há coisa de cem anos liam-se outras, igualmente aterradoras.

Digo-o, porque como conversa puxa conversa, me lembrei, a propósito do «puro sexo» de Gameiro e Prado Coelho, de uma terrífica descrição da morte de Antero, que em tempos li num dos volumes da *História de Portugal* de Pinheiro Chagas (daqueles já escritos depois da morte dele).

Porque se suicidou Antero, num banco de jardim público de Ponta Delgada, às 7 e meia da noite de 11 de Setembro, quando tinha apenas 49 anos? Se querem saber, vai ser uma longa citação:

«Anthero, porém, soffria também physicamente a terrível doença medullar, gerada pelo seu vicio de onanista impenitente, e após a qual veio a neurathenia com todo o seu cortejo de inconcebíveis horrores.

Anthero foi um desgraçado sublime, que não conheceu a suprema alacridade da vida — a mulher.

Morreu sem saber o que era o amor, elle que tinha uma alma de poeta!

Morreu sem haver conhecido a femea, elle que era uma virilidade mental do mais firme quilate! [...]

[...] Como Newton, como o Infante D. Henrique, como Latino Coelho, Anthero de Quental era um insexuado indifferente à femea e vivendo apenas de uma cerebrização superior, onde queimava, sem as naturaes compensações da carnalidade dos sexos ou dos sentimentos que os atrahe e une, todo o phosphoro do seu talento, toda a vibratilização dos seus músculos.

Por isso envelhecêra prematuramente, devorado por esse vicio atroz e repulsivo, que nem ao menos tem a defende-lo a delicadeza da arte ou a expressão de uma finura de gosto.»

Longe de mim comparar esta assombrosa tese sobre o poeta dos sonhos e das incertezas com as hipóteses e os argumentos de José Gameiro. Mas, tal como há cem anos médicos e historiadores acreditavam nos «horrores» do «vicio atroz e repulsivo» e não hesitavam levar à conta dele o destino do Infante e o de Newton, hoje, virando totalmente o bico ao prego (salvo seja) o discurso da felicidade através de «caos do amor» da «repetição da dose», do sexo tântrico ou daquilo a que Eduardo Prado Coelho chama «uma espécie de orgasmo vertical», parece-me cada vez mais tão gerador de nadas como a pseudo-científica explicação para o suicídio de Antero.

Dislates contraditórios, mas dislates equivalentes. «A suprema alacridade da vida» ou a «sexualidade plena e eufórica» sem «perda térmica».

Libertámo-nos felizmente dos fantasmas de chagas, que ainda foram acenados dezenas de anos depois? Se nos libertámos (e não ponho as mãos no fogo, mais uma vez salvo seja) não nos libertámos, como também diz José Gameiro, e aí dou-lhe inteira razão, «de uma enorme pressão que é social, cultural e mediática, que associa a felicidade à actividade e à satisfação sexual».

Voltando ao meu nada ou ao tudo-nada, porque nem nada nem tudo se casam com estes casamentos.

Se hoje, é impossível levar a sério as páginas transcritas sobre a «terrível doença medullar» provocada pelo «vicio impenitente» de Antero, elas, à época, não representavam excentricidade alguma (nem beatério, já que o autor não escamoteia o seu declarado anticlericatismo) mas ecoavam uma convicção «científica», uma convicção moral e uma convicção cultural.

Em todas as épocas, e em todas as discussões sobre sexo (das mais ortodoxas às mais heterodoxas) essas três ordens são convocadas ou para exorcisar «les mauvaises habitudes» (como dizia uma das inglesas do filme de Truffaut), ou para a apologia do excesso. Nos mais santos teólogos, como nos mais santos libertinos (em Sade, por exemplo) nunca faltaram a fundamentação «científica», a fundamentação moral, e a fundamentação cultural. O nosso tempo não constitui qualquer excepção. O que julgam «novo» foi inventado pelo primeiro homem e pela primeira mulher, um com o outro ou um sem o outro.

«Não é que ser possível ser feliz acabe» como um dia escreveu Jorge de Sena, mas tudo é sempre igual doutra maneira. *Carta de Guia de Casados*. Ou «ideias novas sobre o casamento». Se lermos bem, tirando alguns acidentes, o essencial ficou na mesma de D. Francisco Manuel ao Dr. José Gameiro.

Qual essencial? Esse que estava na origem e estará no fim, onde não houve nem haverá homem nem mulher, metades separadas de um corpo único que se buscam num «hábito quebrado» que se não reata senão noutros lugares. Nos dias de ontem como nos dias de hoje, onde estão o homem e a mulher do «orgasmo vertical», no que quer que todo esse nada seja?

Voltando a Sena (volto sempre): «Quando, ah quando, os homens deixarão / de crer em tudo, de exigir que tudo / seja como tudo? Se tudo é como tudo / o nada é como o nada? Mas tautológico / é só o medo, o medo de escolher / entre duas coisas, dois entes, dois momentos.»

O poema continua. Eu não. O «nada é fazê-lo em casa». Não em público. Muito menos n'o *Público*.

Só mais um pedido mais para acabar menos solenemente. Como também «sempre quis saber tudo sobre sexo mas tenho vergonha de perguntar», importava-se, Eduardo Prado Coelho, mesmo em carta particular, de me explicar o que é «o orgasmo vertical»?

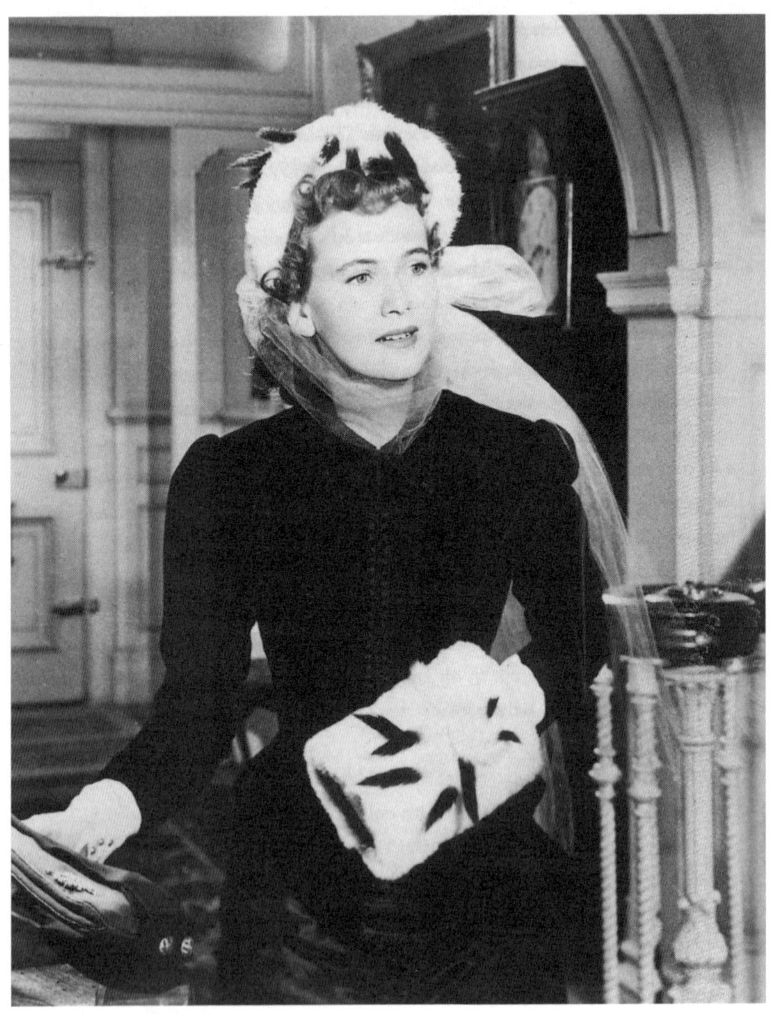

Teresa Wright em *Enchantement* (*Encantamento*). Irving Reis, 1948.

ALMAS DO OUTRO MUNDO

Sophia de Mello Breyner Andresen contou-me um dia uma história fantástica, das mais fantásticas histórias dela.

Estava a entrar em casa, bastante noite. Quando ia acender a luz do patamar, sentiu-se agarrada por um braço. Lá conseguiu chegar ao interruptor e deu de caras com um homem de mau aspecto, que certamente nada tinha a ver com aquele «voyou» de Apollinaire, de um dos poemas favoritos dela e de Menez: «Un soir de demi-brume à Londres / Un voyou qui ressemblait à / Mon amour vint à ma rencontre / Et le regard qu'il me jeta / Me fit baisser les yeux de honte». Não, esse «mauvais garçon» (nem sei se era rapaz, ou homem feito, ou velho) não assobiou de mãos nos bolsos, mas exigiu-lhe a carteira. «Ah! — disse Sophia — o susto que o senhor me pregou! Pensei que era um fantasma, afinal é só um ladrão.» Ia passar-lhe a carteira. Mas foi a vez do ladrão se assustar com tal reacção, a única que jamais esperou. Correu para a porta e fugiu espavorido. Sophia costuma dizer que só há duas coisas que lhe metem muito medo: elevadores e fantasmas. Uma vez, nos tempos da PIDE, chamada para um interrogatório, recusou-se a subir de elevador e contou a um agente, certamente tão atónito como o ladrão do vão de escada, desses seus dois medos. Polícias e ladrões eram coisa nenhuma em comparação com coisas assombradas ou com coisas assombrosas.

Nunca estive numa casa assombrada nem nunca me apareceu o fantasma de ninguém. Mas, muito ao contrário de Sophia e sem querer brincar com coisas sérias, os fantasmas não me metem muito medo e histórias deles (inevitavelmente penso em *The Ghost and Mrs*

Muir de Mankiewicz, que em português se chamou *O Fantasma Apaixonado*) sempre me atraíram. Chegar, como Mrs Muir, a uma velha casa à beira-mar, adormecer numa cadeira de balouço de uma grande sala envidraçada e, de repente, abrir-se a janela e aparecer um capitão dos mares do Norte, todo de negro vestido, suicida de outrora... Histórias dessas levaram-me sempre à certa, como sempre me irritaram os fantasmas galhofeiros, género Canterville. Se há almas que vêm do outro mundo a este, ou, penadas, neste ficaram, nunca podem cá vir para se divertir ou nunca podem andar por castelos ou cemitérios a levantar as saias às meninas ou a arrear as calças aos homens.

Falei de *The Ghost and Mrs Muir*, meu amadíssimo filme, que há vinte e quatro anos me persegue, em efígie, por todas as casas onde morei e moro.

Mas o filme de fantasmas que hoje me puxou para os aléns, não foi esse, nem é, literalmente falando, um filme de poltergeists. Trata-se de *Enchantment*, obra realizada em 1948 por um certo Irving Reis (e digo certo por que na sua curta vida foi muito incerto) com Teresa Wright e David Niven nos principais papéis.

Vi esse filme, pela primeira vez, em 1950, tinha eu 15 anos. Não direi que me lembro como se fosse hoje (nunca nada se lembra dessa maneira) mas lembro-me o mais aproximadamente possível do que essa expressão dá a entender. Ou seja, fecho os olhos e volto a ver muito do que há para ver, fecho os ouvidos e volto a ouvir muito do que há para ouvir, fecho os olhos e fecho os ouvidos e volto a ver e a ouvir tantas pessoas que já morreram, que viram o filme quando eu vi e que falaram do filme, diante de mim, de forma a que eu os ouvisse.

Eu disse que não era um filme de poltergeists nem de aléns com estrelinhas? Disse e repito. Mas era o filme em que havia uma moradia de dois andares, sótão e cave, com razoável número de quartos (em 1948 ainda não existia, graças a Deus, a horrível palavra «assoalhadas»). Ora quando uma jovem tenente americana (uma tenente, disse bem) pedia ao velho general, seu tio-avô e dono da casa, que a deixasse ficar por lá o tempo em que ela ficasse por Londres (*Enchantment* passa-se em Londres, durante a Segunda Guerra Mundial), num dos muitos «empty rooms» que seguramente na casa existiriam, o rabugento Sir Roland responde-lhe: «Quartos vazios nesta casa é coisa que não há.»

Sir Roland vivia sozinho com o mordomo. Mas a rapariga, que acabou por ficar, descobriu que realmente nenhum quarto estava vazio. Todos eram habitados pelos fantasmas dos que neles haviam dormido, cinquenta anos antes.

Assim, pouco a pouco, muito nesse estilo dos «forties», que eu amo como só amo os romances de cavalaria ou as passagens dos recitativos às árias nas óperas de Bellini ou Donizetti, começava o «flash-back» que nos levava à infância do general e à noite em que, menina e órfã, o pai tinha levado para casa Lark, a do nome de cotovia. Desde essa noite, a odeia a odiosa irmã de Rollo (vale para Roland), Selina de seu nome. Crianças crescem muito depressa ou muito devagar. Entre voltar ao presente e regressar ao passado, Rollo e Lark cresciam dos 5 para os 20 anos. Amavam-se em crianças, apaixonavam-se quando deixavam de o ser. Mas o ódio de Selina era maior do que a paixão deles. Numa noite se pode perder uma vida. A vida deles perdeu-se numa noite. Rollo, sempre nessa noite, jurava à irmã que, se perdesse Lark por causa dela, nunca mais entraria naquela casa enquanto ela fosse viva. Cumpria a promessa. Voltava, depois da morte da irmã. E, quando chegavam a sobrinha americana e um sobrinho de Lark, percebia que Lark regressaria também, para que os dois soldadinhos vivessem o que eles tinham deixado de viver. «Don't bargain with happiness» dizia o general à tenente. Depois, ficava a conversar com o fantasma de Lark, que morrera pouco antes num lago da Suíça.

Rever um filme que muito se reviu e em muito diferentes tempos da vida, é rever também o fantasma desse filme. Mas, da última vez que o vi — e foi na segunda-feira passada, na reabertura da Cinemateca — revi não só esses conhecidos fantasmas, como os fantasmas a quem já me referi dos que comigo viram o filme em 1950.

Selina, por exemplo. A actriz (Jayne Meadows) celebérrima no teatro e na televisão, raramente foi vista em filmes. É uma presença quase tão forte como a de Teresa Wright. Chamei-lhe odiosa. Odiosa ela é. E má. Mas morreu há muito pouco tempo a Mulher que, em 1950, quando tinha o dobro da minha idade, disse e eu ouvi: «Má? Não acho. É uma maneira de ser.» Para mim, essa conversa faz «raccord» com outra, que também nunca mais esqueci, em que a mesma pessoa falou amargamente do que se sofre quando se perde no amor ou em amor. Só a compreendi muitos anos depois, quando ouvi *O Ouro do Reno* com ouvidos de ver. Era o tema da renúncia ao amor que pela primeira vez eu ouvia. Tanto na empatia com Selina (e é bem verdade que é uma maneira de ser) como no muro que aqueles imensos olhos azuis começavam a amassar para se proibir de amar.

Assim, essa Mulher que eu não via há quase tanto tempo como Lark e Rollo estiveram sem se ver, essa Mulher que morreu sem saber que foi uma das figuras mais recorrentes dos meus sonhos de toda a noite em vida, essa Mulher voltou, trazida por Selina, vinda do outro mundo para me fazer ouvir o tema da redenção pelo amor. O tema de Lark, vestida de arminho ou de prata, trazendo na mão um cravo púnico ou uma rosa da Pérsia.

Demorei-me em Selina. Abreviei em Lark. Mas vieram outros fantasmas, muito mais da família de Lark do que da família de Selina. Fantasmas que nunca mais esqueceram aquela tarde de raios e coriscos em que Lark, tão, tão pequenina, se levantava da mesa com o beiço a tremer e Rollo lhe projectava coelhinhos nas sombras das paredes. Ou o vestido de baile de Lark na noite de todas as esperanças e todas as desesperanças. Ou o único beijo de David Niven a Teresa Wright.

À medida que o filme passava (passam a vinte e quatro imagens por segundo, sabiam?) eu via e ouvia, no mesmo plano, Teresa Wright, David Niven e Jayne Meadows, ao lado de todos os fantasmas dos meus anos 50, ali tão presentes e tão fantomáticos como a irradiante aparência de corpos irrepetíveis. Como se todos estivéssemos a ver o filme juntos e a sermos simultaneamente os personagens deles e as consciências dos personagens deles. Fixar o fundo das pupilas mais móveis. Ouvir «o barulho do tempo». Se a eles, todos eles, não chamo almas do outro mundo, que nome lhes hei-de chamar? Nunca me foram fantasmas de medo, mas de companhia.

«A vida é tanto lenta. A Esperança é tão violenta.» Apollinaire, que me veio pela voz de Sophia, aparece no fim, em tradução livre de *Le Pont Mirabeau*. Esta foi a semana das nuvens. A semana dos doces fantasmas. Aliás, bem me preveniram, que, quando chegasse a noite, me viriam vulnerar.

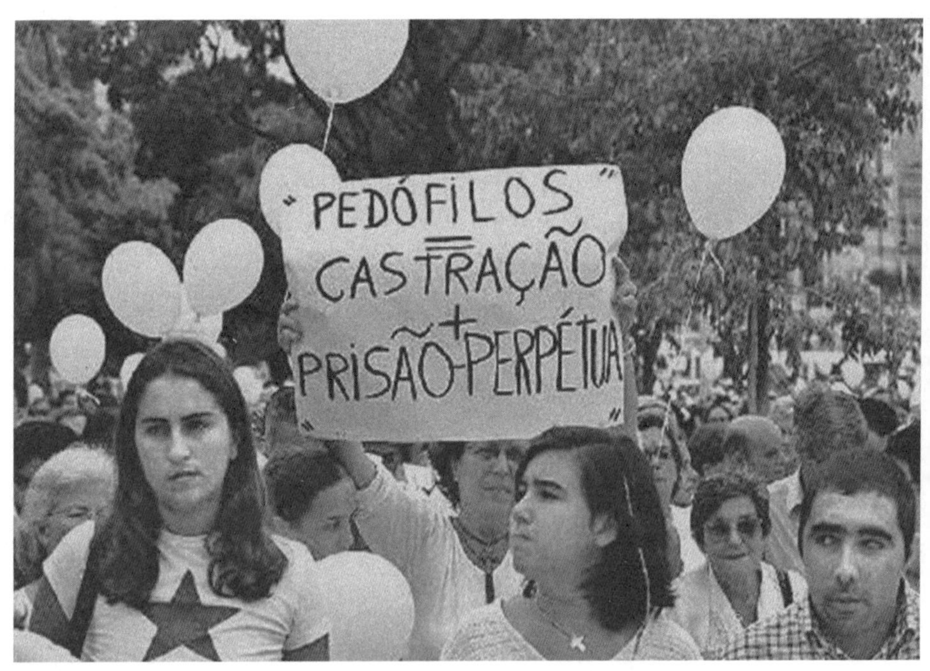

Manifestação. Arquivo do jornal *Público*.

CINZAS DE VERÃO

1 de Outubro. Para mim, os anos começam sempre a 1 de Outubro. 1 de Janeiro é só o menos estimulante dos dias da quadra do Natal, uma espécie de cinzento P.S. (vale para post-scriptum) do Dia do Menino Jesus.

Aos mais novos recordo que, nos meus tempos, era a 1 de Outubro que recomeçavam as aulas, após as férias que nos anos sem exame (e dos sete do liceu, quatro eram anos desses) se espraiavam docemente entre 14 de Junho e 30 de Setembro, dia dos anos da minha Avó. Para mim, espraiavam-se literalmente entre 1 de Agosto e 28 ou 29 de Setembro. 1 de Agosto era o dia da viagem, entendendo-se por viagem o percurso entre o n.º 86 da Avenida António Augusto de Aguiar, em Lisboa, e a Villa Raúl na Arrábida. Os quilómetros (46) não encolheram com o tempo, mas sem pontes sobre o Tejo (travessia em «ferry-boat») camioneta de Cacilhas para Azeitão e mais camioneta de Azeitão para a Arrábida, o percurso era coisa para 4/5 horas a que se somavam as horas de espera pelas mencionadas carripanas, exclusivo de João Cândido Bello. Cedo erguer em Lisboa e pôr do sol na Arrábida, onde, felizmente, havíamos sido precedidos pelas criadas, que já tinham posto a casa mais ou menos em condições.

Tudo era diferente, nos rituais do quotidiano. Não havia luz eléctrica, a água provinha de uma cisterna e era levada em jarros para os quartos e respectivos lavatórios. Não havia telefonias nem telefones, não havia cinemas nem lojas. Havia a praia e os banhos, os passeios na serra. Um silêncio total.

Regressar a Lisboa era passar do século XIX ao século XX. A surpresa de carregar num interruptor e fazer-se luz, da água a jorros, do telefone a tocar. À noite, na cama, eu ouvia os silvos dos comboios de Entrecampos e não mais a nortada a fazer ranger as madeiras das portas e dos tectos. Um ano acabara, começava outro, ao reencontrar (ou perder) colegas e professores nos pátios e nas aulas do Liceu Camões. Nunca mais via os primos e as meninas do Verão. Até outro Verão. Mas não o verão, como eu não o via, com os mesmos olhos. O tempo ainda não passava a correr e um ano na adolescência é maior do que a légua da Póvoa. Nesse tempo, é que a vida eram literalmente dois dias: os dias do Inverno e os dias do Verão.

As coisas então mais importantes para mim também se contavam a dois: os dias do campeonato de futebol e os dias sem campeonato, começou a época, acabou a época. Havia, no defeso, alguns sucedâneos (a Volta a Portugal em bicicleta, por exemplo) mas não era nada a mesma coisa. As temporadas dos cinemas: os grandes filmes chegavam em Outubro e desfilavam até Junho-Julho, quando começam as «reprises». No Verão, muitos cinemas fechavam enquanto os anúncios anunciavam: «Temporada de 1949-50». Havia os amores de Verão e os desamores do Inverno, e só mais tarde começou a ser vice-versa. Havia os pecados de Lisboa e os pecados da Mata Coberta. Havia as missas em capelas de casas ou grutas particulares e havia as missas de São Sebastião da Pedreira ou do Patronato. Havia um eu de Inverno e um eu de Verão. Como é que eu posso dizer que o ano não começa a 1 de Outubro?

É fácil darem-me cabo do sofisma. Afinal de contas estou a falar da infância e da adolescência e, descontando os anos sem memória, anos desses, em que a vida eram dois dias, não devem ter sido mais de doze. Numa contabilidade feita de hoje, é menos de um quinto da minha vida consciente, ou supostamente consciente. Como é que faço regra de tão breve excepção?

Penso que o cinema tem alguma coisa a ver com isso. Afinal de contas, a Cinemateca sempre fechou para férias em Agosto. Quando reabre, costumo eu tirá-las e só a 1 de Outubro retomo a plena «existencialidade» dela («existencialidade» ou «essencialidade»?). Mesmo os Agostos em Lisboa, se nada têm que ver com os Agostos de outrora, não são como os outros meses. As salas de cinema estão fechadas, os portões da Barata Salgueiro fecham às oito, é preciso sair ou reentrar por outras portas. Se os Agostos da cidade já pouco se assemelham ao que me contavam de outras eras («Lisboa, em Agosto, sem a família, é melhor do que Baden-Baden» contava-se que contavam) são, mesmo assim, bastante mais tranquilos do que os outros onze moradores do calendário. Como em tudo, a diferença tornou-se mais pequena, mas ainda existe e para alguns continua a ser saborosa. De Setembro pouco vos posso dizer. Hoje, como ontem, é mês em «off» noutros «in». Mas a 1 de Outubro, sim. A 1 de Outubro tudo recomeça e prometo a mim próprio e aos outros a promessa de sempre: «Demain je serais sage». Por exemplo, prometo aos leitores do *Público* que para o próximo Outubro não escrevo mais chaladices destas. Ocupar-me-ei com o devido vagar de um discurso do Presidente da República (fez um dos melhores e mais urgentes discursos dele, ontem dia 30) ou de um político da cena internacional (ontem, também foi o dia de Blair).

Mas não estou tão desacompanhado quanto isso nesta crença outubral. Bem sei que a tendência dominante é para o 1 de Setembro, mas setembrar ou outubrar não é o mais importante. O que mais conta, nos nossos ritmos e nas nossas rimas, é esta vontade de partir o ano ao meio, não onde manda o calendário, mas onde nos mandam o sol, a lua e os apetites. E aí basta ver por tudo quanto é sítio. Das omnipotentes televisões aos menos lidos jornais, não há quem não faça a sua época estival, mais «silly» ou menos «silly» conforme os usos e os poderes.

Por exemplo, aprendi alguma coisa como uma dessas «especialidades» do Verão deste ano, no caso em questão a do *Diário de Notícias*. O jornal retomou, em versão livre, o célebre «questionário de Proust», assim chamado só porque Proust lhe respondeu duas vezes.

Nas respostas deste Verão reparei numa recorrência que me deu que pensar. À pergunta: «qual o defeito que lhe inspira maior indulgência», houve, é certo, a resposta genial de Agustina («o amor») mas uma significativa percentagem (não fiz estatísticas) respondeu com a estupidez ou a ignorância.

Que a estupidez seja um defeito, é discutível (embora um amigo meu, católico, não hesitasse em a considerar um pecado, e mesmo o único pecado veramente mortal) mas que, sendo-o, seja, hoje, tão genericamente desculpável, deu-me que pensar. A condescendência — ou compreensão — com a ignorância ainda mais.

Nunca fui muito nessa conversa de «gerações rascas» ou coisas quejandas. Mas quando tanta gente, nova em anos, se mostra tão tolerante com a estupidez e com a ignorância, pergunto-me se alguma coisa mesmo não se está a passar. «Morte à inteligência», foi um grito horrível ouvido há menos de um século nesta mesma Península. Ficou para a História a resposta que teve. Essa história e essa História serão as mesmas habitadas pelos doces domesticadores da estupidez? Já estávamos habituados aos insultos aos «pseudo-intelectuais» na boca de qualquer desgraçado que não se sentia amado nem compreendido e sobretudo não compreendia nem amava o que «essa gente» fazia. Será necessário dar vivas à estupidez ou à ignorância?

Lembro-me de um filme de 1994 — *Forrest Gump* chamava-se — em que o herói (Tom Hanks) era uma espécie de atrasado mental, que só tinha uma pálida ideia dos problemas e conflitos americanos ou mundiais. O filme retratava-o como um típico produto do que se chamou a «Baby Boomer generation», a que foi dominante entre a ascensão de Elvis e a queda de Nixon. Mas aquilo que no livro (de Winston Groom) que serviu de base ao filme, era uma sátira, mais ou menos verrinosa, contra essa geração, transformou-se, no filme de Zemeckis, numa apologia do «pobre de espírito», que triunfava porque milhões de americanos se achavam iguais a ele e queriam que a América e o mundo fossem de homens como ele.

Quando vi o filme, tive o primeiro prenúncio que aquele personagem não representava um tempo passado mas um tempo futuro. O êxito desse elogio à estupidez deixou-me perplexo. Mais ano menos ano não iria nova minoria a reclamar direitos e a comemoração do Dia do Estúpido?

Estúpido fui eu, porque, infelizmente, essa minoria é maioritária, na América ou em qualquer outro país. Quando as maiorias se unem, sobretudo em épocas globais, advinham-se os resultados.

Em Portugal, sem querer tomar tão pequena parte pelo todo, fiquei a saber que muitos se não incomodavam nada (ou se incomodavam pouco) com a ignorância e a estupidez alheias. «Deixa-os pousar», como se dizia antigamente na velha história do galo e dos abutres? Talvez seja pior. Porque, olhando o *Diário de Notícias* de 28 de Setembro, vi, na reportagem da chamada «marcha branca» (convite tendencial a almas pacíficas e misericordiosas) um cartaz que pedia para os pedófilos *castração* e *prisão perpétua*. Um grupo de monstros infiltrado entre os manifestantes e que os organizadores não puderam controlar? Ficava mais descansado se fosse assim. Porque o mais provável é que nem maus sejam. Que sejam simplesmente ignorantes ou estúpidos, ou as duas coisas ao mesmo tempo, a mais explosiva mistura humana que imaginar se pode. E isso é, de tudo, o que mais me assusta.

Resta-me esperar que sejam as últimas cinzas de Verão e não as primeiras chuvas de Inverno.

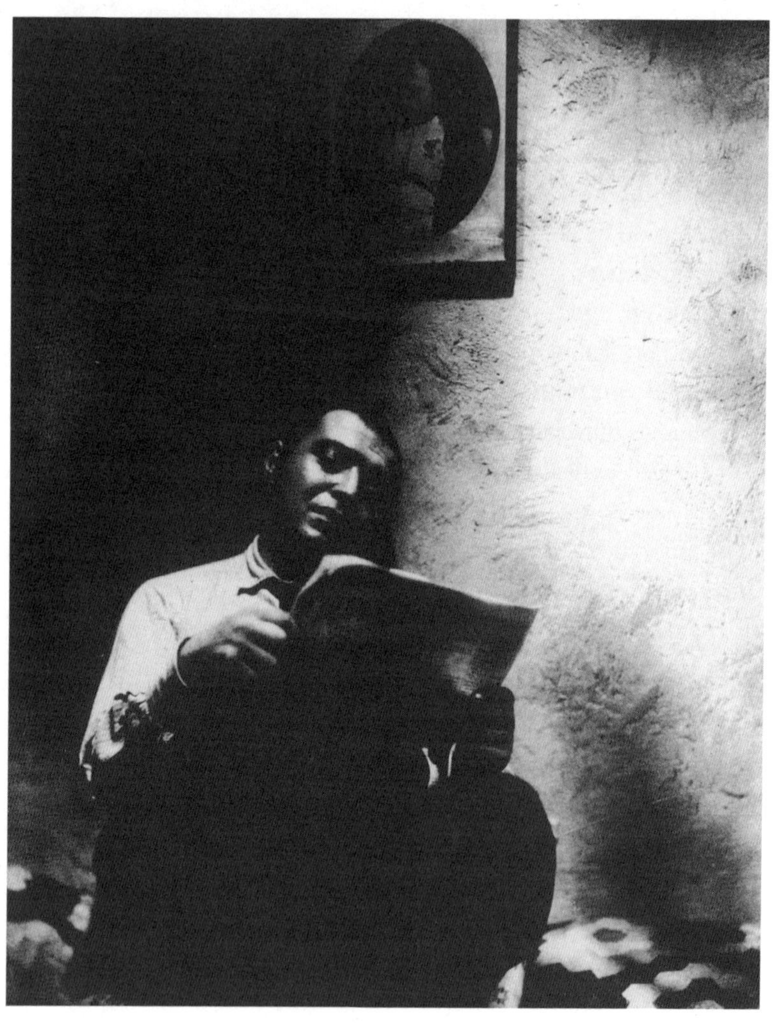

Peter Lorre em *Raskolnikoff: Crime and Punishment*. Josef von Sternberg, 1935.

ADOLF HITLER NO CÉU

Já meia-noite com vagar soou. Se começo a escrever a minha crónica a estas horas, foi porque me deixei ficar a ver a SIC Notícias num «especial» sobre a libertação de Paulo Pedroso, notícia que abafou completamente o outro caso do dia: a nomeação de Teresa Patrício Gouveia como ministro dos Negócios Estrangeiros. Foram duas boas notícias, num só dia. Sou, por princípio, contra prisões preventivas, gosto muito de Teresa Patrício Gouveia. Pode haver quem barafuste com a aproximação. Eu sei que não será o caso de Teresa Patrício Gouveia. Alegrias são alegrias, ainda que uma me venha de uma pessoa que mal conheço (só na Penitenciária fui apresentado a Paulo Pedroso) e outro de uma pessoa que conheço há muitos anos e até já foi minha Secretária de Estado, quando esteve na Cultura.

Repito: uma boa quarta-feira, depois de uma semana de intrigas e mais intrigas, de escândalos e mais escândalos. Uma semana à portuguesa, que quarta-feirou em odor de civilização. Em Londres, não se faria melhor. Às vezes — muito raramente é certo — sabe bem não ter que dizer: «este país!».

Não me vou explicar mais. Quem me conhece já sabe o que penso do processo da Casa Pia e não me apetece voltar com a bota à Ribeira Torta. Quem não me conhece, não tem nada que ver com as razões por que gosto de Teresa Patrício Gouveia.

Mas, sem dúvida nenhuma, esta obsessiva conversa sobre crimes e castigos, culpados e inocentes, infractores da lei ou zeladores da lei, arrependidos e desarrependidos, contribuiu (ao menos subconscientemente) para eu me lembrar de um texto de que não me lembrava há muito tempo, tanto tempo que, se me lembro de quem me falou dele, não me lembro, e bem gostava de me lembrar, de quem o escreveu. Podia ter sido Jorge Luis Borges, mas acho que não foi.

De subconsciência em subconsciência, foi-me crescendo uma frase que li outro dia e desta vez sou eu quem não quer dizer de quem (não, não foi o Eduardo Prado Coelho). Era a frase seguinte: «Por mais que as religiões mansas (ou sonsas, como preferirem) sofismem sobre isso, o que se faz não se desfaz. Pode corrigir-se, mas é tudo o que se pode — fica lá o esforço da borracha marcado, inapagável». Dito de outro modo, «once a crook, always a crook», a frase que mais aterrorizava Fritz Lang (se fosse mais cedo e eu tivesse mais espaço, contava-vos a história de *You Only Live Once*, onde Henry Fonda faz de E.T.).

Estava-se uma vez numa conversa dessas, quando o meu incitado amigo me perguntou se eu conhecia o conto «Adolf Hitler no Céu». Um pacífico cidadão morria e ia muito naturalmente para o céu. Quem foi o primeiro imortal que lhe saltou ao caminho? Adolf Hitler. Sem blasfémia, o flébil morto não quis acreditar no que via. Pensou num sósia, ou em Charles Chaplin a brincar. Mas o outro, sem vanglória nem rebaixamento, confirmou-lhe a identidade. E só por já ser bem-aventurado (manso ou sonso, segundo a minha fonte) não o esbofeteou, ao ouvir uma citação bíblica: «Misteriosos são os caminhos do Senhor». Se fosse numa anedota, o recém-chegado tinha ido fazer queixa a São Pedro. Como não era, envolveu-se em discussão teológica. Das várias perguntas de Hitler, retive três: «Aqui, no Céu, ficavas mais contente se soubesses que eu ardia no Inferno?» «Não te ensinaram na terra que era pecado desesperar da própria salvação?» «Não leste a parábola da vinha e do vinhateiro?». No fim da longa conversa (que não era o último discurso de Hitler, mas o primeiro discurso do anti-Hitler) foi o justo quem se começou a interrogar se merecia estar onde estava. «Outro absurdo», respondeu-lhe o outro. E terminou com uma citação de M.S. Lourenço, ou que eu retive como hipotética aproximação de M.S. Lourenço:

«Eram onze horas quando o dono da vinha encontrou pelas esquinas operários que esbocejadamente bibliotecavam.

Antes destes, grupos de outros operários, operavam a vinha. Disse então o mestre da vinha: vinde à vinha, enchei os lenços. Necessito de quem me faça água-pé.

Foram eles, supõe-se que agilmente.

No fim, quando a cada um deu o que cada qual, gritaram os primeiros:

Para que serve ser primeiro?

Resposta do senhor da vinha: para a água-pé, não há primeiro nem último, há apenas água-pé».

Como numa parábola zen, foi nessa altura que o morto entrou mesmo no Céu, sem ver mais Adolf Hitler nenhum, mas também sem ver São Francisco de Assis nenhum.

Volto à terra. Ouviram essa frase em dezenas de filmes, leram-na em dezenas de livros. Julgo que ainda se usa nos estados dos Estados Unidos que não aboliram a pena de morte. Depois de feita a prova, «beyond a reasonable doubt», da culpabilidade de um assassino, sem atenuantes, o juiz condenava-o a ser pendurado na forca até que a morte o levasse. Breve pausa. E, depois, estas palavras: «Que Deus tenha misericórdia da sua alma».

Ou seja — se não pensaram nunca, pensem bem nisso — o juiz mandava matar aquele homem, ou aquela mulher, tirar-lhe a vida, que o próprio Cristo viera redimir, mas anunciava, ao mesmo tempo, que Deus podia ser mais misericordioso do que ele. A justiça dos homens era e é (ou podia ou pode ser) mais severa do que a justiça divina. Quem deu aos humanos poderes que os homens admitem que Deus pode não exercer? «Não julgues e não serás julgado». «Quem nunca pecou que atire a primeira pedra». Mas todos julgamos, todos atiramos pedras e eu acredito que nenhum de nós será condenado por isso, que vale de lágrimas só existe aquele que habitámos ou habitamos. A Ressurreição é o mistério que me faz acreditar que esta minha fé não é estulta e que não há nada inapagável ou forçosamente pagável.

Outra história, esta lida há muitos anos no hoje tão esquecido Giovanni Papini.

Altas horas da noite, um padre recebe a visita de um colega, demente. Quer saber se o sofrimento de Cristo, na Paixão, foi infinito. O acordado resolve ser paciente. Levanta-se da cama, veste um abafo, e responde-lhe que evidentemente sim, pois, sendo Cristo Deus, o seu sofrimento sé em termos de infinito se pode conceber. O outro, crescentemente alucinado, pergunta-lhe então como é que os homens podem aceitar a alegria eterna, sabendo que, por mais que tenham sofrido, tão pouco sofreram por comparação com Cristo. Só há uma maneira — uma só — de mostrar gratidão ao Senhor. Sofrer infinitamente, como Ele sofreu. Como esse sofrimento é inacessível nesta vida, há que procurá-lo na outra. A danação eterna é o único meio para sofrer tão infinitamente como o Filho do Homem sofreu. Para tal, é compulsivo morrer em pecado mortal.

Conta-lhe de seguida um ror de pecados abomináveis que cometeu nas últimas semanas, meses ou dias. Não houve crime, por mais horrível que fosse, que não tivesse cometido. Tenciona culminá-los com o suicídio. Assim terá por certas as chamas do inferno.

O colega tenta todos os argumentos para o chamar à razão. O pecado do orgulho, querer comparar-se a Jesus Cristo. «Ainda bem, que descobriste mais um», responde-lhe, com lógica demencial, o alucinado. «Deus vai dar-te a Graça do arrependimento, nem que seja no último segundo».

Perante essa hipótese, para ele terrível, o desassizado, recupera alguma calma. Levanta-se e abre a janela. Logo se agarra ao incerto antagonista, pega nele com toda a força e atira-o borda fora. Segue-o no mesmo segundo. «Agora estou certo de não me arrepender», é o último brado. Afinal o mais incerto. Quem sabe o que se passou nos instantes que lhe antecederam a morte, esmagado no solo? O paradoxo do padre que queria ser Deus é indemonstrável.

Tem direito a outra história, de todas a que mais me perturba.

Também foi um amigo quem ma contou, atribuindo-a a Hannah Arendt. Se bem entendi, é num ensaio sobre Brecht.

A escritora, amiga do poeta, escreveu-lhe para Berlim Leste, nos últimos anos da vida dele, quando Brecht escolheu viver na RDA. Censurou-lhe muitos actos que lhe eram atribuídos, muitas coisas que ele calou, muitas omissões que foram perdição de outros. É um requisitório implacável e arrasador.

Mas, no fim da carta, Hannah Arendt não ameaça Brecht com Pêro Coelho, nem com nenhum dos círculos de Dante. Como eu, não acreditava nessas coisas nem as achava compatíveis com a infinita Misericórdia Divina. Diz-lhe apenas isto (obviamente cito de cor): «Quando morreres, o Senhor não te mandará para nenhum inferno. Mas mostrar-te-á todas as peças, todas as novelas, todos os poemas, que tu e só tu podias escrever e dir-te-á: "Por causa do que foste, não os escreveste. Agora, ninguém mais os escreverá"».

É uma variação sobre a célebre porta de Kafka? É. Mas Kafka, dos escritores que conheço, aquele que, com Dostoievski ou Musil, mais fundo foi aos abismos da irrisória justiça humana, da irrisória culpabilidade humana, também só nos disse-sempre-que o inferno é o nosso fim, e nunca o nosso princípio.

O resto é Kierkegaard e a alternativa impossível. Não haverá balanças. Haverá apenas o que só cada um de nós podia ter preenchido e não preencheu.

Inapagável? Se o fosse, Adolf Hitler não podia estar no céu, nem talvez nenhum de nós. «Que não sejam julgados como puros espíritos / Que não sejam pesados pela balança justa / Que sejam como a vinha e o trigo maduro / Que nunca são medidas no flanco da colina.»

Para acabar, deixo de ser incerto. Estes versos são da *Eve* de Charles Péguy e neles o poeta faz esse pedido à mãe do género humano. A tradução é de Manuel de Lucena.

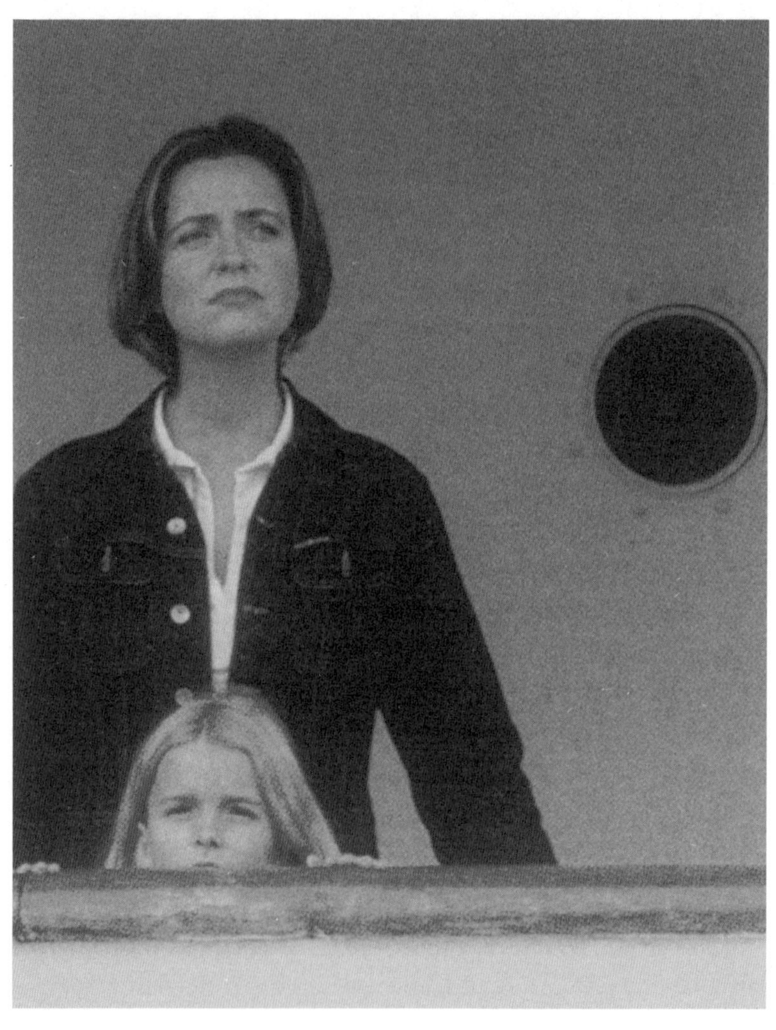

Leonor Silveira, *Um Filme Falado*. Manoel de Oliveira, 2003.

UM FILME FALADO:
UMA DESARMANTE COMPLEXIDADE

Quando, em 1957, Chaplin estreou o polémico *A King in New York*, Rossellini terá dito: «É o filme de um homem livre».

Enquanto via *Um Filme Falado*, o filme de Manoel de Oliveira que hoje se estreia em Portugal, lembrei-me dessa reacção como a mais óbvia. Só um homem livre (coisa muito mais difícil de se ser do que de se falar) podia ter ousado uma obra assim. Obra que não presta contas a ninguém, não pede contas a ninguém e não ajusta contas com ninguém. Obra em que Oliveira põe toda a sua verdade e nada mais que a sua verdade. Na grande idade, alguns artistas conseguiram-no. Um tão grande despojamento que justifica a dúvida sobre se se está perante uma obra de juventude ou perante uma obra de pletórica maturidade. Como aconteceu com Mozart e levou o seu catalogador — Köchel — a datar como obras de verdes anos obras dos anos finais. Mozart morreu novíssimo? Aparentemente. Mas foi ele próprio quem disse que suou sangue para chegar ao que os distraídos classificaram como superficial ou leve. Para se atingir a «leveza» de *Um Filme Falado* talvez não sejam precisos noventa e cinco anos, mas é preciso certamente algo que anda lá muito perto, em termos de tempo e em termos de modo. Louvado seja!

Começo pelo título. Aparentemente nada de mais corriqueiro, quase um pleonasmo, pois que, com raríssimas excepções, há quase oitenta anos que todos os filmes o são. Estou com curiosidade de saber como o vão traduzir para inglês ou para americano «A Talkie»? Literalmente, devia ser assim, embora o *Variety* lhe tenha chamado «A Talking Picture», o que, sem trair, não é exactamente a mesma coisa. Mas quando nos pegam na mão para nos lembrar o óbvio, é porque o óbvio não é tão óbvio como aparenta sê-lo. Para gente não poliglota, os filmes falados noutras línguas ou não são ouvidos, são lidos (no caso das versões legendadas) ou são ouvidos (no caso das versões dobradas) em fala de gente que fala a nossa fala, ou seja em fala que a gente do filme não falou. Em *Viagem ao Princípio do Mundo*, um dos filmes de Oliveira que mais se aproxima deste, uma velha analfabeta da raia minhota, perguntava do sobrinho, nascido em França e que só falava francês: «Porque é que ele não fala a nossa fala?» Essa pergunta está implícita em todos os filmes falados, como está implícita em todas as traduções e tem sido um dos temas predilectos de George Steiner.

Pois bem. Neste filme, há um jantar que reúne um actor americano, de origem polaca, no papel do capitão do navio (John Malkovich), uma actriz francesa, no papel de uma rica mulher de negócios (Catherine Deneuve), uma actriz italiana, no papel de um famoso modelo (Stefania Sandrelli) e uma actriz grega no papel de uma célebre cantora (Irene Papas). É um jantar de circunstância, pois que o circunstancial capitão convida para a sua mesa as três celebridades que levava a bordo. A conversa é circunstancial, «uma espécie de jogo», como lhe chama o capitão, pois que cada um ou cada uma resume a história da vida, com paragem nas datas mais marcantes: nascimento, casamento ou não casamento, filhos ou não filhos. Nada de indiscreto, nem de confidencial. Conversa de salão ou jogo de sala. Mas o que sai fora das normas (de todas as normas) é que o capitão fala inglês, a empresária francês, a ex-modelo italiano e a cantora grego. E todos se entendem perfeitamente. Graças às legendas, também o espectador os entende, como notava com pertinência o crítico da *Variety*, que se esqueceu, contudo, de sublinhar que essa sequência proíbe a dobragem, que lhe retiraria por completo o sentido.

Mesmo que admitamos, como hipótese, que os quatro dominam as quatro línguas (não parece ser o caso), nenhum fala a fala do outro. Como aliás é notado, a situação é a inversa do mito de Babel. A língua não é barreira mas continuidade sem ruptura. É a falar que eles se entendem, no diálogo mais anti-globalizador que alguma vez ouvi em cinema. Mesmo que um dos temas de conversa seja a globalização e que a grega recorde que os «founding fathers» americanos ponderaram seriamente a hipótese do grego ser a língua dos Estados Unidos, o que, caso tivesse acontecido, daria hoje ao grego estatuto universal, em vez de um estatuto cada vez mais regional que Irene Papas tanto lamenta.

Numa mesa próxima estão uma professora de história e a sua filha, ambas portuguesas (Leonor Silveira e Filipa de Almeida). Quando, mais tarde, o capitão as convida para se reunirem aos quatro (antes fizera à professora convite mais dúbio), o «milagre» interrompe-se e é na língua «global» (o inglês) que Leonor Silveira dialoga com os habitantes da outra mesa. A nossa fala, ao longo do filme, não é comunicável senão entre portugueses (mãe e filha, ou ambas com Luís Miguel Cintra, a fazer de Luís Miguel Cintra, quando, «por acaso», se encontram no Cairo e aquele lhes faz de cicerone).

Porque é que Portugal não sai de Babel? É uma boa pergunta que pode ajudar a perceber porque é que o destino das duas portuguesas é o único que é diferente do destino de todos os outros passageiros do navio. Portugal é um caso aparte? Neste filme, é-o. Há contactos, mas não faz parte do jogo. Sempre «off» é, no fim, o que fica mais «in», no sentido mais radical da expressão.

Navio. Quase todo o filme se passa nele, viagem de uma mãe e filha pelo Mediterrâneo, matriz da civilização de que vivemos os dias finais. Essa situação levou alguns críticos estrangeiros a comparar este último Oliveira a *E La Nave Va* de Fellini. Só que este navio não vai. À excepção da parte final da viagem, quando o Mediterrâneo não é mais dele, só o vemos imobilizado nos vários portos (Marselha, Nápoles, Atenas, Istambul, Cairo, Aden) ou num belíssimo plano recorrente, em que a proa rasga as águas azuis. Ao princípio (largada do Tejo e de Lisboa) há movimento (travelling até Belém) mas não há palavras, com *o filme falado* a começar como *filme mudo*. Depois, sempre na mesma amurada, em plano em que quase só muda a indumentária das protagonistas, o navio está acostado. Dele, se vê a entrada de Catherine Deneuve (Marselha) de Stefania Sandrelli (Nápoles) e de Irene Papas (Atenas). Catherine Deveuve é filmada em «plongée», num curto plano. Stefania Sandrelli tem uma entrada mais aparatosa. Irene Papas, entrada de vedeta. Mas só passado o Mediterrâneo, todos se encontram e só passado o Mediterrâneo vemos o interior do navio, até essa altura nunca desvendado. Já não é meio de viagem, mas sim fim de viagem, já não é lugar de cruzeiro, mas marca de cruz. Barca de Caronte, se preferirem. E, se há filme nos antípodas do de Fellini, é um *Um Filme Falado*, certamente o mais clássico e o menos barroco dos filmes de Oliveira. Se se pode dizer que ambos choram o fim de uma civilização, o que é transbordante em Fellini é contido em Oliveira. Nada nos prepara para o desfecho e, no entanto, sem esse desfecho, que é um dos cumes da arte de Oliveira, nada faria sentido. E é um desfecho em «paralítico».

Como a mãe não se cansa de dizer, essa viagem, planificada para ir ao encontro do marido, que a espera em Bombaím, é um cruzeiro porque decidiu aproveitá-la para mostrar à filha os lugares santificados (ou mitificados) da história do ocidente. É uma viagem de instrução, como se dizia antigamente. É nessa instrução que tropeçam quase todos os detractores (significativamente portugueses) do filme de Oliveira. A mãe, professora de História, conta a História como Luís Miguel Cintra contava a História de Portugal no *Non*. Mas em Marselha o que sobressai é um caniche branco, são os mercados, é uma conversa em francês com um vendedor de peixe e é uma placa no chão, remetendo para a colonização fenícia e para a invenção do alfabeto. Em Nápoles, o Castel dell'Ovo e a profecia de Virgilio que o assinalou como sinal de perenidade. O Vesúvio. Ou Pompeia, com a pergunta sobre «o que é uma vida devassa», a sobreposição dos guias turísticos e o campo-contra-campo do décor «reconstituído» e da ruína. Cave canem. Em Atenas, a Acrópole e «como podia ser bonito se tudo estivesse como era», fala desmentida pelos fulgurantes planos do

Parténon, do Erecteion e, sobretudo, pelo plongée inadjectivável sobre o teatro. Depois, Istambul e Santa Sofia. Depois, o Cairo e a Esfinge.

Mas, a partir de Constantinopla, os sinais são mais elípticos ou crípticos. Junto ao chão, em plano de pés, mostram-se-nos as cruzes do cristianismo deposto. Os caminhos começam a ser caminhos opostos, na direcção de Meca ou na direcção de Jerusalém. No Cairo, a esfinge e os escaravelhos iluminam os vivos e os mortos, visitantes dos abismos e do oculto. O azul é a cor do maligno e o que se vê já não coincide com o que não se vê. Insensivelmente, sem mudança de tom nem mudança de estilo (sempre a mesma vaga névoa, sempre o acidental a significar tanto quanto o essencial) estamos a ser levados para o que todos os mitos ensinam, ou para a moral da fábula. Uma desarmante simplicidade? Eu prefiro chamar-lhe uma desarmante complexidade, pois que não me lembro de ser levado tão longe com tamanho deslizamento. Meu Deus, como tudo pode ser tão aparentemente simples (não há um efeito, não há uma «culminância») sendo tão abissal.

Mas não quero acabar sem dizer que este é um filme — talvez seja o primeiro — que traz a memória do 11 de Setembro e a imagem do mundo que a 11 de Setembro começou.

O plano final é a reverberação (espelhada, depois, no olhar assombroso de Malkovich) dos «plano» que vimos, quando homens e mulheres saltaram das torres. Mas nem mãe nem filha saltam, desobedecendo à ordem do capitão. Já não há tempo. Estão, como estivessem no início, na amurada do navio. Mas o tempo suspendeu-se definitivamente e aquilo que foi viagem para transmitir a memória do passado, já não tem qualquer futuro.

O vento da morte (vento do norte) soprou mais forte, ao contrário do que pediu a belíssima canção de Irene Papas. Ficou-nos a beleza de Outrora? No filme ficou. Do navio, a última imagem é a de Copérnico, o primeiro a dizer-nos que a Terra não é o centro do Universo. E é para outros universos que *Um Filme Falado* nos convoca. Quem, neles, falará a nossa fala? Alguém nos ouve? Alguém nos vê?

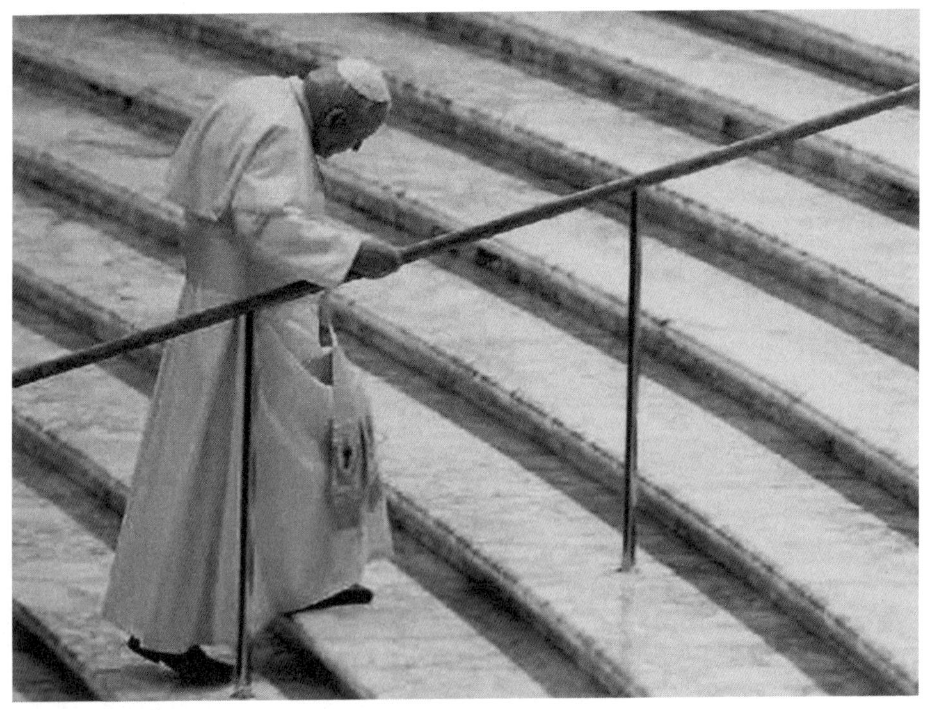

Papa João Paulo II. Arquivo do jornal *Público*.

O HOMEM DA FÉ

«A esperança espanta o próprio Deus», disse Péguy. Claudel, pela voz de Joana d'Arc na fogueira, proclamou que ela era a mais forte das três virtudes teologais.

Da caridade, não foi preciso esperar pelos hinos dos poetas. O amor de dilecção (*agapê*) foi posto no cume da hierarquia dos carismas por São Paulo, na celebérrima passagem da primeira Epístola aos Coríntios (13, 1-13) que é sempre tão bom recitar: «Ainda que eu falasse todas as línguas dos homens e dos anjos, se não tiver a caridade sou como o bronze que soa ou o címbalo que ecoa. Ainda que tivesse o dom da profecia e conhecesse todos os mistérios e toda as ciências, ainda que tivesse a plenitude da fé, dessa fé que move montanhas, se não tiver a caridade nada sou [...]». «A caridade é a que nunca passa. Desaparecerão as profecias. Calar-se-ão as línguas. Desaparecerá a ciência [...]». «Quando era menino falava como menino, pensava como menino, raciocinava como menino. Quando me fiz homem, desapareceu em mim o que de menino em mim havia. Por agora, vemos como através de um espelho, confusamente, mas um dia veremos face a face. Hoje, só conheço imperfeitamente. Mas um dia virá em que conhecerei como sou conhecido.»

«A fé, a esperança e a caridade ficarão para sempre e só elas para sempre ficarão. Mas a maior de todas é a caridade».

Misteriosíssima é esta hierarquia que secundariza, não secundarizando, a fé e a esperança, como secundariza, não secundarizando, os dons do Espírito Santo, exaltados logo de seguida, no capítulo 14 da mesma Epístola.

No mesmo Paulo (Rom. 1 5, 16) pode ler-se o paralelo entre a fé e a esperança, quando o Apóstolo das Gentes se refere a Abraão como aquele que «esperou contra toda a esperança». E esperou porque teve a fé, a «fé que lhe foi contada».

Antes de Abraão, houve certamente lugar para a esperança e para a caridade. Adão e Eva esperaram ser perdoados, Noé esperou sete dias pelo segundo voo da pomba, que lhe voltou com um ramo de oliveira no bico e, depois, esperou outros sete dias até a pomba nunca mais lhe voltar.

A caridade (*agapê* e *eros*) acompanha a evolução da humanidade de Adão a Térah. Se ela não houvesse, o homem não teria conhecido a mulher e a mulher não teria conhecido o homem, e Eva não teria podido dizer que, por Iavé, outro homem nascera. Mas terão tido a fé, essas gerações nascidas à porta do jardim, que querubins de espada na mão guardavam para as impedir de voltar junto à árvore do bem e do mal? Sempre me interroguei sobre a razão da fé nessas gerações iniciais, interrogação que tem sentido radical quando se sabe que Abraão é chamado o pai da fé.

Porque Abraão é o primeiro — ou foi o primeiro — a ser tentado a duvidar da palavra de Deus, que o mesmo é dizer a duvidar de Deus. Como era possível que o mesmo Deus que o fizera gerar um filho na velhice, que fizera a velhíssima Sara conceber um filho, esse Isaac a quem tinha prometido tantos prodígios para com ele estabelecer uma *aliança perpétua*, como era possível que o mesmo Deus o mandasse matá-lo e oferecê-lo em holocausto como um cordeiro?

Mas Abraão não duvidou.

Penso nas páginas escritas por Kierkegaard (*Temor e Tremor*) quando assumiu o pseudónimo de Johannes de Silentio, para quatro vezes narrar o que se passou na madrugada em que Abraão saiu de casa, beijou Sara e levou com ele Isaac, para subir a montanha de Morija.

Isaac era a única esperança de Abraão, e Deus mandava-o cravar o cutelo nessa única esperança. «Mas Abraão creu e não duvidou: creu no absurdo. [...]» Não virou os olhos para a direita e para a esquerda, esperando angustiadamente uma salvação. Não fatigou o Céu com orações. O Omnipotente punha-o à prova, e ele sabia que esse sacrifício era o maior que se lhe podia pedir. Mas também sabia que nenhum sacrifício é o maior quando é Deus que o pede. E levantou a faca.»

Kierkegaard, que ainda estou a citar, descreve, depois, todas as hipóteses possíveis para Abraão evitar o gesto infanticida. Podia ter-se morto, imolando-se em vez do filho. Podia ter imolado o cordeiro. Podia ter pedido a Deus que o poupasse, como muito antes pedira a Deus por Sodoma e Gomorra. Mas — volto a Kierkegaard — «não teria dado testemunho da sua fé, nem da Graça de Deus, mas teria mostrado quão terrível é subir a montanha de Morija. Nem Abraão, nem a montanha de Morija teriam sido esquecidos. Seriam tão lembrados quanto o são. Mas a montanha seria lembrada, não como a Ararat, onde a Arca se deteve, mas como um lugar de horror. «Foi lá» dir-se-ia, «que Abraão duvidou».

De cada vez que penso sobre o mistério da Fé, penso nas palavras com que Kierkegaard termina, no livro que refiro, o que chamou o «elogio de Abraão». «Eu sou aquele que não esquecerá nunca que tiveste que esperar cem anos para que te fosse dado, contra toda a esperança, o filho da tua velhice, esse filho que só conservaste porque levantaste o teu punhal contra ele. Eu sou aquele que não esquecerá nunca que, aos cento e trinta anos, não foste mais longe do que a fé.»

Se ninguém pode compreender Abraão, como Kierkegaard também disse, é porque ninguém nunca teve a fé de Abraão. Quem é aquele que pode dizer às montanhas que se movam e as montanhas mover-se-ão? Quem são aqueles cuja fé espanta o próprio Deus, como (Mt 8-10) o espantou a fé do centurião e o levou a dizer «Em verdade, em verdade vos digo que nunca encontrei semelhante fé em Israel»?

Homem de fé, mulher de fé, disse-se diz-se de tantos que a tiveram ou disseram ter. Tê-la-ão tido? Recordo *Pickpocket*, um filme de Robert Bresson. Lembrando o dia da morte da mãe e determinado acontecimento, o protagonista, um ladrão, dizia ter acreditado em Deus durante três minutos. O católico Bresson comentava: «Não conheço mais ninguém que possa dizer que acreditou em Deus durante tanto tempo.» Julgamos — julgam alguns — que sabem o que é a fé, a esperança ou a caridade. Mas se o soubessem, não saberiam o que nós sabemos. A quase todos os que o rodeavam, o Senhor sempre chamou «homens de pouca fé».

Conheci algumas pessoas que julgo tiveram fé, nem que fosse por instantes tão breves como o protagonista de Bresson.

Mas o exemplo de fé mais pasmoso que de tão longe eu tenho presenciado é o do homem chamado Karol Wojtyla, Papa sob o nome de João Paulo II.

Não é o «papa da minha vida», no sentido em que o foram, dos que conheci, João XXIII ou João Paulo I. Não é o Papa que me dê mais esperança ou que eu ame mais do que os outros. Mas tudo o que me separa dele de nada conta quando o vejo — sobretudo nos últimos anos — dar um tamanho testemunho que só consigo explicar pelo inexplicável mistério da Fé.

«Houve homens grandes pela sua energia, sua sabedoria, sua esperança ou seu amor.» Mas há os homens grandes pela energia, cuja força provém da fraqueza, grandes pela sabedoria cuja forma está para além do conhecimento, grandes pelo amor que vão para além do amor que a nós próprios temos. João Paulo II é um desses homens. Ninguém mais fraco — a cada momento julgamo-lo chegado ao limite das suas forças — e dessa fraqueza irradia uma força como jamais me lembro de ter pressentido. Ninguém mais longe do que a ideia de sábio pode convocar e ninguém tão perto dessa «loucura da Cruz» de que falam os místicos. Ninguém mais longe da imagem que, por exemplo, guardamos do «bom Papa João», mas ninguém que a cada momento nos faça sentir que tudo o que faz o faz por amor até à imolação de todos os seus poderes, faculdades ou dons, até a imolação da sua própria função papal.

A Igreja, e muitos dos que estão nas margens dela, celebraram agora o Jubileu deste Papa. Em cada uma das suas aparições públicas, eu vi o Homem das Dores ou o Homem da Fé. Muitos serão recordados por muitas outras obras ou palavras ou feitos. João Paulo II será recordado pela Fé.

E, se tanto citei Kierkegaard, termino com palavras dele, roubadas à dedicatória do meu exemplar de *Crainte et Tremblement*, na tradução francesa de P.H. Tisseau. O livro foi-nos dado, à Ana Maria e a mim, a 25 de Maio de 1957, por um Amigo, que, hoje, pode saber melhor do que nesses verdes anos, do que copiou e do que nos doou:

«Aquele que ama a Deus não cura de lágrimas nem de admiração. Esquece o sofrimento no amor e esquece-o tão completamente que nenhum traço da sua dor lhe sobreviveria se o próprio Deus não no-la lembrasse. Porque Deus vê no segredo, conhece a aflição, conta as lágrimas e não esquece nada.»

Mais não digo e mais não posso dizer.

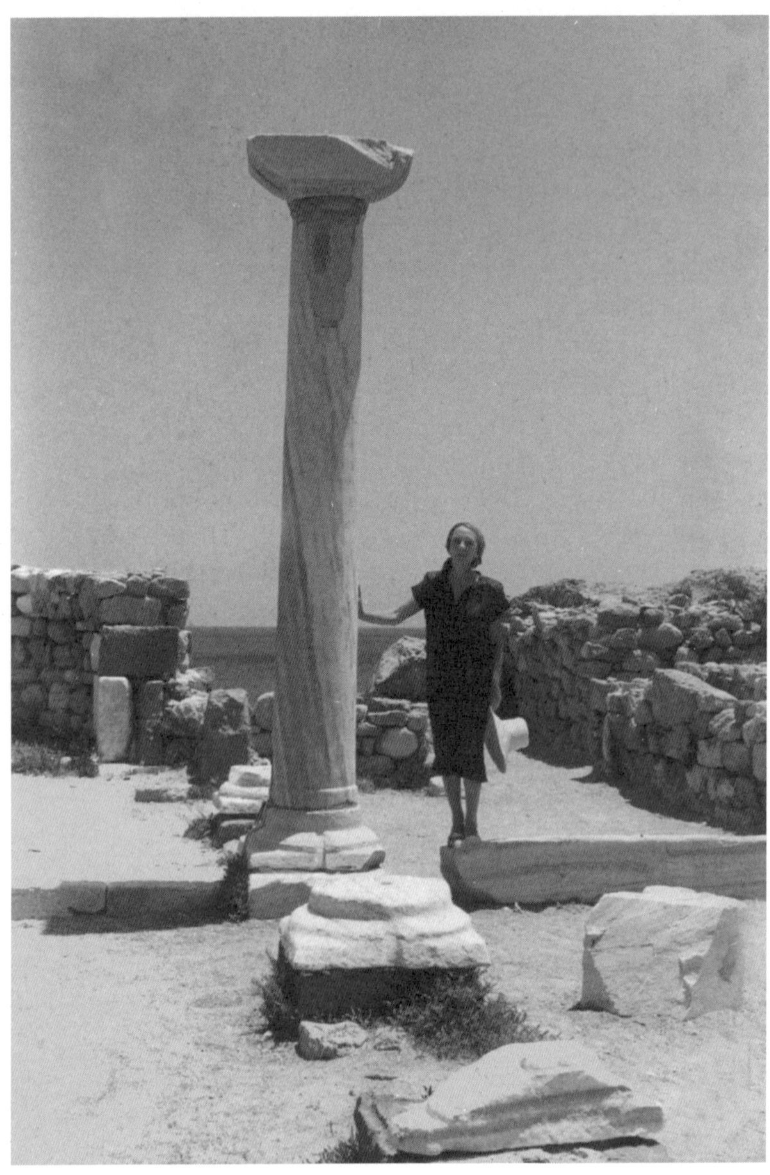

Sophia de Mello Breyner Andresen.

SOPHIA: NO DIA DOS TEUS ANOS

Hoje, para mim, que escrevo nas primeiras horas de 6 de Novembro; ontem, para os que me estiverem a ler no dia em que este jornal sair; hoje ou ontem, hoje como ontem, Sophia de Mello Breyner faz anos.

Nunca tratei Sophia por tu. Ela também nunca me tratou por tu. Sempre nos tratámos por aquela terceira pessoa do singular, a que só a língua portuguesa se dá assim e que é a forma mais bonita de vocativo que conheço. «Sophia, o que é que a Sophia pensa de...»; «João, o que é que o João acha de...». Mas não me deu jeito nenhum escrever «no dia dos seus anos» (seus de quem?) ou «no dia dos anos de Sophia», ou «no dia dos anos da Sophia». Os poetas, às vezes, exigem o tu, o tu que, por exemplo, Jorge de Sena usou quando se lhe dirigiu perguntando-lhe: «Versos e filhos como os dás ao mundo? / Como quem se parte? Como quem se reparte? / Ou como quem a ti não volte mais?» (cito de cor). E Jorge de Sena também não tratava Sophia por tu.

Durante toda esta semana pensei muito em Sophia. A Maria convidou-me para ir com ela, com os irmãos e com alguns amigos de Sophia a Madrid, onde outra Sofia (da Grécia como ela, da Grécia diferentemente dela) lhe ia dar, na pessoa do Miguel, um dos maiores prémios que ela já recebeu, o Prémio Reina Sofia. Disse logo que sim. Mas, à última hora, uma angina áfona tirou-me a voz e a presença. Fiquei a ver «o filme» em vale de lençóis. Doeu-me ter faltado. Pensei se Tiepolo teria presidido à cerimónia. «Vénus a encomendar a Vulcano que forjasse as armas para Eneias» ou «Neptuno no seu carro com as Nereides e outras divindades do Olimpo e também as figuras alegóricas dos Vice-reinados americanos da Coroa Espanhola». As nuvens tão castanhas, os cavalos tão alados, tantos anjos a voar. A teatralidade barroca e a pompa espanhola (duas coisas que Sophia sempre detestou e eu sempre amei) inclinando a majestade para aquela que, como Antígona, «não aprendeu a ceder aos desastres» e para quem a obra de arte sempre «fez parte do real, e é destino, realização, salvação e vida». Terá sido «real» essa cerimónia? Mas a coroa espanhola curvou-se perante um poeta português. Sophia.

Nunca me hei-de esquecer da primeira vez que vi Sophia.

Eu tinha 12 anos, ela casara poucos meses antes com Francisco Sousa Tavares. Nesses tempos, uma prima dela, grande amiga da minha Mãe, costumava passar os verões connosco na Arrábida. A Sophia e o Francisco foram visitá-la e visitar-nos. Jantaram em nossa casa. Nesses tempos, se bem me lembro, eu costumava sair logo a seguir ao jantar, para ir ter com amigos da minha idade. Mas, nessa noite, sei lá porquê, não fui. Fiquei na varanda com os crescidos.

Era uma noite de lua cheia. A Sophia, tenho a certeza disso, estava vestida de branco. Calças brancas, camisola branca. A certa altura começou a recitar. Seriam versos da *Poesia*, publicado em 1944, ainda ela era solteira, ou do *Dia do Mar*, publicado nesse mesmo ano de 1947, não sei se antes se depois dessa noite da Arrábida. Pela primeira vez, na minha vida, eu ouvia dizer versos assim, escandidas as sílabas, como só ela o sabe fazer, «numa nobreza de dicção que, como raras poesias do seu tempo, é irmã da majestade subtil de Pascoaes e das grandes odes de Álvaro de Campos, cuja linhagem continua» (Jorge de Sena). Foi nessa noite que ouvi, pela primeira vez, alguém falar das «aves repentinas». O poema existia, não o inventei e a referência está no poema «Paisagem» da *Poesia*. «Passavam pelo ar aves repentinas, / O cheiro da terra era fundo e amargo, / E ao longe as cavalgadas do mar largo, / Sacudiam na areia as suas crinas.» Sophia — como era bela Sophia aos 20 anos! — parecia-me uma aparição, tão repentina como essas aves que ela convocava. Na minha memória, toda a noite, todo o luar e toda a beleza, se imobilizaram nesse momento e nessas palavras.

Depois, passaram muitos anos.

Uma vez, fui ouvi-la ao Tivoli comentar a versão de Duvivier da *Anna Karenina*, com Vivien Leigh. Ouvi-a recitar, em francês, o poema de Tolstoi «A Isnaia Poliana», que está gravado no túmulo do escritor. «Des myosotis au printemps». Lembro-me de a ouvir dizer que em Tolstoi havia perdão para toda a gente. «Só um homem não pede justiça e não pede verdade. Só um homem não foi perdoado.» Napoleão. Para ela, sempre foi o primeiro dos abutres e mais tarde soube que sempre se recusou a entrar nos Invalides.

Mas foi só nos anos 60, depois dessa presença sonhada na Arrábida e vista, como vira Vivien Leigh, do fundo de um cinema para a tela dele, que eu comecei a ser «muito lá de casa» (essa casa da Travessa das Mónicas, onde sempre entrei com uma estranha emoção) e Sophia começou a ser «muito cá de casa», dos tantos jantares, das tantas noites de Sintra.

Entretanto, eu lera o *Coral* (1950), ainda hoje o meu livro secretamente favorito dela, *No Tempo Dividido* (1954) e *Mar Novo* (1958). Entretanto eu ouvira os discos dela, sobretudo aquele pequenino de 45 rotações, que tanto me tenho esforçado (sem conseguir nada) para que seja reeditado. Quantos dias, a ouvir «E agora ó Deuses que vos direi de mim? Tardes inertes morrem no jardim / Esqueci-me de vós e sem memória / Caminho nos caminhos onde o tempo / Como um monstro a si próprio se devora.» A ouvir o «Marinheiro, sem Mar» («Porque ele se perdeu do que era eterno / E separou o seu corpo da unidade / E se entregou ao tempo dividido / Das ruas sem piedade»). A ouvir a «Meditação do duque de Gândia sobre a morte de Isabel de Portugal» («Nunca mais servirei senhor que possa morrer»). Entretanto, começara a publicar-se *O Tempo e o Modo* (1963).

E foi *O Tempo e o Modo* que fez o milagre. O António Alçada Baptista era amigo da Sophia e do Francisco e, um dia, levou-nos lá, ao Alberto Vaz da Silva e a mim, que há dez anos andávamos a escrever--nos cartas sobre Sophia e a recitar-lhe os poemas de cor e salteado.

Ela achou graça àqueles «miúdos» em êxtase, que lhe pediam incessantemente que «dissesse», ou seja nos desse, na voz dela, a poesia dela. Os filhos de Sophia (crianças ou adolescentes) queriam saber qual de nós era o tempo, qual de nós era o modo.

À Sophia e ao Francisco juntava-nos outra espécie de poética. O pranto por esses negros anos 60, pela «noite / densa de chacais / Pesada de amargura. Este é o tempo em que os homens renunciam». Os quatro, entre tantos outros, fomos réus num processo que o «velho abutre» nos moveu. As palavras a que ela, um dia, chamou «deslumbradas», são as que eu mais associo ao nosso combate político, às discussões na grande sala do Centro Nacional de Cultura, então dirigido por ela e pelo Francisco, ou pelos dois, aos abaixo-assinados que tão poucos se levantaram para assinar. «Pedra rio vento casa / Pranto dia canto alento / Espaço raiz e água / Ó minha pátria e meu centro / Me dói a lua me soluça o mar / E o exílio se inscreve em pleno tempo.»

Pranto ainda porque:

> «Nunca choraremos bastante quando vemos
> O gesto criador ser impedido
> Nunca choraremos bastante quando vemos
> Que quem ousa lutar é destruído
> Por troças por insídias por venenos
> E por outras maneiras que sabemos
> Tão sábias tão subtis e tão peritas
> Quem nem podem sequer ser bem descritas».

Juntos atravessámos o «Tempo de solidão e de incerteza. Tempo de medo e tempo de traição. Tempo de injustiça e de vileza. Tempo de negação».

Estou a citar, com abundância, o *Livro Sexto* (1962), o livro que lhe deu o primeiro prémio (Grande Prémio de Poesia da Sociedade Portuguesa de Escritores). E eu estive nesse almoço (1964) em que ela disse que «a poesia é uma moral» e falou da «maçã enorme e vermelha», «a coisa mais antiga de que me lembro».

O *Livro Sexto* como *Os Contos Exemplares* (1962) são os livros da nudez mais frontal e da insegurança mais forte. Muitos anos mais tarde, uma amiga dela, com posições contrárias, contou-me como se zangou quando leu o último livro. E disse-lhe que não percebia como ela atacava assim pessoas e um meio que «tu conheces por dentro». Resposta de Sophia: «Esqueces-te que essas pessoas não têm dentro. Só têm fora».

«Não te esqueças nunca de Thasos nem de Egina / O pinhal a coluna a veemência divina / O templo o teatro o rolar de uma pinha / O ar cheirava a mel e a pedra a resina». Estou já nas *Ilhas*, livro de 1989.

A uma das Ilhas — a Sicília, a grande Grécia — ainda fomos cinco (Sophia, o Alberto e a Helena Vaz da Silva, a Ana Maria e eu) na viagem mais inesquecível da minha vida, em 1990. A viagem seguinte, tantas vezes adiada, era a Grécia, a Grécia de Sophia. Sophia, doente, desistiu quase nas vésperas da partida, em 1999. Traçou-nos o itinerário, mas já não nos mostrou a safira no fundo do mar de Samos. Mas foram as palavras e os versos de Sophia que nos guiaram por Santorini ou por Delos, como foi o branco vinho dela que bebemos num restaurante diante da «pesada palidez sagrada do Parténon». «Clareza das ilhas que tanto busquei».

Um dia, em Epidauro, Sophia quis ouvir a própria voz «desligada de mim». Eu não consegui desligar dela a voz que ouvi esta semana toda, a voz que ouço no dia dos teus anos. Abriguei-me na memória. Mas o poema da Sophia, que se chama «Memória» (*Ilhas*) diz: «Tão nobre espírito / em tão estreita regra / Tão vasta liberdade em tão estreita / Regra».

Eu não escapei à Regra. Nem na semana de Sophia.

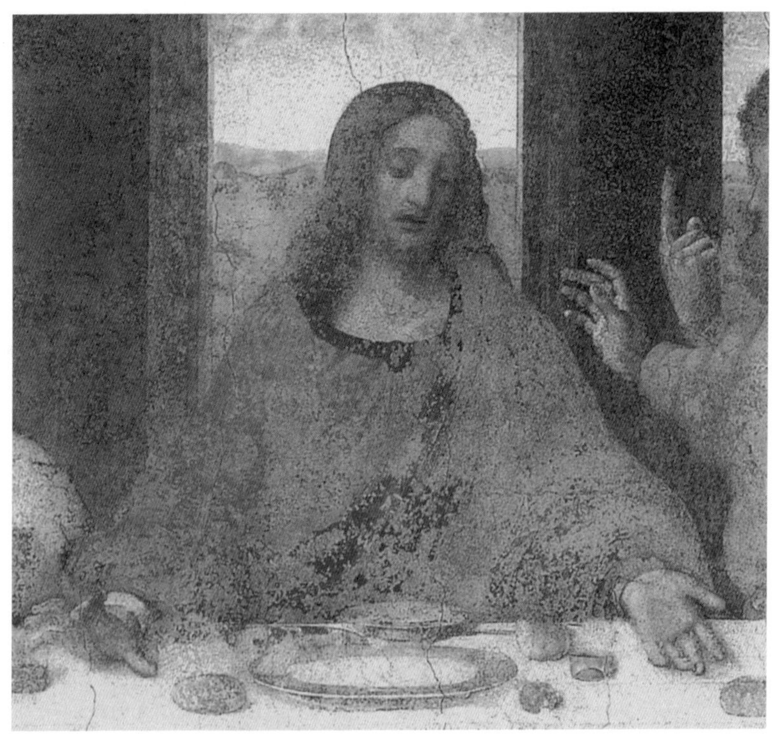

A Última Ceia (pormenor), «Mural Santa Maria delle Grazie», Milão. Leonardo da Vinci.

A ÚLTIMA CEIA

No mundo latino, não há sacra imagem mais reproduzida e mais divulgada. Nessa divisão, normalmente situada ao fundo de longos e desabridos corredores, a que no século XIX e em grande parte do século XX, se chamou casa de jantar, a burguesia e a pequena-burguesia, mesmo quando maçónicas ou jacobinas, entronizaram, quase sempre, gravuras, litografias ou, nas casas de pior gosto, horrendos baixos-relevos esmaltados ou pintados, reproduzindo o cenáculo da-vinciano pendurado sobre o aparador com torcidinhos. Nenhuma dessas reproduções reproduzia a pintura de Leonardo, como ela estava ou como ela era à época da sua mais intensa popularidade. Bem cedo depois de ter sido pintada (1495-1497), *L'Ultima Cena* já começara a obscurecer-se. Em 1568, Vasari escreveu que «a obra de Leonardo está em tão más condições que pouco mais se vê do que uma mancha fosca». Mas a fama de Leonardo era tamanha, tamanha era a reputação da «tavola» pintada no refeitório do Convento de Santa Maria delle Grazie, que, na primeira metade do século XVI, já se multiplicavam as cópias a óleo de discípulos do Mestre, como Solari ou Luini. A mais famosa dessas cópias data de 1625, quando o cardeal Federico Borromeo a encomendou a um tal Vespino, para que a «reliquiae fugiente» da *Ceia* ficasse para a posteridade.

Assim, o que essa posteridade, entre a qual me incluo, conservou e emoldurou, não foi a pálida imagem de Leonardo, mas a pálida imagem de maquilhadíssimas cópias. Quem foi ou quem ia a Santa Maria delle Grazie, mesmo após os sucessivos restauros de 1851, 1870, 1901 ou 1924, recuava cheio de espanto. Não via um quadro, como, baseado nas reproduções, tinha suposto ir ver; não via um fresco porque Leonardo nunca pintou um fresco nem usou a técnica dele; via, na parede oposta à *Crucificação* de Montorfano, uma pintura descomunalmente horizontal (já houve quem lhe chamasse a única pintura do mundo em cinemascope) onde a custo se descortinavam os rostos de Cristo e dos doze Apóstolos e onde o celebérrimo «sfumato» vinciano se esfumava na sombra e no silêncio.

Como as estátuas gregas do século V, que hoje só conhecemos pelas cópias romanas, a memória da Ceia vinciana foi transmitida, ao longo de quatro séculos, por imagens claras de uma imagem obscura. É verdade que, de Milão, em 1788, Goethe escreveu ao Duque Carlos Augusto, de Weimar, que ela era «uma obra-chave no campo da concepção artística. Absolutamente única e nada lhe pode ser comparado». Falaria do que viu? Ou foi Goethe o primeiro a perceber que a prodigiosa singularidade da *Ceia* reside no próprio sentido de efémero que lhe presidiu? É que Leonardo só não pintou «a fresco» porque não quis. Se pintasse «a fresco» não tinha podido corrigir, nem mudar. «Leonardo é o primeiro artista insatisfeito, atormentado não tanto por uma obcecante necessidade de perfeição mas pelo objectivo fundamental que perseguiu. Não concebeu a «história»como uma acção definida, mas como uma *situação* psicológica complexa, tecida de actos e reacções mutuamente intrincados, inseparáveis uns dos outros e só passível de valorização face ao resultado global [...]». «O desenho, a pintura são uma busca contínua; não se pode saber de antemão onde conduzirá e que facto revelará de que se não pode prescindir». Estou a citar, Argan, o historiador. Podia citar Leonardo que o disse em menos palavras, aqui deixadas em italiano: «Il bono pittore ha da dipingere due cose principali, cio è l'homo e il concetto della mente sua; il primo è facile, il secondo difficile, perché s'ha a figurare con gesti i movimenti delle membra.»

Eventualmente, Leonardo terá querido que da sua obra (a *Ceia* é a obra de Leonardo mais dedicada ao instante) ficasse a sombra.

Sombra do imenso movimento dos doze homens que se sentaram com Cristo à mesa naquela tarde; sombra da imensa imobilidade de Cristo naquela tarde e naquele momento (não consigo dizer-vos se a pintura é terrivelmente dinâmica ou terrivelmente estática); sombra que se projectou, como se luz fosse de um projector cinematográfico indesligado e indesligável, na pálida luz das cópias, as únicas que *fixaram* o que em Leonardo, para sempre, ficou em aberto, movente e comovente.

Vai árido este texto? É bem possível, mas não sei de outra via. Como sempre me acontece, amenizo subjectivando.

É que até eu, e até ao dia 11 de Novembro de 2003, nunca vira *La Cena* senão em reproduções. Em 1967, da primeira vez que fui a Milão, o Cenáculo fechou-se-me tanto por má fortuna como por amor ardente. Quando voltei, nos anos 80, já se encerrara para o último restauro, esse que durou de 1977 a 1999. Quando, agora, surgiu inopinadamente e sem qualquer premeditação, a possibilidade de uma estada de 24 horas em Milão, soube que era chegado o momento. O dia 10 (uma segunda-feira) era o dia de encerramento? Era. Para o dia 11 já não aceitavam mais reservas (o *Cenáculo*, como tantos outros lugares altíssimos de Itália só se visita hoje por «prenotazione» bela palavra para tão feia acção)? Não aceitavam. Eu tinha que estar no Aeroporto de Malpensa às 11 horas da manhã? Tinha. Mas os modernos dragões (burocracias, turistas japoneses, horários) são como os antigos. Saltamos-lhes às goelas. Comigo próprio assinei o pacto de me levantar às seis e meia da manhã (não conheço outros Leonardos nem outras Leonardas que a tanto me obrigassem). Às oito em ponto estava junto à porta amarela do Cenáculo e às 8h15, após mendigar junto de três guias, surgiu aquela (louvada seja!) que tinha um bilhete a mais. Às 8h 30, a porta de vidro automática do refeitório das Graças abriu-se para mim e para mais quarenta e nove terrestres pedestres. Fora avisado da regra, como nos mitos e lendas antigos. Só dispunha de quinze minutos, quinze exactos minutos. Ao fim deles, seria implacavelmente varrido. Nem olhei para a Crucificação da parede sul.

Os trinta e cinco metros de largura da parede norte esperavam por mim. Sessenta e oito anos esperaram. A primeira coisa que pensei, como Henrique III diante do cadáver do Duque de Guise, foi: «Mon Dieu! Comme il est grand!». Depois, eu, que demoro tanto tempo a ver, puxei dos olhos com quanta força tenho. Vi o triângulo equilátero da figura de Cristo, a forma indestrutível. Vi o perfil efeminadíssimo de Filipe, o mais alto de todos. Vi Tiago Menor, o único da família de Jesus, seguindo alguns até seu irmão, visivelmente inspirado no mesmo modelo que serviu para a imagem de Cristo, dos doze o mais bonito, com os cabelos louros tão bem penteados. Vi o suavíssimo João, o único tão imóvel quanto Cristo, o único que não gesticula. Mas vi sobretudo o Senhor, sentado de costas para a maior das três janelas, com o espaço todo à direita e à esquerda, sem ser tocado por ninguém e sem tocar em ninguém, abertamente sozinho.

Em tempos, impressionou-me muito um agudíssimo paralelo feito por George Steiner (*Two Meals*) entre *O Banquete* de Platão e a Última Ceia.

Steiner — como Leonardo — parou o tempo na passagem do Evangelho de São João em que Cristo diz: «Amen dico vobis quia unus vestrum me traditurus est» («Em verdade, em verdade vos digo que um de vós me há-de trair»). São João, sempre segundo o mesmo Evangelho, estava reclinado no peito de Jesus, como discípulo amado que era. Pedro faz-lhe sinal para que ele interrogasse Jesus e soubesse quem era o traidor. João assim fez e Jesus respondeu: «É aquele a quem Eu der o bocado de pão ensopado.» E, molhado o bocado de pão, tomou-o e deu-o a Judas.

Steiner escreveu: «Num plano naturalista, o que aconteceu só é inteligível se o que Jesus disse ao discípulo que amava não foi ouvido por mais ninguém. A não ser assim, porque é que Judas aceitaria o "pão que eu vou molhar", o sinal que trairia o seu anátema?»

Mas Leonardo não viu a *cena* como quase todos os pintores e comentadores a viram, nem sentou Pedro longe de João, o que «naturalisticamente» explicaria o pedido, que Pedro, de onde estava, não teria podido fazer. Pela primeira vez, na história de uma representação da Última Ceia, João não está reclinado no colo do Senhor, mas muito afastado dele, inclina-se para a direita, ouvindo São Pedro, que se levantou do seu lugar. Este, João e Judas formam um outro triângulo, em que Pedro passa para trás de Judas, para falar ao ouvido de João. Judas, virado para os dois (único que volta as costas ao espectador) *não pode deixar* de ouvir o segredo. A não ser que o momento representado seja posterior a ele, hipótese que ao 7.º minuto me comecei a por. Ou seja, João fez a pergunta a Cristo. Este já respondeu e é essa resposta que João, deixando o colo do Senhor para se aproximar de Pedro, transmite ao futuro papa, sem curar de Judas, que, incauto, já foi identificado e já não pode fugir. Mas nem todos o sabem àquela mesa e por isso tanto se dividem os grupos: os apóstolos, à esquerda do Senhor (mais longe de João, Judas e Pedro) em imensa agitação, protestam inocência; os da direita estão gelados pela descoberta. Por isso, a mão direita do Senhor retira-se da de Judas a quem deu o pão e a mão esquerda fica aberta sobre a mesa, no último sinal de oblação.

Por isso, também, o olhar de Cristo é o único olhar que não vemos e não nos olha. Só a boca e os braços abertos exprimem a solidão suprema, nimbada ao fundo pela luz crepuscular, a mesma luz da transcendência, essa que, no mesmo ano, Bramante filtrou na cúpula de Santa Maria delle Grazie. Nunca tanta sombra deu tanta luz

Um segundo de tempo num infinito de espaço. Foi, também, o que me foi dado. E mais não peço e mais não quero.

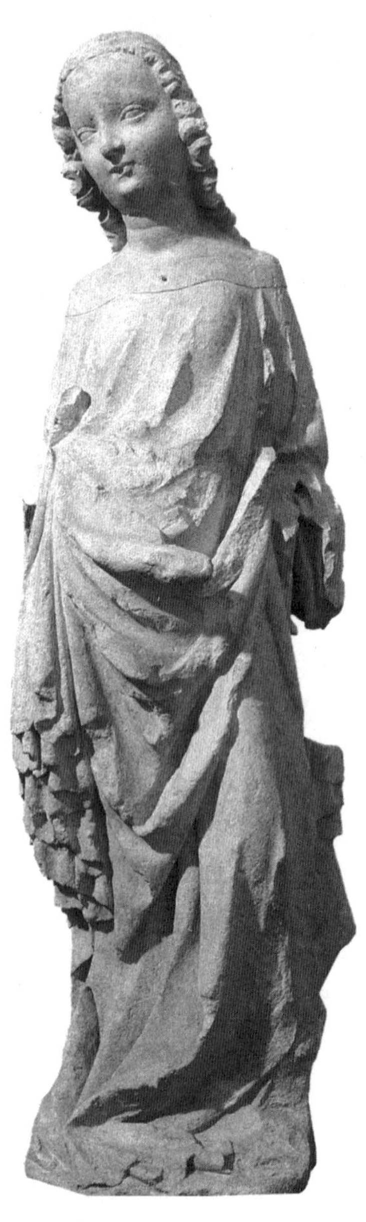

Santa Catarina de Alexandria, Mestre da Anunciação Dreicer.

LEAL SOUVENIR

Por que é que se volta repetidamente a certos lugares que, de viso próprio, nunca escolheríamos? Por que é que se malogram sucessivamente visitas a outros certos lugares, tanto e há tanto tempo desejadas? São duas perguntas sem resposta ou com a mesma resposta que não obtemos quando nos perguntamos o que nos leva a encontrar sucessivamente quem não buscámos nem buscamos ou a desencontrar, com a mesma irregularidade, aquela ou aquele que procurávamos e procuramos. Os acasos têm as costas largas e eu sou daqueles que nunca acreditou na dimensão delas. O que tem que ser tem muita força e raramente se acha força que a contrarie.

Lembrei-me disso, em Rimini. Como julgo que já expliquei aqui uma vez (com a idade, a gente repete-se) Rimini nunca foi cidade que eu buscasse. Ora (cf. *Público*, 8 de Novembro de 2002, «Fellini de Rimini») por duas vezes em dois anos seguidos me achei nessa cidade, por obra e graça do mesmo Fellini, cuja obra nunca foi da minha graça. Basta o Templo Malatestiano para obrigar alguém como eu a visitar essa cidade? Basta. O elefante e a rosa. Alberti e Piero. O galgo branco e o galgo negro. A imaculada conceição do Renascimento, *necessitas*, *commoditas*, *voluptas*. Mas não eram coisas minhas, antes de as ver, e eu raramente vejo o que antes não era já meu. Só agora sei que um dia seria. E só agora sei que quando «voei» de Alberti para Bramante e do Templo de Sigismondo para as cúpulas de Santa Maria delle Grazie (é mesmo Grazie, caríssimo Manoel de Oliveira) fiz o «raccord» mais perfeito que se pode fazer entre os cumes do renascimento arquitectónico italiano.

Mas não é do Tempietto que hoje vou falar, pois que até a repetição tem limites. Desta vez, embora tenha ganho muito do meu tempo entre o galgo negro de Piero e os rabinhos redondos dos mil «putti» de Isotta degli Atti, os meus passos levaram-me para o museuzinho da cidade, onde eu sabia que podia ver um Bellini que antes muito vira (uma *Pietá* com anjo cor-de-rosa). E eis que, de súbito, nessa sala, se me atravessa uma estátua de Santa Catarina (a de Alexandria, não a de Sena) datada de 1410 e atribuída ao «Mestre da Anunciação Dreicer» que não sei quem foi mas me soube a Dreyer.

É uma estátua de pedra branca com vestígios de policromia. Não é muito alta (1 metro e 30) mas, como a colocaram em cima de um plínio de 40 cm, a cabeça dela ficou quase à altura da minha. Veste um longo manto de pregas que a cobre inteiramente do pescoço aos pés (nenhuma carne visível) e usa uma cabeleira de anjo muito encaracolada. Mas o que me hipnotizou foi o sorriso, um sorriso inenarrável, sossegadissimamente meigo e sossegadissimamente desafiante. Tão desafiante era que, aproveitando o facto de estar sozinho na sala, me aproximei para lá de todos os critérios aconselhados pela mais benevolente segurança. Os olhos da estátua são daqueles que olham frontalmente quem frontalmente os olha a eles. Um dos olhos é cego ou ficou cego de tanto ver. O outro, pelo contrário, olha todo, olha tudo. Assim, quase «cheek-to-cheek», fiquei colado a ela. Ninguém nos interrompeu. Numa vasta sala, solitária e gelada, o meu vulto e o vulto dela, ficaram de corpo-aberto, benzedeiros e videntes, como se diz dos corpos onde entrou um espírito, que dentro dele fala. Como Quinto Fábio Pictor quando foi a Delfos consultar o oráculo e inquirir dos meios mais adequados para alcançar favores divinos.

Hawthorne, que como ninguém sabia destas coisas (ele me deu ou dará o título *Proféticas Imagens*) falou de experiência semelhante em *The Marble Faun*. Sinais de alma que, no mundo, só algumas mulheres têm. E algumas estátuas e alguns quadros. Como a minha — a de Bronzino — Lucrezia Panciatichi, que há seis décadas me vela e me desvela, «Amour Dure-Dure Amour», Madonna do Futuro, Madonna do Passado, como, antes de mim, para Henry James já fora. Como Milly Theale reencontrada.

A fotografia, desde os tempos imemoriais em que eu brincava com retratos avoengos de Mũniz Martinez, com moradas na Rua de Serpa Pinto n.º 66 e no Largo da Abegoria 4 ou da Helios Photos, com moradas na Avenida da Liberdade 158 ou na Rua de S. José 209-A; a pintura, desde os tempos mais memorizáveis em que abri as Janelas Verdes; tinham-me dado visões semelhantes. A pedra ou o mármore, jamais. A tal ponto que essa estátua dreyeriana (não é gralha) se me sobrepôs à «morbidezza e diligenza» (Vasari o disse, que raramente se enganou) dos vários Malatesta que estão aos pés de São Vincenzo Ferreri, na pala com o nome do Santo, que é a obra máxima exposta no museu. Ghirlandajo a pintou em 1493, quase cem anos depois de esculpida a Catarina, e, muito mais impressivos do que os Santos adorados (além do «protagonista», os inseparáveis São Sebastião e São Roque) são os adoradores: Pandolfo IV Malatesta, que foi o último senhor de Rimini (tão fraco guerreiro como bom negociante, pois que por duas vezes vendeu a cidade que não conseguiu defender) a mãe, Elisabetta Aldobrandini, a mulher, Violante Bentivoglio e o irmão Carlo. Todos eles, luxuossimamente vestidos e com a raça imaginável pelo apelidos, não sendo retratos autónomos (figurantes ajoelhados da cena supostamente sacra), em pouco espaço, se volvem para a expressão ideal a que só a «alta immaginazione» pode aceder. Ninguém olha ninguém. Ou seja, não se olham uns aos outros nem olham os santos. Mas é da perna, fugazmente nua, do pestífero São Roque, que desce a carne que os torna tão palpáveis e frementes. Pensei na implausibilidade (para não dizer impossibilidade) de um nariz como o de Pandolfo, a começar quase no meio da testa e a seguir rectilíneo quase até à boca, um nariz quase tão soberbo como o do Médicis de Botticelli ou o do Montefeltro de Piero. Na noite desse mesmo dia, jantei com uma italiana que tinha um nariz quase igual. Em Itália nunca se sabe se é a natureza que copia a arte ou se é a arte que copia a natureza. Provavelmente, nem uma nem outra coisa. Os retratos são a mais imaginosa das nossas memórias, ou as mais perduráveis imaginações nossas.

Não estou a dizer nada que não tenha sido dito e redito. Só que nos esquecemos de o lembrar.

«Nothing, in the whole circle of human vanities, takes stronger hold of the imagination than this affair of having a portrait painted. Yet why should it be so? The looking glass, the polished globes of the andirons, the mirror-like water, and all others reflecting surfaces, continually present us with portraits, or rather ghosts of ourselves, which we glance at, and straightway forget them. But we forget them only because they vanish. It is the idea of duration — of earthy immortality — that gives such a mysterious interest to our own portraits» («Dentre todas as mundanais vaidades, nada tem mais forte poder sobre a imaginação do que esta coisa de possuir um retrato pintado. Porquê? Porque é que isso acontece? Os espelhos, as vítreas placas das salamandras, a água e todas as superfícies reflectoras continuamente nos oferecem retratos, ou, melhor dito, espectros de nós próprios que olhamos de relance e imediatamente esquecemos. Mas só os esquecemos porque desaparecem. É a ideia da permanência — da imortalidade terrena — que confere tão misterioso interesse aos nossos próprios retratos.» Perdi tempo e espaço a citar o texto de Hawthorne (outra vez Hawthorne) no original inglês e na aproximativa tradução portuguesa? Não, não perdi. Ganhei-o.

Porque a repetição — como a permanência — estimula a memória e com ela a imaginação. Aprende-se isso no cinema ou com o cinema. Um dos primeiros teóricos dele — Giambattista della Porta — escreveu em 1602 (quase trezentos anos antes dos comboios de Lumière) que «a memória mais não é do que uma pintura inteira, guardada nessa mesa animada a que chamamos cérebro». *Ars riminiscendi*. Não julgo preciso explicar-vos quem nos ensinou que tudo o que fazemos não é mais do que lembrarmo-nos.

E lembro-me do nariz de Pandolfo, do «azul profundo, quase nocturno» de Bellini, da cor maléfica «do sumo de papoula» da Lucrezia de Bronzino, do galgo negro nascido das costas do galgo branco de Piero. E lembro-me mais e mais do sorriso evanescente e do olhar húmido da Santa Catarina, única imagem que aqui vos deixo, sabendo que não a vereis como eu a vi, «tremendo com todo o corpo» como Plutarco disse que Cassandro tremeu ao ver a imagem de Alexandre, tempo depois de Alexandre morto.

Uma útlima imagem? No retrato de Van Eyck, dito de Timoteos, que hoje está na National Gallery em Londres, lê-se a inscrição «Leal Souvenir». Penso que tudo quanto disse sobre a imagem, a memória e a imaginação, pode caber nessa expressão. E penso — parecendo que não — que tudo quanto vos confiei foram recordações leais. Não mais, não menos.

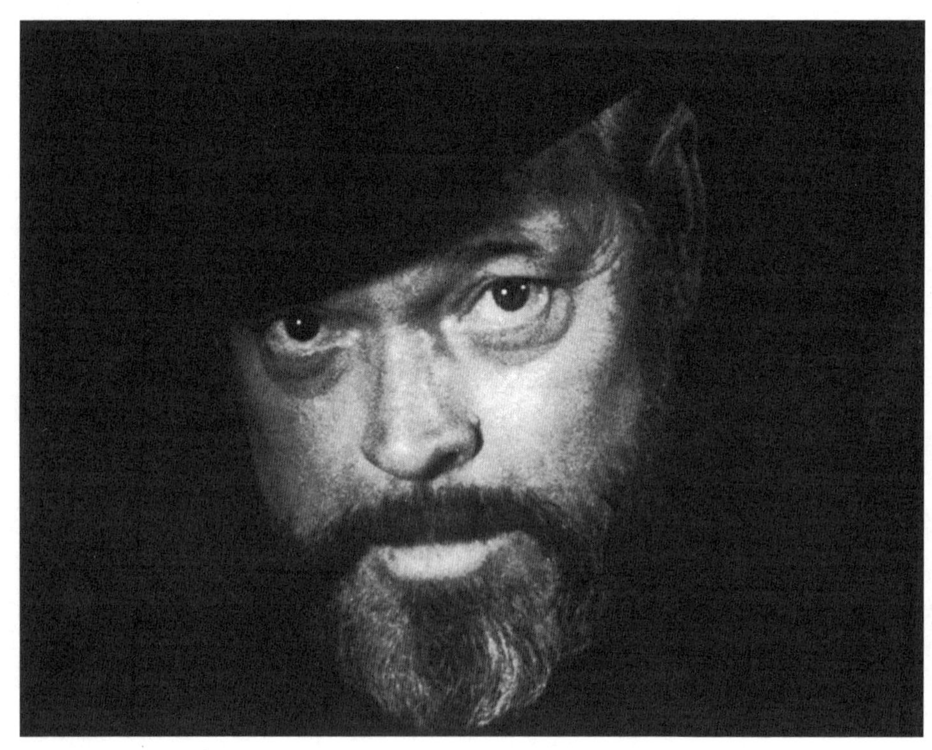

Orson Welles.

OS SEGREDOS DE ORSON WELLES

Para a tal ilha deserta, onde só se pudessem levar os tais vinte filmes — ou mesmo os tais cinquenta — eu nunca incluiria, na minha lista, um filme de Orson Welles. Como não levaria nenhum Eisenstein, para escolher cineasta de imensidão comparável. Num caso como no noutro, a minha admiração por esses realizadores geniais (e peso a palavra) não destinge para o meu gosto. Com a cabeça, tiro-lhes o chapéu. Outras partes do meu corpo não pulsam com a mesma irreverência. Quando não os tenho diante dos olhos, esqueço-me deles, embora rasca eu fosse se esquecesse, só por um momento, que todos sempre lhes devemos tudo, como do próprio Welles disse o próprio Godard.

Sucede que nesta segunda quinzena de Novembro, como na primeira quinzena de Dezembro, tenho Welles diante dos olhos, por via do Ciclo que a Cinemateca está a organizar. E quando a fantástica figura me entra assim pela casa dentro é impossível não ficar obcecado por ela. Como a boneca de Carlos Queiroz, arromba as portas de todos os armários, não cabe em nenhuma gaveta, está em toda a parte, a todos os cantos. Welles, Welles, Welles.

Pela milionésima vez, me interrogo sobre o que nele é «fake» ou sobre o que nele é «fuck», sobre as suas negras magias, o seu «cortejo infernal de alarmes», sobre os seus abismos, acções, desejos e sonhos. «Welles avait son gouffre, avec lui se mouvant»? Foram as suas asas de gigante que o impediram de andar? Baudelaire, tanto quanto Shakespeare, ajuda a percebê-lo?

Continuo sem respostas que completamente me sosseguem ou inteiramente me desassosseguem. Mas este homem, que passou os filmes a falar de segredos (o «Rosebud» de *Kane*, o segredo do rei citado em *Arkadin*) guarda ainda um segredo, que ninguém se aproximou de revelar. Guarda ainda? Guarda cada vez mais. Dezoito anos depois da sua morte, aos 70 anos, sabe-se que é cada vez maior o «outro lado do vento», ou seja a imensidão de imagens, registos fílmicos, material para obras incompletas, vestígios das suas incontáveis presenças na televisão ou no teatro, semidescobertos ou por descobrir. A arca de Pessoa é uma caixinha de costura comparada com os subterrâneos de Welles.

The Other Side of The Wind. É o título de um dos muitos filmes incompletos de Welles, filmado entre 1970 e 1976 nos Estados Unidos, em França e em Espanha. O dia de anos de um aclamadíssimo realizador de Hollywood (John Huston fez desse realizador). A corte que o cerca, como os críticos que queriam escrever um livro sobre ele (Peter Bogdanovich e Joseph McBride, os mais persistentes exegetas de Welles, interpretam os críticos em caricatura feroz) as candidatas a vedetas, os amigos e os inimigos. «É um filme dentro de um filme», disse Welles. «Tentativa do velho cineasta para fazer uma espécie de filme de contracultura, num estilo oninizante e surrealizante». Seis anos a filmar é muito ano, embora seja pouco se comparado com os dezoito anos (1955-1973) consagrados ao lendário *D. Quixote*. Percebe-se o desespero dos produtores que sucessivamente pagaram, sem resultados finais, as sucessivas versões desses filmes, ou, ainda, de *The Deep*, The Dreamers, etc. Welles defendeu-se perguntando porque é que se admite que Proust tenha levado vinte anos a escrever a *Recherche* (também sem a acabar) e a ele lhe não deixavam tempo idêntico para filmar, refilmar, eliminar, incluir, as horas e horas de material dessas obras, inconcluíveis em filme, ou só concluíveis à custa de muita vigarice, como sucedeu com a versão do *Quixote* do espanhol Jess Franco, estreada, com pompa e circunstância, sete anos depois da morte de Welles, na Expo 92, de Sevilha. Foi desculpa de mau pagador? Minado por dentro por muitos demónios, foi ele quem já não conseguiu dar sentido aos mil apontamentos contraditórios que foi filmando? Ou, deliberadamente, nunca quis concluir esses filmes, para deixar a lenda sobrepor-se aos factos?

Ninguém me deu resposta que me convencesse, quer entre os seus defensores quer entre os seus detractores. Mas a história que mais se me aproxima da dessas sinfonias, que nem incompletas são, é a do velho conto popular, em que o Vento, personificado num ogre, se refugia a espaços na casa da velha mãe, sem nunca se saber quando vem ou quando parte, se volta para repousar, no limite do fôlego, ou se volta para destruir, quando o vasto mundo já não o pode conter. Welles foi esse vento (esse outro lado do vento) que soprou onde quis e não soprou onde não quis, jogando com a sua própria força, força da natureza em sentido próprio e figurado? Ou um «maverick» vencido, após essa obra imensa que é o *Falstaff* dele (1966) que, segundo McBride, foi o seu testamento, o filme a partir do qual só há obras póstumas?

Oja Kodar, a última das mulheres de Welles e que esteve em Lisboa esta semana, contrariou a imagem varredora do homem que, durante os últimos anos da vida, pôs toda a energia num processo autodestrutivo. E disse que se há imagem de Welles, que corresponde ao personagem, é o último plano de Falstaff, no filme citado, quando Hal, o amigo a que Falstaff dera todo o amor, sobe ao trono sob o nome de Henrique V.

Lembram-se? Eu ajudo. Subir ao trono não é força de expressão, porque o jovem príncipe, que tanto parecera amar (ou tanto amava) Falstaff, sobe pelo plano acima, depois de rei, e se transforma num esguio boneco, quase sem formas nem contornos, em que a coroa é o único atributo visível, perdidos os olhos, a boca ou o coração, tudo quanto o caracterizava enquanto fora o inseparável amigo de Sir John.

Mas Hal sempre foi uma espécie de lago, o que era evidente para todos excepto para Falstaff, porque Falstaff, como o próprio Welles disse: «é a mais genial concepção de um homem bom, o melhor homem jamais representado em qualquer drama. Os pecadilhos dele são tão pequenos e tão fabulosas são as piadas que ele tira desses pecadilhos. A bondade dele é como pão, como vinho…».

Por isso, Falstaff nunca percebeu que Hal só é seu amigo, enquanto ele lhe é útil para os seus instintos parricidas (primeira parte do *Henry IV*) mas, na segunda parte, tem que matar a sua líbido, a sua narcisista auto-adoração (o próprio Falstaff). Por isso, Falstaff acredita até ao fim, contra todas as evidências, que o rei continuará a ser Hal e o continuará a amar.

Nem acredita quando ouve Henrique V chamar-lhe «that old, white-bearded Satan». Daí, o seu fabuloso discurso de defesa. Daí o seu último brado: «My King! My Jove! I speak to thee, my heart!». O rei volta-se para ele e rígido que nem uma estátua, diz as palavras mais terríveis: «I know thee not, old man. Fall to thy prayers. How ill white hairs become a fool and jester!». Só então Falstaff percebe, não percebendo, e nada há de mais pungente do que esse plano silencioso do velho, como se não acreditasse no que lhe está a acontecer. É um plano mais de dor do que de desespero, mais de desabrigo do que de revolta, mais de desconjuntamento do que de ressentimento.

Teria sido assim Orson Welles, sob as máscaras do «wonder boy», da arrogância, do poder ou da vaidade? Como alguém já disse, ele, a quem tanto se censurou ter-se sobreposto ao próprio Shakespeare, foi a mais complexa personagem inventada por Shakespeare, convertendo em si os destinos de Shylock e de Macbeth, de Falstaff e de Otelo, de Ricardo III e do Rei Lear.

«I indeed believe in the existence of evil […]». «Evil is a force so great that it is beyond me to decide whether it's generated entirely within man or whether it is […] a contagion».

Como todas as doenças contagiosas, pega-se.

Num artigo que julgo inédito, («Some Minor Keys to Orson Welles»), Peter von Bagh acentuou a dimensão do «fake» sobre aquela que até aqui me levou.

Recorda a lenda que diz que a carreira radiofónica de Welles começou quando ele foi o único a saber imitar o choro de cinco diferentes bebés, ao tempo do nascimento das famosas quíntuplas Dionne. A partir daí, foi convidado regular do famoso programa *The March of Time*, bizarra combinação de «real» e «falso».

No *Citizen Kane*, o jornal de actualidades do início (sobre a morte de Kane) chama-se *News on the March* e é um «fetiche» ainda mais profundo do que o programa da rádio em que se inspira. «Fake of a Fake», na expressão de Von Bagh, vai ao ponto de juntar na mesma imagem Kane e Hitler, num paroxismo de ficção.

Mas se, desde aí até *F For Fake* (1974) ou até ao abortado projecto (mais um) de *The Magic Show*, essa dimensão é capital para outra aproximação ao segredo de Welles, de tudo o que vi agora o que mais me comoveu (a rima mais profunda com a derradeira aparição de Falstaff) é um pequeno filme de três minutos e de um só plano fixo, chamado *The Spirit of Charles Lindbergh*.

Foi a última aparição de Welles no écran. Poucos meses antes de morrer, já sem brilho nos olhos, Welles «escreve» uma carta a um amigo, também moribundo: Bill Cronshow. E escolhe uma passagem do diário de Lindbergh, na sua célebre travessia do Atlântico. «I want to sit quietly in this cockpit and let the realization of my completed flight sink in.» Sem sons nem dor, o único desejo é que Paris esteja mais longe do que está e que a viagem dure mais tempo, mais tempo.

Mas todas as viagens têm que acabar e nunca há o tempo que ao tempo pedimos e que do tempo esperamos. Como Lindbergh, Orson Welles chegou ao fim numa noite muito clara e com gasolina para uma viagem muito maior. Como todos nós, mas quase nenhum de nós o sabe.

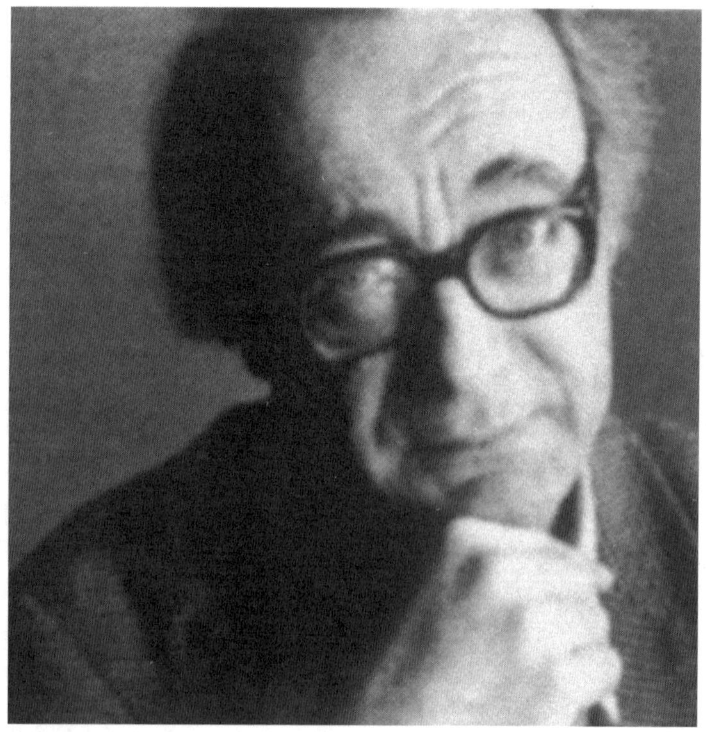

Alfred Brendel.

SAUDADES DE BRENDEL

Como tantos da minha geração, fui educado, senão a apoucar, a secundarizar Johannes — Chrysostomos — Wolfgang — Gottlieb Mozart, que só aos 14 anos, em 1770, por ocasião da sua primeira viagem a Itália, passou a usar o nome de Wolfgang Amadeo Mozart. Amadeo é a tradução italiana de Gottlieb («o amado de deuses» «o que ama a Deus» ou, mais prosaica e simplesmente, o «amor de Deus»). Nessa altura passou ele a assinar as suas cartas: «Gottlieb na Alemanha, Amadeo em Itália. De Mozartini».

Mal começo, logo vario. Não faz mal, que de variações vou falar muito, neste variado texto. Dizia eu que fui educado a secundarizá-lo. Havia três grandes, diziam-me: Bach, Beethoven e Wagner. Mozart era música de salão. O menino-prodígio. As cabeleiras empoadas. Os minuetes.

Tudo mudou — tão radicalmente mudou — em 1956, ano dos meus 21 anos e das comemorações do segundo centenário do nascimento de Mozart. Eu frequentava o 2.º ano do curso que então se chamava de Histórico-Filosóficas na Faculdade de Letras, à época habitante do velho Convento de Jesus. Sei lá porquê, achei-me metido numa comissão que, nessa Faculdade, assumiu a organização da efeméride. Subitamente — comigo foi sempre subitamente — Mozart, que até então seguira distraído em concertos, óperas e nalguns poucos discos, fez-me cair do cavalo a baixo e revelou-se-me como o maior. O maior dos maiores, entre todos os mortais nascidos depois de Cristo.

Acho que tudo começou em S. Carlos, com as récitas de *Le Nozze di Fígaro* K. 492 e de *Don Giovanni, ossia: Il Dissoluto Punito*, K.527, dirigidas por Alexander Krannhals. Erich Kunz no *Fígaro* e no Leoporello. Hilde Zadek na *Condessa* e na *Donna Anna*. Magda Gabory no *Cherubino* e na *Zerlina*. O «Lá Ci darem la mano», cantado por Ernest Blanc e Magda Gabory, confunde-se-me na memória e na imaginação, com as variações para piano «Ah vous dirais — je maman», tocadas por Clara Haskil, num velhíssimo disco amarelo da Deutsche; com a ária K. 21 (de 1765, tinha ele 9 anos) «Va dal Furor Portata», numa gravação de árias de óperas por Leopold Simoneau para a Phillips que nunca mais consegui encontrar; com os Concertos para piano e orquestra K. 466 e K. 503 (os n.ºs 20 e 25) com Gieseking ao piano, ou no Rondó em fá para piano, K. 494, que chegou até mim tocado por Carl Seeman.

Desse mesmo ano data a vera fundação da minha discoteca Mozart e, a revelação, pelo Fernando Gil, numa noite em casa dele, do livrinho de Jean-Victor Hocquard da colecção «Solfèges» das Éditions du Seuil. Hocquard era um «terrorista», de um terrorismo afim ao dos *Cahiers du Cinéma* que eu descobri pelos mesmos maravilhosos anos 50. O livro tinha a forma de um diálogo entre M («o mozartiano fervoroso») e A («o amador esclarecido»). O segundo era céptico e relativista. O primeiro fervia de paixão. «Mozart é o único deus e você o seu profeta [...]. Já reparei que os fanáticos de Mozart são quase todos como você: ninguém mais existe para vocês. Só o divino Wolfgang», dizia o «amador». «A música de Mozart é um jardim secreto onde se entra. Mas ninguém pode prever nem quando nem como se abrirá a porta, nem mesmo se ela se abrirá. A chave está no interior [...]. É uma espécie de predestinação [...]. Não se é apenas marcado por Mozart. É-se marcado para Mozart.»

Mal sonhou o Fernando Gil como eu ia decorar páginas inteiras desse livro. Era um dos predestinados. Estava marcado para Mozart. Desde aí, li quase tudo e ouvi tudo da imensidade de uma obra com cerca de oitocentos títulos (os 623 do catálogo de Köchel, mais os quase duzentos outros acrescentados depois). Vinte anos mais tarde, em 1976, dediquei um ano da minha vida a ouvir tudo o que nessa altura estava gravado, do K. 1 ao K. 623, mais os suplementos de Alfred Einstein, assim mesmo por ordem cronológica, com notas e comentários, num monumento «radiofónico» em que fui o único emissor e o único receptor, com fanática escolha dos intérpretes de eleição.

No livro de Hocquard, havia uma discografia antológica, recomendando os intérpretes predestinados e expurgando outros, celebérrimos, mas que o não eram. Não descobri nunca uma falha de gosto ou um gosto que não coincidisse com o meu. Mas havia um capítulo que, dentre todos, me fascinou. Foi o que Hocquard chamou de «obras de pura intimidade». Era uma lista de peças, relativamente desconhecidas, que o ouvinte podia escutar com indiferença «faute de l'attention recueillie qui seule permet d'être sensible au dépouillement final de l'art mozartien». Foi essa lista que me revelou os *Nocturnos Vocais* de 1783, os *Canon Vocais* de 1788 (e os meus filhos mais velhos iam para a cama ao som do *Bona Nox*, K. 561), as *Danças Alemãs*, K. 571, sobretudo a última, o *Adagio-Rondó* em dó menor, para harmónica, flauta, oboé, alto e violoncelo, K. 617, o lied maçónico *Lasst uns*, K. 623 a, etc., etc., etc.

Devo a Hocquard a descoberta de Teresa Stich-Randall, sobretudo no «Et Incarnatus» do *Credo da Missa* em dó menor, K. 427, como lhe devo a dos grandes pianistas mozartianos, para chegar ao que aqui me trouxe, que se vai fazendo tarde e o espaço começa a apertar: Edwin Fischer, de todos o maior, Arthur Schnabel, Clara Haskil, Badura-Skoda, Wanda Landowska, Lilli Krauss, Jörg Demus, Ingrid Haebler e alguns poucos mais.

À excepção de Badura-Skoda e de Demus, todos deram há muito a alma ao criador mas ainda hoje continuo a ouvir a obra de Mozart para piano por esses intérpretes, sem descobrir quem os tenha suplantado ou igualado na segunda metade do século findo ou neste. Nem uma excepção? Uma e uma só. Começou a carreira alguns anos antes do meu ano de 56, mas só nos anos 60 atingiu a celebridade e só nos anos 70 o conheci ao vivo e em discos. Chama-se Alfred Brendel e a sua última visita a Lisboa data de sábado passado, 29 de Novembro, no Grande Auditório da Gulbenkian. Brendel é o único intérprete mozartiano tão «predestinado» como os que acima citei, o único que eu conheço, tocado pela Graça com G muito grande, essa Graça que com Mozart se funde. Duas vezes gravou os vinte e sete concertos para piano, gravou também a integral das sonatas e esses discos Phillips são os únicos a pôr ao lado do que nos ficou de Fischer, Schnabel ou Clara Haskil. Tão grande como.

Brendel, como muitos saberão, não é só o maior intérprete mozartiano vivo. De Beethoven, de Schubert, se não é o maior, é um dos maiores. Entre os meus máximos momentos musicais, está a *Hammerklavier* ouvido o ano passado em Salzburgo, como de resto contei numa destas crónicas. Infelizmente, o único outro português então presente, não o pode agora confirmar, tragado que está por sanhas cruéis e terrivelmente injustas.

O programa de Brendel em Lisboa foi de uma inteligência prodigiosa. Abriu com algumas das Bagatelas e Rondós de Beethoven para piano, que, nas mãos de Brendel, mais mágicas foram. Prosseguiu com a Sonata em lá maior, K. 331 de Mozart, de todas a mais «perigosa», como já vou explicar. De Mozart passou a Schubert, com a «incompleta» D. 840, a mais abissal e nocturna das sonatas de Schubert. E terminou, como começara, com Beethoven e com a sonata da decisiva transição, que é a *opus 22*. Em extra, voltou a Schubert, para uma das valsas sentimentais.

Mas é em Mozart — evidentemente — que me fixo para acabar. Só lhe chamei a mais «perigosa» porque o último mandamento da K. 331 é o celebérrimo «Allegreto: alla turco», vulgo «Marcha turca», que, de todas as peças de Mozart, devido à sua aparente simplicidade, é a mais tocada e assassinada pelos aprendizes de piano. Grande parte dos preconceitos anti-mozartianos radicam nela.

Foi também com Hocquard que aprendi que só um pianista — Edwin Fischer — foi capaz de perceber que, para além da «leveza» desse andamento, havia nele uma pureza e uma «luz» que são o próprio cerne da música de Mozart, que escreveu essa sonata em Julho de 1778, em Paris, pouco antes ou pouco depois da morte da mãe, num dos momentos mais trágicos da sua vida.

Com um começo inusitado — um andamento lento com variações, sobre um *lied* do sul da Alemanha — «Rechte Lebensart» — esta sonata, para mim, sempre foi um adeus à infância, uma espécie de «never more» ao som das canções que, em criança, a mãe lhe terá cantado. O modo como Brendel separou e destacou cada uma das variações, sem em nada agravar o tom, repassou da nostalgia e saudade. E quando chegou à «marcha turca» eu nunca ouvi, depois de Fischer, um tal milagre. Como um dia escreveu Bruno Walter, tudo foi tão alegre, tão alegre que dá vontade de chorar. A «pura intimidade» foi atingida aí, nesse momento entre todo mágico, por aquele homem com cara de desenho animado e de mãos de duende, possuído, como Mozart, pelo mesmo espírito de infância e pela mesma infinita saudade do que não mais voltará.

Até hoje, só de disco sabia o que *podia ser* esse andamento. Graças a Brendel soube-o em carne e osso, dele e minha. De agora em diante, a todas as minhas saudades juntam-se as saudades de Brendel. Tenho o disco? Tenho. Mas não é, não, a mesma coisa. As saudades, se sempre se repetem, nunca se repetem como foram ou como são.

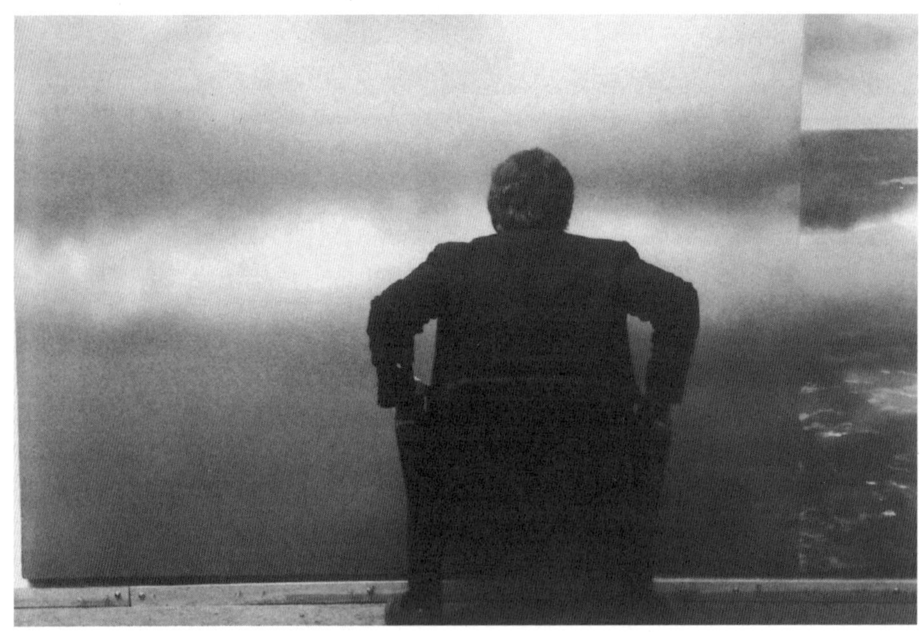

Luís Noronha da Costa.

NORONHA DA COSTA:
LUZ ENTRE TANTAS TREVAS

A 15 de Outubro de 1938, a Pirelli de Milão editou «fuori commercio», nas oficinas do Instituto Italiano das Artes Gráficas de Bérgamo, um volume sobre Tiziano, com introduções em latim, italiano, português, alemão, inglês, espanhol e francês, precisamente por esta ordem.

De casa de meus pais, onde entrou em data que não sei precisar, mas que não seria muito distante da data da edição, passou à minha, em 1997, quando se fechou a casa original e originária. Do livro se fizeram quinhentos exemplares numerados e o que hoje é meu tem o número 362. Da história da edição, da razão dela, nada mais sei. Sei é que, ainda antes do meu primeiro livro de pintura, já abordado em outras crónicas, e que me deram tinha eu 8 anos, foi esse livro encadernado de carneira, com capa onde só figura a maiúsculas douradas o nome Tiziano, o primeiro livro que me mostrou fantásticas figuras e me iniciou à pintura. «Titianus Vecellius, qui Vasari judicio praeter omnes artifices naturae imaginem mirum in modum expressit», era a sentença inicial do texto latino. Na versão portuguesa traduzia-se: «O mais belo e mais perfeito imitador da natureza segundo Vasari».

Minha primeira questão: quem era esse Vasari, autoritariamente citado, ainda antes da informação sobre a data e o local do nascimento do pintor? Não recordo se mo explicaram. Vasari surgiu-me entre as brumas do latim e entre essa bruma ainda hoje o situo. Só muito, muito depois, aprendi que era o autor de *Le Vite dei più eccellenti pittori, scultori e architetti* e que essa obra é o primeiro texto fundamental sobre a história da arte italiana. Tinha um rosto comprido e pálido, uns olhos claros e tristes e uma longa barba negra. As suas «vidas» começam em Cimabue (século XIII) e vão até aos «nossos tempos», tempos dele, tempos do maneirismo, publicadas que foram em 1550, em Florença, tinha Vasari (1511-1574) 39 anos.

Ninguém mais escreveu sobre a pintura italiana desses trezentos anos sem o citar. E se começou com Cimabue, quis «anco nel fine di queste mie fatiche raccórre insiemi e far note al mondo l'opere che la divina bontà mi ha fatto grazia di condurre». Ou seja, ele, como pintor, encerra o livro (os muitos livros) que dedicou a 182 predecessores, não incluindo um vasto etecetera.

Nunca mais se escreveu — nem se podia escrever — uma obra assim. Ninguém mais acreditou, como Vasari, que a «história, em verdade, deve ser o espelho da vida humana, não para narrar os casos acontecidos a um príncipe ou a uma república, mas para registar os conselhos, os caminhos e os artifícios dos homens».

Vasari, para mim, é tanto o cheiro desse livro (falo do «meu» *Tiziano*) como o exemplo impossível de uma aproximação em que gostaria de me incluir, para pintar narrando ou historiar pintando. Quem me queira acusar de delírios megalómanos, tem citação fiável no período precedente. Se quiserem esquecer que eu escrevi «exemplo impossível» e que o lúcido conhecimento dessa impossibilidade impede qualquer outra leitura que não a de um sonho por haver ou a de um sonho para ver.

Mas talvez não seja por acaso que me lembre de Vasari em qualquer museu, em qualquer exposição. A crítica de arte e a história da arte progrediram imenso desde 1550 até aos meus tempos? Não duvido. Mas a fascinação das vidas e dos vivos que essas vidas viveram, talvez nunca mais tenha sido igualada. O que aqueles olhos viram, outros olhos nenhuns verão como ele o viu. Olhar de pintor sobre a pintura, lançado na escrita quando as imagens se lhe formaram no pensamento.

Agora, tenho diante de mim uma tela pintada a tinta celulósica, onde dois vultos sobrepostos de mulher (a mesma mulher, outra mulher) olham para mim, cada uma com um olho só. Formam uma espécie de rochedo bifronte, atravessado por um raio de intensa luz. Aos pés da rocha há uma água verdíssima e, à esquerda dela, sombras de árvores. O fundo, que não é mulher, nem sereia, nem esfinge, nem rocha (quero eu dizer, o fundo da parte esquerda da tela) é um crepúsculo dourado velho que tinge vagamente de encarnado parte da água. Para descrever e contar esse quadro era preciso talvez contar a vida de quem o pintou. E chamar-lhe, como Vasari chamou a Tiziano, «o mais belo e perfeito imitador da natureza». Porque é sempre de imitar a natureza que se trata. Luz entre tantas trevas. E estou já a falar de uma tela de Luís Noronha da Costa, aquele que escreveu «Ver é ter-sempre-já--visto». Vasari não recusaria esta fórmula e talvez pressentisse o que Luís Noronha — uma vez mais — chamou «o eterno retorno do mesmo». Do ícone para a paisagem e vice-versa, disse ele falando de um pintor (Rothko) que viveu quatrocentos anos depois de Vasari.

Confuso? É-se sempre confuso quando se vai de memória em memória, de palavra em palavra. Só eu sei porque precisei de Vasari para me chegar a Luís Noronha. Mas, se eu não tivesse visto o livro de Tiziano, se eu não tivesse visto o livro de Vasari, talvez nunca fosse capaz de ver a pintura de Noronha da Costa, como a vi desde que a conheci na Galeria Quadrante, em 1969 (Magritte após Polanski) até que a revi, em 2003, na fabulosa exposição do Centro Cultural de Belém, intitulada Noronha da Costa Revisitado. No reduzido espaço da Quadrante de outrora, ou nas muitas e vastas salas do CCB de hoje, o que *senti* antes de *ver* (ou o que *vi* antes de *sentir*) foi a mesma luz entre tantas trevas. E tanto falo metaforicamente (a luz da obra de Luís Noronha nas trevas do Portugal de 60 ou nas do Portugal de 2003) como falo literalmente. Toda a pintura de Luís Noronha é uma explosão de luz (lume ou fogo, talvez fosse melhor dito) jorrando de uma treva que em nenhuma tela dele, nem nas mais solares, se dissipa, pois que é o plano que serve de fundo ao plano. Entre a luz e a treva, ou na terceira dimensão que não está entre, mas as projecta, como as imagens cinematográficas, imagens errantes de corpos ou objectos desfocados. Mas foi Luís Noronha quem escreveu — descobri-o agora no notável catálogo da exposição — que «para nós, portugueses, a imagem foi sempre algo de errante, tendo sido a nossa pintura, nos seus raros momentos altos, a impossibilidade de encontrar uma imagem definida». Daí, talvez, a vertiginosa sensação de labirinto que o percurso pelas salas de Belém nos dá. «Só há saída pelo fundo» como escreveu Cristovam Pavia. Mas o fundo, aqui — ou ali — está à superfície, superfície que é a mais funda ilusão dessas imagens de verso e reverso, especulares e espelhares.

Entre a escancarada quantidade dessa obra (ouvi dizer que só no período coberto pela exposição (1965-1983) foram inventariadas quatro mil obras) e a alucinante qualidade das imagens que desfilam em Belém, que escolher?

Não sou tão narcisista que vos vá falar da tela das velas e da tomada de corrente, fonte de luz, que há mais de trinta anos me acompanha a vida, as pessoas perdidas e as pessoas achadas, os mortos e os vivos, na minha casa de Sintra (tanto, tanto tempo) ou, mais recentemente, na casa da Arrábida. Não sou tão fetichista que me fique no prodigioso pórtico dos mil objectos, espécie de «yellow road» para a caminhada até Oz. Não sou tão esotérico que, aberta uma cortina preta, me perca e vos perco (me ache e vos ache) nas redes plásticas e fluorescentes de luz negra, harém imaginário de odaliscas perversas e senhoriais. Não sou tão saudosista que me demore no *Nosferatu* que o Luís escolheu para presidir à Cinemateca, ou nesse *D. Quixote* (D. Quixote, será?) que, ao fundo do branco, é fantasma erótico de uma mulher encarnada e loura e de uma mulher nua e azul.

Hesito entre aquela Lola Montes de treva, chamada *Requiem pelo Ocidente*, que tanto invoca Ophuls como Syberberg, andrógina como Ludwig, colegial como Martine Carol, quando se debruça na amurada, na noite que se fez matéria dela. Mas acerco-me do espectro da odalisca de Ingres, filmada pelo Pintor que só vê dela o que nós nunca vimos e voyeur, num enquadramento flamengo, filma esse desconhecido do conhecido, frontal a nós e oblíquo a ela. Em qualquer deles, como em tantas outras desse prodigioso ano de 1971 «o écran cobre todas as superfícies visíveis» como bem nota José Gil num belo artigo do catálogo. Essa série de revisitações à pintura (de Piero a Rafael, de Velázquez a Vermeer, de Ingres a Delacroix, conduzidas por Böcklin e Gaspar David Friedrich) coadas pelo écran e pela persistência da imagem do cinema, é aquela que mais me deixa estupefacto, e que pode justificar a aparente desconexão da minha inicial digressão vasariana.

Mas a exposição não convida à particularização, pelo menos à primeira vista. O que nela se impõe, como em todas as grandes exposições individuais de grandes pintores, é esse sublime visual a que os grandes museus também dão acesso nas suas mais nobres salas.

Evidente, a grandeza. Evidente, a demanda do sublime. Evidente, terminar como terminei o meu texto para o catálogo. «Ninguém em Portugal levou mais longe essa demanda de que Luís Noronha da Costa». Só não julgo, ao contrário dos comissários, que essa evidência seja a partir de agora evidente. Em terra de cegos, só quem tem um olho é rei. Quem vê com os olhos todos, o corpo todo, a alma toda — como Luís Noronha da Costa — só pode estar condenado ao exílio e à maldição.

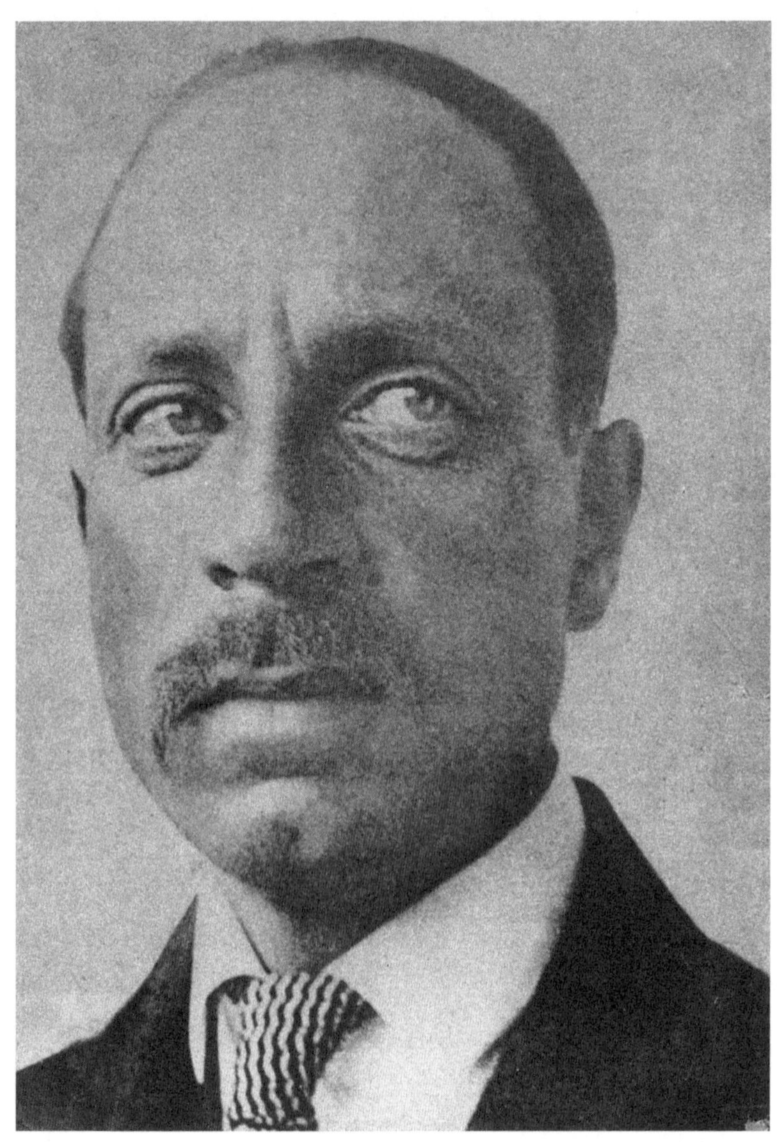

Rainer Maria Rilke.

UMA FRINCHA NA JANELA

O primeiro quarto da minha vida, que conheci e foi conhecido como quarto de mim, dava para um saguão. O sol nascia nas traseiras do prédio desse quarto e bastante cedo passava por cima do dito saguão, iluminando-o vagamente. Quando eu acordava, sabia que era amanhã porque, no alto das portadas de madeira da janela que me ficava diante da cama (num pequeno espaço rectangular que a separava do tecto) em vez do escuro breu, se desenhava um pálido brilho, mais luminoso no centro, mais sombreado nos flancos. Posta a situação do quarto, a sombra era o que mais se dissolvia, mas a dissolução era tanta que por força havia de haver alguma luz, luz que só podia ser a luz do dia.

Quando acordava antes que me acordassem, ou quando estava doente, essa sombra era, literalmente, uma sombra de nino, como se chama a uma pessoa que persegue outra e não a larga. Mas nenhuma pessoa eu via. Via era uma orla marítima, com uma estreita tira de areia branca e um mar calmíssimo a perder-se no horizonte. E, do lado esquerdo, onde a zona penumbrosa era predominante, vinha uma montanha com a forma de uma ursa, repousando focinho e patas dianteiras no mar-chão. Demasiado bem conhecia essa montanha. Até pelo nome de Outão a conhecia. Não tinha dúvidas. Era a Arrábida que me vinha visitar em fotografia a preto-e-branco, ou em filme a preto-e-branco, porque a imagem se animava e nunca era a mesma pelo mesmo tempo. Nunca ninguém, crescido, me acreditou ou acreditou em tais visões. E, como mais ninguém partilhava esse quarto de criança, só em mim confiava para essa luminosa identificação. Visualmente era uma visão pacificadora. Mas, às vezes, angustiava-me.

Assim acontecia quando tinha mais febre. Mas também me acontecia, e por isso o evoco hoje, nas manhãs do Dia de Natal.

Naquele tempo, as crianças como eu não recebiam os presentes na noite da véspera. Os adultos escondiam cuidadosamente da nossa vista o que tinham comprado em nome do Menino Jesus (Pai Natal não existia ainda). Deitavam-nos, prevenindo que noite, muito noite, o Menino desceria pela chaminé da lareira da sala, para pôr as prendas nos sapatinhos que lá tínhamos deixado, antes de ir para a cama. Só as podíamos ver de manhã. E — não fosse o diabo tecê-las — avisavam-nos que ai de nós se quiséssemos entrar lá, antes de eles lá nos levarem, de manhã e nunca muito de manhãzinha, pois que pais deitam-se tarde e não se levantam cedo.

Pela calada da nossa noite, enfeitavam a sala e distribuíam por oito sapatos (éramos quatro, nessa altura) as compras do Menino. Depois, a casa levantava a âncora para a travessia da noite, como me lembro de ter lido em Gide.

Mas a excitação fazia-me (fazia-nos) acordar muito cedo. Logo que via o Outão diante de mim, percebia que a hora era próxima. Os minutos pareciam horas. Sombreados e luzeiros fixavam-se — como numa pintura — e não os via moverem-se. Se o Menino não tivesse vindo? Se não acontecesse nada? Terrível era a tentação de me levantar e ir espreitar, mas o medo da desobediência e do tabu, tolhia-me. Houvesse uma Eurídice por perto, não sei se teria resistido. Mas, como já disse, não havia.

Até que a porta se abria e me chamavam, com inconfundível alegria. Na sala, rompíamos os quatro ao mesmo tempo e, por mais esperado que fosse, o milagre era, de ano em ano, maior. Tudo aquilo, tudo aquilo só para mim. E era tão forte que um ano houve em que perguntei à minha Mãe como é que havia gente que não acreditava em Deus. A prova, irrefutável, era aquele maná caído do céu nos meus sapatos, coincidindo quase exactamente com tudo quanto eu tinha pedido.

Depois, muito depois, chegou o tempo de eu fazer de Menino Jesus para os meus filhos e depois, muito depois, o tempo de, obrigado pelo tempo deles, fazer de Pai Natal para os meus netos. Mas sempre que vejo as crianças precipitarem-se para o monte de embrulhos, maravilhosos e maravilhados, repete-se-me a antiquíssima questão e a antiquíssima certeza. A manhã de Natal de outrora, a noite de Natal de hoje é a prova da existência de Deus.

A mais absurda das provas? Obviamente, não vou argumentar. Mas já me apeteceria discutir, se será mais absurda que as chamadas «provas racionais», nomeadamente as dos santo de Aquino. Sosseguem que não vou por aí.

Apetece-me continuar em registo mágico, que é o registo destes musgos e destes presépios, destas palhinhas e destes reis. Sophia contou-me (*Os Três Reis do Oriente*) que Gaspar, Belchior e Baltazar viram a estrela que «mostrava a alegria, a alegria una, sem falha, o vestido sem costura da alegria, a substância imortal da alegria». E reconheceram-na logo «porque ela não podia ser de outra maneira». Quem reconhece a alegria das crianças, como quem vê a «carne do sofrimento, o rosto da humilhação, o olhar da paciência», não pode conhecer e reconhecer estas coisas sem Te ver. «Como poderei suportar o que vi se não te vir?». É o oposto e é o mesmo.

E tão desarrazoadamente como até aqui — mas poderá a razão ter razão em tão trémulas paragens? — eu sei do Natal quando vejo alguns rostos humanos, alguns olhos humanos. Diz-se que, até aos 30 anos, cada um tem a cara que Deus lhe deu, e, depois dos 30, cada um tem a cara que merece. Mas a cara que alguns mereceram — a cara de Rilke, a cara de Sophia, a cara de Renoir, a cara de Matisse, a cara de tantos humilhados e ofendidos, com que nos cruzamos na rua, a cara de James Stewart em *It's a Wonderful Life*, a cara da Maria, única pessoa a quem fechei os olhos — não será uma cara só possível por uma mesma razão impossível, sem que elas a vissem e nós a víssemos por graça delas? Não será essa a cara que Deus lhes deu e pela qual vemos Deus? Ingmar Bergman, que não é propriamente, o exemplo de um crente, disse qualquer coisa de parecido quando falou do realizador

Viktor Sjöström, que, aos 78 anos, interpretou o papel de Prof. Isaak Borg no filme *Os Morangos Silvestres*. «*Os Morangos Silvestres* terminam com um close-up de Isaak Borg na hora da compreensão e da reconciliação. Nesse *close-up*, o rosto de Sjöström brilhava com uma claridade mística, como que reflectindo uma outra realidade e uma outra luz. Os seus olhos estavam muito abertos, sorrindo com ternura. Era maravilhoso. Nunca vi uma expressão tão nobre, tão perfeitamente liberta de qualquer inquietação.»

Quem viu o filme, sabe que Bergman não exagera. Mas de onde vem essa «outra realidade», essa «outra luz»? Quem vê caras não vê corações, diz-se, e eu nunca achei que fosse exacto, mesmo quando as caras são muito belas e os corações muito negros. Mas, seja ou não seja, ninguém me explicou — olhem bem para o retrato de Rilke — por que é que há caras que nos fazem ver almas, literalmente almas do outro mundo? Nunca ninguém me deu uma explicação que me convencesse. Acredito porque acredito. Como acreditar no que vi se não te visse?

Os não-crentes exasperam-se quase sempre, quando um crente vai chamar «outra realidade» para explicar vidas e mortes em nome de uma moral que para eles nada tem de transcendente. Podem dar-se milhões de exemplos de pessoas que padeceram inenarráveis tormentos, resistiram às piores torturas e morreram na maior dor por fidelidade a um ideal em que acreditavam e que era totalmente alheio a qualquer prática religiosa. Mas se a morte fosse o fim, porque morrer em nome de outros que jamais conheceremos ou que nem sequer sabemos que virão a existir?

Quem não suporta a explicação pelo mistério, não avança mais do que explicações igualmente misteriosas (o sentido da História, a fraternidade do género humano, a dignidade da pessoa, a consciência moral) para explicar essa inexplicabilidade.

Reli há pouco tempo uma passagem de Buda em que este diz: «Não tenteis medir o Incomensurável com palavras e não tenteis mergulhar a corda das ideias no impenetrável; todo aquele que se interroga, se engana, todo aquele que responde se engana.

Nada esperai dos Deuses cruéis, como nós submetidos à lei do Karma, nada esperai dos Deuses que, como nós, nascem, envelhecem e morrem afim de renascer e não alcançaram libertar-se das suas dores. Tudo de vós mesmo esperai.»

E voltei a pensar em mim, vendo a luz pela frincha de uma janela, nestes dias em que uma pequena parte da humanidade — mas a pequena parte a que pertenço — acredita comemorar o nascimento de um Deus no corpo de um Menino, acreditando que esse Menino se fez Homem e morreu na Cruz a perguntar porque tinha sido abandonado.

E, dos Céus à Terra, houve a maior alegria quando foi Natal. E, dos Céus à Terra, cerrou-se a maior tristeza quando Ele, dando um grande brado, expirou. Mas como da Terra pouco se sabe e dos Céus nada se sabe, quem acredita só pode não saber. E, não sabendo, sabê-Lo.

ÍNDICE ONOMÁSTICO

ÍNDICE GERAL

REVISÃO: ANTÓNIO LAMPREIA

TIRAGEM: 1000 EXEMPLARES
DEPÓSITO LEGAL: 305477/10

IMPRESSO NA GUIDE – ARTES GRÁFICAS, LDA.
RUA HERÓIS DE CHAIMITE, 14
ODIVELAS